文渊 管理学系列

创新管理

Innovation Management

杨治 叶竹馨 编著

本书以扎实的理论、丰富的案例、专业的工具等为基础，通过系统性的学科框架，全面解析创新管理的核心概念、理论和方法。全书分为4篇12章，从创意与创造力到创新的环境与战略，再到创新的组织与执行、创新的文化与变革，全景式地展现了创新管理的全过程，为读者提供了系统而全面的创新管理知识。此外，全书设置了丰富的案例和习题，呈现出从理论到实践逐步深入的框架结构，有助于培养读者在不断变化的商业环境中成功应对挑战的能力。

本书不仅适合作为高等院校管理学类本科生、学术型研究生以及MBA/EMBA等专业学位研究生的教材，还适合作为科技工作者和管理者的参考读物。

图书在版编目（CIP）数据

创新管理 / 杨治，叶竹馨编著. -- 北京：机械工业出版社，2024.10. -- （文渊·管理学系列）.
ISBN 978-7-111-76784-8

Ⅰ. F273.1

中国国家版本馆CIP数据核字第2024VR8729号

机械工业出版社（北京市百万庄大街22号 邮政编码100037）
策划编辑：吴亚军　　　　　　　　　责任编辑：吴亚军　章承林
责任校对：李可意　张雨霏　景　飞　责任印制：常天培
北京铭成印刷有限公司印刷
2024年12月第1版第1次印刷
185mm × 260mm・19印张・2插页・423千字
标准书号：ISBN 978-7-111-76784-8
定价：59.00元

电话服务　　　　　　　　　　网络服务
客服电话：010-88361066　　　机 工 官 网：www.cmpbook.com
　　　　　010-88379833　　　机 工 官 博：weibo.com/cmp1952
　　　　　010-68326294　　　金　书　网：www.golden-book.com
封底无防伪标均为盗版　　　　机工教育服务网：www.cmpedu.com

文渊 管理学系列

"师道文宗 笔墨渊海"

文渊阁 位于故宫东华门内文华殿后，是故宫中贮藏图书的地方，中国古代最大的文化工程《四库全书》曾经藏在这里，阁内悬有乾隆御书"汇流澄鉴"四字匾。

文渊 管理学系列

作者简介

杨治 教授，博士生导师，国家社科基金重大项目首席专家，华中科技大学管理学院院长，《管理学报》社长兼主编，兼任教育部"一体化科技创新战略研究基地"主任，中国技术经济学会常务理事，中国科学学与科技政策研究会研发机构发展与变革专委会主任、中国管理现代化研究会技术与创新管理专业委员会理事、湖北省技术经济及管理现代化研究会副理事长、湖北省新商科实验教学创新与共享联盟副理事长，华中科技大学"知识产权战略研究院"院长。主要研究领域包创新管理、企业战略、组织理论等，主持并参与国家社会科学基金重大项目、国家自然科学基金重点项目和面上项目等7项，科技部战略研究专项，总装备部知识产权研究项目，及中国电建等大型企业咨询项目多项。在《经济研究》《管理世界》、Journal of International Business Studies、Omega、Journal of Comparative Economics、Journal of Business Research、Industrial Marketing Management、China Economic Review 等国内外重要期刊发表论文40余篇。

叶竹馨 华中科技大学管理学院副教授。主要研究领域包括创新管理、创业管理、企业成长及其微观基础等，主持国家自然科学基金面上项目和青年项目、教育部人文社会科学研究青年项目等，在《管理世界》《管理科学学报》和 Journal of Applied Psychology、Strategic Entrepreneurship Journal 等国内外重要学术期刊发表多篇论文，获第三届、第九届"全国百篇优秀管理案例"，作为主要参与人获得教育部高等学校科学研究（人文社科）优秀成果奖等奖。

PREFACE 前言

创新是企业发展的原动力,是实现跨越式发展的关键因素。党的十八大报告提出,实施创新驱动发展战略;党的十九大报告提出,创新是引领发展的第一动力,是建设现代化经济体系的战略支撑;党的二十大报告更是明确提出,坚持创新在我国现代化建设全局中的核心地位,健全新型举国体制,强化国家战略科技力量,提升国家创新体系整体效能,形成具有全球竞争力的开放创新生态。由此可见,我国对创新工作高度重视。

在当今国际竞争加剧、科技革命和产业革命加速推进的环境下,创新不仅是企业成功的关键,更是推动社会进步、国家富强的引擎。编写本书,旨在通过系统性的学科框架,全面解析创新管理的核心概念、理论和方法,力求为学生、科技工作者和管理者提供实用的知识。

本书分为4篇,共12章,从创意与创造力到创新的环境与战略,再到创新的组织与执行、创新的文化与变革,全景式地展现了创新管理的全过程,并呈现出从理论到实践逐步深入的框架结构。第1篇通过辨析创意、创造力的概念及其与创新的关系,为团队和组织有效激发创意并提高创造力水平提供了理论和实践指导,并为读者理解创新的前提奠定了基础。第2篇关注创新的环境与战略,分析了创新的概念及培育创新的环境,并针对不同的环境,提供了不同的创新战略选择框架和路径。在此基础上,第3篇和第4篇聚焦创新的组织与执行和创新的文化与变革,从结构化流程到精益产品开发,详细解析了企业如何实现创新以及创新是如何推动组织变革的。各篇内容内部逻辑紧密,同时各篇之间通过引入新的概念和理论,形成了一个全面的创新管理理论框架,为读者提供了系统而全面的创新管理知识。

首先,本书的第1篇围绕创新的前提——创意与创造力,通过解读其概念及其与创新的关系,为后续了解并开展创新奠定了基础。创意作为创新的起点,强调想象和发挥创新思维。本书从理论到实践,为读者提供了一系列激发创意的工具和方法,并从培养创造力的角度,将看似随机偶发的创意生成过程,逐步发展为可管可控的个体创造力管理工具和模型。

其次,在全面理解创意和创造力这一创新前提后,聚焦创新本身,深入思考创新是什么,为什么有些组织或国家有更高的创新水平,是什么因素导致了这种差异。按照熊彼特的观点,创新是指把一种新的生产要素和生产条件的"新结合"引入生产体系。创新的发展离不开所在国家和地区创新环境的支持,而创新环境是提升国家和地区创新能力的重要基础与保障。在了解创新环境与创新基本规律的基础上,针对不同阶段和不同目标的创新,本书提出了三种不同的创新战略——竞争导向的创新战略、模仿学习导向的创新战略和价值导向的创新战略,三种创新战略遵循不同的逻辑,也形成了不同的资源与组织安排。

再次,在执行层面,如何将创新落实到具体的管理活动中,本书提供了一套标准化的执行指导。本书通过聚焦结构化流程、商业流程管理、精益产品开发流程来介绍不同的创新过程管理方法。通过各个流程化管理,提高创新效率和执行效率。同时,本书介绍了一系列创新绩效评估指标体系,通过对创新绩效的反馈结果进行学习和讨论,使创新流程形成闭环,及时反馈创新执行过程中发现的问题,保障创新的持续性,使组织知识不断更新迭代,从而为后续开展新一轮创新、打造学习型组织提供理论和工具。

最后,本书探讨了如何开展由创新引发的组织变革,将创新从简单的工具意义上升到推动组织变革的关键力量,为企业实现转型升级提供指导。本书从组织创新文化和组织创新变革的视角来探讨如何有效促进创新。首先介绍创新的组织文化的概念、结构、内容、模型,以及创新文化的内涵与构成,强调组织文化中促进创新的要素和相关规范。在理解组织文化的构成要素后,本书探讨了组织创新变革的理论和方法,介绍了组织创新变革的八步骤、六步骤等,以及在变革过程中如何应对变革的阻力与压力,为管理者提供切实有效的管理工具。

本书以扎实的理论、丰富的案例、专业的工具等为基础,旨在激发学生和管理者对创新管理的兴趣,培养他们在不断变化的商业环境中成功应对挑战的能力。我们希望通过对本书的学习,读者能够深刻理解创新的本质,并能够运用所学知识在实践中推动个体、团队和组织的创新发展。

课程概述

编者
2024 年 6 月

目 录

前言

第 1 篇　创意与创造力

第 1 章　创意：创新之源 ……… 2
本章要点 …………………………………… 2
引导案例　创意文旅振兴之道：瓷天下海丝谷 0-1 的巨变 ………… 2
1.1　创意的界定与辨析 ………………… 4
1.2　创意的理论 ………………………… 7
1.3　创意应用的工具方法 ……………… 16
本章小结 …………………………………… 25
思考题 ……………………………………… 25
参考文献 …………………………………… 26
延伸阅读 …………………………………… 26
自测练习 …………………………………… 26

第 2 章　个体创造力 ……………… 27
本章要点 …………………………………… 27
引导案例　清华教授钱颖一：我们的学生为什么缺乏"创造性思维" ……………………… 27
2.1　个体创造力的界定与辨析 ………… 28
2.2　个体创造力相关理论 ……………… 31
2.3　个体创造力应用的工具方法 ……… 36
本章小结 …………………………………… 49
思考题 ……………………………………… 50

参考文献 …………………………………… 50
延伸阅读 …………………………………… 51
自测练习 …………………………………… 51

第 3 章　团队创造力 ……………… 52
本章要点 …………………………………… 52
引导案例　华为组织架构进化：从中央集权式管理到平台化 ………… 52
3.1　团队结构 …………………………… 54
3.2　团队领导 …………………………… 63
3.3　组织环境 …………………………… 66
本章小结 …………………………………… 71
思考题 ……………………………………… 72
参考文献 …………………………………… 72
延伸阅读 …………………………………… 73
自测练习 …………………………………… 73
附录 3A　交互记忆系统（TMS）测量量表 ……………………… 73

第 2 篇　创新的环境与战略

第 4 章　创新与创新环境 ………… 76
本章要点 …………………………………… 76
引导案例　技术为王，创新为本：比亚迪的技术创新之路 ……… 76
4.1　创新的概念与理论 ………………… 78
4.2　创新的环境 ………………………… 96

4.3 创新的生命周期 …………………… 106
本章小结 …………………………………… 113
思考题 ……………………………………… 113
参考文献 …………………………………… 114
延伸阅读 …………………………………… 114
自测练习 …………………………………… 115

第 5 章 创新的战略选择 …………… 116
本章要点 …………………………………… 116
引导案例　从引进模仿到全面领先：
　　　　　我国高铁的发展历程 …… 116
5.1 竞争导向的创新战略 ……………… 118
5.2 模仿学习导向的创新战略 ………… 125
5.3 价值导向的创新战略 ……………… 131
本章小结 …………………………………… 140
思考题 ……………………………………… 140
参考文献 …………………………………… 140
延伸阅读 …………………………………… 141
自测练习 …………………………………… 143

第 6 章 商业模式创新 ………………… 144
本章要点 …………………………………… 144
引导案例　蔚来已来：汽车行业的创新
　　　　　与体验变革 ………………… 144
6.1 商业模式创新的要素 ……………… 145
6.2 商业模式创新的过程 ……………… 151
6.3 数智经济时代的商业模式创新 …… 158
本章小结 …………………………………… 165
思考题 ……………………………………… 165
参考文献 …………………………………… 165
延伸阅读 …………………………………… 166
自测练习 …………………………………… 168
附录 6A　用户画像感知评价量表 …… 168
附录 6B　Kano 量化表格 ……………… 169

第 3 篇
创新的组织与执行

第 7 章 创新的过程 …………………… 172
本章要点 …………………………………… 172
引导案例　美的集团基于结构化流程
　　　　　的产品开发 ………………… 172
7.1 结构化流程 ………………………… 174
7.2 商业流程管理 ……………………… 181
7.3 精益产品开发流程 ………………… 190
本章小结 …………………………………… 196
思考题 ……………………………………… 196
参考文献 …………………………………… 197
延伸阅读 …………………………………… 197
自测练习 …………………………………… 200

第 8 章 创新的绩效评估 ……………… 201
本章要点 …………………………………… 201
引导案例　腾讯公司的创新绩效评估 … 201
8.1 创新绩效评估的内涵 ……………… 205
8.2 创新绩效评估的四类指标 ………… 207
8.3 创新绩效评估的实施方法 ………… 212
本章小结 …………………………………… 217
思考题 ……………………………………… 218
参考文献 …………………………………… 218
延伸阅读 …………………………………… 219
自测练习 …………………………………… 219

第 9 章 创新的组织学习 ……………… 220
本章要点 …………………………………… 220
引导案例　小米公司如何通过顾客
　　　　　参与创造价值 ……………… 220
9.1 组织学习的概念内涵 ……………… 222
9.2 学习型组织 ………………………… 223
9.3 组织学习与创新 …………………… 231

本章小结 ································ 232
思考题 ·································· 232
参考文献 ································ 233
延伸阅读 ································ 233
自测练习 ································ 235

第 4 篇
创新的文化与变革

第 10 章　创新的组织文化 ··········· 238
本章要点 ································ 238
引导案例　比亚迪的"袋鼠理论" ······· 238
10.1　组织文化概述 ···················· 240
10.2　组织义化模型 ···················· 245
10.3　组织创新文化 ···················· 253
本章小结 ································ 261
思考题 ·································· 261
参考文献 ································ 261
延伸阅读 ································ 262
自测练习 ································ 263

第 11 章　组织创新变革的基本原理 ··· 264
本章要点 ································ 264

引导案例　阿里巴巴集团启动"1+6+N"
　　　　　组织变革 ················ 264
11.1　组织创新变革的动因 ············· 265
11.2　组织创新变革的类型和内容 ······ 268
11.3　组织创新变革的理论模型 ········ 271
本章小结 ································ 276
思考题 ·································· 277
参考文献 ································ 277
延伸阅读 ································ 278
自测练习 ································ 279

第 12 章　组织创新变革的实施 ······ 280
本章要点 ································ 280
引导案例　旭日升的变革之痛 ·········· 280
12.1　组织创新变革的过程和步骤 ······ 281
12.2　组织创新变革的阻力及应对 ······ 284
12.3　组织创新变革中的压力及管理 ··· 292
本章小结 ································ 293
思考题 ·································· 294
参考文献 ································ 294
延伸阅读 ································ 295
自测练习 ································ 297

PART 1 第1篇

创意与创造力

当前，党中央提出要坚持创新在我国现代化建设全局中的核心地位，加快实现高水平科技自立自强，加快建设科技强国。科技自立自强以关键核心技术自主可控、拥有强大的科学技术原创能力为标志，能够持续产出重大原创科学思想和科技成果。通过更大范围、更宽领域、更深层次的资源配置与开放合作，实现优质创新要素高度集聚、创新人才层出不穷、社会创新活力满满。

创意是一切创新的基础。科技自立自强的发展过程中，持续的技术创新需要拥有创意的人才、鼓励创意的组织、实施创意的产业、支撑创意的区域经济以及持续创意活动的全链条构建。理解创意如何产生，对提高个体、团队以及组织的创新能力都至关重要。但在过去的研究中，创意、创造力与创新的概念常常被许多人混淆，甚至将它们看作同义词。实际上，创意、创造力和创新是三个不同的概念，却有着密不可分且递进的联系。

创意是从已有的概念和知识中创造出新的想法、概念或形式的过程，是对已有知识和信息进行创造性的重新组合和改造。作为创新的起点，创意强调想象和新颖的观点，而创新重在执行和实施。

创造力是制造或创造不同寻常的想法以释放潜在的思想来构思新事物的能力，它通过提供独特的想法来发挥作用。有创造力的个体往往能产生更多的创意。由于还未付诸实践且尚未创造价值，创造力很难被衡量，创造者也不用承担相应的风险。但创新则需要将新想法付诸实践以发挥作用，随着想法成为现实，创造力的价值也会随着创新而显现。

本篇将围绕创新的来源——创意与创造力，解读其定义、理论和工具方法，帮助读者逐步厘清概念。创意是创造力的体现，创造力是持续创新的基础。在组织中，富有创造力的团队和个体为源源不断产生新的创意提供了保障。理解什么是创意，如何培养创造力以不断产生新创意，对构建我国自主创新体系意义重大。

- 第1章 创意：创新之源
- 第2章 个体创造力
- 第3章 团队创造力

第 1 章　创意：创新之源

■ **本章要点**

1. 帮助学生了解创意的定义与延伸发展。
2. 通过厘清创意和其他相似概念的区别，更好地理解创意的本质。
3. 学习与创意相关的理论。
4. 掌握并运用提升创意的工具方法。

■ **引导案例**

创意文旅振兴之道：瓷天下海丝谷 0—1 的巨变

　　临近新年，天气转寒，山风料峭。但海丝谷游客络绎不绝，呈现出一派热闹景象。看着眼前的景象，景区负责人脸上浮起一抹欣慰的笑容。在她和全体员工共同努力下，海丝谷不仅获得了大众的喜爱，也获得了政府的认可。如何将乡村的这一片"荒山"变成受人欢迎的旅游景点呢？其中少不了创意文旅的助力。

　　首先，什么样的景区创新才能有新意？乡村振兴政策的提出，坚定了越来越多乡村旅游发展的脚步，做乡村旅游景点、休闲农业项目的人越来越多。在没有差异化旅游资源，只有良好生态环境的情况下，许多人开发乡村旅游项目的形式还是和过去差不多，但这些早已满足不了现阶段人群对"新奇特"的追求。为了寻找解决问题的密钥，景区开发人员从当地出产陶器、瓷窑的特色入手，了解到考古人员在 2013 年考古时发现了 4 000 年前的陶瓷，在义窑村瓷窑遗址发现了漫山遍野的碎瓷片和一座省级保护文物的立碑。开发团队查阅了各种资料，深入挖掘，发现在闽清县东桥镇的义窑村至安仁溪村一带有 100 多处古龙窑遗址，该遗址连绵超过 10 km，便决定将如此重要的文化资源好好利用开发。最后，经过激烈讨论和多方认证，确定以瓷文化为基础，以创意为手段，打造独特的文创景区，融合观光、文化体验、文创、科普以及主题公园等多种功能，满足游客的多种需求……

其次，如何将瓷文化巧妙地融入景区策划之中，让荒山变成乐园？景区负责人表示，无论是在原有瓷窑上翻新，打造瓷文化古街，还是在遍布碎瓷片的山区进行一些创意设计，保留原始风貌，这些都不能体现真正的创意。海丝谷的创意是让文化"活起来"，邀请当地村民还原当时瓷器镇的原始风貌，在新的时代背景下，以技术领航新一轮的传统文化"复兴"，借用数字文物库和VR（虚拟现实）视觉的多种表现方式，让游客有沉浸式体验。这样一来，文化就不再只是博物馆里死气沉沉的遗物，而是让游客铭记和沉浸体验的活物。基于此，海丝谷将"体验奇妙海丝旅程"作为核心吸引物，打造可游览、可欣赏、可游学、可体验、可游乐、可休闲的文旅产品，充分满足了市场需求。图1-1为海丝谷创意特点。

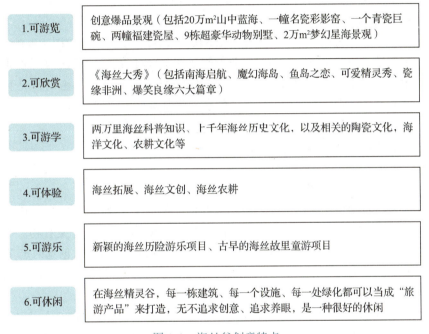

图1-1　海丝谷创意特点

资料来源：福建新蓝海文旅发展集团有限公司景区策划方案（2018）。

最后，怎样将景区向大众宣传以吸引游客参观？海丝谷将受众瞄准家庭游群体，在实行营销活动时，不断创造市场引爆点，吸引游客的注意力。在节假日来临前，海丝谷在抖音、快手、微信等线上平台大力宣传，提供景区文化介绍、门票购买等多种线上便捷服务。在各大平台营销和口碑传播助力下，海丝谷迅速成为热门景点。

海丝谷的成功为创意文旅、文旅融合、乡村振兴提供了许多可借鉴之处。

资料来源：仲建兰、袁晓灵、袁星雨、张逸茵编写，创意文旅振兴之道：瓷天下海丝谷0-1的巨变，中国管理案例共享中心，http://www.cmcc-dlut.cn/Cases/Detail/6403。

思考题

1. 海丝谷作为创意景区有哪些创意和创新之处？
2. 与其他旅游景区相比，海丝谷的设计与开发有什么与众不同？
3. 文中的让文化"活起来"具体指什么，如何用创意让文化"活起来"？

1.1 创意的界定与辨析

1.1.1 创意的起源

什么是创意

创意（idea）一词的定义一直以来都颇具争议，由于其应用场景非常广泛，因此不同领域对创意的界定和理解也不尽相同。

我国古代也有与创意类似的词——"刱意"。创意可被理解为创造意识或创新意识的简称，具体是指在对现实存在事物的理解以及认知的基础上所衍生出的一种新的抽象思维和行为潜能。汉典网站中将创意解释为："创出新意，也指所创出的新意或意境。"

国外学者中最早提出创意概念的思想家可以追溯到柏拉图（Plato）。他开启了关于创意本质的争论，在他对创意的阐述和多次对话过程中创造了希腊词"re.εἶδος"，中文含义是"可见的"，意在表达那些在没有物质或客观参考的情况下个体产生的感知元素。随着该希腊词的传播，学者们将其翻译成"创意"。

1.1.2 创意的定义与延伸发展

1. 创意的定义

随着柏拉图提出了与创意相近的词汇和定义，亚里士多德（Aristotle）向他提出挑战，认为：创意是由个体通过记忆中的观察所产生的心理复合物。

英国的物理学家与哲学家约翰·洛克（John Locke）对创意的定义也与柏拉图形成了鲜明对比。他认为创意既可以是感觉也可以是反思，是人类心灵理解某物的一种经验，简单的创意是复杂想法的基石。

苏格兰哲学家大卫·休谟（David Hume）对创意的定义与洛克的不同之处在于，他将创意限制在对感知的心理重建上，并将感知的过程描述为"impression"即"印象"。

美国数学家、哲学家查尔斯·桑德斯·皮尔士（Charles Sanders Peirce）在其撰写的《如何让我们的创意清晰》中谈到，创意是通过思想和知识获得的信息组成，并通过逻辑推理的应用进行排序。

著名作家阿瑟·库斯勒（Arthur Koestler）在其有关创造力的著作《创造的行动》一书中，将创意定义为："在两种毫不相干的思维矩阵中，形成一种双向联系。"更通俗地来讲，可以将创意理解为"将毫不相关的事物以出其不意的方式组合一起"。在他的观点中，越具有原创性、精巧微妙、引人入胜，且越让人参与其中的创意组合，越容易引起我们的注意，同时也越可能是大创意。

英国学者约翰·霍金斯（John Howkins）在其 2001 年出版的《创意经济》一书中提到，创意就是催生某种新事物的能力，它表示一人或多人创意和发明的产生，而这种创意和发明必须是个人的、原创的，且具有深远意义。换句话说，创意就是才能和智慧。

新西兰学者布雷特·克里斯托弗斯（Brett Christophers）基于地理政治背景对创

意提出了新的见解。他在《构建创意：权力、地理知识和媒介经济》中提出，创意是以知识命名的"话语实践"，其背景是新自由主义思潮。他从地理政治的研究背景中提出创意是建构性的，"测绘报告（隐喻地理）""权力"和"媒介"是构建创意的三种要素。

综上所述，学者们对创意的理解和界定分别有着不同的侧重点，并且会随着时代的发展而改变。综合上述不同学者对创意的解释并结合史蒂文·约翰逊（Steven Johnson）在《伟大创意的诞生》书中对创意的理解，本书将创意定义为：

创意是指超越已有界限，跳出现有框架，重新定义事物和事物之间的联系。通过找出事物间的相关性或独特特质，将既有排列组合的元素重组、拆解、增删后，重新生成并呈现出的新风貌、功能或是意图。

2. 创意的内容维度与层级划分

牛津大学新学院（New College, Oxford）[○]院长杨名皓（Miles Young），曾担任奥美集团全球董事长兼首席执行官，他在其著作《奥格威谈广告：数字时代的广告奥秘》中对创意进行了层级划分。

从创意的内容维度来看，杨名皓认为创意的内容导向可以用十字图（见图1-2）概述该模式产生的4种不同维度——横轴左边是大众化（mass），右边是个性化（individual）；纵轴上面是娱乐化（entertainment），下面是实用化（useful）。

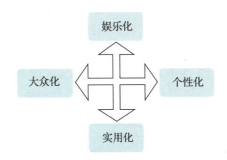

图1-2　创意内容维度的划分

资料来源：知乎，奥美全球董事长杨名皓：我眼中的内容营销，https://zhuanlan.zhihu.com/p/112662047。

从创意的实施层级来划分，杨名皓将创意划分为三个层级：策略创意、活动创意和执行创意。

第一层即顶层是策略创意（strategic idea），载明商业定位，包括为一家公司或品牌界定平台之类的创意，具体包括在既有品牌或产品的定位下，通过对当下市场竞争环境以及目标消费者的洞察，推导出一个能够打动目标消费者的概念的过程——决定创意"说什么"。

第二层是活动创意（campaign idea），将品牌所有表现方式联系到一起，通过活动的方式展现出主轴创意，强调创意的呈现形式、各环节的选择和衔接——决定创

○ 牛津大学中规模最大、资金最充沛的学院之一。

意"怎么说"。

第三层则是执行创意（executional idea），强调在活动中让内容以小型创意的方式呈现出来，通过若干个执行创意的实施，用组合的方式展现最初设计的策略创意——决定创意说的"好不好"。

1.1.3 创意与其他概念的关系

1. 创意与创造

创造（creation），是指将两个或两个以上概念或事物按一定方式联系起来，主观地制造客观上能被人普遍接受的事物，以达到某种目的的行为（汉典，2014）。创造的一个最大特点是有意识地对世界进行探索性劳动。因此，想出新方法、建立新理论、做出新成绩或提出新创意都是创造的结果，创造的本质在于甄选，甄选出真正有建设性的联系（事物或概念之间的联系）。

二者相比，创意强调产生新风貌、新功能或新意图的想法，创造则更强调有意识地对世界进行探索性劳动的行为或者过程。

2. 创意与创新

将好的、有潜力的创意和概念转化为有形的产物的过程就是创新。在这个过程中，科学和技术通常发挥着巨大的作用，这个阶段需要许多人的艰苦工作，把发明转化为能提高公司业绩的产品。后续的活动还包括一系列的生产制造和市场开发，只有这个过程完整才能称为创新。因此，创新依赖创意，创意主要停留在概念和思想层面，而创意需要被运用到商业活动上才能为一个组织的成长做出贡献。

创新也是我们生活中必不可少的一部分，因为它可以帮助我们构建新的想法和技术，从而帮助提高生产力。表 1-1 是创意和创新之间的对比。

表 1-1 创意与创新的对比

创意	创新
创意是创造新产品或新服务的过程	创新是实施思想和技术以更新商品和服务的过程
创意可以是有形的，也可以是无形的	创新主要是无形的
创意的产出主要是形成新的产品或服务营销策略	创新的产出是形成了有关商品和服务的新思想和新技术
创意没有金钱消耗	创新存在金钱消耗
创意先于创新	创新因创意而成功
新颖的想法是通过创意来传达的	创意是通过创新来交流的
创意可能会或可能不会涉及一个组织	创新涉及生产服务和商品的组织

资料来源：VSDiffer，创意与创新的区别，https://www.vsdiffer.com/creativity-vs-innovation.html。

3. 创意与研发

研发（research & development，R&D），是指为获得科学技术新知识，创造性运用科学技术新知识，或实质性改进技术、产品和服务而持续进行的具有明确目标的系统活动。这些活动通常由研究机构、企业或个人进行，涵盖了系统及设备的测试、安装、维护、维修等一系列的系统活动。

研发活动是一种创新活动，需要创造性的工作。它包含四个基本要素：创造性、新颖性、科学方法的运用和新知识的产生。研发活动的产出是新的知识（无论是否具有实际应用背景），或者是新的和具有明显改进的材料、产品、装置、工艺或服务等。

与创意相比，研发更强调将创意的想法付诸实践并最终转化成有目的的系统活动。受我国现阶段科学研发水平、创新能力和经济基础所限，我们不能在所有领域齐头并进、全面开花。因此，要采取"非对称"战略，明确我国科技创新的主攻方向和突破口，在关键领域、"卡脖子"的地方下大功夫，用好的创意着力解决技术软肋和制约创新突破的瓶颈问题，拥有非对称性"杀手锏"。

1.2 创意的理论

创意是对思维的灵活运用，是对心灵理念的准确把握，是对生活的深度总结与独特阐释。在生活实践中，创意无处不在，而广告行业是运用创意理论最为丰富的领域之一。通过巧妙、精准的传播方式，广告创意能够有效地向消费者传递产品信息。广告创意的背后是一个综合性的"产品设计"过程，涉及战略、情感、心理、设计、艺术等多个方面。一个优秀的广告不仅仅是向消费者展示内容，更是解决一系列与传播、营销、推广、形象设计等有关的商业问题。

因此，本节将从广告界的知名创意理论入手，解构商业衍生品的产物——广告的创意传播理论规律。我们将介绍著名的 ROI 理论、USP 理论以及协同创意理论，以揭示高效、新颖、智慧的创意是如何产生的。

1.2.1 ROI 理论

1. ROI 理论的起源

ROI 理论是由广告大师威廉·伯恩巴克（William Bernbach）于 20 世纪 60 年代提出的。作为著名恒美（Doyle Dane Bernbach，DDB）广告公司的创始人之一，他成功地带领公司从 100 万美元市值增长至他退休时的 4 000 多万美元。

1949 年，伯恩巴克与他在格雷公司认识的詹姆斯·埃德温·道尔（James Edwin Doyle）以及已经经营一家小公司的麦克斯韦尔·戴恩（Maxwell Dane），在曼哈顿创立了他们同名的广告公司。伯恩巴克对先前的广告文案和创意的千篇一律感到沮丧，他反对当时广告业模板化的创意范式，认为说服力并非一门科学，而是一门艺术。他们对创意广告的理念是：创意的执行（信息传达的方式）与信息的内容（创意的展现内容）同样重要。

从公司成立之初，伯恩巴克就在广告文案写作方面发挥了不可或缺的作用。他是该机构背后的创意"引擎"，在他的领导下，公司举办了许多突破性的广告活动。其中，为大众甲壳虫汽车在 20 世纪 60 年代创作的广告常被认为是 20 世纪最著名的广告宣传。该广告将大众甲壳虫汽车定位为底特律生产的高油耗汽车的反体制、经济替代品。伯恩巴克选择在白色背景下拍摄的纯黑白汽车照片打破了所有常规,利用精心挑选的词语"Think Small"和"Lemon"有力地传达了这一信息。

ROI理论是伯恩巴克根据自己在DDB广告公司的创作经历总结出来的。他认为广告是说服的艺术,广告"怎么说"比"说什么"更重要。因此,该理论主张优秀的广告必须具备三个基本特征:关联性(relevance)、原创性(original)和震撼性(impact),三个原则的英文首字母缩写构成了广告学中经典的ROI理论,他的创意理念对现在广告公司普遍使用的创意范式产生了持久的影响。

2. ROI理论的具体内容

ROI理论主张优秀的广告必须具备三个基本特征:关联性、原创性和震撼性,三者是广告创意的核心指导原则。

首先,关联性强调广告创意与产品、竞争者和消费者之间的紧密联系。广告创意需要与产品本身相关联,基于产品特性和优劣势生成,同时要与竞争者产生关联,综合分析同类竞争者的定位和宣传策略,确定产品自身的宣传策略和创意侧重。此外,广告创意还需要与消费者相联系,激发消费者的共鸣,找准消费者的痛点,让消费者的诉求得到满足。

其次,原创性是广告创意的"生命",保证原创才能保证广告创意的新颖。广告创意是广告人对创作对象进行想象、加工、组合和创造的过程,利用新颖的具象内容展示抓住消费者的注意力,使之产生兴趣并最终说服消费者采取购买行动。在广告创意中,原创性的展现是多方面的,包括反传统的角色、观念和表现,以及一切新旧元素的组合。

最后,震撼性强调广告需要具备一定的震撼力,旨在引起消费者的注意并对消费者产生购买影响。心理学家认为,当刺激信号没有变化时脑细胞终止反射活动,只有当刺激信号变化时才能引起反响。因此,震撼性是传播观点展现产品信息的重要元素。

总体而言,ROI理论的三个核心要素在逻辑上存在着先后顺序的关系,而且在作用上各有不同,相互独立且不能取代。一个好的广告创意需要同时具备这三个要素,并通过深入了解市场、产品特性、产品定位和消费者达到三者的完美结合,设计出有效传达产品信息的广告。

案例 1-1 如何运用ROI进行创意工作

大多数创意产品设计都介于两者之间:你不确定它是否已经达到了应有的水平,也不知道从哪里去改进它。对于这些情况,不妨尝试ROI分析:关联性、原创性和震撼性。作为一个巧妙的创意技巧,可以帮助你客观地看待设计,并找到需要改进的地方。

1. 关联性:产品与设计是否能与受众产生共鸣

产品关联性是指延伸产品与原品牌之间的"相似性或相关性",即消费者头脑中原品牌知识与新产品认同的相关联程度。

对于具体产品的关联性而言,关联性是

指原品牌与延伸产品在工艺、功能、材料、形式等方面的相关联程度，产品关联性越高，越能使消费者接受；对于受众的关联性而言，关联性则是指原品牌与延伸产品受到消费者性别、年龄、文化、职业以及地域等特点的影响。在品牌延伸中，将原品牌延伸到原有忠诚消费群中，品牌延伸更容易成功。

2. 原创性：你的创意新颖吗

虽然关联性是第一位的，但优秀的设计不仅仅是向用户展示他们感兴趣的东西。

包装设计师经常会处理相同的产品和设计元素，但他们似乎从不缺乏原创的想法。图1-3是包装设计师为2023年小红书新年礼盒设计的包装。2023年小红书新年礼盒的主要目标人群为员工与合作伙伴。新年礼盒承载了新年祝福，需要体现小红书年轻活力的品牌形象，礼盒设计上希望能兼具实用和创意；礼盒内的选品包含了挎包、毛毯、兔年限定IP公仔、日程本、红包。礼盒主题为"好好过年"，叠词在中文语境中常用来表达美好与圆满。活力的橙红色使包装设计更有感染力，同时与小红书的红色标志（logo）形成呼应，礼盒设计围绕"双倍"的概念，成对的兔子与叠词贯穿在设计中，希望来年好事连连。包装的设计尽可能减少一次性与昂贵包装材料的使用，而是选择更符合目标人群实际需求的礼品，将预算投入在日常可持续使用的产品中，关注环保与实用。

因此，在进行创意时需要考虑："我能否在创造视觉上新鲜和新颖的东西的同时保持关联性？"需要注意的是，在设计中，原创性通常只是做一些与常规略有不同的事情：①用插图代替图片；②显示夸张的字体；③尝试用黑白图像代替彩色图像；④尝试一个不常见的布局；⑤尝试不同寻常的颜色组合按类型设计等。

图1-3 小红书的包装设计创意

资料来源：http://www.qinluecn.com/news/show-2068.html。

创意可以是这些东西的简单组合，也可以与这些东西完全不同。关键在于，通常可以通过改变设计的某些方面来引入原创性，而不必完全重新设计。

3. 震撼性：你的设计是否吸引眼球

假设有人正在浏览一本杂志，在看到了你的设计后，他是会停下来看你的设计，还是会继续浏览杂志呢？

具有强烈视觉震撼性的设计具有强大的制止力，这是至关重要的。如果人们一开始就没有注意到你的设计，那么其他任何东西都不重要了。

要想达到这种效果，你需要在创意一开始就考虑到它对观众的冲击性。一个想法诞生后，需要思考它的视觉效果和冲击力。人们会停下来看它吗，还是说它很容易被忽视？好的设计总是有一个有冲击力的视觉外观。

资料来源：https://wiki.mbalib.com/wiki/%E4%BA%A7%E5%93%81%E7%9B%B8%E5%85%B3%E6%80%A7。

3. ROI理论的应用

虽然ROI理论最初是用于广告业的创意产生指南，但随着理论概念的发展和广告的广泛应用，可以将 ROI 理论推广到各个领域的创意产生中。在商业思维方式上，ROI 理论体现了一种思维方式的转变，从产品到消费者，从诉求到表现的转变。伯恩巴克提出的 ROI 理论能满足从创意产生到实践的全过程艺术创新，他明确将广告创意定义为在了解产品基础上充分发挥创意者想象力和创造力的艺术创作，突出强调艺术的独特性和新奇性。

基于 ROI 理论极强的实践性，可以将广告创意活动划分为以下两个环节：一是创意广告的"准备"，包括前期的调查和后期媒介的选择与发布方式等，可以理解为科学调研后的实践；二是广告的"创作"，伯恩巴克将此环节定义为艺术行为，与科学的严谨性和逻辑性不同，艺术创作要求创意人员的个性发挥。

在广告创作的标准上，要遵循 ROI 的三要素原则：

- 关联性——准确定位诉求；
- 原创性——创意内容新颖；
- 震撼性——表现手段巧妙。

在艺术创作策略上，也要遵循 ROI 的三要素原则：

- 关联性——建立创意和产品、消费者的理性逻辑；
- 原创性——突出与同品类与众不同的心理定位；
- 震撼性——通过对诉求的冲击达到与消费者的感性共鸣。

1.2.2 USP 理论

1. USP 理论的起源

独特的销售主张（unique selling proposition，USP）理论，简称 USP 理论，是由罗瑟·瑞夫斯（Rosser Reeves）在 20 世纪 40 年代继承并发展霍普金斯科学的广告理论的基础上提出的。该理论是基于广告运作规律的科学的总结，并在达彼思广告公司的广告实践中得到了验证。瑞夫斯在 1961 年出版的《广告的现实》一书中对 USP 理论进行了系统的阐述。

作为广告科学派的代表人物，瑞夫斯主张广告创意要注重"实效"。他认为广告的中心任务就是运用科学的方法从产品中寻找到一个独特之处，继而用简单直接的方式在广告中表达这一主题，并反复地将这一信息传递给受众。他强调创意是用来服务于销售的，如果脱离了销售基础，再有创意的广告也失去了存在意义。

M&M 巧克力豆的广告语是瑞夫斯运用这一原则而声名大噪的经典案例。M&M 巧克力豆在当时是第一种用糖衣包裹的巧克力。对于这样一种新产品，瑞夫斯潜心对其产品特征进行研究，只用了十分钟的时间就找到了 M&M 巧克力豆的 USP。糖衣包裹的巧克力不会轻易在手上融化，这就避免了在吃巧克力时会弄脏手，在这样的创意概念下，"只溶在口，不溶在手"（M&M smelt in your mouth, not in your hands）的广告语也就应运而生了。

瑞夫斯还为高露洁牙膏找到了 USP。在当时，几乎所有薄荷味的牙膏都具有清新呼吸的功效，但大多数的牙膏都把广告的着眼点集中在"固齿""防蛀"上。在这样的背景下，瑞夫斯第一个宣称高露洁牙膏具有清洁牙齿和清新口气的功效。从此之后，高露洁牙膏的广告语"清洁牙齿，清新口气"（Colgate cleans your breath while it cleans your teeth）声名远播。

USP 理论强调一则广告首先需要向消费者明确陈述一个消费主张；其次，这一主张必须是独特的——一个强烈的诉求或者一个强烈的概念；再次，这一主张必须对消费者具有强大的吸引力和打动力——买下这个商品，你会因为它的独特用途而受益。他认为，USP 理论就是基于对产品独特性的真实思考，把产品独一无二的特质变成一句有力的说辞，让消费者从广告中领悟到广告创意的独特主张。

2. USP 理论的具体内容

USP 是指公司、服务、产品或品牌所展示的独特利益，使其能够从竞争对手中脱颖而出。这些主张必须突出产品的优点，对消费者来说是有意义的。这些主张涉及客观可验证的产品属性或使用中的好处。每个广告都必须向消费者提出一个主张，而不仅仅是文字、产品吹捧或橱窗广告。

瑞夫斯的 USP 理论的核心就是发现商品独一无二的好处和效用，并有效地转化成广告传播的独特利益承诺、独特购买理由，进而影响消费者的购买决策，从而实现商品的销售。USP 理论的运用，可以使广告活动发挥得更有效，是使成千上万的广告策划成功的一个秘诀。

创建或修改企业的 USP 前需考虑以下几个因素。

（1）明确企业的目标市场（target）。企业的主要目标群体是谁，他们有什么需求或愿望？

（2）发掘企业的与众不同（uniqueness）。企业的独特优势是什么，如何利用这些优势？

（3）寻找企业的重要价值（benefits）。企业能为客户提供哪些无法替代的价值，有哪些优势可以吸引目标客户？

（4）选择企业的传递方式（communication）。在不同的销售情境下，哪些传播手段是适宜的？

（5）缩小企业的目标受众（narrowing）。评估企业的竞争对手，凸显自身的 USP。

（6）初步测试效果（testing）。在批量投放市场前，可以小范围验证所提出的销售主张是否有效，对消费者是否有影响。

众多学者一致认为，企业实施 USP 具有显著的优势。然而，具体的实施步骤对于企业的成功至关重要。因此，寻找一种能够在竞争中脱颖而出的方法显得尤为重要。

瑞夫斯将 USP 理论内容总结为三个部分。

（1）明确的销售主张。在广告宣传中，必须向消费者传达一个明确且具有吸引力的销售主张。这个主张必须清楚地说明购买该商品将获得的具体好处和效用，从而为消费者提供充分的购买理由。通过明确销售主张，广告能够有效地吸引目标受众的注意力，并激发他们的购买欲望。

（2）销售主张的独特性。主要体现在其独一无二的创意上，这种创意在特定的广告区域内具有新颖性，是竞争对手无法提出的。主体最好没有被其他竞争者宣传过，从而成为品牌或诉求所具有的独特个性。

（3）销售主张的普遍性。主要体现在其受到广大消费者的广泛认可。这一主张在社会大众中产生了热烈的反响，其影响力足以覆盖数百万人群。这种普遍性不仅推动了销售业绩的提升，还对消费者的购买决策产生了积极影响，促使新顾客产生购买行为。

早期的USP理论由于过于关注产品特性，而忽视了对消费者需求和感受的深入理解，因此在20世纪60年代，该理论面临着市场变化的严峻挑战。然而，在20世纪70年代，随着营销观念从"推销观念"向"市场观念"的转变，USP理论的价值重新得到了认识。在这个阶段，广告商所寻找的USP不仅关注产品特性，更重视对品牌特性和消费者需求进行深入分析。结合产品特色，广告商确定了更加精准的销售主张。进入20世纪90年代后，USP理论进一步发展，与品牌形象紧密结合。这一时期的USP理论强调，创意应源于对品牌精髓的深入挖掘。此时的USP理论不仅帮助企业销售产品，还承担起了构建和增长品牌资产的新使命。

经过不断丰富和发展，USP理论逐渐适应了新的市场特征和需求。这一理论为企业提供了更加全面和更加有效的营销策略，帮助企业在竞争激烈的市场中脱颖而出。

案例1-2 | 如何发现独特卖点

以下是根据瑞夫斯USP理论总结发现独特卖点的方法及步骤，你可以利用它们来优化销售策略。

首先，设身处地为客户着想。很多时候，企业家会爱上他们的产品或服务，而忘记他们必须满足客户的需求，而不是他们自己的需求。从日常运营中抽身出来，仔细思考客户真正想要的是什么。假设你经营一家比萨店。什么能让他们一次又一次地光顾？答案可能是质量、方便、可靠、友好、清洁、礼貌或客户服务。价格永远不是人们购买的唯一原因。如果你的竞争对手因为规模更大而在价格上击败了你，那么你必须找到另一个满足客户需求的销售特色，然后围绕这个特色开展你的销售和促销工作。

其次，了解客户行为和购买决定的动机。有效的市场营销需要你成为一个业余心理学家。你需要知道是什么驱动和激励客户，如年龄、性别、种族、收入和地理位置，大多数企业都收集这些数据来分析销售趋势。例如，许多化妆品和酒类公司宣传的成功是因为它们知道心理导向促销的价值——人们购买这些产品是基于他们的欲望（追求美好、品质、魅力等），而不是出于他们的需要。

最后，找出客户购买你的产品而不是竞争对手的产品的真正原因。随着业务的发展，你将能够向你最好的信息来源——你的客户进行询问。对于刚刚起步的创业企业，没有一定的客户数量时，可以选择"逛逛"竞争对手的商店。许多零售商经常会去竞争对手的商店看看他们的售卖产品和销售状况。如果你真的很勇敢，可以尝试在客户离开后询问他们对竞争对手的产品和服务的意见。

一旦你完成了这三步市场情报流程，你

就需要迈出下一步，也是最难的一步：清除头脑中任何关于你的产品或服务的先入之见。认真思考你的业务有哪些特点让你脱颖而出？你能推广什么让客户愿意光顾你的企业？你如何定位你的企业来突出你的USP？

资料来源：Unique Selling Proposition（USP），https://www.entrepreneur.com/encyclopedia/unique-selling-proposition-usp。

3. USP 理论的应用

USP 理论的提出者瑞夫斯所在的达彼思广告公司，基于瑞夫斯的 USP 理论进一步发展出了达彼思品牌轮盘模型。这一模型不仅继承了 USP 理论的独特性原则，而且结合品牌理论，形成了一套完整的操作模型。这使得 USP 理论更加严谨、富有生命力。

达彼思品牌轮盘模型被视为一个强大的工具，用于分析消费者对品牌的认知，该模型由一系列同心圆组成，最中心的是品牌核心。在构建品牌核心之前，必须从外部到内部寻找品牌的要素，这些要素的具体内容如图 1-4 所示。

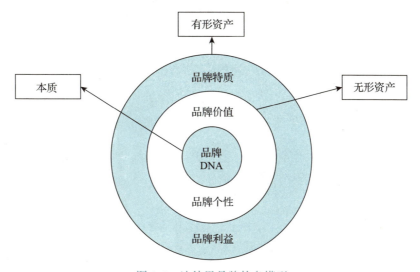

图 1-4　达彼思品牌轮盘模型

品牌特质（brand attributes）：品牌的物理性和功能性特质，品牌如何被定义，它的功能是什么？

品牌利益（brand benefits）：品牌作用和使用的结果，品牌能发挥什么作用，消费者使用后能得到什么样的结果？

品牌价值（brand values）：自我/他人的感觉，消费者使用该品牌后的自我感受是什么，别人会如何看待使用该品牌的人？

品牌个性（brand personality）：品牌希望通过宣传表达出何种态度？

1.2.3　协同创意理论

1. 协同创意理论的起源

随着互联网的普及和数字化时代的到来，传统广告营销环境发生了巨大的改变。

这使得企业在进行品牌管理时，需要更加多元化地选择方式和渠道。同时，品牌形象传播的形式也在不断更新，以适应数字化时代的需求。在这样的背景下，协同创意理论应运而生。

陈刚（2008）提出的创意传播管理（creative communication management）是协同创意理论的根基。他认为，互联网的发展导致了消费形态和传统广告营销传播模式的彻底改变。广告传播行业从运营方式到策略模式和创意执行形式都产生了巨大的改变。新媒体时代的营销传播，是以人的智慧与数字技术相结合为基础的创意传播管理。如图1-5所示，创意传播管理是一个不断循环往复的过程。在这个过程中，需要找到品牌传播问题、制定传播策略、执行创意传播、评估传播效果。然后，再找到新的品牌传播问题，再解决问题，最终实现品牌传播资产的不断增值。因此，在数字化时代，企业需要更加注重品牌传播的管理和协同创意理论的运用。只有这样，才能更好地塑造和传播品牌形象，提升品牌价值和市场竞争力。

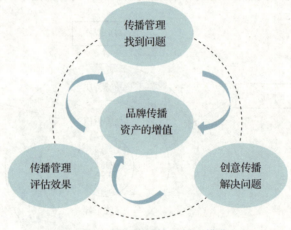

图1-5　创意传播管理循环模式

资料来源：沈虹.缘起"协同"：论"协同创意"的理论渊源[J].广告大观（理论版），2013（4）：74-81.

沈虹在其2011年发表的《互动网络营销传播的创意研究》中首次提出了"协同创意"（negotiated creation）的概念，并将其定义为"有消费者参与的品牌建构的一种过程"。沈虹强调，企业或品牌需要积极邀请消费者共同参与"沟通元"的创意，使其成为再次创意的起点，通过不断地复制、延伸、丰富"沟通元"，激发传播的浪潮，并实现企业或品牌的营销传播目标。"沟通元"是指一种基于内容的文化单位，它涵盖了生活者最感兴趣的内容和最容易引起讨论与关注的话题。在传播者和生活者的积极互动过程中，沟通元不断地丰富和再造，并持续传播。

在协同创意的过程中，消费者的价值与企业或品牌的价值通过各种互动参与的环节进行反复商议、沟通、磨合和协商。在这个过程中，消费者可能持有与企业或品牌不太相同的价值认知，但只要不违背企业或品牌整体形象的统一，消费者可以保留自己对企业或品牌的个性化感受。这种异同的过程即被称为"协同创意"。沈虹认为，品牌协同创意是品牌与消费者建立良好的互动关系，共同促进品牌的传播与发展的过程。协同创意既包括消费者在认同品牌核心价值的基础上，有取舍、有选择地参与到品牌建构中的内化过程，也包括品牌建立创意框架，并与消费者进行类似博弈的协商认同关系的外化过程。最终，消费者的创意和与品牌间的协商将形成新的品牌传播模式，从而实现品牌的螺旋式推广与扩散。

2. 协同创意理论的具体内容

协同创意理论的溯源研究是对品牌在数字传播环境下协同创意理论的深度探讨，也是营销传播实践的理论指导基础。基于这一理论，协同创意已经从原先的创意传播执行层面深化为立足于数字营销环境下的实现路径，涵盖了从创意的初始阶段到营销传播乃至消费者参与的全过程。

数字传播的4I原则是沈虹（2013）在研究数字传播环境下品牌与消费者的关系时发现的品牌协同创意运行策略，4I原则共同构成品牌协同创意策略的整合力量：偶发性（incidental）、不平衡性（imbalanced）、交互性（interactive）、整合性（integrated）。

（1）偶发性策略。协同创意的偶发性策略源于网络事件的日益偶发性。在数字网络平台上，品牌面临的风险和机遇并存。消费者自发产生的与产品或服务相关的信息，可能随时引发品牌危机或传播契机。因此，企业的反应速度和态度对于协同创意策略的成功至关重要。

（2）不平衡性策略。协同创意策略的主要目标在于促进品牌与消费者之间建立一种相对平衡且稳定的互动关系。这种关系始终处于动态变化之中，因此，在制定传播策略时，需要全面考虑各种维度的关系。

品牌与消费者之间的关系往往存在不平衡性，解决这个问题的关键在于增加消费者与品牌的亲密度。这种亲密度与消费者日常生活的关联度密切相关。品牌与消费者关系从弱到强的转变关键在于消除生疏感，基于此所采用的营销传播策略强调将消费者与其所熟悉和亲密的东西紧密地关联起来。

以某女性卫生用品品牌为例，他们利用具有影响力的50位女性意见领袖，研究她们上传的图片。基于这50个人的个人爱好，该品牌将图片制作成独特的实物礼物，装进礼盒寄给这50位意见领袖。这一策略取得了显著的成功。虽然该品牌只送出了50个礼物，但收到了2 284次的网友互动，总计69万左右的网页被访问次数。这次宣传的成功在于该品牌不仅在用户体验与内容上给目标消费者带去了惊喜，同时通过这种特殊方式拉近了与消费者的距离。这一刻也是消费者最为放松的时刻，她们自己的图片被品牌做成一份特殊的礼物回赠给她们，其间的品牌亲密度，削弱了商家与消费者的不平衡关系。

（3）交互性策略。在数字传播时代，营销传播中的交互性成为一个极为活跃且难以把握的因素。品牌与消费者之间的交互关系，可能会对品牌的整体形象产生重要影响。例如，某个消费者对品牌的相关评论可能会使企业陷入危机公关的境地，但如果能够通过巧妙的交互性协同创意策略，就有可能将这一危机化解。因此，企业需要认真对待品牌与消费者之间的交互关系，以保持品牌形象的稳定和持续发展。

（4）整合性策略。在现代营销传播实践中，整合营销传播策略已经成为所有营销传播活动的思维基础。这种策略旨在整合每一个消费者在品牌分享、参与和协同过程中的体验。虽然协同创意的整合性策略可能来自营销传播者，但执行过程的主角一定是消费者。

协同创意的4I策略在营销传播领域实践中极其重要。它是品牌与消费者协同关系建构的关键所在，这些成分和要素是整个品牌关系制造和操作的核心所在，也是协同创意传播策略的重要评估原则。在当今数字传播时代，品牌与消费者的协同创意是营销传播和品牌建构的必由之路。品牌必须面对消费者除了消费关系之外，在品牌各个传播环节的深度参与。

3. 协同创意理论的应用

目前，品牌协同创意仍处于探索阶段，国内的相关研究主要集中在理论层面，且主要来源于学者及广告从业人员的个人经验，缺乏整体深入的实证考察，因此尚未形成完整的系统化实操模型。随着传播技术的不断更新，广告营销生态瞬息万变，企业与消费者之间的互动更加多元化，品牌协同创意实现的可能性也随之增强。2016年，由AR（增强现实）、VR兴起的技术革命带来了新一波媒介变革浪潮，相关的技术手段也被迅速引入广告营销领域，既冲击了原有的业态，也为企业的品牌传播创造了更多机遇。然而，以消费者为中心仍是当前传播的主题。

我国传统文化的宣传也已经与协同创意理论的精髓相结合。一个典型的例子是，2017年，故宫博物院为推广其传统文化推出了一款具有娱乐性的现代化场馆——故宫VR体验馆。故宫的专家期望通过先进的VR技术，加深观众对故宫文化整体的认识，使人们能够亲身体验故宫的历史和文化魅力。在体验馆内，游客仿佛突破了时空的限制，变身为古人，在鲜活的历史场景中行走、触摸和体验。这种将传统文化与现代技术巧妙结合的方式，正是协同创意理论应用的体现。以受众参与互动为核心的协同创意将在未来的创意应用中发挥更大作用。

1.3 创意应用的工具方法

1.3.1 创意产生的五个步骤

詹姆斯·韦伯·扬（James Webb Young）在《创意的生成》中明确指出，创意的产生并非偶然，而是有规律可循。他以"万花筒原理"为比喻，形象地描述了创意生成的过程。在这个原理中，混色玻璃碎片组成了万花筒的内部结构，当透过棱镜观察时，这些碎片会呈现出各种几何图案。每次转动万花筒，这些碎片就会形成新的关系，从而呈现出不同的面貌。从数学的角度来看，万花筒中产生新组合的概率很大，而且内部玻璃碎片的数量越多，新组合产生的可能性就越大。

詹姆斯·韦伯·扬进一步总结出创意产生的五个步骤。

（1）尽量收集原始素材。拥有和掌握足够的素材是后续步骤顺利进行的基础和保障，尽管收集素材的过程相对琐碎和无趣，但它是必要的。这些素材可以分为特殊素材和一般素材。特殊素材是指那些与目标受众直接相关的信息，相当于解决特殊问题而存在的素材。一般素材则是指人们观察生活的点滴，通过阅读书籍、日常生活学习所积累的看似无关的信息。以上素材的收集意义在于，创意就是旧元素的新组合。因此，我们应该重视素材的收集和整理，以便在后续的创意过程中能够更好地利用这些素材，产生新的创意和想法。

（2）将收集的素材充分消化吸收。所有的素材都是为了创意服务的，因此在创意产生之前，无法确定哪些素材有用，哪些素材无用。为了更好地利用这些素材，需要对它们进行分类和整理。同时，需要根据客户的诉求或产品与消费者的特点，寻找碎片化信息之间的关联性，对收集的素材进行辨识、研究和剖析。在这个过程中，需要有选择地吸收和消化素材，以便更好地满足创意的需要。

由于每个人的思考方式和创意出发点都不同，因此这个过程会导致个体产生一些不成熟、不完善的创意。尽管这些创意可能看起来杂乱无章，但它们对于后续的创意至关重要。因此，我们需要重视这个过程，并尽可能地完善和整理这些创意，以便更好地实现创意的目的。

（3）把整件事情放下，彻底放下。在这个阶段，可以将创意任务暂时放在一边，转而去做一些自己喜欢的事情，进行放松和休闲活动。在这个过程中，大脑会在潜意识里进一步消化所收集的素材，为后续的创意工作做好准备。因此，这个阶段看似无用，实则有助于提升创造力和工作效率。

（4）创意不期而至。历史上的许多创意往往是在这一过程中突然涌现的，而前三个步骤无疑是不可或缺的。以牛顿发现万有引力定律为例，当被问及如何得出这一伟大发现时，他回答道："因为持之以恒地思考。"这表明，前三个步骤的铺垫为创意的产生提供了必要的准备。因此，我们可以明确，长期地积累和深入地思考是创意产生的核心要素。

（5）把诞生的创意放回现实世界中经受考验。当创意产生时，创意主体会急切地希望将其转化为实际的设计或理念。然而，脑海中的构想与实际产出之间往往存在一定的差距。因此，需要对这些不完美甚至存在缺陷的地方进行逐一修正，充分考虑并验证创意的价值，才能真正将其应用于学习与生活中。

1.3.2 创意产生的奥秘

IDEO公司作为全球知名的创新咨询公司，其成功案例和富有深度的教导广为人知。其创意产品一次次在设计中引起轰动，从苹果电脑的第一款鼠标到帮助宝洁提升创新能力，这些都充分展示了IDEO公司的杰出创造力与创新精神。

IDEO公司成功的背后，其实是一种非常实际且有效的创新理念：只有突破常规、胸怀愿景，才能在商界中出奇制胜。这种理念不仅对IDEO公司的成功起到了关键作用，也对所有商界人士提供了宝贵的启示。

IDEO公司的总经理汤姆·凯利（Tom Kelley）在他的著作《创新的艺术》中揭示了IDEO公司长久保持高水准创意产出的奥秘。他指出，创新并不仅仅是一种设计技巧，更是一种思维方式和生活态度。只有拥有开放的思维和敢于尝试的精神，才能不断创造出新的、有价值的想法和产品。创新理念和思维方式不仅适用于设计领域，也适用于所有需要创新和创造力的领域。

具体而言，产生创意的奥秘如下。

1. 善于观察，专注细节

善于观察并分析一般人习以为常的事物，从细微之处寻找突破口，是产生创新思维的重要途径。汤姆·凯利认为，企业可以通过运用人类学工具，观察人们在自然环境下的行为和感受，深入了解顾客的需求和期望，从而发现新的创新点和市场机会。这种观察和洞察的方法可以帮助企业打破常规，开拓新的业务领域，提高市场竞争力。

2. 团队合作

激发团队激情、促成团队合作是推动团队迅速迈向胜利终点的关键。汤姆·凯利强调，集体讨论是 IDEO 公司文化中的创新引擎。对于各团队而言，在计划初期获得突破性的创意或解决突发问题是一种宝贵机遇。团队创造激情越高，集体讨论就越规律且有效。可将参与者称为"自由讨论者"，这样的表述使得自由讨论更像是一场激烈而迷人的活动。优秀的自由讨论者以乐观主义精神感染整个团队，帮助成员度过计划中最具挑战性的创意初期阶段。

3. 勇于创新

在为企业注入新鲜血液的过程中，雇用一些思想偏离主流的员工是一种值得尝试的策略。通过观察和发掘合适的员工，我们可以从他们身上获得意外的创意和灵感。那些敢于走捷径、尝试新用途、设想新情况的人往往具有独特的思维方式和创新能力，他们的存在可以激发周围同事的学习热情，并鼓励大家向敢于打破规则的人学习。因此，雇用思想偏离主流的员工可以为企业带来更多的创意和价值。

在一个注重创新思维的环境中，员工可以自由地进行各种新实验，通过反复试错来不断完善新概念。因此，企业需要营造一个鼓励创新的环境，认真听取员工的想法，尤其是那些与常规思维不同的想法。即使在风险较高的环境中，创新者也可以进行幕后实验来测试创意的雏形，从而为企业带来更多的创新成果。

4. 突破原有思想框架

创意产生的最大障碍在于公司固定的意识倾向，因此需要避免僵化思想对员工精力的侵蚀。每个伟大的组织都需要有挑战现状者，因为打破旧习者能够为公司带来新的想法和创意。即使反对意见是少数，也不能利用强权遏制有价值创意的提出和采纳，相反，这些反对意见可能是对创新大趋势的敏锐把握。因此，应该鼓励员工提出不同的观点和想法，以促进公司的创新和发展。

5. 迎难而上

优秀的企业通常具备无畏风险的勇气，积极面对挫折，并勇于探索未知领域。逆境对于团队而言，就像一种凝聚剂，能够让团队成员更加紧密地团结在一起，共同应对挑战。在面临巨大的团队挑战时，只有迎难而上并勇于尝试，才能激发出更多的创意和灵感，推动团队不断前进。

1947年，查克·叶格（Chuck Yeager）驾驶贝尔 X-1 型飞机成功突破声障，这一事件在某些情况下被视为一个关于"带有翅膀的子弹"的新闻故事。然而，鲜为人知的是，这种飞机最初的模型实际上是一枚子弹。因此，当你有好的创意时，即使不知道竞争对手的创意，你也必须寻找其他灵感来源。

1.3.3 伟大创意的诞生

史蒂文·约翰逊（Steven Johnson）被誉为科技界的"达尔文"，他在其著作《伟大创意的诞生》中提到，创意是一种缓慢的灵感，是一种直觉，在每一段时间的尽头，都能开出艳丽的玫瑰。

（1）伟大的创意常常是已有想法的连接和组合，很少是灵光一现。《伟大创意的诞生》一书指出，创意并非单纯是指全新的想法或瞬间灵动的灵感，而是指在相邻的元素之间可能产生的奇特组合。这种组合可能会产生新的创意，因为当我们对创意的边界进行新的探索时，原有的边界就会重新扩展。新的创意组合为其他创意组合提供了可能，就像一座施了魔法的房子，每打开一扇门，就会进入一间新的房子，发现一些新的、别有洞天式的美景。伟大的创意正是通过尝试使用不同的钥匙来推翻已探索的事实，对已有想法进行不同排列组合并连接成更伟大的创意。

（2）伟大的创意常常是集体智慧的集合，很少是个人智慧的成果。史蒂文·约翰逊在书中指出，随着城市规模的扩大，城市内会迅速涌现出更多的新创意。在大城市中，更容易发现更多的专利和发明。然而，每个城市中的人均专利与发明数量大致相等。这是因为规模较大的城市能够汇集更多的集体智慧，通过各种创意的交流和思考，产生真正有益于个体、社会和世界发展的伟大创意。

（3）伟大的创意常常源于无心插柳。它包括意外收获、错误中寻找答案、功能异化。正如在一个活跃的"创意想法熔炉"中，各种想法和创意在不断相互作用、碰撞和融合，从而催生出各种新颖的活动。在这个过程中，新的连接形式和创意瞬间涌现。许多创新的想法并非刻意追求，而是在不经意间通过观察和体验逐渐形成的，这些新的活动或连接形式往往超出预期，但经过实践和验证，最终成为伟大的创意。

（4）伟大的创意常常依存于开放的生态，而不是封闭的竞争。"创意制造者"不仅开启了融合创意想法的可能性，还创建了全新的场所。旧观念能够吸收新创意，而新创意也能够借鉴旧想法。通过"堆叠"平台，创意提出者无须掌握所有知识，因为开放包容的环境更有利于团队中伟大创意的诞生。相反，封闭的环境会阻碍创意的发展。

| 案例 1-3 | 中国疗养院的创意设计

在面临老龄化挑战的中国，建设一所设备完善、服务周到的疗养院是至关重要的，它能为老年人的生活提供更多的便利。为了更好地理解老年人的生活和需求，设计师们从设计思维的五个阶段理论出发，为疗养院提供了优秀的设计概念。这些概念包括以下几点。

（1）感同身受。如果没有对设计的对象及用户有深入了解，设计思维就无法开展。

作为一名设计师,需要具备共情能力,了解使用设计的目标群体需要什么、想要什么,甚至他们想不到但切实存在亟待解决的问题。

适老化设计是指在建筑中充分考虑到老年人的身体机能及行动特点做出相应的设计,它包括养老设施、老年人住宅以及适老化的公共空间等。这就要求设计师充分考虑老年人的生活习惯、身体状况和心理需求,与他们沟通交流,与老年群体产生共鸣。

(2)定义问题。问题直接影响了设计方向。在这一步需要提出正确的问题陈述,如果努力错了方向,那么再巧妙的创新也帮助不到目标群体。

在疗养院里,为老年人提供良好的配套医疗和看护功能,加强老年人之间的沟通,减少他们的孤独感是疗养院的基本要求,而设计诉求也是希望为老年人提供更宜居的养老环境。所以,除了基本的空间功能、人流动线、陈设等适应老年群体外,如何在空间中加入疗养功能成为设计师需要重点解决的问题。

(3)构思。构思是想法产生的过程,通过联想来拓宽解决问题的思路,从而找到更好、更适合,同时令使用者满意的解决方案。既然老年人的需求不同,设计师就需要思考如何通过设计来解决他们的特殊需求。例如,坐落在北京的"远洋璞湾(和园)持续照料养老社区超中心"将四合院建筑群改造成养老社区公区,为北京老年人而设计。四合院是本地老年人年轻时典型的居住空间,这次改造将多个四合院组团打造成一个连贯的封闭建筑。连廊和敞开的院子都被幕墙封闭从而加大了活动空间,阳光更多地被引入室内,从室内又能看到更多老房子的样子。过去胡同里户外下棋和挑水果的场景在室内被营造出来;音乐课室也设置在院子中间;还有两层楼高的图书馆建在过去的胡同口的前广场……如此构思为一直在北京生活的老年人带来了熟悉感和满足感。

(4)原型。借助空间建模,设计师可以模拟老年人活动的真实感受,模拟疗养院装潢颜色、材质,提前预设空间效果,避免落地后发生偏差。在模型中不断改进方案,优化细节。

(5)测试。将上一步筛选的最优方案投入使用,在真实情况下观察使用者的状态,可能会发现之前忽略或者需要加强的设计内容。更加深入了解目标群体行为习惯,增加设计的合理性。

总的来说,设计思维模型并非要求按照既定的流程顺序进行设计,而是提供了一种在设计过程中进行思考的方法。这种方法有助于我们发现并弥补设计中的不足之处,并在每个阶段灵活运用不同的方法和工具,以获得最佳的设计解决方案。

资料来源:https://mp.weixin.qq.com/s/NRDNs2owDdF0vEd6h2v2EA。

1.3.4 设计思维方法

创意设计在成功企业中占据着至关重要的地位。根据未来研究所(Institute For The Future,IFTF)发布的《2020年未来工作技能报告》,设计思维被列为一项关键技能。事实上,在过去十多年中,许多表现卓越的公司都以强大的设计主导战略为支撑。

与当前以设计为中心的趋势紧密相连的是,众多广告公司、咨询公司、创意工作室以及创意顾问通过举办关于"设计思维"和"设计过程"的研讨会,找到了新的盈利模式。为何设计思维在企业高管中受到如此广泛的欢迎,以及它如何应用于企业创意的生成、实践和验证中,这是本小节需要探讨的问题。我们将从设计思维的概念提出、模型介绍、关键要素分析等方面进行详细阐述，并通过实例进行说明，以帮助读者更全面地理解设计思维的本质，并将其应用于实际工作中。

1. 概念提出

设计思维是一种创新性的解决问题的方法论，最初由美国商业创新咨询公司IDEO提出。IDEO公司总裁蒂姆·布朗（Tim Brown）将其定义为：以设计师的敏感性和设计方法为基础，在满足技术可实现性和商业可行性的前提下，以满足人的需求为目标的设计精神与方法。

设计思维是一种以用户为中心的设计理念，其关注点在于通过深入理解用户内在心智模型、用户所处的环境以及观察在心智模型和所处环境双重作用下的使用行为，来设计出真正能够融入用户生活、被消费者依赖的产品。设计思维追求以人为中心，通过整合团队成员的不同观点、创建特殊的交互环境，进行反复而快速的原型设计。这种方法不仅能成功应用于创新性产品、系统或者服务的开发，同时更是思维方式的变革，帮助个人和企业更好地连接和激发他们的构思过程。设计思维不是以问题为中心，而是以解决方案为中心，以行动为导向，包括分析与想象来构建创意、简化流程和改善客户体验的最佳工具（Brown，2008）。

2. 模型介绍

斯坦福的学者将设计思维模型总结为五个部分：引起共鸣（empathize）、解释阐明（define）、形成概念（ideate）、构建雏形（prototype）、测试检验（test）。具体而言，提出创意的设计思维模型包括以下五个步骤，如图1-6所示。

图1-6　设计思维的五步骤模型

资料来源：Design Thinking as a Strategy for Innovation，https://www.creativityatwork.com/design-thinking-strategy-for-innovation/。

（1）发展对用户需求和背景的深刻共情理解。在设计思维模型的第一步中，我们需要强调创意提出者需要平衡逻辑思维和对用户的同理心。曾任IDEO公司研究员和芝加哥设计学院董事会成员唐·诺曼（Don Norman）非常重视这一步骤。他认为，工程师通过训练形成了逻辑思考，因此他们相信人们会按照这种方式思考，并相应地设计机器。然而，当消费者遇到麻烦时，工程师就会感到困扰，因为大多数工程师在设计上的问题是他们太有逻辑了，反而忽略了产品的设计必须接受人类行为的本意。

为了平衡逻辑思维和对用户的同理心，唐·诺曼介绍了如何利用设计思维逻辑模型进行设计。在这个过程中，我们需要考虑技术可行性、用户吸引性和商品价值化。同时，我们还需要把控创意执行的质量、生产成本和市场相关性的影响因素。最终，通过这些步骤，我们可以获得完美的设计。

（2）基于对话厘清需求明确问题。在设计领域，常常缺乏明确的科学指南来指导如何提出一个优秀的问题或创意。这正是设计被视为软科学的原因之一。然而，在大多数情况下，一个简单的问题可以揭示答案：为什么？

亨利·福特，这位20世纪最具影响力的汽车发明者，曾经有一句名言："如果我问人们他们想要什么，他们会说更快的马。"这句话揭示了一个重要的道理，即仅仅询问人们他们需要什么是不够的，因为人们往往会把自己投射到他们已经知道的解决方案中。因此，设计师在寻求创新和解决问题的过程中，应该反复询问："为什么要设计，设计是为了做什么？"这样的提问可以帮助设计师跳出传统的思维框架，寻找更加创新的解决方案。

这个例子充分展示了设计师如何通过深入了解用户的需求和动机，超越用户最初的回答，从而更好地满足他们的需求。虽然"明确问题"听起来很简单，但实际上这是一个非常复杂的过程。厘清问题不仅可以帮助设计师与其他人（如团队成员、领导、客户）建立联系，更重要的是，它可以帮助设计师建立同理心，从而设计出更符合用户需求的解决方案。因此，设计思维的核心不仅在于意识到用户真正的需求，还在于通过合理的问题假设，挖掘出更加切实可行的解决方案。

（3）形成创意团队。设计思维是一个多学科团队通过提出问题来聚集和组织自己的过程。每一步，团队成员都会回顾最初的问题框架，以评估设想的解决方案的相关性。设计师在团队中保持有条不紊和分享自己的想法对于产生创意的设计思维非常重要。

（4）使用结构化和便利的过程形成创意。在设计过程中，除了可能对设计观点进行修改外，还可能对产品规模进行调整。在考虑产品设计时，所有决策，包括从产品定义到最小细节的确定，都应全面考虑整体情况，如图1-7所示。

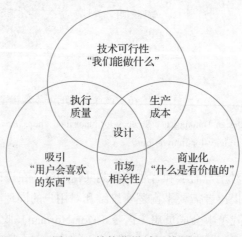

图1-7 结构化设计思维图

资料来源：https://www.ideodesignthinking.cn/。

通过对设计思维本质的深入解析，我们可以将其理解为由设计者、消费者和市场端共同构建的一个交互系统。这个系统涵盖了三个关键元素，即设计者、消费者和市场端，它们之间相互作用、相互影响，共同推动着设计思维的发展和演变。

首先，对于设计端，我们需要明确产品的核心目标，即该创意所要解决的具体问题。基于对现有技术的理解和掌握，我们需要思考如何通过技术交互实现最佳效果，以满足问题的解决需求。同时，我们也需要对项目相关的背景因素有所了解，包括技术、财务和法律等方面的限制。

其次，从消费者角度出发，我们需要通过换位思考来理解受众对创意的态度。这有助于我们确定创意能否真正满足用户的需求，并成为解决问题的最佳方法。

最后，在市场层面，我们需要从产业链发展的角度来评估创意的价值和意义。这包括从微观层面分析创意的执行、生产成本和市场相关度，以及从宏观层面评估创意的商业化潜力。

设计思维法则在宏观和微观层面之间的来回移动，是确保项目不同创意之间平衡和一致性的唯一方法。这种设计思维的过程和方法有助于设计师对创意进行系统的构建。

（5）将创意运用到实践中进行检验。为了将创意运用到实践中进行检验，设计思维需要进行迭代和测试。琳达·奈曼认为设计思维是一个迭代的非线性循环，包括在特定情况下对客户或用户未满足的需求进行深入理解，理解数据并发现见解，质疑假设，探索不同的观点，将问题重构为机会，产生创造性的想法，批评和选择想法，通过原型和实验进行测试，完善解决方案，并最终实现创新。

3. 关键要素分析

设计思维之所以有效，是因为它是一个基于创意环境下的多方参与、对话和学习的协作共创过程。因此，思爱普软件集团总结出实施设计思维的四个关键因素：领导力、团队、流程、环境。当领导让客户和/或利益相关者参与到定义问题和开发解决方案的过程中，将更有可能获得对变革的承诺，进而为创新提供有力支持。

（1）领导力。将设计思维方法合理应用于企业发展战略的领导能力，能够迅速推动企业形成以设计思维为核心的企业文化。这种领导力能够将设计思维举措与企业设定的战略目标紧密结合，为企业发展提供明确的方向、充足的资源和坚定的承诺。

百事公司前董事长兼 CEO 卢英德（Indra Nooyi）在接受《哈佛商业评论》采访时指出，设计思维不仅仅是激发创意的手段，更是一种商业战略和领导力的核心。2012 年，她强调了设计思维在整个商业系统中的重要性，涵盖了从产品设计到包装和标签，再到产品在货架上的外观，以及消费者如何与产品互动的各个方面。

（2）团队。优秀的领导者需要通过成功的项目来引导团队员工进行工作变革。为了实现这一目标，可以建立组织内部的创新社区，让员工自由分享创意并不断进行优化和改进。这样的社区可以为员工提供一个平台，让他们能够积极参与并贡献自己的想法，从而推动组织的持续发展和进步。

（3）流程。流程设计思维框架作为组织内部设计思维的通用模式，对于确保流程的顺利推进具有重要意义。在具体应用过程中，应根据不同部门或创意情境的特点，对方法和工具进行适当的调整和改进，以确保流程的适应性和有效性。

（4）环境。优秀的创意产生于良好的环境之中，而员工能够进行开发和协作的工作空间环境对于设计思维的发展同样至关重要。

设计思维是一种系统性的思维方式,它利用逻辑、想象力、直觉和推理来探索各种可能性,并创造出有利于用户预期的结果。这种思维方式不仅为企业提供了创新的新信息,而且始于对客户或用户未满足或未明确的需求的理解。设计思维注重从用户的角度出发,通过深入了解用户的需求和痛点,为企业提供更加符合市场需求的产品或服务。同时,设计思维也强调创新和实验精神,鼓励企业不断尝试新的方法和思路,以推动产品和服务的不断升级与改进。

4. 设计思维的应用

琳达·奈曼通过回顾与客户合作利用设计思维进行创新的实践过程,将使用设计思维解决问题的方法归纳为以下八个步骤。

(1)发掘设计问题。在发掘设计问题的阶段,需要选择一个具有战略性的主题来关注和学习。设计思维始于明确最终目标,设想理想的未来,并思考如何实现这一目标。选择的主题应对设计者具有吸引力和激励性,激发其创造力和创新精神。在此阶段,还需要思考:"我需要了解什么?设计问题中蕴含的机会是什么?"以便为后续的设计和创造过程奠定基础。

此外,为了实现有意义的创新,我们需要深入了解客户(包括内部和外部)的特质,而不仅仅是用户。通过提出开放式的问题,如"他们面临哪些问题""成功对他们而言意味着什么"以及"他们会从中获得什么,失去什么",我们可以进一步挖掘客户的需求和期望。此外,通过询问"是什么/为什么"的问题,我们可以深入了解设计背后的故事,从而激发设计者的洞察力和创造力。

(2)构建与重构。提出正确的问题是寻找正确解决方案的关键步骤。在理解设计思维的过程中,我们需要观察模式、主题和信息片段之间的关系。通过洞察客户的见解,我们将问题领域重新定义,从而发现机会。例如,迈克尔·米哈尔科在他的著作《创新精神:创造性天才的秘密》中,描述了丰田如何向员工征求提高生产力的想法。然而,他们没有收到满意的答复。于是,他们重新定义了问题,改为"你怎样才能让你的工作更轻松"。结果,员工们提供了大量的想法和解决方案。

(3)酝酿设计。创造力来自个人和群体的融合。因此,在进行小组构思会议之前,需要给予人们足够的时间来反思自己的想法并进行孵化,以便更好地激发创造力和灵感。这样的前期准备可以为后续的小组讨论和合作打下坚实的基础。

(4)将设计概念化。将设计概念化是指在深入了解客户或用户需求的基础上,为客户提供具有实际价值的产品设计方案。

构思过程并不仅仅局限于便利贴上的文字记录。为了激发创造力,我们可以使用各种不同的方式。在与客户的合作中,通过组织绘画、故事讲述以及即兴创作等活动,来充分调动他们的感官,激发想象力。关键在于营造一个轻松的氛围,让人们能够自由地表达自己的想法。

(5)决定方案。展示各种想法,从中挑选出具有影响力的想法。为了确保团队的精力得到有效利用,避免在每个想法上产生过多的争论,可以根据可取性、技术可行性和业务可行性等标准,对各个想法进行投票,来选出最佳想法。最终,团队将选择一到三个想法进行原型化并测试其可行性。

（6）建立原型。通过组合、拓展和完善初步模型或草图的方式，对创意进行细致设计。在此过程中，积极邀请用户参与测试，收集他们对于现有设计方案的意见和建议，以便及时对存在的问题进行调整和优化。

麻省理工学院（MIT）研究员迈克尔·施拉格（Michael Schrage）指出，有效的原型设计可能是创新型组织所拥有的最具价值的核心竞争力。通过原型反应，可以为创新提供宝贵的信息。在推出创新之前，可能需要经历多轮原型设计，这是设计思维过程的重要部分。

（7）传达思想。经过测试、制作和发布的原型将更有可能在市场上取得成功。

（8）迭代设计。设计并非线性过程，而是一个需要不断迭代优化的过程。通过反馈来不断改进设计思路，并在持续迭代中寻求平衡，直至达到相对稳定的状态。设计思维强调共同创造与协作，旨在激发人们的创造力和创新精神。

本章小结

创意是创造力的前提，更是创新的基础。本章首先介绍了不同领域学者对创意的理解，其次深入剖析创意的维度和与创意相关的理论，包括 ROI 理论、USP 理论、协同创意理论，最后介绍了创意应用的工具方法，例如创意的诞生、产生步骤、奥秘和设计思维方法等。

创意的实施层级可以划分为：策略创意、活动创意和执行创意。策略创意属于创意的顶层设计，也是经过对当下环境和目标的分析后推导出的创意核心；活动创意则强调将各类要素巧妙地结合并展现出来，注重展现形式和内容的衔接；执行创意则将核心目标分类以小型创意的方式呈现出来，将决定创意实施的质量和效果。

创意的理论是围绕创意所总结出的，不同学者总结出了多种创意实施策略。威廉·伯恩巴克的 ROI 理论侧重于从"关联性、原创性和震撼性"的角度设计创意；罗瑟·瑞夫斯提出的 USP 理论则更加注重创意的"实效"，通过销售主张的明确性、独特性和普遍性突出创意重点；沈虹提出的协同创意理论强调创意运用对传播环境的偶发性、不平衡性、交互性和整合性，该理论涵盖从创意初始阶段到营销的全过程特征概括应用。

设计思维方法作为创意重要的应用框架，以设计师的敏感性和科学的设计方法为基础，提出以用户为中心的设计理念。在创意的要素分析方面，设计思维是基于创意环境的多方参与、对话和学习的协作共创过程，其关键包括领导力、团队、流程和环境；在创意的产生方面，设计思维模型包括引起共鸣、解释阐明、形成概念、构建雏形、测试检验五个步骤；在创意的实施方面，贯穿了从设计问题到解决问题的全流程创意实施，具体有发掘设计问题、构建与重构、酝酿设计、将设计概念化、决定方案、建立原型、传达思想、迭代设计。

本章旨在系统地阐述创意这一概念，从起源、定义、相关理论到应用工具方法进行全面介绍。通过深入了解创意的本质，学生可以更好地掌握与创意相关的内容，为后续章节中创造力的介绍奠定基础。

思考题

1. 试从创意的不同维度阐述创意的主要内容，以及不同阶段创意的应用特点。

2. 结合所学的与创意有关的理论，选择一个你喜欢的广告创意，尝试对其进行不同的设计和呈现，并整理成创意方案设计。
3. 从中国疗养院的设计案例入手，试说明设计思维的核心步骤和关键步骤。
4. 你眼中的创意和创新有什么区别？它们之间是什么关系？

参考文献

[1] BROWN T. Design thinking[J].Harvard business review, 2008, 86(6): 84.
[2] CHRISTOPHERS B.Enframing creativity: power, geographical knowledges and the media economy[J]. Transactions of the institute of british geographers, 2007, 32(2): 235-247.
[3] HOWKINS J.The creative economy: how people make money from ideas[M]. London: Penguin UK, 2002.
[4] KELLEY T.The art of innovation: lessons in creativity from IDEO, America's leading design firm[M]. New York: Currency, 2001.
[5] SNYDER M, DEBONO K G.Appeals to image and claims about quality: understanding the psychology of advertising[J]. Journal of personality and social psychology, 1985, 49(3): 586.
[6] YOUNG M. Ogilvy on advertising in the digital age[M]. London: Bloomsbury Publishing USA, 2018.
[7] 丁明磊，黄琪轩.健全新型举国体制 拓宽中国式现代化道路[EB/OL].（2023-02-06）[2023-06-01].https://theory.gmw.cn/2023-02/06/content_36347776.htm.
[8] 沈虹.互动网络营销传播的创意研究[J].广告大观（理论版），2011(5)：38-47.
[9] 米哈尔科.创新精神：创造性天才的秘密[M].刘悦欣，译.北京：新华出版社，2004.
[10] 陈致中，李霄.品牌协同创意理论综述与研究前瞻[J].现代管理科学，2017，292（7）：33-35.
[11] 王丽芳.ROI创意理论在高校形象宣传片中的应用[J].青年记者，2018，601（17）：126-127.
[12] 唐洲雁，李晔.推进中国式现代化必须走高质量发展之路[EB/OL].（2023-10-29）[2023-12-30]. https://baijiahao.baidu.com/s?id=1781050656799425946&wfr=spider&for=pc.

延伸阅读

[1] BROWN T. Design thinking[J].Harvard business review, 2008, 86(6): 84.
[2] JOHNSON S.Where good ideas come from: the natural history of innovation[M]. London: Penguin, 2011.
[3] 陈刚.创意传播管理：数字时代的营销革命[M].北京：机械工业出版社，2012.

自测练习

扫码查看练习题及参考答案

第 2 章 个体创造力

■ **本章要点**

1. 了解创造力的起源及发展。
2. 了解个体创造力的差异、不同学说。
3. 学习并应用与个体创造力相关的工具方法。

■ **引导案例**

清华教授钱颖一：我们的学生为什么缺乏"创造性思维"

当今，中国经济已经由高速增长阶段转向高质量发展阶段。高质量发展的供给侧要依靠创新驱动，而创新最重要的要素是具有创造力的人才，即创造性人才。中国教育的优势表现在学生整体水平比较高，弱势是突出人才太少。值得探讨的问题是，我们缺乏创造性人才的原因是什么？具有创造性思维的人才通常具有哪些特征？钱颖一教授提出了一个关于创造性思维的三因素假说：创造性思维由知识、好奇心和想象力、价值取向三个因素决定。

1. 创造性思维的第一个来源是知识

知识通常是指学科和领域的专业知识。但是，知识也应该包括跨学科知识、跨领域知识、跨界知识，而这些正是我们的薄弱环节。所以，我国教育体制下培养的学生缺乏创造性人才的第一个原因，是学生的知识结构有问题。我们的学生过多局限于专业知识，而缺乏跨学科、跨领域、跨界知识，而这些往往是具有创造力的人才的特征。

2. 创造性思维的第二个来源是好奇心和想象力

爱因斯坦说过，"我没有特殊的天赋，我只是极度的好奇""想象力比知识更重要"。他在这里讲的好奇心和想象力，是超出知识以外的因素，这正是在我们以知识为中心的教育中不受重视的方面。儿童时期的好奇心和想象力特别强,但是随着受教育的增多,好奇心和想象力很有可能会递减。这是因为,知识体系都是有框架、有假定的,好奇心和想象力往往会挑战这些假定,批评现有框架。当然这些批评在绝大多数情况下并不正确,所以会被否定,但是这在客观上就产生了压制和否定好奇心和想象力的效果。在我们的应试教育下,情况会更糟。当学生学习的唯一目的是获得好成绩时,当教师教书的唯一目标是传授标准答案时,那么很可能的结果就是,受教育年限越长,教师和学生越努力,虽然学生的知识增长了,知识点掌握多了,但是他们的好奇心和想象力却被扼杀得越系统、越彻底,结果是好奇心和想象力保留得越少。

3. 创造性思维的第三个来源是价值取向

当前影响创造性人才培养的一个突出问题是普遍的短期功利主义,具体表现为急功近利、追求短期效果的浮躁心态和浮夸环境。各种评价机制大多奖励可度量、可量化的成果,但是有创造性和长远的成果往往难度量、难量化。短期功利主义也是创新中的"同质性"和创业中的"羊群效应"的深层次原因。一般来说,创新的动机有三个层次,分别代表了三种价值取向:短期功利主义、长期功利主义、内在价值的非功利主义。每一个后者都比前者有更高的追求。具体到当前情况,对短期功利主义者而言,创新是为了发论文、申请专利、公司上市,因为这些能够在短期带来成果。对长期功利主义者而言,创新是为了填补空白、争国内一流、创世界一流,这些需要长期才能见到成效。而对内在价值的非功利主义者而言,创新是由于一种内在动力,而不是为了个人的回报和社会的奖赏,是为了追求真理、改变世界、让人更幸福。这种内在价值是一种心态,一种永不满足于现状的渴望,一种发自内心、不可抑制的激情。

钱教授认为,之所以缺乏创造性人才,除了知识结构问题以及缺乏好奇心和想象力之外,就是在价值取向上太急功近利,太功利主义。急于求成的心态,成王败寇的价值观,导致的是抄袭、复制,而不大可能出现真正的创新,更不可能出现颠覆性创新、革命性创新。

资料来源:钱颖一. 钱颖一:我们的学生为什么缺乏"创造性思维"?[J]. 家教世界,2019(14):1.

思考题

1. 中国学生的创造性思维存在哪些问题?现实中有哪些具体体现?
2. 在钱教授提到的创造性思维的三因素假说中,你认同哪几点?原因是什么?
3. 什么样的教师可以教育出富有创造力的学生?

2.1 个体创造力的界定与辨析

2.1.1 创造力的起源

创造力,英语单词"creativity"来源于拉丁语"creare",其衍生后缀也源于拉丁语。这个词在14世纪就已经出现在英语中,特别是在乔叟的《牧师的故事》中,被用来表示"天赐的创造",形容创造力的奇妙和出乎意料。然而,直到启蒙运动之后,它作为人类创造行为的现代意义才得以出现。

个体创造力

2.1.2 创造力的定义

"创造力究竟是什么"是创造力研究的核心问题,也是创造力测评的基础。在过去的这些年中,学者们对创造力的本质理解经历了从单一维度到多维视角的演变。

在对创造力进行科学研究的综合分析中,迈克尔·芒福德(Michael Mumford)总结道:"在过去的十年里,我们普遍认为创造力包括生成具有新颖性和实用性的产品"(Mumford,2003)。同时,罗伯特·斯滕伯格(Robert Sternberg)也指出:"创造力是一种提出或产生具有创新性和适切性的工作成果的能力"(Sternberg,2005)。

尽管学者们在创造力普遍的共性上达成了一致认同,但在精确的定义上仍存在许多分歧。已有文献典型地阐述了决定被创造对象的原创性和/或适当性的背景(领域、组织、环境等),以及创造力产生的过程。

通常,创造力与创新在概念上存在一定的差异。创新的重点在于实施新颖且有用的想法,而创造力则更注重产生这些想法。根据艾曼贝尔和普拉特的观点,创造力是产生新颖且有用的思维成果,而创新则是将这种思维成果付诸实践的过程(Amabile和Pratt,2016)。此外,欧盟统计局也指出,创新不仅仅是一个新想法或发明。因此,创新不仅需要产生新的想法或发明,还需要将其实际应用提供给其他相关方、公司、个人或组织使用。

一些学者仅将创造力定义为个体和团队产生创意的能力。然而,有些人虽然具备良好的创意,却无法在实际创造力中体现出来。另外,有些人可能并不精通特定领域,却能够创造出对社会或自然具有新颖性和实用性的发明创造。例如,乔布斯在1973年的求职信中专业一栏填写的是"英语专业",但在特殊技能中列出"电子技术或设计工程师"。尽管他原本的研究领域并不是电子技术和设计,但他敏锐地察觉到了该领域的巨大空白和商业价值,从而在该领域取得了巨大的成就。这表明创造力并不仅仅局限于个体和团队产生创意的能力,还涉及敏锐的洞察力和跨领域的创新思维。

创新的过程起始于个体展现出的创造力,这种创造力深植于个体的认知过程,并最终在团队的互动过程中得以发展和演变(Mumford和Gustafson,1988)。创造力被视为一种倾向,即产生或识别可能有助于解决问题、与他人沟通、娱乐自己和他人的想法、选择或可能性的倾向。在评估个体创造力时,保罗·托兰斯(E. Paul Torrance)认为创造力是一个过程,即对问题、缺陷、知识差距、缺失元素、不和谐等变得敏感,进而找出困难,在寻找解决方案的过程中提出假设,对这些假设进行测试和再测试,并可能对其进行修改和再测试,最后传达结果。这一描述强调了创造力在发现问题、寻找解决方案以及传达结果过程中的重要性和作用。

根据上述学者对创造力的研究,创造力既可以是先天具备的特殊能力,也可以是后天培养的人格特质。无论是过程还是结果,创造力都表现为个体持续地发现、解决问题并实施新的解决方案。作为结果,创造力可以使个体发现更好或更独特的问题解决方案,或者寻找到更新颖的方式来完成任务。因此,创造力是一种多维度的概念,既包括过程,也包括结果。

2.1.3 创造力的影响因素

1. 创造力的六个基本构成元素

斯腾伯格认为,创造力是由六个基本元素构成的。这些元素以不同程度、不同层面的组合方式,构成了不同具体领域的创造能力。

(1)智力。智力在创造过程中发挥着至关重要的角色,主要体现在分析能力、综合能力和实践能力三个方面。在整个创造过程中,智力过程始终贯穿其中,从新主意的构思到较成熟产品的加工,再到将创造产品推向社会并吸收反馈信息以完善创造产品,都需要智力的参与。

(2)知识。知识是智力加工的材料,任何领域的创造行为都必须以知识为基础。然而,知识本身并不等同于智力,因为智力还包括了运用知识、解决问题和创新思维的能力。

(3)思维风格。思维风格是指个体在运用智力和知识过程中的思维倾向性,它是一种介于能力和人格之间的特征。斯滕伯格将思维风格分为三种类型:立法式、执行式和司法式。立法式思维风格倾向于建立自己的规则并善于解决非预设问题,而执行式思维风格则倾向于使用现成的规则解决具有现成结构的问题。司法式思维风格则用判断、分析和批判的倾向看待事物,乐于对规则和程序进行评价,对现有的结构做出判断,并检查自己和他人的行为。高创造力的个体通常具有立法式思维风格,他们不仅具备较好地处理新情况的能力,而且能够以新的方式看待问题、承担新的挑战并以自己的方式组织事件。司法式思维的核心是批判性思维,即个体基于良好判断、使用恰当的评估标准对事物的价值进行评估和思考。

(4)人格特质。人格特质包括独立性、勇于接受挑战,以及面对困难时所展现的坚忍不拔的精神,在追求目标过程中愿意承担适度的风险并具备超越自我的愿望。同时,能够容忍模棱两可的状态,对新经验保持开放的态度,并且具备自信心和坚持个人信念的勇气。

(5)动机。高创造力者通常具备持久且坚定的内在驱动力。

(6)环境。一个自由、宽容和支持的氛围,将有助于激发创造力并促进其发挥。

2. 个体创造力的 4P 模型及其延伸

随着研究的不断深入,许多学者开始认识到创造力的单一维度不足以全面揭示其本质。因此,他们开始尝试从多个角度来探讨创造力的本质,并提出了各种富有创意的创造力理论或模型。其中,梅尔·罗兹(Mel Rhodes)提出的框架是一个具有代表性的例子。

梅尔·罗兹的框架关注于描述创造性思维的思维机制和技术认知方法。这个框架包括四个方面:创造性产品或结果(product)、创造性成果产生的过程(process)、创造者的个体特征或人格(personality)以及创造力产生所需要的环境或压力(places or press from pressures),这四个方面共同构成了所谓的 4P 模型(Rhodes,1961)。

这个模型为我们提供了一个全面而深入地理解创造力的视角,有助于我们更好地理解和评估创造力的本质。同时,它也为我们提供了更丰富和多元的研究工具和方法，以进一步探索创造力的本质和影响因素。

首先，在创造性产品的视角下，创造力被视为一种能够产生新颖、独特或对个体、社会有价值的产品的能力。这种视角强调的是教育创造者所取得的客观成果，如发明创造、作品、乐曲等，属于创造力研究中客观的结果取向。

其次，创造性的个体或人格强调创造力是一种人格特质的表现，对个体创造性行为具有重要影响。众多学者通过对比创造性个体与普通群体的特质来总结衡量创造性潜能的指标，例如个体的内在动机、兴趣、经验开放性及自主意识（Amabile，1982）。此外，斯滕伯格等（1997）的创造力投资理论也将人格看作影响个体创造力的因素之一。这些理论为我们理解创造性的个体或人格提供了重要的视角。

再次，从创造性过程的视角出发，我们认为创造的产生是受到学习、思考、问题解决等各种过程类因素的影响。德鲁等（2008）提出的创造力双过程通路模型，进一步揭示了创造力产品的形成是由认知灵活性和认知持久性两种加工策略组合而成，并呈现出一个逐渐积累的过程。

最后，从环境或压力的视角来看，创造力的产生离不开环境的作用。个体创造力的产生、表达和发展都与个体所处的环境紧密相关（张文娟等，2016）。艾曼贝尔（2004）归纳出影响个体创造力发展的环境因素包括自由的空间、充足的资源、认同与鼓励、适当的挑战和充裕的时间等；阻碍个体创造力发展的环境因素则包括过多的限制、不恰当的评价、资源的缺乏等。

2.2 个体创造力相关理论

2.2.1 个体创造力的差异

根据 Woodman 等（1993）的研究，个体的创造力是受到个性因素、认知类型和能力、相关的工作特长、动机以及社会和情景影响的综合体。综合各种观点，个体创造力的差异可以归纳为特殊能力说、产品或结果说、认知过程说、人格特质说以及综合体说。

创造力不仅需要认知和感知的方式，如收集和应用各种信息、准确记忆、有效运用启发式思考，还需要长时间高度集中的工作能力和倾向。因此，接触多样化的任务方案更能激发发散性思维，使人们得到各种选择、解决方案或其他可能相关的想法，从而更有可能进行关联并促进创造力。此外，个体的创造力差异很大程度上与教育经历有关，教育提供了掌握各种经历、观点和知识基础的机会，也发展了人们的认知，使得他们更有可能利用多种观点和复杂的结构模型。

1. 特殊能力说

1950 年以前，创造力通常被视为一种独特的才能，少数天才才具备。这种看法通常将创造力理解为一种能力、专长或胜任力，并强调其特殊性质。创造力被认为并非单一能力，而是由个体的个性特征、动机、知识与智力等多种因素共同作用的结果（Martinsen，2011）。在这种情况下，个体之间的创造力差异非常显著，部分人天生具有比其他人更强的创造力。总体而言，先天的创造力差异较难改变。

吉尔福特（Guilford）认为创造力是一种特殊能力，但他同时强调这种能力应当普遍存在于每个人之中，并且几乎每个人都可能展现出创造性行为。随着时间的推移，其他学者也开始从创造力的特殊能力角度出发，将其描述为一种具有新颖性和适切性特征的能力。对于具备这种特殊能力的对象范围的认知，经历了由少数天才特有到人人都有的历史转变。这一转变使得创造力研究的焦点不再局限于少数人，为面向普通人的创造力研究奠定了理论基础。

2. 产品或结果说

个体是否具备创造力的判定依据在于其独特的创造性产出或成就，也就是说，通过创造性思维或行为（活动），能否产生具有新颖性和价值性的产品或成就。在这一观点上，艾曼贝尔给予了有力的支持。她强调，创造力是产生某种有用、新颖、有依据、令人满意的产品。对于创造力是否存在的判定标准，应当是它对任务完成所产生的反应是否为创新的、合适的、有用的、正确的、有价值的。重要的是，这种任务应当是启发式的，而不是简单的算术式。

3. 认知过程说

以吉尔福特为代表的认知心理学派，将创造力视为一系列基本认知过程的结果，主要表现在创造性思维上。这些方面包括创造性思维与问题解决、创造性思维与智力结构，以及创造性思维的形成过程。

吉尔福特认为，创造性思维受到智力结构中多种因素的制约，其思维灵活性源于认知的发散性加工与转化的过程（Guilford，1956）。凯斯特勒将其解释为两个不相关的思想矩阵联结后生成新观点或新产品的过程（Koestler，1964）。芬克构建的探索模型则认为创造性思维过程包括提取、联想、综合、转化、类比迁移和分类归纳等一系列的认知加工（Finke，1996）。

总的来说，创造力的认知过程说是心理学与创造力研究相结合的产物，但其内在机理的阐述尚不明确。因此，芒福德在2007年与安特斯（Antes）合著的文章中呼吁，在试图解释基于单一知识或认知过程的创造性成就时，需要谨慎应用。

4. 人格特质说

创造力的人格特质说主张创造力是一种独特且不均衡的个人特质，这种特质在个体的人格（或个性）中表现出来。该理论认为，个体的性格、环境以及经历等因素都会影响其创造力，导致个体之间的创造力存在差异。因此，创造力的产生和发展受到多种因素的影响。该观点涵盖了两个主要方面的人格特质研究：一是人格类型与个体创造力的关系；二是高创造力个体的人格特质共同特征。

在第一方面，研究关注于人格类型与个体创造力的关系。大五人格理论（开放性、外倾性、尽责性、宜人性和神经质）的研究发现，开放性与个体创造性有显著正相关的关系，且这种关系具有时间一致性（Soldz和Vaillant，1999）。

在第二方面，研究探讨了高创造力个体的人格特质共同特征。这些特征包括反思能力、好奇心、想象力、克服困难的能力、开放性、灵活性等（Cheung和Leung，

2014）。此外，对自身角色的明确定义、好奇心和坚毅性等也被认为是创造力的重要特质（Ivcevic，2007）。

这些研究结果为我们理解人格特质与创造力之间的关系提供了重要的理论支持。

5. 综合体说

创造力的特殊能力说、产品或结果说、认知过程说及人格特质说仅仅侧重创造力的某一单一维度，而未能形成一个全面、系统的理论架构。例如，特殊能力说将创造力定义为一个宽泛而笼统的概念，难以揭示创造力与人格、认知过程、产品或结果等复杂因素之间的内在联系。产品或结果说则强调了新颖性和适切性，但忽略了创造力的产生过程，因此可能会忽略一些重要的内在成分。认知过程说则难以区分不同情境下的创造力，其普遍性的创造力表现可能会忽视个体创造性认知过程的特殊性。最后，人格特质说强调了个体的独特性，但忽视了创造性过程的作用。因此，这些观点都有一定的局限性，需要进一步探讨和整合，以建立一个更全面、更系统的创造力理论体系。

随着研究的不断深入，一些学者逐渐认识到单一维度研究创造力的局限性，因此开始尝试采用一种更具系统性的多维视角来揭示创造力的本质。这些学者试图完善并优化与创造力相关的学说，以更全面地理解创造力的复杂性和多样性。

2.2.2　艾曼贝尔的创造力三因素模型

艾曼贝尔提出的三因素模型是创造力研究领域中备受推崇和深入研究的模型之一（见图 2-1）。该模型包括专业知识（expertise）、创造技能（creativity skills）和工作动机（task motivation）三个关键因素，为深入理解创造力的本质和提升创造力提供了重要的理论支撑。

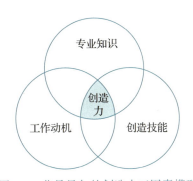

图 2-1　艾曼贝尔的创造力三因素模型

资料来源：杨青娟，沈中伟. 基于创造力构成的建筑学研究生教育研究[J]. 西南交通大学学报（社会科学版），2011，12（5）：108-112.

1. 专业知识

专业知识是指个体在特定领域所具备的深入、系统的知识和技能。为了在特定领域实现创新，个体必须对相关主题具备深厚的理解，并熟练掌握该领域所需的专业技能。

在1995年发表的《论知识创造的能动过程》一文中，野中郁次郎（Nonaka）首次提出了知识创造的SECI模型，这一模型得到了广泛的认同。该模型总结了四种基本的知识转化模式：潜移默化（socialization）、外部明示（externalization）、汇总组合（combination）和内部升华（internalization）。此外，野中郁次郎还认为个体的专业知识可以分为隐性知识（tacit knowledge）和显性知识（explicit knowledge）两种不同类型的知识形式。

隐性知识是指个体内部所持有的、难以明确表达或传授给他人的知识。这种知识通常是基于个人经验、直觉、情感和技能，因此难以用言语或文字来表达。隐性知识在个体的思维和行为中起着重要的作用，但往往不易被他人理解或传递。例如，一个经验丰富的木匠通过多年的实践所获得的关于木材特性、工具使用技巧以及制作过程中的细微差别的知识，这种知识很难通过简单的文字或说明传达给其他人。因此，隐性知识可能是无形的，无法直接展示或传授给其他人。

显性知识是指那些能够被明确表达、记录和传递给他人的知识。这种知识可以通过书面文字、数字、图表、模型等方式进行明确表述，因此更容易被组织和系统化，从而更易于传递和共享。例如，学习教科书中的数学公式和定理是获取显性数学知识的一种方式，这些知识可以明确地表达和传授给学生。在组织中，使用文档、报告、流程图等形式来记录和共享工作流程、最佳实践和经验教训也属于显性知识的范畴。

隐性知识和显性知识在个体和组织的知识管理中均具有重要价值。对于个体和组织而言，了解并合理利用这两种知识形式有助于激发创造力、促进学习并增强创新能力。因此，在知识管理中，个体和组织应充分认识并有效利用隐性知识和显性知识，以实现知识的高效管理和应用。

2. 创造技能

创造力相关的技能涵盖了多个方面，包括创造者的认知风格、工作风格以及个性特点等。一些专家认为，具有高度创造力的人通常表现出以下个性特征：包容性、冒险精神以及自信（杨青娟，2011）。而具备创造性思维能力的人能够从不同角度审视问题，并提出多种解决方案。

艾曼贝尔基于信息论的观点，提出了创造性思维的五阶段论（Amabile，1996）。这五个阶段分别是：任务陈述、准备、产生创意、验证创意和结果评估，如图2-2所示。

图2-2　创造性思维的五阶段论

资料来源：AMABILE T M.The social psychology of creativity: a componential conceptualization[J].Journal of personality and social psychology, 1983, 45(2): 357.

（1）任务陈述。这一阶段需要个体对问题产生强烈的兴趣，并具备灵活的认知方式，以清晰地陈述任务。此时，需要个体具有较强的内部动机，以便投入工作并产生思考。外部刺激（如清晰的截止时间和外部奖励认可）可以作为辅助手段，激发个体的创造力和工作投入程度。在这个过程中，高内部动机和高外部动机共同作用，能够更有效地激发个体的创造力。

（2）准备。在解决问题的过程中，首先需要进行充分的准备。这个阶段涉及收集与问题相关的信息、整理资料，以便对问题形成新的认识。由于要解决的问题存在许多未知数，因此需要借助前人的知识经验来辅助思考。在这个阶段，个体需要积极收集资料并进行研究，从而激发有趣的想法。这些想法可以为后续的头脑风暴或分散性思考奠定基础，帮助个体考虑构建想法的所有可能方法。在这个过程中，大脑会利用其记忆库从现有的知识和过去的经验中提取原创性的想法，为创造活动的下一个阶段做好准备。

以爱迪生为例，他在发明电灯之前进行了大量的准备工作。据说他为了收集资料并整理成笔记，总共用了 200 多本笔记本，总计达 4 万多页。这充分说明任何发明创造都不是凭空杜撰的，而是在日积月累、大量观察研究的基础上进行的。因此，在准备阶段，个体需要耐心、细心地收集资料并整理思路，为后续的创造力发挥做好充分准备。

（3）产生创意。个体在针对问题进行头脑风暴并思考可能的应对方案时，所产生的是个体自身的创造性成果。而当个体所准备的各个内容之间形成出乎意料的全新关联，进而结合成一个解决问题的方案时，个体的创意之灯便会被点亮，形成多个相应的方案。在这个阶段，创意的探索过程将产生解决问题的答案，如通过找到故事的结尾来克服写作障碍。虽然这个想法可能会让人感到意外，但在经过前两个准备阶段之后，这个想法的出现是自然而然的。

（4）验证创意。在实施先前的创意方案之前，我们需要对其进行实践验证，以评估其合理性和可行性。通过实践检验，我们可以为后续是否选择和继续实施该方案做出理性的判断。同时，我们还需要对前面三个阶段形成的方法、策略进行检验，以求得到更合理的方案。这是一个不断循环的"否定—肯定—否定"的过程。通过不断的实践检验，我们可以逐渐得出最恰当的创造性思维过程。

（5）结果评估。在第四步验证创意合理性的基础上，我们需要选择合适的解决方案。作为创造性思维的最后一个阶段，我们需要评估创意的有效性，并将其与其他相似方案进行比较。这也是一个反思的阶段，需要回顾最初的概念或问题，反复考虑解决方案是否符合最初的愿景。商务专业人士可能会进行市场研究以测试想法的可行性。在这个步骤中，创意有可能会回到原本的思维上重复前面的步骤，抑或是良好的反馈可能会坚定创造者的信心并继续推进。因此，我们需要综合考虑各种因素，选择最合适的解决方案，以确保方案的可靠性和效果。

3. 工作动机

这个因素与个人对特定项目或任务的积极性、热情和兴趣有关。当个人受到激励时，他们更有可能付出努力和坚持面对挑战，这可能会带来更有创造性的结果。

艾曼贝尔提出了内部动机与外部动机对创造力的利弊。具体来说，内部动机可以促进创造力，而控制性的外部动机对创造力有害。然而，当个体内部动机的初始水平较高时，信息化的外部动机也可以促进创造力。

（1）内部动机。个体的内部动机是指个体因内在的兴趣、热情和自我驱动力而主动从事创造性活动的动机。这种动机源于个体对任务本身的乐趣、好奇心和满足感，是个体追求自我发展和成长的动力源泉。例如，音乐家在弹奏乐器时，由于对音乐的美妙和表达力深感兴趣，因此会主动练习和创作音乐，以满足自己内在的乐趣和追求。这种内部动机可以激发个体的创造力和创新精神，促进个体的自我实现和发展。

（2）外部动机。个体的外部动机是指来自外部的因素，如奖励、认可、竞争等，促使他们从事创造性活动。这种动机源于外界的激励和回报，能够影响个体的动力和努力程度。外部动机对创造力的损害可能是因为注意力分散。当外部动机导致人们将注意力从手头的任务分散到外部目标上时，相较于那些对任务完全投入（即具有高水平内部动机）的人来说，其对任务的专注度会降低，从而可能导致创造性降低。

研究表明，在简单的操作类机械性任务中，给予更高的奖励能够促进获得更好的完成效果。然而，对于超出基本认知的技能型任务，情况恰恰相反，给予更高的奖励反而会导致表现不佳。因此，为了提高创造力，需要强调内在动机的重要性。同时，根据任务的性质和类型，合理选择和应用外部奖励的方式，以便在最大程度上激发创造力。

2.3 个体创造力应用的工具方法

2.3.1 思维定式

人们通常认为，思维定式是主体认识活动的一种预备状态，即新的认识被纳入旧有思路的待发状态。在这种待发状态下，一旦出现相关的刺激，主体就会将认识活动拉入旧有思路。思维定式是在主体认识活动中，在过去获得的经验和既有知识的影响下形成的。在认识实践中，人们通过多次重复的事物认知，经过历次的积累形成了既定的感性认识，进而获得一些经验性知识。这种经验性知识逐渐成为主体认识结构中的核心部分。

思维定式作为思维活动中的一种"既定规则"，具有明显的延伸性，其主要作用在于防止思维活动过程中可能出现的意外干扰，从而确保思维的连续性和客观认识成果的稳定性。在面对新的认识对象或问题时，思维定式能够使我们将已有的认识框架与眼前的思维对象进行匹配和衡量，进而在深入比较的基础上采取合乎规律的行动。这种程式化的思维过程有助于我们更加高效、准确地解决问题，提升思维效率。

从人类认识活动的全局来看，认识过程也是一个不断构建思维定式的进程。通过这种持续的构建，我们能够获取新的知识，并逐步接近认识的目标。思维定式具有可迁移性，即将知识和技能从一个问题情境转移到其他问题情境。正迁移是指先前问题的答案有助于新问题的解决，使其变得更为容易；而负迁移则相反，先前问题的答案可能使新问题变得更为复杂，难以解决。因此，正确运用思维定式有助于实现正迁移，但若运用不当则可能导致负迁移。

2.3.2 思维方法

1. 系统性思维

系统性思维（systematic thinking）是一种把物质系统当作一个整体加以思考的思维方式。与传统的先分析后综合的思维方式不同，系统性思维的程序是从整体出发，先进行综合分析，然后再进行更深入的分析，最后回归到更高阶段上的综合。这种思维方式具有整体性、综合性和精确化的特征，并倾向于使用定量化的方法进行分析和决策。

在把握事物的整体效应时，我们应注重从结构和功能的统一性角度出发。通过深入分析物质系统内部各个要素的相互联系和相互作用，以及它们与外界环境的相互关系，我们可以更准确地理解物质系统的整体结构。随着现代自然科学的发展，特别是系统论的出现，系统思维已经成为人们认识复杂物质系统的重要思维方式。

2. 跳跃性思维

跳跃性思维（jump thinking）是指一种不依逻辑步骤，直接从命题跳到答案，并再一步推而广之到其他相关的可能的一种思考模式。跳跃性思维通常表现为对一种事物的想象突然跳到与此事物不相关的另一事物上，并连续进行这种跳跃性的想象，具有丰富的想象力。

跳跃性思维属于发散性思维，其特征在于超越常规思维程序，省略某些中间环节。在任何思维过程中，通过科学抽象最终都可以归结为三部分：出发知识、接通媒介和结论性知识。跳跃性思维省略的常常是接通媒介的部分或全部，可以是横向跳跃、纵向跳跃或不同层面的跳跃。在写作过程中，合理使用跳跃性思维可以增加文章的容量和跨度，使文章显得生动、活泼、富于表现力。然而，若不能合理使用，则会导致文思不畅，人物情节不合情理。因此，在使用跳跃性思维时，需要注意其合理性和适度性。

跳跃性思维的优点包括：

- 能够从多个角度和层面思考问题，从而更全面地理解事物的本质和规律；
- 具有很强的联想和想象能力，能够将不同领域的知识和信息进行跨界整合和创新；
- 善于发现事物的内在联系和规律，能够迅速找到问题的解决方案；
- 能够帮助人们更好地应对复杂多变的环境和挑战，提高适应能力和应变能力。

当然，跳跃性思维也存在一些缺点：跳跃性思维因为没有缘由地给出答案，打破了有序的思考模式，从而会形成逻辑思维的缺失。

3. 批判性思维

美国哲学家约翰·杜威（John Dewey）在 1910 年出版的《我们怎样思考》一书中首次提出了批判性思维的概念。他将其定义为一种基于信仰或假定知识背后的依据以及可能的推论进行主动、持续和缜密的思考。在他看来，反思是在解决具体问题过程中对所产生的提议进行的思考。他强调，如果提议一提出就马上被接受，那么我们的思考是非批判性的。相反，要将它在头脑中反复考虑，进行反思，尝试把它的错误揭示出来并提供新证据。简而言之，批判性思维就是在进一步探究之前延迟判断。

受杜威的启发，美国进步教育协会在随后的 40 年里致力于推动批判性思维的发展。该协会在 20 世纪 30 年代的 8 年研究中，将批判性思维作为评判标准，这一举措具有里程碑意义。美国进步教育协会对批判性思维的重视还体现在 1980 年由古德温·沃森（Goodwin Watson）和爱德华·格拉泽（Edward Glaser）所发表的《沃森-格拉泽批判性思维模型》中。格拉泽对于批判性思维的定义包括：一种愿意对自己接触的问题和对象进行缜密思考的态度；逻辑探索与推理方法的知识；运用这些方法的技能。批判性思维要求根据信仰或假定知识背后的证据以及可能的推论来对它们进行持续的考查。

1990 年，彼得·范西昂（Peter Facione）向美国哲学协会预科哲学委员会提交了一份批判性思维专家共识声明，其主要目的是对批判性思维教育进行评估与指导。这是一个耗时两年、运用德尔菲法（Delphi method）研究的成果，其专家包括 46 位批判性思维的心理学家、教育研究者及哲学家。他们一致认为，批判性思维的特点在于有目的的、自律性的判断，这种判断能够针对其所依据的证据性、观念性、方法性、标准性或情境性思考进行深入的阐释、分析、评估、推导和解释。

尽管不同学者对批判性思维的定义有所差异，但在列举其技能要素时，以下共同点得到了广泛认可：清晰明确地解释概念；深入剖析论证过程；客观评估所提供证据的可靠性；合理判断推导逻辑的正确性；得出可靠的结论。批判性思维者不仅需要掌握这些技能，而且需要在适当的情境中灵活运用这些技能。

2.3.3 奔驰思维法

1996 年，美国心理学家罗伯特·艾波尔（Robert F. Eberle）出版了一本书 *SCAMPER: Games for Imagination Development*。这本书使得奔驰思维法为众人所熟知，并在商业领域得到了广泛应用。作为一种常见的创意思考工具，它常被用在改进现有产品、服务或商业模式中，包括 7 个首字母组成的思维切入点：S——substitute（替代），C——combine（合并），A——adapt（改造），M——modify（调整），P——put to other uses（改变用途），E——eliminate（去除），R——reverse（反向）。

这些不同的符号代表不同的代表性问题（见表 2-1），可以依据符号的内容去进行相应的创意思维训练。

表 2-1 奔驰思维法的思维切入点

符号	代表性问题
S	有什么可以被取代或替代
C	哪些功能或部件可以合并
A	有没有可以改进优化的地方
M	有没有可以调整的地方（如尺寸、意义、颜色、声音等）
P	可否有其他非传统的用途
E	可否省略/去除某些部分
R	可否翻转特性/逻辑/原理

资料来源：CHENG V M Y. Enhancing creativity of elementary science teachers: a preliminary study[J]. Asia-Pacific forum on science learning and teaching, 2001, 2(2): 66-71.

1. 替代

在进行创意思维时，首先需要对事物的元素进行深入分析，思考哪些部分可以进行替代。通过替代微小的部分或细节，往往能够获得显著的创意效果。以显微镜为例，它是医生诊断疾病的重要工具之一。然而，早期的显微镜价格昂贵、体积庞大且重量较重，给医生的使用带来了诸多不便。为了解决这一问题，美国斯坦福大学的生物工程学家研发了纸板折叠显微镜。这种显微镜采用纸板替代了普通显微镜的结构，使得显微镜更加轻便且易于携带。纸板显微镜不仅方便折叠，而且价格也相对亲民。这一创新极大地减轻了医生的负担，为医生的诊断工作提供了更加便捷和实用的工具。

2. 合并

将事物的元素分解出来，与其他东西进行合并，旨在达到 1+1>2 的效果。例如，针对学生没有使用肥皂洗手的习惯这一问题，一家卫生健康公司发现学生在使用粉笔做练习题后会主动洗手。因此，他们将肥皂与粉笔相结合，制作出肥皂粉笔。这样，学生在洗手时，手上的粉笔灰会变成肥皂，从而有效保障学生的健康。

3. 改造

这是一个严谨、稳重、理性的过程，需要对原有事物进行全面的审视，深入挖掘其特性和功能，并在此基础上进行优化和改进。改造的目标可以是增加某个功能或属性，如增加产品的趣味性、美观度、提神效果等，以提升产品的吸引力和竞争力。比如，连锁快餐店如何将奶昔卖得更好？一般人会想到加奶盖、换口味、换包装等方式。而经过不断改造，最终发现是包装的便利性让奶昔在快餐食品中脱颖而出。这充分说明了改造的重要性和价值，通过改造可以发掘出产品的潜在价值和市场潜力。

4. 调整

调整是对事物进行审视后，通过放大、缩小等方法改变其特性，以实现原有产品的更新升级。例如，由于小孩身体发育迅速，购买的鞋子可能很快就会不适合其脚部尺寸，这无疑会增加贫困地区家庭的经济负担。因此，一家公司发明了一种可以自主调整大小的鞋，通过鞋头暗扣的设计，家长可以根据孩子的实际脚部尺寸进行调整。

5. 改变用途

改变用途就是将原事物应用于其他领域，并创造出新的应用方式。在商业品牌中，借力和跨界是一种常见的策略。通过联合推出多种联名产品，不同品牌可以吸引各自的目标受众，从而扩大市场份额，提升品牌知名度。这种跨界合作的方式在市场上取得了显著的成功，为消费者带来了更多的选择和价值体验。

6. 去除

去除是通过减法的方式，将原始事物的各个元素进行分解，以识别并去除那些可以被省略或剔除的元素。这种过程旨在去除消费者不喜欢的元素，从而创造出一个全新的事物。例如，立陶宛的工程师通过去除公交车外壳的颜色，成功发明了透明公交车，还通过在透明公交车上安装光伏发电装置提高了能源的使用效率，为公共交通领域带来了显著的改进。

7. 反向

这里所探讨的是一种逆向思维的方法，它要求我们详细列出事物的特性，并尝试对其中某些特性进行反向思考。这种思维方式有助于通过反常规的方式来凸显产品的特点。例如，在司马光砸缸的故事中，当有人落水时，常规的思维方式是"救人离水"，即通过将人从水中救出以解决问题。然而，司马光面对紧急险情时，运用了反向思维，选择用石头砸破水缸，"让水离人"，从而成功地拯救了伙伴的性命。

创新思维并非仅为少数人所独有的特质，通过适当的方法和合理的训练，普通人同样可以激发出无限的创意和想象力。

2.3.4 头脑风暴法

1. 头脑风暴法的定义

亚历克斯·奥斯本（Alex Faickney Osborn）在1953年发表的极具影响力的著作《应用想象力：创造性思维的原则和程序》中，提出了"头脑风暴"这一词，从而引发了一场关于创造性思考的革命性风潮。

头脑风暴（brain storming）原指精神病患者头脑中短时间出现的思维紊乱现象，后来奥斯本借用"头脑风暴"一词比喻思维高度活跃，打破常规的思维方式，从而产生创造性设想。头脑风暴强调的是想法的数量而非质量，且严禁批评他人的想法。头脑风暴法是一种多学科小组会议，旨在提出并产生解决问题的想法。它可以单人或多人同时进行。它的应用场景丰富，使用条件简单。在会议结束后，应对想法进行回顾，以确定公司所需要的想法。简而言之，头脑风暴法是群策群力的活动，旨在突破障碍，创造新想法或解决方案以实现共同目标。通过无边界的创新思考，人们提出丰富且有创意的想法。头脑风暴法包括连环小问题快速呈现，激发成员的创意潜能，在收集大量解决方案和想法后逐一评估，并综合考虑各方面要素总结出最终合适的方案。

奥斯本强调，在头脑风暴会议中，对任何想法进行批评、评估或评判是被禁止的。他鼓励人们积极提出各种想法，并无须担心会遭到嘲笑或批评。在分享想法时，应当认识到这是个人在分享他自己的想法，因此尊重这一点至关重要。在批判性的环境中，人们可能不愿意提供想法，或者只限于分享他们认为合理且经过评估的想法。许多初看似乎不可行的想法在集体的关注下，可能会基于整个群体的利益而得到改进并提高其可行性。如果不分享初步的想法，这是无法实现的。

头脑风暴法作为一种普遍的思维方法，对于团队和个体在不同领域取得突破或产生新方向具有重要意义。因此，掌握头脑风暴法的流程和技巧对于提高思维效率与创新能力至关重要。正确高效的头脑风暴法可以在短时间内激发思维、释放潜能，为团队和个体带来更多的创新和突破。

2. 头脑风暴法的基本程序

IDEO 公司的汤姆·凯利在 2001 年提出，有效的头脑风暴会议的时间应控制在 60~90 分钟。IDEO 公司定期组织全员参与头脑风暴，每月进行数次。头脑风暴法作为一种激发创意和想法的方法，被广泛应用于各个行业。大量研究证明，在适当运用头脑风暴法和基于分歧与融合的创造性工具时，其效果显著。头脑风暴法的程序包括以下六个步骤。

（1）确定议题。在采用头脑风暴法之前，参与者需要明确阐述问题的核心，并明确会议的目的和需要解决的问题。同时，不应限制可能的解决方案的范围，以保持思维的开放性和多样性。一般来说，具体的议题能够更迅速地激发参与者的创意，并使主导者更容易掌控讨论的方向。而相对抽象和宏观的议题虽然也能激发创造性思维，但可能较难将参与者带入具体的情境中。因此，有具体议题的头脑风暴会议在激发创意和最终方案的实用性方面可能略胜一筹。

（2）会前准备。为确保头脑风暴会议的高效性和效果，参会者应充分了解议题背景和基础知识，以便更好地激发思维火花和提出有价值的建议。在会议前，参会者应对需要解决的问题有一定的了解，以便更好地聚焦讨论和交流。此外，选择一个较为开放、轻松的头脑风暴地点也是非常重要的，这有助于营造轻松的讨论氛围，促进参与人员的灵感迸发。

（3）确定人选。在头脑风暴会议中，通常推荐的人数范围为 8~12 人。人数可以根据实际情况进行微调，但不应过多或过少。参与者人数过少可能会导致信息交流不畅，影响讨论的全面性和深度。而人数过多则可能导致讨论深度不足，效率低下，甚至可能产生意见纷杂、难以统一的情况。因此，在确定参与者人数时，需要考虑到这些因素，以确保讨论的效果。

（4）明确分工。在头脑风暴活动的起始阶段，应选定一位经验丰富的主持人以及 1~2 位负责记录的记录员。主持人需要全面负责活动的纪律维护、氛围营造、讨论节奏的把控，以及讨论内容的引导和推进。记录员则需要全程认真记录每位参与者的观点和建议，为后续的整理和归纳提供准确的基础资料。为了确保记录的准确性，记录员可以对不同参与者进行编号，以便在记录时进行标识和区分。

（5）规定纪律。为确保头脑风暴活动的顺利进行，参与者需保持高度专注，积极投入讨论主题。所有讨论内容应紧密围绕主题展开，不得偏离主题。同时，参与者之间应相互尊重，避免在意见分歧时产生言语冲突。

（6）掌握时间。会议的时间长度应控制在30～45分钟，以确保讨论的高效和集中。如果会议需要更长的时间，可以将议题分解为几个更具体的问题进行专题讨论，以便更好地掌控时间和提高效率。

3. 头脑风暴法基本原则

头脑风暴法的基本原则包括以下几点。

（1）禁止批评。在头脑风暴过程中，禁止对任何想法进行批评或评价，即使是看似奇怪或不切实际的讨论也应得到尊重。

（2）集中一个目标。所有讨论都应集中在一个共同目标上，以便产生尽可能多的相关想法。

（3）平等参与。参加头脑风暴的人员不分上下级，所有人都可以平等地参与讨论，提出自己的观点和想法。

（4）依次提出。每次每人先提一个想法，并且不能重复之前已经提过的内容。这样可以确保每个想法都被充分讨论和探索。

（5）记录所有想法。不论想法的好坏，都应被记录下来。这样可以确保所有想法都被考虑在内，并有助于后续的评估和筛选。

4. 头脑风暴法的意义

当工作进展遇到难题或陷入困境时，头脑风暴法是一种有效的集思广益方法，可以发挥团队合作的精神，充分挖掘每个参与者的创意。对于团队而言，头脑风暴法能够在短时间内高效地总结出多个预备解决方案，为后续的方案实施提供选择和参考。对于个体而言，头脑风暴法可以激发个体的无限潜能，在面对难题时更加自信和具备创造力。因此，头脑风暴法在工作中具有重要的作用，能够提高工作效率和团队合作能力。

2.3.5 形态分析法

形态分析法是由美国天文学家弗里茨·兹威基（Fritz Zwicky）于1942年创立的一种方法，最初是用于天文学家根据"光谱-亮度"的组合来搜索太空中的星体。该方法的本质是建立一个多维表（形态矩阵），通过给定的特征向量，形成不同的组合。这种方法在天文学领域中得到了广泛应用，并逐渐发展成为一种通用的数据分析工具。

1. 基本原理

形态分析法以系统分析和综合为基础，用集合理论对研究对象的相关形态要素进行分解和重新组合，得出所有可能的总体方案，最后通过评价进行选择（Zwicky，1969）。简而言之，形态分析法通过将每个事物（技术装置）分解为若干子系统，直至分解成不能再分解的要素，然后对这些要素进行重新排列组合，从而产生许多新的功能、方法或装置。

2. 基本步骤

（1）选择和确定创造对象。形态分析法适用于广泛的创造对象，包括有形的机器设备及其内部工作系统、部件、工作系统，甚至剧本、乐曲等。

（2）要素分析。明确创造对象的主要构成部分，即各个独立变量，这些变量将直接影响对象的变化。

首先，在制订方案时，必须确保组成要素的全面性，关键因素不得遗漏，以确保方案的完整性和可行性。其次，组成要素在功能上或逻辑上应相互独立，即使仅改变其中某一要素，也应能够产生一个具有可行性的独立方案。最后，组成要素的数量应适中，不宜过多或过少，通常以3~7个为宜，以确保方案的简洁性和可操作性。

（3）确定形态。在列出每一要素可能的所有形态时，分析者需要展现出严谨、稳重、理性、官方的语言风格。这需要他们细致入微地考察，并具备丰富的行业经验和敏锐的发散思维能力。他们应尽可能地发掘出每一要素在自然界或各行业中可能存在的各种形态并扩大范围，尽可能列出更多的形态。这一步骤需要分析者具备严谨的思维方式和扎实的基本知识，以确保形态的全面性和准确性。

（4）形态组合。在满足总体功能要求的前提下，将各个要素的形态进行有序排列和组合，以生成所有可能的方案。每个方案的组成元素可以是 $P1$、$P2$、$P3$ 等。组合数目的计算方式为：N = 各个要素形态数的乘积。

（5）评价筛选和组合方案。在制定评价标准时，需要以新颖性、价值性和可行性为基准，对产生的方案进行比较和分析。通过这种方式，可以选出少数较好的方案，然后对这些方案进行进一步的具体化，最终确定最优方案。这个过程需要严谨、稳重和理性的态度，以确保选择的方案具有最高性价比和可行性。

3. 注意事项

在具体使用形态分析法时需要注意以下几点。

（1）上述步骤不是必须遵循的，确定要素的数量后可直接列出形态表，并进行组合选择。

（2）在选取要素时要准确，无关紧要的可以不予考虑。为了提高工作效率，分析时最好有一个主要思想。

（3）对于复杂的技术课题可以运用系统方法划分几个层次，逐项展开，不断深入，最后再进行整体组合。

（4）当要素和形态数目过多时，形态分析法往往会形成大量的问题方案，使人在选择时无从下手，影响应用效果，因此数目不宜过多。

2.3.6 TRIZ

TRIZ 是俄文的英语标音"theoriya resheniya izobreatatelskikh zadatch"的首字母缩写，其英文写法是 theory of inventive problem solving（在欧美国家也可缩

写为 TIPS），中文全称是"发明问题解决理论"，是由苏联发明家阿奇舒勒（G. S. Altshuller）于 1946 年创立的理论。阿奇舒勒与数十家研究机构、大学、企业共同组成了 TRIZ 研究团队，经过数十年的深入研究和分析，他们积累了全球高水平专利（累计 250 万件）的数据。基于辩证唯物主义和系统论的思想，TRIZ 成功地揭示了创造发明的内在规律和原理。该理论主要关注于澄清和强调系统中的矛盾，其最终目标是完全解决这些矛盾，以获得理想的解决方案。

TRIZ 是在阿奇舒勒认识到传统发明创造方法存在诸多缺陷，且传统创新方法过于依赖随机尝试的基础上提出的。为了提高发明创造的效率，TRIZ 通过系统性的搜索方法，不断缩小可行性解决方案的范围，以找出最优解。

TRIZ 的核心包括基本理论和原理，具体包括总论（基本规则、矛盾分析、发明的等级）、技术进化论、解决技术问题的 39 个工程参数及 40 个发明原理、物场分析与转换原理及 76 个标准解法、克服思维惯性的解题程序（算子）以及物理效应库。因此，TRIZ 是一个综合理论体系，涵盖了解决技术问题、实现创新开发的各种方法与算法。

1. TRIZ 的起源与发展

TRIZ 的发明者阿奇舒勒最初在苏联海军里海舰队的"发明检验"部门工作，该部门的主要职责是帮助发起"发明提案"，对其进行修改和归档，并向专利局申请。在这个过程中，他意识到，如果存在一个未解决的矛盾，即修改一个参数会对另一个参数产生负面影响，那么这个问题就需要一个创造性的解决方案。

为更加合理地将发明矛盾归类，阿奇舒勒将发明矛盾分为"技术矛盾"和"物理矛盾"。其中，"技术矛盾"指的是一个作用同时导致有用和有害两种结果，或者有用作用的引入或有害效应的消除导致一个或几个系统或子系统发生变化，常表现为一个系统中两个子系统之间的冲突。而"物理矛盾"则是在一个技术系统的工程参数具有相反的需求时出现，例如要求系统的某个参数既要出现又要不存在，或者既要高又要低、既要大又要小等。

到 1969 年，阿奇舒勒通过对大约 4 万份专利摘要进行审查，深入探究了创新是如何产生的。基于这些研究，他成功地构建了发明问题解决理论下的技术矛盾的概念、系统理想的概念、矛盾矩阵以及 40 个发明原理等。这些成果不仅丰富了他的理论体系，也为全球科技创新领域提供了宝贵的指导。

1971 年，阿奇舒勒成功说服发明者协会在巴库建立了第一个 TRIZ 教学机构（名为公共发明创造研究所）和第一个 TRIZ 研究实验室。阿奇舒勒被任命为该实验室负责人，该实验室为 TRIZ 体系的形成提供了基础。在随后的几年里，苏联所有主要城市都建立了其他 TRIZ 教学机构。

1989 年，TRIZ 协会正式成立，阿奇舒勒被推选为主席。TRIZ 也被学者带到了其他国家，经传播引起了国际社会对这一理论的广泛关注。1995 年，阿奇舒勒的 TRIZ 研究所在美国波士顿正式成立，标志着 TRIZ 研究进入了一个新的阶段。

2. TRIZ 与传统思维的异同

通过将创造性划分不同等级，阿奇舒勒构建的思维模式与传统思维模式有明显差异。在创造性等级较低的情况下,由于涉及的变量较少,采用传统思维解决问题相对容易。然而,随着创造性等级的提升,变量组合的数量显著增加,导致采用传统思维解决问题的时间消耗巨大,效率明显降低。表 2-2 总结了不同创造性等级的相关特征、TRIZ 的解决模式以及传统思维特点。

表 2-2 不同创造性等级的相关特点

创造性等级	创造性特征	TRIZ 问题及答案所在域	传统思维特点/重点
1	使用一个已有的物体,不考虑其他物体	某个专业领域(细分专业内)	排列变量,去掉坏变量(每去掉一个坏变量,问题就变得更清晰,并可重新表述问题)
2	在几个物体之间选择一个	某个行业领域(机械制造问题由同行业不同领域提供解决方案)	
3	对选出来的物体做部分改变	某个学科领域(机械问题用机械方法解决)	变量数量增大,组合数量剧增,努力减少尝试次数 选择机制具有决定性作用,之后是常规的尝试
4	开发一个新物体,或完全改变选择的物体	问题起源的学科边界之外(机械问题用化学方法解决)	
5	开发一套全新的复杂系统	超出现代科学边界	

资料来源:作者整理。

3. TRIZ 概念性解决办法

TRIZ 提供了一种系统的方法来理解和定义具有挑战性的问题:困难的问题需要创造性的解决方案。TRIZ 提供了一系列策略和工具,以寻找这些创造性的解决方案。该理论发现,许多需要创造性解决方案的问题通常反映出需要克服两难困境或在两个矛盾因素之间进行权衡的需求。基于这一发现,TRIZ 分析的中心目的在于系统地运用相关策略和工具,以寻找更优的解决方案,从而避免在这两个要素之间进行妥协或权衡的必要。

20 世纪 70 年代初,经过对数十万项专利进行长达 20 年的深入研究,阿奇舒勒关于创造性解决方案模式的初步见解得到了证实。这些研究结果以 40 项创造性原则的形式发表,并作为第一批分析工具之一。这些原则可以解释几乎所有提出真正创造性解决方案的专利。按照这种方法,通过定义需要解决的矛盾并系统地考虑 40 条原则中哪一条可用于提供克服手头问题"矛盾"的具体解决方案,从而找到如图 2-3 所示的 TRIZ 概念性解决方案。这种方式使得解决方案更接近最终理想结果。

所有这些概念的结合——对矛盾的分析、对理想解决方案的追求以及对解决矛盾的一个或多个原则的探索——是发明过程中的关键要素。这些要素旨在帮助发明者有目的地和专注地参与这个过程。

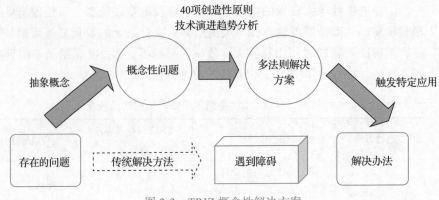

图 2-3 TRIZ 概念性解决方案

资料来源：https://fourweekmba.com/zh-CN/TRIZ/#:~:text=TRIZ。

4. TRIZ 解决问题流程

发明问题解决理论的核心在于技术进化原理。根据这一原理，技术系统始终处于不断进化的过程中，而解决冲突则是推动技术系统进化的关键动力。然而，随着技术系统一般性冲突的解决，其进化速度会逐渐降低。为了产生突变，唯一的方法是解决阻碍技术系统进化的深层次冲突。

阿奇舒勒通过对世界著名发明进行深入研究，探讨了解决冲突的方法。他提出了消除冲突的发明原理，并建立了基于知识的逻辑方法。这些方法包括发明原理（inventive principles）、发明问题解决算法（algorithm for inventive problem solving, ARIZ）以及 TRIZ 标准解（TRIZ standard techniques）。这些方法为解决各种冲突问题提供了有效的解决方案。

在利用 TRIZ 解决问题的过程中，可以将其归纳为以下四个步骤。

（1）提炼领域问题。设计者首先需要将待设计的产品转化为 TRIZ 问题，明确问题的领域和范围。

（2）总结标准问题。根据所提炼的领域问题，进一步总结出标准问题，即具有普遍性和代表性的问题。

（3）得出标准解。利用 TRIZ 中的工具，求出该标准问题的普适解或模拟解。

（4）凝练为领域解。最后，设计者需要将该普适解或模拟解转化为领域解或特解，以满足特定领域的需求。

在整个过程中，设计者需要保持严谨、稳重、理性和官方的语言风格，确保问题的准确性和解决方案的有效性。

5. TRIZ 法则

在技术系统方面，TRIZ 的技术系统八大进化法则分别是：①完备性法则；②能量传递法则；③动态性进化法则；④提高理想度法则；⑤子系统不均衡进化法则；⑥向超系统进化法则；⑦向微观级进化法则；⑧协调性法则。

这八大进化法则在研究市场需求、定性技术预测、产生新技术、专利布局以及选择企业战略制定的时机等方面具有广泛应用。它们可以帮助解决难题，预测技术系统，成为产生并加强创造性问题解决的工具。

6. TRIZ 的技术系统演化曲线

在技术发展的阶段划分方面，S 曲线法则作为 TRIZ 的重要概念和理论基础，为阿奇舒勒后续的发现提供了基础支撑。技术系统是由各种材料组成，旨在满足人的需求和实现各种功能的物体总称。技术系统既可以是产品，也可以是生产流程，甚至可以是整个生产运营系统。

阿奇舒勒认为，技术系统是不断变化的，这种变化遵循着某种一般规律。通过运用这些规律，人们可以更加高效地改进产品。基于大量的专利数据，阿奇舒勒总结出了技术系统演化的 S 形曲线以及各阶段的技术系统演化特点，具体如图 2-4 和表 2-3 所示。

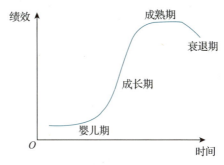

图 2-4 技术系统演化的 S 形曲线

资料来源：王崇军 .TRIZ 中的技术系统 S- 曲线进化法则与产品的生命周期 [J]. 中国高新技术企业，2013（2）：151-155.

表 2-3 技术系统演化各阶段特点

阶段	特点
婴儿期	能够提供新功能的技术系统开始出现，而这一新功能将解决前人无法解决的问题，但由于新的技术系统较为复杂，了解该技术的技术人员较为缺乏，同时缺乏资金的投入，使得这一阶段的技术系统效率较低，很难快速推广，技术发展速度较慢。
成长期	随着人们对这一新技术的逐渐认知和学习以及资金的不断投入，技术系统进入了快速发展的阶段，在这一阶段技术所带来的效率的提高是最快的
成熟期	随着技术系统不断发展，利润也在逐渐提高，但技术系统所带来的边际利润逐渐下降，在这一阶段，利润将达到最高，技术系统也将逐渐接近其发展瓶颈
衰退期	在衰退期，技术系统达到了发展瓶颈，很难有新的发展

资料来源：TRIZ，https://wiki.mbalib.com/wiki/TRIZ。

案例 2-1 | TRIZ 解决餐桌设计的创新办法

一家人围在一起吃饭的时候，需要一个餐桌。我们希望餐桌足够大，因为足够大的餐桌可以在上面放更多的菜；但是对于房子比较小的家庭来说，又希望餐桌足够小，因为足够小的餐桌不会占太大的地方。这里需要解决的一个问题是：餐桌既要大又要小。

现在我们非常清楚，可折叠餐桌就可以完美地解决这个问题。但是，最开始的时候，餐桌并不是可以折叠的，人们发现不可以折叠的餐桌有某些不方便的地方，于是发明了可折叠餐桌。下面我们用 TRIZ 创新方法的方法来解决这个问题：

（1）描述问题。餐桌的面积要大，因为可以放更多的菜；但是餐桌的面积又要小，因为不会占太多的地方。

（2）加入关键词。餐桌的面积在吃饭的时候要大，因为可以放更多的菜；但是餐桌的面积在不吃饭的时候又要小，因为不会占太多的地方。餐桌的面积要大和要小这两种相反需求发生在不同的时间，在 TRIZ 创新方法中需要采用一种叫作基于时间分离的方法来解决。

（3）得出结论。基于时间分离的方法中有 5 个发明原理（40 个发明原理中的 5 个）与其对应，采用其中的动态化这个发明原理就可以得出可折叠餐桌这种解决方案。

资料来源：王南轶，石畅，魏阳阳，等. 基于 AHP/QFD/TRIZ 理论的可伸缩式餐桌设计 [J]. 包装工程，2023，44（2）：90-100.

7. TRIZ 的应用：解决技术问题的 39 个工程参数及 40 个发明原理

在苏联时期，TRIZ 方法被视为大学专业技术必修科目，并在工程领域中得到了广泛应用。随着苏联解体，许多 TRIZ 研究者移居到了美国等西方国家，使得 TRIZ 在西方受到了极大的关注。在此背景下，TRIZ 的研究与实践迅速普及和发展，不仅在西北欧、美国等地出现了以 TRIZ 为基础的研究、咨询机构和公司，一些大学还将 TRIZ 列为工程设计方法学课程。

经过半个多世纪的演进与完善，TRIZ 已经发展成为一套成熟且具有高度工程实用性的理论和方法体系。这一体系在解决新产品开发实际问题方面表现出色，并经过实践的检验得到了广泛应用。在全球范围内，TRIZ 已经为众多知名企业创造了成千上万项重大发明，为企业带来了显著的经济效益和社会效益。

其中 39 个工程参数包括：①移动物体的重量；②静止物体的重量；③移动物体的长度；④静止物体的长度；⑤移动物体的面积；⑥静止物体的面积；⑦移动物体的体积；⑧静止物体的体积；⑨速度；⑩力；⑪张力/压力；⑫形状；⑬物体的稳定性；⑭强度；⑮移动物体的持久性；⑯静止物体的持久性；⑰温度；⑱亮度；⑲移动物体消耗的能量；⑳静止物体消耗的能量；㉑功率；㉒能源的浪费；㉓物质的浪费；㉔信息的流失；㉕时间的浪费；㉖物质的总量；㉗可靠性；㉘测量的准度；㉙制造的准度；㉚作用于物体的有害因素；㉛有害的副作用；㉜制造性；㉝使用的便利性；㉞修复性；㉟适应性；㊱设备的复杂性；㊲控制的复杂性；㊳自动化程度；㊴产能/生产力。

阿奇舒勒对大量的专利进行了研究、分析和总结，从中提炼出 TRIZ 中最重要、具有普适性的 40 个发明原理，如表 2-4 所示。

8. TRIZ 实践意义

TRIZ 是一种专注于创新设计的理论，它提供了一系列的普适性工具，帮助设计者迅速获得满意的问题解决方案。作为一种强大的技术问题或发明问题解决策略，

TRIZ 并不局限于特定的机构、机械或过程,而是通过建立解决问题的模型以及明确问题解决策略的探索方向来发挥作用。TRIZ 的原理和算法不受特定应用领域的限制,它为人们提供了一种科学的方法和法则,以指导他们创造性地解决问题。因此,TRIZ 可以被广泛应用于各个领域,以实现问题的创造性解决。

表 2-4　TRIZ 的 40 个发明原理

1. 分割	11. 事先预防	21. 快速作用	31. 多孔材料
2. 分离	12. 等位能	22. 将有害变成有益	32. 颜色改变
3. 局部品质	13. 逆转	23. 回馈	33. 同质性
4. 非对称性	14. 曲度	24. 中介物	34. 丢弃与复原
5. 合并	15. 动态性	25. 自助	35. 参数改变
6. 多功能	16. 不足或过多的作用	26. 复制	36. 相转变
7. 巢状结构	17. 转变至新的空间	27. 抛弃式	37. 热膨胀
8. 反重力	18. 机械振动	28. 机械系统替代	38. 使用强氧化剂
9. 预先的反作用	19. 周期性动作	29. 使用气体或液体	39. 钝性环境
10. 预先作用	20. 连续的有用动作	30. 弹性壳和薄膜	40. 复合材料

资料来源:张东生,张亚强. 基于 TRIZ 的管理创新方法 [M]. 北京:机械工业出版社,2015.

经过半个多世纪的发展,TRIZ 已经形成了一套成熟的理论和方法体系,用于解决新产品开发的实际问题。它具有实用性并经过了实践验证,其应用已从工程技术领域扩展到管理、社会等多个领域。TRIZ 在苏联得到了广泛应用,并在美国许多企业的新产品开发中得到了应用,产生了显著的经济效益。现在,TRIZ 在西方工业国家受到高度重视,其研究和实践得以迅速普及和发展。众多知名企业已经利用 TRIZ 取得了重大的经济效益。

实践证明,运用 TRIZ 可以显著提高创造发明的效率,并且能够产生高质量的创新产品。该理论有助于我们系统地分析问题情境,迅速找到问题的核心或矛盾,明确问题探索的方向,避免遗漏潜在的可能性。同时,TRIZ 还能够帮助我们突破思维障碍,打破思维定式,以新的方式进行逻辑性和非逻辑性的系统思维。此外,该理论还根据技术进化规律预测未来发展趋势,有助于我们开发具有竞争力的新产品。TRIZ 以其良好的可操作性、系统性和实用性在全球的创新和创造学研究领域占据着独特的地位。在经历了理论创建与理论体系的内部集成后,TRIZ 正处于其自身的进一步完善与发展,以及与其他先进创新理论方法的集成阶段。伴随着人工智能的迅速发展,将 TRIZ 与计算机技术相结合可应用于更多领域的创新问题解决。

本章小结

个体创造力是创新的前提条件。本章首先围绕个体创造力的起源、定义进行了介绍,其次通过创造力的六个基本构成元素、个体创造力的 4P 模型阐明了创造力的影响因素。随后介绍了个体创造力的相关理论,包括特殊能力说、产品或结果说、认知过程说、人格特质说、综合体说、艾曼贝尔的创造力三因素模型。最后阐述说明了个体创造力应用的工具方法，有思维定式、系统性思维、跳跃性思维、批判性思维、奔驰思维法、头脑风暴法、形态分析法和TRIZ。

创造力是一个多种维度的概念，既包括过程也包括结果。因此，个体创造力不论被理解为过程还是结果，其表现形式都是个体持续地发现、解决问题并实施新的解决方法。

斯腾伯格认为创造力的基本构成元素包括智力、知识、思维风格、人格特质、动机和环境。罗兹的个体创造力4P模型从创造性产品或结果、创造性成果产生的过程、创造者的个体特征或人格以及创造力产生所需要的环境或压力四个方面构建，为理解个体创造力提供了全面而深入的理解视角。

在个体创造力的相关理论方面，艾曼贝尔的创造力三因素模型是创造力研究领域中备受推崇和深入研究的模型之一，专业知识、创造技能和工作动机组成了艾曼贝尔理解创造力本质和提升创造力的关键因素。

TRIZ作为可以显著提高创造发明的效率，并且能够产生高质量的创新产品的应用方法，在全球范围内受到了广泛关注。不仅因为它对专利严谨的分析和归类、概念性的解决方法、标准的问题解决过程，更因为它在各领域的广泛适用性和显著效果而受到追捧，也是实用性极高的创造力应用方法。

通过本章的学习，学生可对创造力的起源、定义及其影响因素进行全面了解。在探讨与个体创造力相关的理论后，学生能够掌握个体创造力的差异以及影响创造力的三因素模型，并学习到若干个体创造力的应用方法。

思考题

1. 创造力的影响因素包含哪些？你认为不同学者的观点是否存在共性？体现在哪里？
2. 在创造力差异的五种学说中，你更认可哪一种？原因是什么？
3. 结合本章所学的创造力的应用工具，与小组同学运用其中的一种或多种创造力工具尝试设计一款富有创造力的水杯。
4. 总结并提炼TRIZ的主要内容。

参考文献

[1] ALTSHULLER G S, SHAPIRO R B. Psychology of inventive creativity[J]. Issues of psychology, 1956, 6: 37-49.

[2] AMABILE T M, CONTI R, COON H, et al. Assessing the work environment for creativity[J]. Academy of management journal, 1996, 39(5): 1154-1184.

[3] DE DREU C K W, BAAS M, NIJSTAD B A. Hedonic tone and activation level in the mood-creativity link: toward a dual pathway to creativity model[J]. Journal of personality and social psychology, 2008, 94(5): 739.

[4] EBERLE B. Scamper on: games for imagination development[M]. Texas: Prufrock Press Inc, 1996.

[5] GUILFORD J P. The structure of intellect[J]. Psychological bulletin, 1956, 53(4): 267.

[6] KAUFMAN J C, BEGHETTO R A. Beyond big and little: the four c model of creativity[J]. Review of general psychology, 2009, 13(1): 1-12.

[7] KOZBELT A, BEGHETTO R A, RUNCO M A. Theories of creativity[J]. The Cambridge handbook of creativity, 2010, 2: 20-47.

[8] NONAKA I. A dynamic theory of organizational knowledge creation[J]. Organization science, 1994, 5(1): 14-37.

[9] OSBORN A F. Applied imagination: principles and procedures of creative thinking[M].New York: Charles Scribner's Sons, 1953.

[10] WATSON G, GLASER E M. Critical thinking appraisal: manual[M]. New York: Psychological Corporation, 1980.

[11] WOODMAN R W, SAWYER J E, GRIFFIN R W. Toward a theory of organizational creativity[J]. Academy of management review, 1993, 18(2): 293-321.

[12] 原新.人口高质量发展是现代化建设之基石[EB/OL].（2023-05-18）[2023-12-30].https://theory.gmw.cn/2023-05/18/content_36566938.htm.

[13] 张文娟，常保瑞，钟年，等.文化与创造力：基于4P模型的探析[J].北京师范大学学报（社会科学版），2016（2）：12.

[14] 田友谊，李荣华.创造力测评研究70年：回顾与展望[J].中国考试，2022，361（5）：81-89.

延伸阅读

[1] AMABILE T M, PRATT M G. The dynamic componential model of creativity and innovation in organizations: making progress, making meaning[J]. Research in organizational behavior, 2016, 36: 157-183.

[2] SAWYER R K, HENRIKSEN D. Explaining creativity: the science of human innovation [M]. New York: Oxford University Press, 2024.

[3] WOODMAN R W, SAWYER J E, GRIFFIN R W. Toward a theory of organizational creativity[J]. Academy of management review, 1993, 18(2): 293-321.

[4] 田友谊，李荣华.创造力测评研究70年：回顾与展望[J].中国考试，2022, No. 361(5): 81-89.

自测练习

扫码查看练习题及参考答案

第 3 章 团队创造力

■ 本章要点

1. 了解团队的组成、结构类型、关系和知识结构。
2. 学习与团队创造力相关的理论。
3. 厘清组织内部、外部环境对团队创造力的影响。

■ 引导案例

华为组织架构进化:从中央集权式管理到平台化

华为一直奉行的是中央集权式管理,但在此基础上进行层层有序的分权。自 1987 年创立以来,华为不断适应环境和自身的变化,探索出了一条适合自己的分权之道和授权之术。

在华为成立初期,员工数量不多,部门和生产线比较单一,产品的研发种类也比较集中,组织结构比较简单。在这段时间,华为一直采用的是在中小型企业里比较普遍的直线式管理结构。这段时间的高度中央集权式管理是为了防止因权力分散而造成失控。

随着业务的增长和组织规模的扩大,华为开展了组织结构和人力资源机制的改革,进行了权力的重新分配。这是一次从下到上、从一线到后方的权力重铸。华为取得的成绩离不开业务战略的成功转型及终端市场的突破,但权力的合理分配和组织运营效率的提升也居功至伟。

1. 建立矩阵结构,实施有序分权

在华为成立初期,由任正非直接领导公司综合办公室,下属有五个大的系统:中研总部、市场总部、制造系统、财经系统以及行政管理系统。主管人员在其管辖的范围内有绝对的职权或完全的职权;各系统中任何一个部门的管理人员只对其直接下属有直接的管理权;同理,每个部门的员工的所有工作事宜也只能向自己的直接上级报告。这种简明迅捷的直线

式管理结构，使得华为在创业初期迅速完成了其原始积累的任务，作为公司最高领导者的任正非对公司内部下达的命令和有关战略部署也更加容易贯彻。

然而，任正非很快意识到这种管理的弊端，认为华为的发展应该向市场靠拢，这种靠拢不仅要依靠先进的技术、可靠的质量，还必须用周到的服务去争夺市场，于是华为在这种直线式管理结构上进一步细分管理系统。由此，华为逐渐转向了矩阵结构（二维组织结构），既拥有按战略性事业划分的事业部，又拥有按地区的战略划分的地区公司。纵向上，矩阵制继承了职能制的优势，通过专业化细分工作提升组织效率。横向上，由特定的用户需求、项目、产品等发起组建，灵活满足市场和客户的需求。在横向的项目／产品系统中，没有固定的工作人员，而是随着任务的进度，根据工作的需要，从各职能部门抽人参加，当项目完成之后再释放回原来的职能部门。因此，成员根据角色的不同，一般接受产品／项目负责人和所属职能部门的双重领导。

2. 权力新主角，一线铁三角

华为目前的整体组织架构就是一种平台化组织。在某些创新业务（如智能汽车解决方案业务单元）上，又具有液态化组织的特征。集团职能平台是华为的中央平台，是作为统治抓手的后台组织；各个业务单元和产品／解决方案部门是中台组织，是支撑差异化业务发展的作战支持平台；区域组织是前台作战组织。当然，前台、中台和后台只是公司组织里面一个相对的概念。在区域组织中，也可以进一步细化出中台组织。在公司内部，华为同步开展了组织结构和人力资源机制的改革，确定了"以代表处系统部铁三角为基础的，轻装及能力综合化的海军陆作战式"作战队形，培育机会、发现机会并咬住机会，在小范围完成对合同获取、合同交付的作战组织以及对中大型项目支持的规划与请求（见图3-1）。

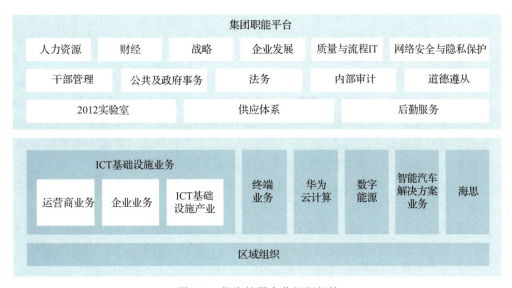

图3-1　华为的平台化组织架构

资料来源：华为官网，https://www.huawei.com/cn/corporate-governance/corporate-governance。

华为将权力分配给一线团队，逐步形成推拉结合、以拉为主的机制。在拉的时候，看到哪一根绳子不受力，就将它剪去，连在这根绳子上的部门及人员一并剪去，组织效率就会有较大的提高。权力的重新分配促使华为的组织结构、运作机制和流程发生彻底转变，每根链条都能快速灵活地运转，重点的交互节点得到控制，自然也就不会出现臃肿的机构和官僚作风。

2022年，华为营业收入为6 423亿元人民币，净利润为356亿元人民币。华为持续加大研发投入，2022年研发投入达到1 615亿元人民币，占全年收入的25.1%，近10年累计投入的研发费用超过9 773亿元人民币。这些数据表明，在面临较大压力的情况下，华为的财务状况持续稳健，具有较强的韧性与弹性，并能够将1/4的营业收入用于支持研发创新。

资料来源：深圳市基业长青咨询服务有限公司发文，"一文详解华为组织架构的进化：职能型、事业部型、矩阵型、平台化"。《中国经济周刊》官方账号发文，"任正非：华为公司三十年来从小公司走向大公司，走的是中央集权管理的道路"。

思考题
1. 你觉得华为组织管理的优点和缺点分别有哪些？
2. 案例中的哪些会影响团队创造力？
3. 华为有哪些创新点值得其他企业学习和借鉴？

3.1 团队结构

团队（team）是由基层和管理层人员组成的一个共同体，通过有效利用每个成员的知识和技能，协同工作以解决问题，共同实现目标。

团队创造力

团队创造力相关研究最初起源于企业界对提高管理绩效的追求。20世纪70年代，美国通用电气公司发起了一项由数百家企业参与支持的"创造性领导者中心"（Center for Creative Leadership，CCL），这是团队创造力研究的初步尝试。相对而言，团队创造力（team creativity）概念的提出则相对较晚（杨志蓉，2007）。

艾曼贝尔在其著作《创造性社会心理学》中提出了关于创造力结构的理论观点，开始关注团队、组织和社会环境对创造力的影响。此后，越来越多的学者注意到仅用个体差异解释人的创造力是不全面的，还需要考虑氛围对创造力的影响，并逐渐将原来个体创造行为的理论模式发展到团队创造行为研究。

自20世纪80年代以来，学者们在"团队创造力"概念上尚未达成基本共识。这一现象的主要原因在于，学者们对"团队创造力"概念的提法存在争议。一部分学者认为，只有"个体"才能真正谈得上创造性或创造力（Van Gundy，1984），而"团队创造力"这一概念本身存在错误。而另一部分学者则认为，团队创造力与个体创造力之间并不存在根本区别（Amabile，1989）。

然而，在争论的过程中，人们逐渐认识到，团队创造力并非能够通过个体创造力的简单相加来解释。随着团队应用的日益广泛，越来越多的学者开始认识到"团队创造力"概念的重要性。

本章将详细探讨团队结构、团队领导以及组织外部环境对团队创造力的影响。在阐述这些议题的过程中，我们将逐步厘清团队创造力的内涵和特征，以期提高团队创造力，为组织的持续发展和创新提供有力支持。

3.1.1 团队知识结构相关理论

1. 社会网络理论

社会网络在促进个人和企业之间的思想传播方面发挥着重要作用，从而对生产率增长产生积极影响。社会网络是由一组关系连接起来的参与者所组成的集合，它是一种社会结构，由一组社会参与者（如个人或组织）、一组二元关系以及参与者之间的其他社会互动组成。社会网络视角提供了一套分析整个社会实体结构的方法，以及解释这些结构中观察到的模式的各种理论（Wasserman，1994）。

结构洞（structure holes）是指缺少分隔的两个或多个子图的关系（Burt，1995）。在网络背景下，社会资本存在于人们因其在网络中的位置而具有优势的地方。网络中的联系人提供信息、机会和观点，这些对网络中的核心参与者是有益的。大多数社会结构的特点往往是紧密联系的密集集群（Burt，2004）。这些集群中的信息往往同质且冗余，非冗余信息通常是通过不同集群中的接触获得的。当两个独立的集群具有非冗余信息时，它们之间被称为结构洞（Burt，1995）。

因此，连接结构洞的网络将带来一定的附加网络效益，而不会产生冗余。一个理想的网络结构应具备藤状和簇状结构的特点，以便能够访问多个不同的簇和结构洞。结构洞中的丰富网络是一种社会资本，能够为网络中的主要参与者带来信息利益。例如，在商业网络中，结构洞对团队发展是有益的，如果团队的网络能够跨越不同行业/部门的广泛联系，那么团队就更有可能察觉到潜在的商业机会。

社会网络理论提供了三种中心性度量方式，用于确定意见领袖通常所占据的优势地位，分别是度中心性（degree centrality）、中间中心性（betweenness centrality）和接近中心性（closeness centrality）（Freeman，et al.，1979）。这些度量方式衡量了网络中与个人之间的连接数量，具有高度中心性的个体更有可能成为意见领袖，因为更多的社会联系意味着更大的接收和传播信息的机会。在图3-2中，颜色最深的节点代表度中心性较高的个体。

中间中心性是衡量单个节点在网络中作为连接其他节点的桥梁频率的指标。具有高中间中心性的个体在网络中起到桥梁作用，将不同的网络集群连接在一起。如果这些具有高中间中心性的个体反对某种思想的传播，那么这种思想可能无法在网络的其他区域得到广泛传播。图3-2中的浅色的节点占据了这一关键位置。

接近中心性则衡量单个节点与网络中所有其他节点的平均距离。具有高接近中心性的个体与网络中其他个体之间的距离相对较短，因此能够更快地传递信息。在人际网络中，具有高接近中心性的个体能够更有效地接触其他联系人，从而具有更大的影响力。图3-2中颜色次深的节点具有较高的接近中心性。

创新实际上是一种"团队活动"。事实上，发明家的大部分灵感来自与其他人或组织的互动，财务资源可能来自银行或朋友，产品的实际开发通常需要工厂的协助，而客户参与是测试产品可行性的关键（Leenders 和 Dolfsma，2016）。无论人们看到的是哪一项伟大发明，它都必然与某种形式的网络交互有关。因此，社交网络对于创新产品的开发至关重要。了解社交网络理论相关知识有助于加深对新产品创造研发的理解。

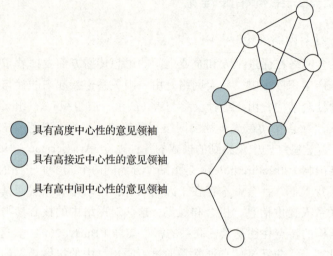

图 3-2　高度中心性、高接近中心性和高中间中心性的意见领袖网络图解

资料来源：LIU W, SIDHU A, BEACOM A M, et al. Social network theory[J]. The international encyclopedia of media effects, 2017: 1-12.

2. 交互记忆系统理论

交互记忆系统（transactive memory system，TMS）理论是由 Wegner 等于 1987 年提出的，该理论最初用于描述亲密人际关系中的个体之间的专业化现象㊀。在这种关系中，一方可能负责记忆和执行某些任务，而另一方则负责记忆和执行其他任务。这种记忆的专门化为基础协调提供了支持，使他们能够更有效地完成任务。随后，交互记忆系统理论延伸到组织的团队配合中。实验结果表明，由一起训练的成员组成的小组比由分开训练的成员组成的小组具有更强的交互记忆，并表现出更好的组织绩效（Liang、Moreland 和 Argote，1995）。

为了进一步探究交互记忆与团队绩效之间的深层关系，学者们进行了两个方面的研究探索。

一方面，学者们开始对交互记忆系统的维度及其背后的作用机制进行研究。首先，团队成员间的信任使其有更多机会学习在团队中工作的一般技能，从而了解到团队成员的知识和技能的掌握程度（Moreland、Argote 和 Krishnan，1996），使之与团队成员的专业知识和技能联系在一起。其次，团队成员对各自的任务进行认知劳动分工，不同成员专攻不同领域。成员们相互依赖，负责特定的专业知识，这样他们就共同拥有完成任务所需的所有信息，在团队中形成高效的分工合作机制，从而提高团队绩效（Wegner，1987）。最后，交互记忆系统的形成减少了团队中任务完成的不确定性，为协调合作提供了基础，提高了工作效率并增加了稳定性（Klimoski

---

㊀ 专业化现象是指团队中专业知识共享的现象。

和 Mohammed，1994）。

学者将上述维度整理成构成交互记忆系统的三大维度（Lewis，2003），包括可信性（credibility）、专业性（specialization）和协调性（coordination），三个维度共同反映团队的交互记忆水平，量表见附录3A。

另一方面，学者们根据交互记忆系统的构成维度，对交互记忆系统和绩效有关概念间的关系进行了深入探索。阿克金（Ali E. Akgün）等人于2005年研究了团队任务复杂性在交互记忆系统与新产品创新产出之间的正向调节关系。他们发现，由于高度复杂的任务对团队成员的知识要求更高，因此产品的成功在很大程度上受到交互记忆系统质量的影响。在交互记忆系统中，团队成员更有效地决定产品、工艺计划和替代方案，能更成功地解决产品和工艺相关的问题。此外，作者还发现交互记忆系统会促进组织学习、企业上市速度等与组织绩效有关的影响因素。这些研究结果进一步揭示了交互记忆系统在提高组织绩效方面的重要作用。

经学者研究发现，具备完全开发的交互记忆访问和接收所需信息能力的个人，可能具备创造性自我效能。这是因为他们具备承担风险所需的信心，以及在不确定的商业环境下处理失败的灵活性（Fan et al.，2016）。弗兰西斯卡·基诺等人的研究进一步揭示，团队中的交互记忆可以提高团队创造力，因为个体可以通过团队学习快速吸收专家的隐性知识，并将这些知识应用到新的任务中（Francesca Gino et al，2010）。琳达·阿尔戈特认为，在动态的业务环境中，任务特征经常变化，员工不太可能确定如何处理情况，更有可能需要来自自己组织外部专家的建议（Linda Argote，2015）。基于这些研究，团队的交互记忆系统会对团队创造力产生正向影响，因此团队领导应重视发展团队的交互记忆系统，包括成员信任关系、领域专业性和组织协调能力。

3.1.2 团队结构的类型

沃森（Watson）在1965年把社会权力结构划分为三类：集权结构（centralized power structure）、分权结构（decentralized power structure）和矩阵型组织结构（matrix organization structure）。其中，只在集权结构中，存在单一的权威中心；在分权结构中，存在多个领导中心；而矩阵型组织结构则是各部门独立运作，呈现各自为政的状态。

1. 集权结构

集权化（centralization），是指团队组织内部决策权集中于特定点位的程度。在组织架构体系中，机关的事务处理权由该机关自行承担，不设立或授权下级或派出机构来处理相关事务。

集权化组织的特征包括以下几个方面。

（1）清晰的等级划分。管理决策自上而下传递，经过冗长的组织链和繁杂的程序，从最高层传递给员工。

（2）职能/功能主义。各部门和子部门之间有明确的界限。

（3）严格的管理控制和集权化。组织中的最高层和底层之间的协调通过垂直式的管理链条完成。最高层管理者负责掌控计划、问题解决/执行、决策和指挥。

（4）高度的形式主义。存在浓厚的官僚政治氛围，以及许多硬性规则和固定不变的程序。几乎没有个人行动自由，沟通仅仅是一种形式，知识信息的交流和共享也受到严格限制。

（5）存在过多的正式规则和标准化运作程序。

集权化组织的主要优势体现在以下几个方面。

（1）促进职能部门之间决策的协调性。集权化组织能够确保各职能部门之间的决策保持一致，避免决策冲突和重复工作。

（2）规范报告形式。集权化组织通过制定统一的管理账户等规范报告形式，确保信息的准确性和一致性，有助于管理层更好地了解企业运营情况。

（3）实现与企业目标的协同。集权化组织能够确保所有决策都与企业目标保持一致，避免决策偏离企业战略方向的风险。

（4）快速应对危机。在紧急情况下，集权化组织能够迅速做出决策，确保企业在危机中能够迅速应对，减少损失。

（5）实现规模经济。集权化组织通过集中管理资源，能够实现资源的优化配置，降低成本，提高经济效益。

（6）适用于外部监控。集权化组织对外部机构能够更容易实施监控，因为所有决策都在一个集中的体系中得到协调和执行。

与此同时，集权化组织的缺点也较为突出，主要有以下几个方面。

（1）高级管理层可能不会重视个别部门的不同要求。

（2）由于决策时需要通过集权职能的所有层级向上汇报，因此决策时间过长。

（3）对级别较低的管理者而言，其职业发展有限。

（4）在组织内部运作方面，集权式组织不利于知识生产、知识获取、知识共享和知识传递。

（5）当组织遇到突如其来的变化时往往显得无所适从，无法对外部知识迅速做出反应（林山 等，2005）。

2. 分权结构

分权化（decentralization），指的是组织中决策权的分散程度。组织高层将其中一部分决策指挥权分配给下级组织机构和部门的负责人，使他们充分行使这些权利，支配组织的某些资源，并在其工作职责范围内自主解决某些问题。分权化组织的决策权较为分散，组织采取行动和解决问题的速度较快，更多的人能够为决策提供建议。因此，员工与能够影响他们工作、生活的决策者之间的隔阂较少或几乎没有。

分权化组织的优点包含以下几个方面。

（1）降低集权化程度，弱化直线制组织结构的不利影响。

（2）提高下属部门管理的责任心，促进权责的结合，提高组织的绩效。

（3）减少高层管理者的管理决策工作，提高管理者的管理效率。

然而，分权化组织的缺点也很明显，主要体现在以下几个方面。

（1）领导难以统一指挥和协调，有的子公司因追求自身利益而忽视甚至损害企业整体利益。

（2）母公司财务调控功能被弱化，不能及时发现子公司面临的风险和重大问题，使代理成本增加，作为出资人的母公司财务目标的实现也受到不利影响。

（3）财务管理职能被弱化，容易使财务信息失真。

（4）难以坚持政令统一、标准一致，容易造成各自为政的分散主义，不利于维护企业的整体利益。

3. 矩阵型组织结构

矩阵型组织结构是一种较为复杂的组织结构模式，其核心特征是在一个大的企业组织内部，为了完成特定的工作任务，会成立专门的项目小组。这些项目小组与原组织相互配合，形成一种并行交叉的组织形态，这就是所谓的矩阵型组织结构。实际上，这种组织结构是以项目为对象进行设置的，项目的管理人员从各个职能部门抽调，负责项目的推进和管理。当项目完成后，这些管理人员会回归各自的职能部门，继续履行他们的职责。

矩阵型组织结构的最大特点在于其双重命令体系，具体分为职能型组织结构矩阵和项目型组织结构矩阵两种形式。在职能型组织结构矩阵中，职能主管为主要决策者；而在项目型组织结构矩阵中，产品/项目负责人则为主要决策者。这种组织结构最为显著的特点在于打破了传统企业管理方式中单一指令系统的限制，使员工同时接受两个上级的领导。

在矩阵型组织结构中，各部门的关键人员，如部门经理，可以被多个项目同时调用。这种结构有助于企业在项目管理过程中实现时间、成本和绩效的有效平衡。

矩阵型组织结构融合了事业部型和职能型组织结构的优点，同时兼具产品型（项目型）和职能型职能划分的优势。这种结构能够加强部门之间的横向联系，促进专业设备和人员的充分利用，实现人力资源的弹性共享。此外，矩阵型组织结构还具有较大的机动性，能够促进各种专业人员互相帮助、互相激励。因此，它更适用于大型企业的组织系统。

然而，矩阵型组织结构也存在一些缺点。首先，由于项目成员来自不同的职能部门，完成任务后需要返回原部门，这可能导致临时观念的产生，有时责任心可能不够强，对工作产生一定影响。其次，员工受到双重领导，一旦出现问题，难以分清责任，容易出现互相推诿的情况。最后，由于参加项目的人员来自不同部门，而隶属关系却仍在原部门，导致项目负责人对他们管理困难，没有足够的激励手段与惩治手段，因此矩阵型组织结构中项目负责人的责任大于权力。

矩阵型组织结构是为了弥补直线职能型组织结构在横向沟通方面的不足，并增强组织的弹性而设计的。这种组织结构形式是固定的，但人员却是动态的，可以根据项目的需要灵活调配。项目小组和负责人也是临时组织和委任的，任务完成后就解散，相关人员回到原部门继续工作。因此，矩阵制组织结构非常适用于需要横向协作和攻关的项目。

为了成功实施矩阵型组织结构，首先需要深入理解矩阵型组织结构的特性和实施条件。企业领导者需要客观评估自身的管理现状，包括制度、流程和员工素质等方面，以确定是否具备实施矩阵的条件。如果条件尚不成熟，应制定可行的分步实施计划，避免盲目应用。

在逐步推进策略方面，企业可以在较小范围内试行矩阵管理，以增加先期的可控性，随着矩阵管理模式的不断成熟，逐渐扩大矩阵范围，加大项目授权力度，最终形成适合企业现状、运行顺畅的矩阵结构。

| 案例 3-1 | 解构中国企业的组织结构特征

如果我们留意一下就会发现，如今能够令人瞩目的组织变革其实没有多少，就那么几家，例如华为、海尔、美的、中兴、腾讯、阿里巴巴等，不仅仅是因为它们的变革力度大、变革频繁，更因为它们已经摆脱了传统企业的标签，为其他企业树立了标杆，很多企业都希望通过了解这些企业的变革，为自己找到一条合适的路径。

遗憾的是，虽然这些企业对外披露了很多信息，甚至还能够到其中的一些标杆企业中游学，但收效甚微，直到现在为止，都没有谁敢说"学得会"，这是为何？因为这些标杆企业没有把实践与经验上升到理论层面，虽然提出很多变革理念，但仅停留在概念层面，导致其他企业无法学到其中的精髓，只有上升到理论层面才能把这些组织变革原理展示出来。

这些标杆企业的变革虽然各有自身特色，但依然有规可循，本案例将依据组织形态管理理论、企业形态进化规律分析这些企业的组织结构，通过组织结构为读者解释这些企业的变革规律。

1. 组织形态进化规律

如图 3-3 所示，在市场生态中，企业形态沿着产业价值链不断演变，经历了股东价值形态、精英价值形态、客户价值形态、利益相关者价值形态四种典型组织形态，实现了从低级组织形态向高级组织形态进化。

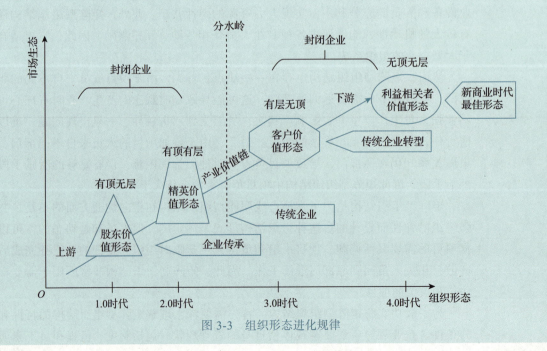

图 3-3　组织形态进化规律

2. 组织结构演变规律

矩阵型组织结构恰恰出现在职能型组织结构与流程型组织结构之间，因此兼有职能型组织结构与流程型组织结构的双重特点，这是传统企业转型迈向新组织的必由之路。

矩阵型组织结构的最大特点是既保留了传统组织结构（职能型组织结构）中的中心职能，又使企业内部出现了横向管理线条，这是唯一一种横纵两种管理线条并存的组织结构形式。

从企业形态进化规律与组织结构演变规律可知，矩阵型组织结构既可以归纳到职能型组织结构中，也可以归纳到流程型组织结构中，因此这是一种过渡阶段的组织结构形式，兼有职能型组织结构与流程型组织结构的双重特征，可谓独一无二。矩阵型组织结构既要"承前"，对接职能型组织结构；又要"启后"，迈向流程型组织结构。中国企业转型非矩阵型组织结构莫属。如今，华为、海尔、美的、中兴、腾讯、阿里巴巴都已摆脱了传统企业标签，矩阵型组织结构成为其管理模式的典型特征之一。

3. 矩阵型组织结构

在矩阵型组织结构中，横向管理线条把"分工"与"协作"变成一种集成化、系统化的管理方式，这是对传统管理模式的彻底颠覆。所谓"集成化"，即任何流程环节都能替换更新，实现"即插即用"，消灭了"分工"，使业务流程具有了天然的协同性；所谓"系统化"，即在流程环节之间能够"无缝对接"，融为一体，消灭了"协作"，能够清晰地衡量每个业务流程创造的价值。这种横向管理线条将以产品或客户类型进行划分，重新对业务流程进行整合。

华为的"铁三角"、海尔的"人单合一"、美的的全价值链卓越运营、中兴的无边界组织、腾讯的"大三层金字塔、小三层金字塔"、阿里巴巴的"大中台、小前台"都是矩阵型组织结构中的横向套管理线条，就连阿米巴经营模式依然是矩阵型组织结构中的横向管理线条，它们都是矩阵型组织结构，而且是事业部（群）矩阵型组织结构。

横向管理线条的出现在很大程度上解决了职能型组织结构存在的"硬伤"，在增强市场灵活性的同时，提高了企业的创新能力，因为横向管理线条能够相对独立运行，独立性越强，越容易进行创新，这是传统组织结构（职能型组织结构）无法具有的优势，也是新商业时代市场发展的必然要求。在我国企业转型过程中，直线职能型组织结构将转变为矩阵型组织结构，事业部型组织结构将转变为事业部（群）矩阵型组织结构。横向管理线条的出现，意味着精英价值形态逐步向客户价值形态转变，随着市场的持续发展，新组织形态特征将会越来越明显。从职能型组织结构向矩阵型组织结构转变，绝非一件易事，需要两方面同时进行，一方面是职能部门（辅助业务流程）转型升级，另一方面是核心业务流程重新整合，事实上，这已经让传统管理模式发生了颠覆性的改变，然而很多企业却没有发觉这一点。

资料来源：一张图解构华为、海尔、美的、中兴、腾讯、阿里组织结构特征，https://www.jiemian.com/article/1524681.html。

3.1.3 团队关系

在组织中，强关系和弱关系是影响团队结构的重要因素之一。强关系主要产生于个人与核心家庭成员、挚友、工作搭档、事业合作伙伴和主要客户之间的紧密互动。这种关系表现为在生活和工作中有较多的互动机会，与之对应的渐进性创新不断深入优化同一领域的技术或产品，从而进行某一领域的深入创新。

弱关系的范围更为广泛。这种关系可能产生于与普通同学、亲友、邻居之间的交往中，甚至曾经的强关系也会因为个人的时间和沟通机会的减少而转为弱关系。

强关系和弱关系在组织中具有不同的作用和影响。这两种关系在组织中相互补充，共同影响着团队的结构和运作。

1. 强关系

强关系是指团队成员之间建立的紧密、亲密和高度信任的关系。这种关系的形成通常基于个体之间的情感联系和相互依赖，经过一段时间的互动和合作逐渐得以巩固。在强关系中，团队成员之间表现出相互理解、支持、合作和信赖的特点，彼此熟悉并关注对方的需求和利益。这种关系有助于增强团队的凝聚力，提高工作效率，提高团队成员的工作满意度和忠诚度。

2. 弱关系

20世纪60年代晚期，美国社会学家马克·格兰诺维特（Mark Granovetter）对麻省牛顿镇的居民如何找工作进行了研究，以反映社会网络的作用。他发现，紧密的朋友在求职过程中并没有起到太大的作用，而那些平时很少联系或不怎么熟悉的人反而更能发挥作用。实际上，陌生人才是真正能够介绍工作的人。随后，他于1973年提出弱关系理论。根据他对组织强弱关系的深入研究，他提出了一个观点：充当信息桥的必定是弱关系。这一观点强调了团队内弱关系的重要性，相对于强关系成员之间的互动，弱关系能够提供更丰富的团队信息和更高的信息准确性。通过应用不同的创新方式，可以开拓新的创新途径。

社会学家马丁·吕夫（Martin Ruef）通过问卷调查了766个在斯坦福大学获得MBA学位且尝试过创业的企业家，在调查中他发现了弱关系和团队创新的关系。吕夫的研究结果显示，创业想法主要来源于与家人和朋友的强关系讨论的仅占38%，而来源于与客户和供货商等商业伙伴的弱关系讨论的则高达52%，剩余部分则是受媒体或专家启发。这表明，好想法更多来源于弱关系，这一规律在创业初期就已发挥作用。尽管如此，大部分创业团队仍主要由家人和朋友构成，强关系团队和弱关系团队的数量比大约为5∶3。吕夫使用一个创新评估模型发现，弱关系团队的创新能力大约是强关系团队的1.18倍。这表明，如果团队成员在此之前从未相识，那么该团队的创新能力可能会更高。

要解释弱关系比强关系更容易传递信息的背后机制，可以从理解桥接关系开始。桥接关系是连接两个不相连的网络集群的社会联系，它提供了两个断开连接的集群之间的唯一路径（见图3-4中的聚类A和聚类B）。格兰诺维特发现，弱关系更有可能成为桥接关系，因为弱关系的外围位置使它们比强关系更能接触到外部信息。图3-4假设每个网络集群代表一个亲密的朋友圈，每个集群中的所有节点都是相互连接的。

强弱关系之间的区别在于它们在时间、情感强度、亲密程度（相互信任）以及相互服务（可能是线性的）的组合上存在差异。强关系的主要优势在于互惠、高强度接触、高度亲密和情感以及信任；而弱关系的主要优势在于能够减少主体间的路径距离，使我们能够获得紧密环境所不能提供的新信息（Granovetter，1973）。根据社会网络理论，佩里·史密斯（Perry Smith）和汉森（Hansen）认为弱关系比强关系更有利于团队创造力，而个体在网络中的位置及其与外部的联系都会影响创造力的水平，处于网络中位置的成员创造力会更强（Smith 和 Hansen，2003）。

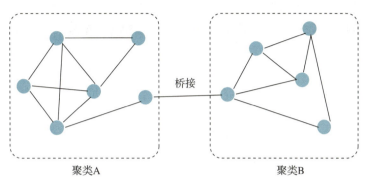

图 3-4　桥接网络关系

资料来源：LIU W, SIDHU A, BEACOM A M, et al. Social network theory[J]. The international encyclopedia of media effects, 2017: 1-12。

3.2　团队领导

团队领导是推动团队实现创造性结果的关键推动力之一（Drazin、Glynn 和 Kazanjian，1999）。蒂尔尼（Tierney）和法默（Farmer）在 2011 年的研究表明，领导对创造力的期望能显著提升成员的创造动机。通常，团队中会有一位领导，他们可能是指定的，也可能是通过选举产生的。为了实现最佳的工作效果，领导者应该给予团队一定的自主权。同时，领导者应该在适当的时候为团队成员提供创造性的工作空间。然而，领导者在关键事件上的指导是必不可少的。合格的领导者需要具备多种特质，同时他们的行为处事也需要遵循一定的原则。此外，领导者之间关系的处理也是团队领导必须面对的问题。本节将围绕这些问题展开介绍。

3.2.1　领导特质

众多学者认为，民主、参与性的领导风格有利于激发创造力，而专制的领导风格则可能抑制创造力。因此，仅仅避免抑制新颖性的做法和程序是不够的，领导者的创新管理需要积极关注思想。柯克帕特里克（Kirkpatrick）和洛克（Locke）1996 年的研究表明，领导者的愿景是引导员工创造性的关键因素。愿景是一个超越性的目标，代表共同的价值观，反映了组织的未来可能和应该是什么。领导者必须通过正式和非正式沟通渠道有效地传达有利于创造力的愿景，并不断鼓励员工超越当前的智慧思考和行动。

多年来，学者们对于领导者应具备的素质进行了深入研究，以确保团队创造力的充分发展。艾曼贝尔和格里斯基维茨（Gryskiewicz）明确指出，领导者必须具备组建高效工作小组的能力。这种工作小组应具备技能的多样性，由相互信任、沟通顺畅、能够以建设性的方式质疑并相互支持的成员组成。领导者在管理过程中，应平衡员工的自由与责任，避免过度支配或控制，同时要关注员工的感受和需求。领导者应认可员工的创造性工作，鼓励他们表达自己的担忧，提供有建设性的反馈，并促进员工技能的发展。

领导特质研究可以追溯到天生或遗传学说的起源。19世纪末至20世纪初，领导特质研究在领导研究领域中占据了主导地位。该研究的兴盛一直持续到20世纪40年代。然而，随着时间的推移，学界对斯托格迪尔（Stogdill）的领导特质研究进行了回顾与反思，发现该研究没有与领导行为及情境进行有效结合，存在研究的孤立性，因此领导特质研究逐渐衰落。直到20世纪80年代，随着魅力型领导及变革型领导的出现，人们开始关注领导情境，并对领导特质研究重新重视起来。因此，领导特质研究得到了复苏。这一时期的研究更加注重领导特质与情境的结合，为领导理论的发展带来了新的视角和方向。

此外，上述提到的特质通常与人格、性格、气质及能力等概念相互关联。在已有的文献中，特质被界定为三种不同的概念。

第一种概念将特质定义为一个概括性强、较为宽泛的广义概念。柯克帕特里克认为特质是指个体的一般特征，包括能力（capacity）、动机（motive）及行为模式（pattern of behavior）；友希（Yukl）认为特质是个体的一系列特征，包含个性（personality）、性格（temperament）、需要（need）、动机和价值观（value）等；卡辛（Kassin）认为特质是个体的行为模式、思维及情绪。这些界定都体现了特质范畴的综合和广泛。

第二种概念将特质解释为稳定、可跨越组织情境的相互影响并统一为整体的个人特征。扎卡尔罗（Zaccaro）等的定义体现了特质的稳定性和整体性。

第三种概念将特质定义为作用于行为的，具体体现在个体差异性上，特质能影响个体行为的个人特征。加西亚（Garzia）的定义强调了特质的个体差异性和对行为的影响。

综合以上三种对特质的定义可以看出，领导特质既可以是一个广义的概念，涵盖管理层人员各方面综合特征，也可以具体到个体的行为特征。因此，领导特质的定义需要根据具体情境和目的进行灵活应用。

随着研究的深入，领导特质的标签不断涌现，研究者们在特质的识别和界定上陷入了迷茫。扎卡尔罗等对过去的研究进行了梳理，整理出了18种领导特质。他们进一步整合了这18种特质，将其归纳为5种核心特质，包括认知能力、个性及动机、社交能力、问题解决能力以及潜藏知识。基于这些特质对领导有效性的影响，他们进一步将这些特质分为两类：远离事务行为的远端（distal）特质和接近事务行为的近端（proximal）特质。其中，认知能力、个性及动机被归类为远端特质，而社交能力、问题解决能力以及潜藏知识则被归类为近端特质。

3.2.2　领导风格

区分不同的领导风格是研究领导特质的有效方法。交易型领导（transactional

leadership）和变革型领导（transformational leadership）理论的分类为领导行为的研究提供了新思路，并逐渐成为学术界和实业界的主导理论。交易型领导是以奖赏方式来领导下属工作的，当下属完成特定的工作后，便给予承诺的奖赏，整个过程像一场交易。而变革型领导则是通过让员工意识到所承担任务的重要意义，激发下属的高层次需要，建立互相信任的氛围，促使下属为了组织利益牺牲自己的利益，并达到超过原来期望的结果。变革型领导行为是一种领导向员工灌输思想和道德价值观，并激励员工的过程。在过去的十几年中，领导理论的重心开始集中于对变革型领导的研究，并取得了丰富的研究成果。

交易型领导行为在促进团队创新氛围方面的影响主要表现在员工通过创新实现愿景后。然而，如果员工的创新行为反馈不佳，可能会受到领导的惩罚。这种领导方式更注重任务结果而非创新过程。长期来看，交易型领导风格可能不利于团队创新氛围的形成，因为它可能导致员工更加关注绩效和结果，从而抑制创新行为。

相比之下，变革型领导行为对团队的影响更多在于把控组织文化和员工思想。这种领导方式使领导和员工之间的信任度较高，对员工创新行为产生更积极的影响。变革型领导不仅关注员工的日常工作，更倾向于采用"交心"的方式与员工沟通，从而达到管理的目的。在这种工作环境下，员工更容易表现出积极活跃、踊跃交流的特质，更有利于创新工作氛围的形成。

一些学者通过对中国组织的研究，提出家长式领导（paternalistic leadership）行为的概念。学者樊景立与郑伯埙对这一问题进行了回顾，将家长式领导行为定义为一种将强烈的纪律性和权威与父亲般的仁慈和德行综合地表达在人格氛围中的领导行为。这种领导方式采用类似家长的方法，需要明显的和强有力的权威，关心下属，强调德行领导。

从中国企业的管理实践来看，无论是在国有企业还是民营企业，家长式领导是中国企业组织中一种较为常见的领导风格。然而，这种领导风格对于企业的创新氛围有诸多不利。明确的上下级关系很难让下属对领导敞开心扉、畅所欲言，更难让员工在与领导意见不符时勇于谏言。此外，家长式领导基于领导绝对权威，大多数情况下由领导单独提出愿景，团队员工只需要遵守执行，并不存在沟通讨论的环节，因此难以营造企业创新氛围。

3.2.3 领导-成员交换关系

1. 领导-成员交换关系理论起源

在格雷恩（Graen）和丹塞罗（Dansereau）提出领导-成员交换关系理论之前，领导行为研究主要集中在领导本身，通过研究领导与个体、群体和组织绩效的关系来解释领导行为。这些观点基于的假设是领导以同样的方式对待他的所有下属。然而，格雷恩提出了质疑，认为应该把领导行为研究的重点放在领导与成员关系上。他指出，领导与不同的成员会有远近亲疏的交换关系，因此，研究领导行为应该更多地关注这种关系。

格雷恩等将领导-成员交换关系分类为"圈内成员"（in-group member）和"圈

外成员"(out-group member)。对于圈内成员,由于成员与领导建立的特殊关系,成员通常会得到更多的工作自主性、灵活性、升迁机会和报酬等。而对于圈外成员,由于成员与领导相处时间较少,他们获得奖励的机会也较少,他们之间的关系仅限于正式的工作关系范围内。

领导-成员交换(leader-member exchange,LMX)关系理论发展至今已有 50 多年的历史,相关研究主要围绕领导-成员交换关系内涵与测量工具、影响结果、作用机制以及嵌入团队情景的特点等展开(任孝鹏和王辉,2005;Hu 和 Liden,2013)。

2. 领导-成员交换关系对团队创造力的影响

在组织中,领导行为对员工的影响至关重要。领导与员工之间的关系在很大程度上影响着组织的创造力绩效。上下级关系的质量直接关联着员工的工作绩效、创新能力、工作满意度以及离职意向。这种关系被视为影响组织效能的三大背景性因素之一(Dulebohn et al.,2012)。

于慧萍博士的著作《领导-成员交换关系与团队成员的创造力》通过多种研究方法总结出领导-成员交换关系对创造力影响的发现。

(1)在个体层面。高质量的领导-成员交换关系有助于加强员工对创新角色的认同,而高创新角色认同又会促进员工创造力在团队中的发挥。

(2)在团队层面。高质量的领导-成员交换关系会加强团队成员总体对创新角色的认同,团队成员总体创新角色认同对员工创造力产生积极影响。

(3)在团队情境中。高质量的领导-成员交换关系会加强领导-成员交换关系对员工创新角色认同的积极影响,而高质量的领导-成员交换关系差异会减弱领导-成员交换关系对员工创新角色认同的积极影响。

以往的研究表明,领导也可能通过一些中介变量来间接地影响员工绩效(Likert,1967)。因为创造性工作会受到复杂的社会心理因素影响,因此领导对创造力的作用是错综复杂的,有直接影响员工创造力的因素,也有通过中介变量来间接影响员工创造力的因素。为了更好地理解创造力对团队的发展,我们需要更深入地了解领导对团队创造力行为的影响机制。

这些研究结果都给组织管理者带来了提高团队创造力的新启示,引起了领导对上下级关系与促进员工创造力的重视:一方面,管理者需要与下属建立良好的领导-成员交换关系,加强员工对创新角色的认同,激发其在团队中的创造力;另一方面,良好的上下级关系不能只局限于少数人,要避免形成"小圈子"和特定类型的领导-成员交换关系(例如家长式领导行为),形成公平和谐的氛围,最大限度地发挥员工的团队创造力。

3.3 组织环境

| 案例 3-2 | 字节跳动最好的工作环境,是张一鸣对人性的这种假设

你理想中的工作环境是什么样的?宽敞　明亮的办公室、多种多样的休闲设施、美味

可口的食堂饭菜……是的，这些都是优秀的工作环境，工作环境固然重要，但其实我们处在各种流程、制度当中，而这些才是真正的工作环境。

一家公司给员工创造的最好的环境和氛围是什么呢？

北京字节跳动科技有限公司（以下简称"字节跳动"）成立于2012年3月，是最早将人工智能应用于移动互联网场景的科技企业之一。公司以建设"全球创作与交流平台"为愿景，旗下产品有今日头条、西瓜视频、抖音、皮皮虾、懂车帝、悟空问答等。作为一家员工年轻化、发展迅速的互联网科技企业，字节跳动的领域涉及诸多创造性工作，也需要员工时刻保持高创造力。在字节跳动CEO张一鸣的带领下，字节跳动仅用11年便成为全球第一独角兽公司。据《金融时报》（*Financial Times*）报道，字节跳动2022年的息税折旧及摊销前利润同比增长79%，达到约250亿美元，首次超过腾讯的239亿美元和阿里巴巴的225亿美元，成为中国最赚钱的互联网公司，这背后离不开企业良好的工作环境和氛围以及张一鸣对员工善意的假设。

1. 善意的假设是给员工最好的工作环境

在字节跳动，出差是免审批的，任何时候都可以来一场说走就走的出差；各种费用，公司公账支出，无须个人支付；报销款项，在线填写好报销单，当天就到账，纸质发票慢慢寄回公司就行。类似的场景还有很多，小到零食任意领取，不限数量；大到让员工参与公司目标制定和推行。这一切，是因为张一鸣对员工的善意假设。

2. 善意的假设能提升决策水平，让组织保持敏捷

在字节跳动，公司相信员工具备决策能力，于是敢于授权。哪怕开始并不完美，也因为信任，敢给员工试错的机会。公司逐步建立了分布式决策中心，让决策效率越来越高、决策效果越来越好，从而保持组织敏捷。张一鸣有一句话说得非常好："公司CEO的下限是让员工说话，上限是共享决策权，让员工也享受试错成本和成长机会。"

3. 善意的假设能加速信息流转，提高工作效率

张一鸣表示，他并不担心员工出错，相信员工公正、公平、客观，于是他在字节跳动内部减少了各种限制，让信息在更大范围内流动，为配合和决策提供更多参考信息，从而提高工作效率。所有内部效率的提高，最后都会反馈到对外的服务上，让客户感受到高效和高质的服务。

4. 善意的假设是一种选择，体现了企业的价值取向和气度

字节跳动对人才格外重视，因为找到优秀人才，企业才能高速发展。在早期，字节跳动一样招不到高素质的人才，但是张一鸣并没有气馁，给最高的工资，不断地去寻找，坚持不懈。2014年，字节跳动招募到杨震原等技术精英，使技术水平有了大幅提升，才有了后来精准的个性化推荐。

一家公司给员工最好的氛围是对员工善意的假设，假设员工能够自我驱动、有足够的能力、值得信任，便可以减少管控，给予足够信息，分享决策机会和成长机会，从而保持组织敏捷、大幅提高组织效率。优秀的企业会因为优秀人才的聚集而持续不断地发展。

资料来源：字节跳动最好的工作环境，是张一鸣对人性的这种假设，知乎，https://zhuanlan.zhihu.com/p/654500964。

3.3.1 团队创新氛围

团队是创新的摇篮，通过汇聚知识和个体间的异质性技能、观点和背景，为新思想的产生提供环境，进而孕育出新产品和新程序。良好的团队运作模式有助于促进团队成员间的合作与交流，提升团队的创造力和组织创新能力，使团队在互帮互助的氛围中实现绩效的提高。团队创新氛围是团队成员对影响其创新能力发挥的团队工作环境的共享感知，是在实现共同目标的过程中相互依赖、相互作用形成的（Anderson 和 West，1994），涵盖了团队信任、团队开放性等要素。

1. 团队创新氛围的构成

氛围原本是气象学中的一个概念，它依赖于组织成员对气候条件的报告和看法，而团队氛围是团队中成员对工作场所体验到的政策、程序和实践，以及对被奖励、支持和期望行为的共同感知。创新氛围是个体对工作的创新环境产生的一致性态度，是成员对组织是否具有创新环境的主观感知。而团队创新氛围是成员对于创新氛围的共享感知，能够影响个体成员的工作态度、工作行为、工作效率以及创新行为，继而影响整个团队的工作绩效。团队创新氛围受到组织氛围、领导风格、资源和技能、结构和系统、组织文化这五个方面的影响，如图 3-5 所示。

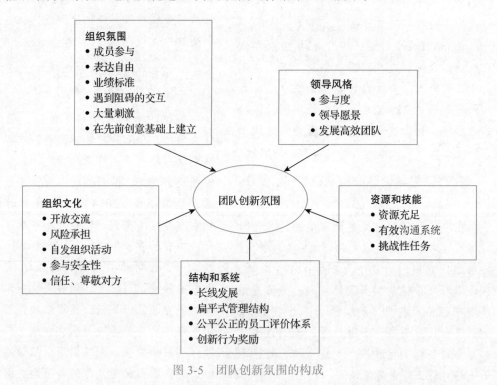

图 3-5 团队创新氛围的构成

资料来源：ANDRIOPOULOS C. Determinants of organisational creativity: a literature review[J]. Management decision, 2001, 39(10): 834-841.

此外，根据萨兰西克（Salancik）和普费弗（Pfeffer）提出的社会信息处理理论可知，个体通过从所处的即时社会环境中寻找线索来构建并理解现实现象，并从中寻找合适的态度和行为。因此，个体创造力会促进形成团队创新氛围，而团队创新氛围又与团队创造力密切相关。美国钢铁大王卡内基选拔的第一任总裁查尔斯·施瓦布（Charles Schwab）曾经表示："我能鼓舞员工的能力，是我所拥有的最大资产。使一个人发挥最大能力的方法，是赞赏和鼓励。"相反，向一个人传递消极的期望则会使人自暴自弃，放弃努力。

因此，在营造上述团队创新氛围时，团队成员能够更好地发掘和采纳其他成员的创造性想法。个体团队成员的想法可能会激发其他成员对创造性活动的热情和投入，而这种投入最终会汇聚为团队创造力。正是由于团队对创造力的共同期待和追求，使得团队成员能够齐心协力，从而提升团队创造力。

2. 团队创新氛围的四因素模型

（1）愿景目标（vision）。为了确保团队的创新环境，团队需要拥有清晰的愿景，并确保团队成员对愿景的认同。明确的愿景目标需要贯穿团队任务的全过程，以保证团队成员对整体任务有清晰的把控，从而能够准确执行计划并最终达成目标。此外，任务清晰性是对创新全过程（概念、计划、执行、完成）都起作用的成功因素。

（2）参与的安全感（participative safety）。为了确保团队愿景目标的实现，确保每位成员的参与度至关重要。在参与决策的过程中，成员们不仅能够更深入地理解任务的重要性，还能提高分享想法的范围和程度。通过与他人分享想法和参与讨论，可以激发更多的创新思维，而这需要团队成员真正投入并理解彼此的想法（Paulus，2000）。

（3）任务导向（task orientation）。团队中采用任务导向的管理模式，有助于有计划、有组织地推进项目和激发团队创造力。经济合作与发展组织（OECD）于2021年发布了一份报告《任务导向型创新政策的设计和实施：应对社会挑战的新系统政策方法》，其中提到：以任务为导向的创新政策对于组织的优势在于其以不同的方式汇集创新主体和实施计划的能力，吸引利益相关者参与，使各政策机构的计划与共同目标保持一致，协调广泛的政策工具并使其互动，增加并确保公共和私人资源投入等。同时，该政策还提供了协调性的空间，允许在科技创新政策关键点上做出集体决策，包括短期和长期目标间的权衡、经济目标和社会目标间的平衡、包容性和方向性的战略选择等。因此，该观点同样适用于团队内以任务为导向推动组织的创造力产生。

（4）支持创新（support for innovation）。研究表明，那些鼓励创新并奖励创新性尝试而非惩罚的团队更有可能产生创新（Kanter，1983）。企业的创新氛围与领导的态度密切相关。有研究显示，领导-成员交换关系能够有效地预测创新氛围。管理层对创新的支持、对员工创新的态度，对于创新有着重要影响。同时，领导者和团队的学习导向也能够预测团队创新氛围。只有通过鼓励和支持创新，企业才能形成良好的团队创新氛围。

3. 工作特征模型

工作特征模型是工作设计与再设计的重要理论基础（Hackman 和 Oldham，1974）。该模型主张，工作特征会对员工在工作中的心理状态产生影响，进而影响员工的工作动力、工作绩效、工作满意度以及缺勤与离职的水平（Fried 和 Ferris，1987）。

根据工作特征模型可知，任何工作的内容都包含五个核心特征：技能多样性、任务整体性、任务重要性、工作自主性和反馈，如图3-6所示。这五个核心特征对员工的内在激励水平具有重要影响。

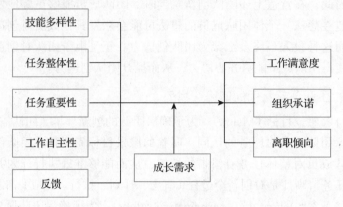

图 3-6　工作特征模型图

资料来源：张一弛，刘鹏，尹劲桦，等. 工作特征模型：一项基于中国样本的检验 [J]. 经济科学，2005(4): 117-125.

其中，技能多样性指的是工作对员工技能和能力多样性需求的程度；任务整体性指的是员工提供全面完成任务的程度；任务重要性指的是工作结果对他人（含组织内部和外部）的工作与生活影响的程度；工作自主性指的是工作方式允许员工自由和独立地安排工作进度与具体实施方式的程度；反馈指的是员工能从工作本身得到关于自己工作效果的信息反馈的程度。上述五个工作核心特征将影响员工的关键心理状态。

员工在工作中的技能多样性、任务整体性和任务重要性能够让其感受到工作的意义和价值，而工作自主性则能使其感受到对工作结果的责任，反馈则能让员工了解自己工作活动的结果和表现。这些关键的心理状态对员工的态度、行为以及业绩产生着重要的影响。

通过对团队工作特征的深入理解和研究，以及对影响团队创造力的五大特征的探讨，我们可以有针对性地关注并发展团队在相对弱势方面的能力。通过合理的分工与协作，团队可以顺利开展创新活动，从而实现更高的工作效率和创造力。

3.3.2　绩效压力

绩效压力是由于当前绩效未能达到预期目标所产生的负面评价，这种压力与态度、信念等情感因素相关。当员工达到或超过绩效预期时，通常会获得积极的奖励，如升职、加薪等。而未达到预期时，可能会面临不利后果，如解雇、惩罚等（Mitchell et al.，2019）。绩效压力是一种追求卓越的动力，旨在提高绩效以获得理想结果并避免负面结果（Eisenberger 和 Aselage，2009）。

一方面，个体在面临绩效压力时可能会陷入"压力窒息"状态。根据 Gardner（2012）的研究，为了满足顾客需求并实现高绩效，通常需要具备特定领域的专业知识。然而，在绩效压力下，由于结果问责制的存在，员工往往会为了自我保护而更加谨慎地选择风险较小的方法，依赖社会可接受的一般专业知识，而非特定领域专业知识。这种选择导致结果次优，并对员工的创造力产生消极影响。

另一方面，艾森伯格和阿塞拉格（2009）的研究表明，绩效压力可以激发个体运用更高层次的技能，并促使他们更加专注于任务。这种压力可能会使员工产生更强烈的内在兴趣和创造力。

因此，绩效压力对员工的影响是复杂的，既有消极的一面，也有积极的一面。对于员工而言，适度的绩效压力确实有助于激发他们在工作中的创造力，促使他们发挥更大的潜能，实现自我突破。同时，这种压力也可以使员工保持对工作任务和目标的积极态度。然而，一旦绩效压力超过员工的承受阈值，反而会对团队的创造力产生抑制作用。管理者在施加绩效压力时，必须充分考虑个体成员的承受能力和组织外部环境的影响，以确保团队创造力得到最大程度的发挥。

在当前我国面临着错综复杂的国际形势和艰巨繁重的国内改革发展稳定任务背景下，我们需要牢固树立系统观念，以创新的思维和方法应对压力，始终保持对远景目标的坚定追求，并积极谋划推动发展。

本章小结

相较于个体创造力，团队创造力是一种更为强大和高效的创新力量。在团队协作中，不同个体的知识和技能相互交融，能够激发出更多的创意和可能性。团队创造力不仅涵盖了个体创造力的优点，还能够通过集体智慧和协作实现更高效的问题解决和更出色的成果产出。

本章首先介绍了团队知识结构的相关理论、团队结构类型及其对团队创造力的影响和团队关系。其次从团队领导角度出发，剖析领导特质、领导风格、领导-成员交换关系对团队创造力的影响。最后分析了组织环境，包括团队创新氛围、绩效压力与团队创造力的关系，以帮助学生更全面地了解组织层面的创造力。

社会网络理论、交互记忆系统理论都是与团队结构相关的理论视角，也揭示了团队中不同成员所处位置、所负责的专业领域相互配合与团队创造力的关系。而具体到团队结构类型，集权结构、分权结构和矩阵型组织结构都是存在于不同组织的团队结构形式，其权力的离散程度不同，优劣不同，对团队创造力的影响效果也不同。在组织中，强关系和弱关系是影响团队结构的重要因素之一。强关系适用于相熟的个体间对同一领域的技术或产品进行深入创新，而弱关系则更容易接触到外部信息，对接不同的网络集群。

团队领导也是影响创造力的重要影响因素。交易型领导侧重于领导对下属完成工作的奖赏"交易"行为。变革型领导倾向于采用"交心"的方式与员工沟通，从而达到管理的目的。家长式领导常出现于中国企业，以突出其强烈的纪律性和权威性。领导-成员交换关系是领导类型的延伸，格雷恩和丹塞罗将领导-成员交换关系分为"圈内成员"和"圈外成员"，以展现团队中的关系类型。领导对创造力的作用是错综复杂的，需要在具体情境中深入剖析。

本章最后分析了团队创新氛围和绩效压

力对创造力的影响，团队创新氛围塑造了团队内部的基本行为规范，也对维护团队产生了关键作用。合理的绩效压力也有助于激发他们在工作中的创造力，促使他们发挥更大的潜能，实现自我突破。

思考题

1. 团队结构和关系会如何影响团队创造力的产生？
2. 你认为怎样的内部工作环境能最大程度地激发团队创造力？
3. 本章提到的哪些因素会对团队创造力有正向或负向影响？

参考文献

[1] AKGÜN A E, BYRNE J, KESKIN H, et al. Knowledge networks in new product development projects: a transactive memory perspective[J]. Information & management, 2005, 42(8): 1105-1120.

[2] ARRFELT M, WISEMAN R M, HULT G T M. Looking backward instead of forward: aspiration-driven influences on the efficiency of the capital allocation process[J]. Academy of management journal, 2013, 56(4): 1081-1103.

[3] AUDIA P G, LOCKE E A, SMITH K G. The paradox of success: an archival and a laboratory study of strategic persistence following radical environmental change[J]. Academy of management journal, 2000, 43(5): 837-853.

[4] BURT R S. Structural holes: the social structure of competition[M]. Cambridge: Harvard university press, 1995.

[5] DRAZIN R, GLYNN M A, KAZANJIAN R K. Multilevel theorizing about creativity in organizations: a sensemaking perspective[J]. Academy of management review, 1999, 24(2): 286-307.

[6] GREVE H R. A behavioral theory of R&D expenditures and innovations: evidence from shipbuilding[J]. Academy of management journal, 2003, 46(6): 685-702.

[7] KLIMOSKI R, MOHAMMED S. Team mental model: construct or metaphor? [J]. Journal of management, 1994, 20(2): 403-437.

[8] TIERNEY P, FARMER S M. Creative self-efficacy development and creative performance over time[J]. Journal of applied psychology, 2011, 96(2): 277.

[9] ZACCARO S J. Trait-based perspectives of leadership[J]. American psychologist, 2007, 62(1): 6.

[10] ZHANG Y, GIMENO J. Earnings pressure and competitive behavior: evidence from the US electricity industry[J]. Academy of management journal, 2010, 53(4): 743-768.

[11] 刘冰, 谢凤涛, 孟庆春. 团队氛围对团队绩效影响机制的实证分析[J]. 中国软科学, 2011, 251（11）: 133-140.

[12] 林山, 黄培伦. 组织结构特性与组织知识创新间关系的实证研究框架[J]. 科学学与科学技术管理, 2007, 310（7）: 22-27.

[13] 任孝鹏, 王辉. 领导-部属交换（LMX）的回顾与展望[J]. 心理科学进展, 2005, 13（6）: 788-797.

延伸阅读

[1] STOGDILL R M. Personal factors associated with leadership: a survey of the literature [J]. The journal of psychology, 1948, 25(1): 35-71.

[2] PAULUS P. Groups, teams, and creativity: the creative potential of idea-generating groups[J]. Applied psychology, 2000, 49(2): 237-262.

[3] BURT R S. Structural holes: social structure of competition[M]. Massachusetts: Harvard University Press, 1995.

自测练习

扫码查看练习题及参考答案

附录 3A

交互记忆系统（TMS）测量量表

表 3A-1　交互记忆系统测量量表

专业性
1. 每个团队成员对我们项目的某些方面都有专门的知识
2. 我对项目的某个方面有其他团队成员没有的了解
3. 我们团队的不同成员负责不同领域的专业知识
4. 需要几个不同团队成员的专业知识来共同完成项目可交付成果
5. 我知道哪些团队成员在特定领域有专长
可信性
1. 我乐于接受团队中其他成员的程序性建议
2. 我相信其他成员对这个项目的了解是可靠的
3. 我对其他团队成员在讨论中提供的信息很有信心
4. 当其他成员提供信息时，我想自己再检查一遍（反向题项）
5. 我不太相信其他成员的"专业知识"（反向题项）
协调性
1. 我们的团队以协调一致的方式一起工作
2. 我们的团队成员对于该做什么几乎没有什么误解
3. 我们的团队需要往回走，重新开始（反向题项）
4. 我们顺利而高效地完成了任务
5. 关于我们如何完成这项任务，有很多困惑（反向题项）

注：所有条目均采用5分制，其中1分表示非常不同意，2分表示不同意，3分表示中立，4分表示同意，5分表示非常同意。

PART 2 第 2 篇

创新的环境与战略

前一篇章主要介绍了组织创新的微观基础与起源,即创意与创造力,本篇将围绕创新概念、创新环境、创新战略以及商业模式创新等内容展开。第4章主要介绍创新的概念、分类与理论、创新环境和创新生态系统等,是企业制定创新战略和开展商业模式创新的基础。第5章主要介绍三种不同的创新战略选择,详细阐述各种创新战略的内涵、适用条件、优势和挑战,帮助了解企业如何选择合适的创新战略。第6章主要介绍商业模式创新的内涵、要素、创新过程,以及数智经济背景下的商业模式创新等。创新战略和商业模式创新是创新概念内涵与理论的具体应用和实践,都需要以创新概念内涵为基础,通过创造性思维和技术或方法的应用,实现产品和服务的创新、生产流程的优化、市场定位的改变等,从而获得竞争优势和商业成功。同时,创新战略和商业模式创新也需要根据不同的市场环境和企业需求,选择不同的创新类型和策略,以实现最佳的创新效果。这3章共同构成了"创新的环境与战略"这一篇的内容框架。

- 第4章 创新与创新环境
- 第5章 创新的战略选择
- 第6章 商业模式创新

第4章 创新与创新环境

■ 本章要点

1. 理解创新的概念与内涵。
2. 熟悉不同类型的创新,掌握不同理论视角下的创新分类及其特点。
3. 从波特钻石模型的角度理解创新与竞争力的关系。
4. 从创新国家环境和创新生态系统的角度理解环境对创新的影响。
5. 熟悉各个生命周期的特点及其与创新的关系。

■ 引导案例

技术为王,创新为本:比亚迪的技术创新之路

比亚迪股份有限公司(以下简称"比亚迪")成立于1995年,总部位于广东深圳,该企业拥有20多万员工,已经在世界范围内建立了30个生产基地,其中国内占有9个席位。比亚迪的生产基地遍布北京、上海、广东、天津、陕西等地,其总面积近700万 m^2;其分公司或办事处设立于美国、荷兰、韩国、日本等发达国家,以及印度等发展中国家。比亚迪创始人王传福以电池为起点,开始了比亚迪民族自主品牌的创业历程。

比亚迪是集信息技术、汽车与新能源三大产业为一体的新技术民营企业,其电子元器件制造业中主要生产二次充电电池及光伏,电池是比亚迪初期经营的主要产品,但目前电池和光伏仅占总产品销售额的6.88%;交通运输设备制造业主要生产汽车及相关产品,收入占企业总收入的一半以上;而日用电子器件制造业的业务包括手机部件的生产及组装等,是企业的第二大核心领域。

1. 电池"创业"

比亚迪成立之初,王传福得到了日本将不再生产镍镉电池的消息,他就此意识到,该

电池的国际生产中心将发生大规模的转移,这将是中国发展电池的一大契机。彼时中国移动通信行业蒸蒸日上,国内电池产业也方兴未艾,因此有巨大的利益可赚。在镍镉电池制造之初,由于国外电池生产线动辄就上千万元,考虑到自身资金匮乏的情况,王传福决定亲自制造符合当前生产条件的设备,将整条生产线分解为由单个工人来完成的工序。通过这种半自动化设备加人工的策略,企业得以降低成本、提高效率。尽管比亚迪采取"半自动化设备加人工"的方式生产,但由于王传福对于产品的质量和成本有严格的控制,比亚迪在低端市场短时间内就取得了一定的成绩,当年销售出3 000万块镍镉电池。1997年,在金融风暴席卷整个东南亚时,比亚迪依靠其低成本优势迅速抢占了全球近40%的市场份额,一跃成为镍镉电池生产商中的领头羊。

在镍镉电池领域站稳脚跟之后,王传福紧接着抓住了第二次机会,开始研发蓄电池市场具有核心技术的产品:镍氢电池和锂电池,并为此成立了深圳比亚迪微电子有限公司。该公司是比亚迪集团旗下的独立子公司,自2003年开始致力于集成电路及功率器件的开发,并提供产品应用的整套解决方案。比亚迪微电子以自主研发为基础,并借鉴欧美先进技术,成功开发了多款具有世界先进水平的新产品,在国内外获得多项专利。2000年,比亚迪成为摩托罗拉的首个中国锂离子电池供应商。两年后,比亚迪成为诺基亚的第一个中国锂离子电池供应商。比亚迪微电子的多款IC及功率器件新产品已获得包括诺基亚、三星在内的多家世界知名企业的认证和大批量使用。比亚迪从电池业务入手,从最初的镍镉电池领域转向之后的锂电池领域,一举成为国内一流的电池生产商,也成了继三洋、索尼、松下这三家日本锂离子与镍氢电池厂商之后的又一家国际电池巨头。

2. 汽车"立业"

2003年,刚带领比亚迪夺得全球电池第二的王传福,突然向外界宣布跨界汽车行业。彼时国内汽车市场蓬勃发展,为了获得汽车生产许可证,比亚迪决定收购秦川汽车77%的股权,成立比亚迪汽车,此举标志着比亚迪正式进军汽车生产领域。比亚迪汽车成立后推出的第一台汽车是以铃木奥拓为原型的福莱尔,虽然上市初始销量不错,但由于秦川汽车遗留下来的历史问题,福莱尔的最终成绩并不理想。两年之后,比亚迪推出自己真正的汽车产品F3,但仍采用三菱1.8L排量发动机,同时F3因其"花冠头,飞度尾"的独特造型引来较大争议。但王传福认为起初的模仿创新是十分正确的事情,是快速学习的好方式。他要在世界先进水平的基础上进行模仿与学习。2006—2010年,比亚迪高速发展,年销量连续翻番,仅用7年时间便达到100万辆的产销规模。然而,比亚迪的业绩却在2010年出现低谷,改变一连5年100%增长的现状,这使得王传福陷入反思。

痛定思痛之下,比亚迪为了提高自身的综合竞争力,与高校和科研机构进行"产学研"合作,改善自身创新环境。这些产学研合作的效果在比亚迪后续的发展中逐渐显现。2010年,与德国戴姆勒合资后,比亚迪的造车工艺大幅提升。在此期间,比亚迪推出的首款产品是比亚迪S6,虽然S6仍存在少量抄袭的成分,但在产品品质上已经有了明显的提升。同时比亚迪还推出了G6,G6的外观以及品质都有了极大的提升,并搭载了比亚迪自主研发生产的1.5T引擎与6速双离合变速箱,尽管这两项技术是根据大众产品逆向研发的成果,但比亚迪在全盘吸收后进行了适当的创新,这也算是自主品牌车型的一大技术突破。自行研发生产的1.5T加双离合变速箱的组合也让比亚迪在汽油车领域找准了正确的路。

3. 新能源"兴业"

传统汽车尾气排放会污染环境，而新能源汽车可以替代部分传统燃油汽车，减少空气污染。从 2010 年开始，国家财务部相继出台了一系列支持新能源汽车发展的政策，新能源汽车的发展势在必行。在取得传统汽车制造方面的巨大成绩之后，比亚迪响应国家鼓励新能源汽车生产的号召，进一步向新能源汽车进发，致力于推动新能源汽车的发展。比亚迪·秦是比亚迪自主研发的高性能三厢轿车，可实现在纯电动和混合动力模式之间的切换。2012 年，比亚迪·秦携其 F3 速锐、e6 先行者等车型在北京车展亮相，现场比亚迪还发布了三项世界级顶尖技术。比亚迪·秦是比亚迪在全新平台上开发的一款全新插电式双模电动车，既可充电又可用油，两种模式自由切换。同时为了支持新能源汽车的发展，比亚迪微电子进军半导体领域，研发 IGBT 芯片（发展新能源汽车的核心技术之一）。2014 年，由比亚迪自主研发的芯片开始组装成 IGBT 模块，并试装在公司自产的 e6 纯电动车上，实现了以比亚迪体系内的新能源汽车为核心，带动上游芯片的销售，并推动其下一步的技术研发。

资料来源：葛宝山、赵丽仪，技术为王、创新为本：比亚迪的技术创新之路，中国管理案例共享中心，2019，http://www.cmcc-dlut.cn/Cases/Detail/4427。

思考题

1. 如何理解比亚迪的技术创新？
2. 比亚迪经历了哪几个发展阶段？在不同的阶段选择了什么技术创新模式？在不同的阶段不同的创新环境又发挥了什么样的作用？
3. 比亚迪从电池起家一路发展成为全球新能源汽车的领导者，结合实际情况分析它是否存在相应的创新生态系统？如果是，比亚迪的创新生态系统圈内各个创新主体是如何充分发挥各自的异质性，并协同其他主体进行创新的？

4.1 创新的概念与理论

4.1.1 创新的界定

起源于拉丁语中的"创新"（innovare）一词，含义有三层，分别是更新、创造新东西和改变。概括起来，创新是利用土地、森林、水文、大气等自然资源创造出新事物的过程。

什么是创新

1. 熊彼特创新定义

美籍奥地利经济学家约瑟夫·熊彼特（Joseph Schumpeter）是较全面研究和定义创新的代表性学者。在资本主义内部矛盾不断激化、阶级冲突和对立日益严峻的背景下，熊彼特于 1912 年出版了《经济发展理论》，"创新理论"应运而生。为揭示资本主义的本质特征，他用"创新理论"阐释了资本主义产生、发展并走向灭亡的过程，因而在资产阶级经济学界享有盛誉。《经济发展理论》中的观点先后在《经济周期》和《资本主义、社会主义和民主主义》两本书中得到应用和发展，从而形成以"创新理论"为基础的独特理论体系。

熊彼特根据创新并非受到外部社会经济环境的被迫驱动，而是内部要素自主改变的基本观点，认为创新是指建立一种新的生产函数，即将一种新的生产要素和生产条件的"新组合"引入生产体系。具体包括：①引入新产品；②采用新生产方法；③开辟新市场；④获得新原料或半成品的供给来源；⑤建立新组织形态。这强调了创新在实际运用过程中的本源驱动和核心地位。他还认为创新不仅是新产品、新技术或新市场的出现，更重要的是它们如何颠覆和破坏现有经济结构和市场格局。因此，创新不仅推动旧的产业和企业的衰落，同时也为新的产业和企业的兴起创造了机会。

熊彼特主张，创新引起模仿，模仿打破垄断，刺激了大规模的投资活动，从而推动经济繁荣。然而，当创新的范围扩大到相当数量的企业时，盈利机会逐渐消失，经济开始走向衰退，人们开始期待新的创新行为的出现。整个经济体系将在经历繁荣、衰退、萧条和复苏四个阶段的循环运动过程中不断向前推进（见图4-1）。在这个循环周期内，技术创新推动经济增长并使之保持较高的增长率。他以"纯模式"为出发点，阐述了经济周期的两个主要阶段——繁荣和衰退的交替：创新（为创新者）带来超额利润，引发其他企业效仿第一次创新浪潮，促进市场对银行信用和资本产品的需求，推动经济进入繁荣时期；随着创新的广泛推广，市场对银行信用和资本产品的需求逐渐减少，超额利润也随之消失，从而导致经济萎缩，整个过程从繁荣走向衰退。

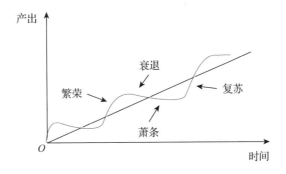

图 4-1　熊彼特的经济周期模式之四阶段模式

注：在这个模式中，熊彼特认为每个周期包括四个阶段，繁荣阶段和萧条阶段表现为高于均衡位置的一种运动，分别由创新和诸如投机、恐慌、经济政策不当之类的外生的、非实质性的现象所引起。复苏阶段和衰退阶段是适应的过程。繁荣阶段和衰退阶段对于资本主义过程是本质的，萧条阶段和复苏阶段是非本质的。

此外，熊彼特指出，企业家本质上就是创新，其主动力源于企业家精神。他们对从事"创新性破坏"工作的动机，是以挖掘潜在利润为直接目的的，但未必来自个人致富的愿望。他还指出，企业家与普通商人或投机者只想赚钱的想法不同，发家致富只是企业家的追求之一，而最突出的动机源于"个人实现"的内在心理——"企业家精神"。具体地，"企业家精神"包括以下内容。

（1）建立私人王国。企业家经常"存在一种梦想和意志，要去找到一个私人王国，常常也是一个王朝"。这种诱惑力对于没有更多机会获得社会名望的人来说尤为强烈。

（2）对胜利的热情。企业家"存在征服的意志，即证明自己比别人优越的战斗冲动，成功不只是夺取果实，而是为了成功本身"。利润和金钱都是企业家次要考虑的因素，更重要的是追求克服困难后的精神满足感。

（3）创造的喜悦。企业家"存在创造的欢乐、完成事情的欢乐，或者只是为了施展自身能力和智谋的欢乐"。他们甘冒风险以求惊喜，勇于突破常规、跳出"舒适圈"，只为追寻更大的理想愿景。

（4）坚强的意志。企业家"在所熟知的循环流转中，都会顺流而去；而要想改变这一循环流转的渠道，便要逆流而上。曾经的助力，如今成为阻力；曾经耳熟能详的数据，如今已是未知数"。在逆境中创业需要难以想象的坚定意志，不仅要克服问题本身的难关，还要克服世俗的眼光和反对的声音，这样才会更容易在本就渺茫的创新过程中给人带来光明。

熊彼特独具特色的创新理论，确立了其在经济思想发展史研究领域中的特殊地位，也成为他经济思想发展史上的一项突出成就。当然，人们对创新的理解是随着科技进步和社会发展而不断演进的。尤其是随着知识与信息社会的到来，对创新模式的转变规律会被进一步揭示和研究。

2. 罗杰斯创新定义

美国学者埃弗雷特·罗杰斯（Everett M. Rogers）通过研究多个有关创新扩散的案例，考察了创新扩散的过程，他认为整个创新扩散过程的重点包括创新、传播、时间和社会四个部分，分别代表主体、扩散方式、必要条件和载体。在整个理论中，罗杰斯分析了创新的特征和采用速度、创新的传播渠道和决策过程，以及个体或社会是否采纳创新所带来的影响。在此基础上，他通过总结社会系统中创新事物扩散的基本规律，提出著名的创新扩散理论。

创新扩散理论将创新扩散过程分为五个阶段：认知、说服、决策、实施、确认。具体地，各阶段分别代表：

- 认知——了解并认知某项创新的存在和功能；
- 说服——对创新形成赞同或反对的态度；
- 决策——对创新做出采纳或者拒绝的选择行为；
- 实施——通过再创新和修改创新等方式将创新付诸实践；
- 确认——进一步证实已完成的创新决策，或改变已接受或拒绝的决定。

罗杰斯认为，创新是一种"被个体或社会视为新颖的观念、行为、实践或事物"。一项创新应具备以下五个特征。

（1）相对优势（relative advantage），即某项创新优于它所取代的原有方法（方案、主意等）的程度。任何事物的创新都是为了改变当下无法解决的问题，只有新的想法优于原有的老旧想法才具备创新的意义。

（2）兼容性（compatibility），即某项创新与当前价值体系、过往经验、采用者需求的契合程度。创新是在原有运作模式基础上做出的改变，必然能兼容过去的模式，而创新的新模式可以与老旧模式共存，相比较原有模式，拥有使用流程上更简单、操作更方便、效率更高等优势。

（3）复杂性（complexity），即理解和运用某项创新的难度。事物的创新必然是困难复杂的，不论是技术的突破还是模式的改变都需要克服重重困难。

（4）可试性（trialability），即某项创新在有限基础上可被试用的程度。创新成功的象征是必须能大范围投入使用并取得显著成效，如果一项创新可以进行试用，那么人们就有可能对它进行评估和测试，从而增加对它的信任和接受度。

（5）可观察性（observability），即创新结果能为他人看见的程度。如果一项创新的成果可以被观察和验证，那么人们就有可能更加相信和接受它。

3. 与其他相关概念的关系

（1）创新与创造。创造（creation）是指通过将多个概念或事物按照一定的方式联系起来，制造出客观上能被广泛接受的事物，以实现特定目的的主观行为。创造是人类在改造客观世界中所体现出来的主动与自觉活动，受到客观条件的约束和限制。简而言之，创造是一种典型的人类自主行为，通过创造以前未曾有过的事物来实现。创造活动本身不是被动的，它有自己独立的意识和行动，有自己明确的目标和方向，也有相应的工具和手段。因此，创造的一个最显著特征在于人类有意识地对世界进行探索性劳动，以寻求更深层次的理解和认识。创造的过程是复杂和曲折的，并非能够简单依靠个人经验去完成，它包括发现或提出问题、分析问题、解决问题三个步骤。创造的结果主要体现在提出新方法、开拓新理论、取得新成就或事物等。

创造是创造新事物或新想法，通常是从头开始或通过组合现有的元素来产生新的东西。创造既可以是无目的的，仅仅是为了探索和表达；也可以是有目的的，旨在解决现有的问题或满足需求。创造可以是艺术作品、科学理论、技术产品或任何其他形式的创意产物。而创新则是将创造的想法或概念转化为实际的产品、服务或过程，并带来商业价值或社会价值。创新通常涉及开发新技术、改进现有技术或创建新的商业模式，并且有着明确的目标，即在市场上取得成功或为社会带来积极影响。例如，灯泡是美国科学家亨利·戈培尔（Henry Goebel）创造的，他将碳化竹丝放入真空玻璃瓶中通电发光，并且持续发光400个小时，这是第一颗真正意义上的灯泡。而爱迪生将灯泡进行改良并将电灯推广进入商业化，这是实现了创新。

（2）创新与发明。发明（invention）是指为解决技术领域中的特有问题，运用自然规律来提出创新性方案、措施的过程和成果。为了满足人们日常生活的需要，发明成果提供前所未有的人工自然物模型，提供加工制作的新工艺、新方法，机器设备、仪表装备和各种消费用品，以及有关制造工艺、生产流程和检测控制方法的创新和改造。

按照新颖性程度的不同，可以将发明分为两类：

- 改良性技术发明，即在基本原理保持不变的前提下，对现有技术进行不同程度的改良和补充。如在电灯泡中用充氩代替真空、用钨丝代替碳丝，均基于电热发光的相同原理；高压蒸汽机、汽轮机和多缸蒸汽机的问世，都是对蒸汽机技术的改进。
- 基本技术发明,即现有技术与其发明所依据的基本原理存在本质差异。如蒸汽机技术的发明开创了热能向机械能的转化,在基本原理上区别于仅有机械能转化的简单机械;立足于电磁感应原理的电力技术的发明开创了电能与机械能的相互转化。

创新与发明之间存在质的区别。有些创新并不涵盖发明本身,或者即使某个具体的创新与发明有关,创新也不仅仅指发明。对发明的衡量要看专利的数量,而创新是指实用的发明。从蒸汽机的问世到搜索引擎的普及,实用性创新已成为社会不断进步的主动力。

熊彼特指出,创新与技术发明并不等同,只有当技术发明在经济活动中得以应用时才可视为"创新"。他认为,企业家的职责是实现创新、引进新组合,因而企业家需要把发明引入生产系统,而创新是发明的首次商业化应用。在技术发明和创新实现之间,往往存在一段自然的时间延迟,即一个扩散或调整时期。例如,传真机从发明到真正的市场化就用了145年。此外,将发明转换为成功的商业创新的概率并不高,通常情况下只有12%~20%的发明有可能转化为商业上成功的产品或工艺。

(3)发明与创造。发明强调启发和阐明,而创造强调开创和缔造。在科学技术领域,发明是基于自然规律的应用,旨在解决技术领域中特有的问题而提出创新性方案、措施的过程和成果。一般而言,发明必须是遵循自然规律的,而自然规律是指客观事物在本质上存在必然联系,其客观性不受人的意志所影响。因此,无论发明的成果是提供前所未有的人工自然物模型(如机器设备、仪表装备和各种消费用品),或是提供加工制作的新工艺、新方法(如有关制造工艺、生产流程和检测控制方法的创新和改造),都是以客观世界各种事物的本质及运动规律为依据,并且经过实践检验和严密逻辑论证的,而不是脱离现实的纯思维的空想。

而创造则是一种主观行为,通过将多个概念或事物按照一定方式联系起来,制造出客观上被广泛接受的事物,以达到特定目的。创造的本质在于甄选出概念或事物之间真正有建设性的联系。它不像发明那样具有强制性和排他性,而是具有自发性、自主性和创造性。一般情况下,创造的过程可分为概念的生成和概念的物理实现两个阶段,在这个过程中,人不是被动受到客观环境的影响,而是主动发现和认识事物。因此,创造的显著特征之一是人类有意识地对世界进行探索性劳动,其主观色彩更加强烈。

总之,发明是依据自然规律解决工程或技术领域的难题,强调通过创新性思考而创造出新颖和有用的东西,它往往与具体的技术和实用性相关,如中国古代的四大发明、王选发明了汉字激光照排技术等;创造是利用已有概念和逻辑思维提出新想法、建立新理论、做出新成绩或事物,可以用于具体事物,也可用于抽象事物,如创造新纪录、创造物质财富和精神财富等;创新是指将新的概念、方法、技术或发明应用到实际的生产和商业领域,从而创造出新的或改进的产品、服务、流程或商业模式,强调的是创造性想法在实践中的应用和产生的实际价值。三者之间的关系如图 4-2 所示。

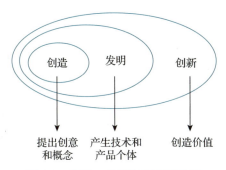

图 4-2 创造、发明与创新的关系

资料来源：陈劲，郑刚. 创新管理：赢得持续竞争优势 [M]. 3 版. 北京：北京大学出版社，2016.

4.1.2 创新的类型

按照创新内容或对象的不同，可将创新划分为产品创新、服务创新、技术创新、工艺（流程）创新四种类型。㊀

1. 产品创新

产品创新是指企业在产品的设计、功能、性能、材料、外观、生产过程等方面进行重大改进或推出全新产品，以满足市场需求、提升客户价值，进而在市场中获得竞争优势的过程。这一过程涵盖了从概念开发到实际推出市场的全过程，强调通过创新性思维和实践，推动产品的不断发展和提升。

产品创新可分为全新产品创新和改进产品创新。其中，全新产品创新是指产品用途和原理发生显著变化；而改进产品创新是指在保持技术原理不发生显著变化的前提下，根据市场需求对现有产品进行功能和技术上的拓展和升级。前者属于"新"，后者属于"进"。全新产品创新的动力机制包括技术创新推动、市场需求拉动，以及政府政策引导等；而改进产品创新的动力机制则一般是需求拉动型。可见，市场需求是产品创新最根本的动力来源。基于市场需求进行产品创新的过程通常包括：市场需求——构思——研究开发——生产——投入市场。这类产品创新成功的关键，取决于市场需求与企业技术水平和创新能力的匹配程度，只有当市场中的消费者数量、购买能力和欲望能够与本企业的管理技能、员工技能、价值规范等相匹配时，企业方能寻求最佳的风险回报平衡点，以推动产品的持续性创新。

| 案例 4-1 | 科沃斯：从"清洁工具"到"家庭伴侣"的产品创新

科沃斯机器人股份有限公司（以下简称"科沃斯"）成立于 1998 年 3 月，前身为泰怡凯电器（苏州）有限公司。该公司是一家集智能家电和智能家居产品研究开发、生

㊀ UTTERBACK J M. 把握创新 [M]. 高建，李明，译. 北京：清华大学出版社，1999. 常修泽，戈晓宇. 企业创新论 [J]. 经济研究，1989，（2）：3-10.

产销售以及售后服务为一体的高新技术型企业。该公司致力于深耕消费者的使用场景和体验，专注于设计、研发、制造全球领先的家用服务机器人、智能化清洁机械及设备等，以推动高品质的生活方式。

正如科沃斯的创始人钱东奇所说的："创新是品牌企业发展过程中应持续把握与关注的核心竞争力。产品是企业的根本，创新是产品的灵魂。"科沃斯凭借持续的产品创新在扫地机器人和洗地机细分市场长期处于龙头地位。历经长期发展，公司已经形成了"科沃斯"品牌家庭服务机器人、"添可"品牌高端智能生活电器两大产品线。其中，"科沃斯"品牌包括扫地机器人地宝、擦窗机器人窗宝、空气清洁机器人沁宝、管家机器人亲宝等产品系列。"添可"品牌布局智能家居清洁、智能烹饪料理、智能个人护理、智能健康生活四个领域，主要包括智能洗地机、智能料理机等产品品类。

同时，科沃斯的产品布局正在从单智能硬件向物联网全链路智能生态体系延展，以更好地满足用户多场景的智能家居生活。如何在持续瞄准用户痛点实施产品创新的同时，为消费者提供更高品质、更精致的生活体验，即"产品创新—生活体验"双螺旋，是未来科沃斯从"清洁工具"到"家庭伴侣"转变过程中需要面临的重要挑战。

资料来源：李莉、徐靓顾、浦徐进、赵亮，科沃斯：从"清洁工具"到"家庭伴侣"产品创新之路，中国管理案例共享中心，2022，http://www.cmcc-dlut.cn/Cases/Detail/6516。

2. 服务创新

服务创新是服务组织通过对服务理念、服务传递方式、服务流程或服务运营系统等方面进行创新、改进或提升，以更优质的服务产品提高客户忠诚度，从而创造更大的服务价值和效益。

服务创新一般可分为广义服务创新和狭义服务创新两个层面。广义服务创新是指在整个价值链上对所有环节进行有效管理，使之产生新功能并为其带来增值的能力，它涵盖了服务业服务创新、制造业服务创新和公共服务创新等层次，这些创新活动均与服务相关；而狭义服务创新仅包括服务业服务创新。

整体而言，服务创新有几个典型的特征。

（1）用户导向。服务创新注重满足用户需求和提升用户体验，强调以客户为中心的设计和创新。

（2）非物质性。服务是一种非物质的产品，因此服务创新更多关注提升服务过程、交互和体验。

（3）定制化。服务创新常常涉及提供个性化、定制化的服务，以满足不同客户的特殊需求。

（4）互动性强。服务创新强调服务提供者与服务消费者之间的互动，注重建立积极的双向沟通和参与。

服务创新通常涉及多个环节和多个参与者，因此其管理和创新过程可能更为复杂。同时，服务创新不仅仅涉及服务的内容，还包括服务的交付以及服务管理过程的创新。

此外，与产品创新相比，服务创新在目标对象、性质、用户互动、定制化程度、交付方式方面与其存在区别，如表4-1所示。

表 4-1　产品创新与服务创新的对比

对比维度	产品创新	服务创新
目标对象	关注的是物理或虚拟产品的改进或创新,包括设计、性能、功能等方面的提升	关注的是非物质性的产出,强调改进服务过程、交互和用户体验
性质	关注实体产品的改进或创新,包括物理产品的设计、功能、性能等方面的提升	一般是一种非物质性的产出,更强调过程和交互,涉及服务的设计、交付方式、用户体验等方面
用户互动	更关注产品的实际使用、性能和功能,对用户体验和互动的关注相对有限	强调用户体验和服务提供者与用户之间的互动,通常需要考虑用户的感受、期望和参与程度
定制化程度	更侧重于产品的标准化生产	强调提供个性化、定制化的服务,以满足不同客户的特殊需求
交付方式	通常以一次性的方式生产和交付,与客户的交互相对有限	通常通过交互的方式提供给客户,强调实时的交流和反馈

资料来源:作者根据相关资料整理而成。

案例 4-2 　盒马鲜生的服务创新

上海盒马网络科技有限公司旗下的"生鲜电商"O2O 服务品牌——盒马鲜生,实行线上线下一体化的运营模式,线上以销售为主,线下以体验为主,通过线上 app、线下门店等,向顾客提供生鲜食品和餐饮服务,是阿里巴巴集团旗下的一种全新零售业态,对线下超市进行了全面的重构。

盒马鲜生基于场景定位,以"吃"为核心,致力于为用户打造完美的购物体验,真正实现了它倡导的"新鲜每一刻,所想即所得,让吃变成一种娱乐,一站式购物"的理念,为顾客带来全新的购物体验。盒马鲜生以满足我国中高收入年轻消费群体对生鲜产品在品质和配送速度等方面消费升级的需求为出发点,以"便宜"和"新鲜"为切入点,结合 O2O 及仓店一体的运营模式,对生鲜电商的服务进行了创新,包括采用内容更加丰富的电子价签、提供水产加工服务、根据商品类型选择适合的采购方式以确保产品新鲜、提供门店 3km 范围内的配送上门服务等,这些为顾客带来了高品质的生鲜产品及餐饮服务,使其在生鲜电商行业中脱颖而出。

资料来源:肖迪、方慧敏、郑祺凯,为传统零售插上隐形的翅膀:盒马鲜生的服务创新,中国管理案例共享中心,2018,http://www.cmcc-dlut.cn/Cases/Detail/4174。

3. 技术创新

1951 年,卡罗琳·肖·索罗(Carolyn Shaw Solo)在其发表的文章《在资本化过程中的创新:对熊彼特理论的评论》中,提出实现技术创新的两个前提条件:新思想的萌芽和随后的发展阶段。而加里·林恩(Gary S. Lynn)根据创新的时序过程,将技术创新首次定位为"一种从商业潜力认知到商业化产品转化的行为全过程"。他把技术创新分为构思、设计、试制和生产四个阶段,并把这一划分称为创新链,也称创新模式。詹姆斯·厄特巴克(James Utterback)在 1974 年发表的《产业创新与技术扩散》中认为，与发明或技术样品相区别，创新就是技术的实际采用或首次应用。因此，技术创新也可称为"创造性使用技术并创造出市场价值的活动"。罗兰·缪尔赛（Roland Mueser）则系统整理和分析了技术创新的概念指出，技术创新是一种以构思新颖性和成功实现为特征的有意义的、非连续事件。

著名学者克里斯·弗里曼（Chris Freeman）从经济学的视角提出，创新是一种生产要素组合方式或经济活动。他指出，经济学意义上的技术创新包括新产品、新过程、新系统和新装备等形式在内的技术向商业化实现的首次转化。在其1973年发表的《工业创新中的成功与失败研究》中，弗里曼指出，技术创新是一个技术的、工艺的和商业化的全过程，导致新产品的市场实现和新技术工艺与装备的商业化应用。

一般而言，技术创新按其重要性程度可划分为以下几类。

（1）渐进性创新（incremental innovation）。渐进性创新是指渐进式的、连续不断的微小创新。

（2）根本性创新（radical innovation）。根本性创新是指开辟全新领域、取得重大技术突破的创新。

（3）技术系统的变革（change of technology system）。技术系统的变革是指将产生深刻变化并对经济产生影响的若干行业以及与新兴产业相伴而生的创新，不仅包括根本性的、渐进性的创新，一般还会产生技术相关的创新群。

（4）技术-经济范式的变更（change in techno-economic paradigm）。技术-经济范式的变更是指同时包含很多根本性的创新群和技术系统的变更。

国内学者自20世纪80年代起开展了技术创新的相关研究。傅家骥先生从企业的角度将技术创新定义为：技术创新是企业家抓住潜在的市场盈利机会，以获取商业利益为目标，重新组织生产条件和要素，建立效能更强、效率更高、成本更低的生产经营方法，从而推出新产品、新生产（工艺）方法，开拓新市场，获取原材料或半成品供应新来源，或成立新组织，其中包括科技、组织、商业和金融等一系列综合活动过程。彭玉冰、白国红也从企业的角度对技术创新进行了界定，认为技术创新是企业家重新组合生产要素、生产条件、生产组织，从而建立效能更好、效率更高的新生产体系，并获得更大利润的过程。总体而言，技术创新是企业通过研究、开发以及采用新技术、新工艺、新设备等措施，对产品或服务进行改进、升级或创新，以提高其性能、降低成本、提高竞争力或创造新的市场机会。

案例4-3 海康威视：持续技术创新，迈向一流企业

海康威视是2001年年底由中国电子科技集团第五十二研究所的28名以工程师为主的创业团队注册成立的。海康威视以视音频压缩板卡的研发生产为起点，开始了企业化运作的探索之路。海康威视的发展经历了多轮技术范式的迭代，成为各技术范式重要的见证者和推进者。通过二次创新的技术发展规律，海康威视积累了技术创新能力，有效提升了竞争优势。

海康威视成立之初，企业开始研发基于MPEG-4算法的新一代压缩板卡，由于算法达到一定的成熟度还有很多工作要做，海康威视看准未来技术发展趋势，全力投入，2002年6月，海康威视成功开发出基

于MPEG-4算法的新一代DS-4000M压缩板卡,这一代压缩板卡整体压缩比更高,可以节省更多硬盘空间,因此获得了大量用户的青睐。DS-4000M压缩板卡推出之后,海康威视立即启动了以H.264技术为基础的产品研发,短短数月便研发出具有自主知识产权的DS-4000H视音频压缩卡,海康威视也因此成为全球首家将H.264技术引入监控领域的企业。

依托视音频压缩板卡的成功,海康威视逐步由视音频压缩板卡研发制造商转型为数字监控产品研发制造商。数字监控系统中重要的产品就是嵌入式硬盘录像机(digital video recorder, DVR),海康威视在视音频压缩板卡的研发过程中已经掌握了其核心技术,并在一年内研发出嵌入式DVR,基于H.264算法的DS-8000HC系列硬盘录像机奠定了其在硬盘录像机领域的地位。

2003年,海康威视开始深入到摄像机核心技术ISP(图像信号处理)的研发中,公司于2007年推出第一款摄像机产品"红外筒机系列摄像机",凭借在性能、质量方面的优势,迅速成为市场上主流红外摄像机品牌之一。2009年,海康威视在ISP技术方面取得了突破性进展,并推出国内第一款实时百万像素网络全高清球机。2010年海康威视领先行业推出全线高清监控产品,2013年倡导HDIY定制化高清,2014年在行业内首次引入H.265技术为4K高清发展奠定基础,2015年创新研发Smart265技术,在H.265编码的基础上进一步提升压缩率,以满足高清监控时代的需求。

公司拥有专业的知识产权管理体系,截至2017年年底,已拥有专利1 959件,包括397件发明专利、471件实用新型专利、1 091件外观专利。公司在保持高水平研发投入的同时持续创新,通过技术创新优势推动公司业绩快速增长。

资料来源:吴晓波、付亚男、吴东、雷李楠,海康威视的国际化与超越追赶,中国管理案例共享中心,2018,http://www.cmcc-dlut.cn/Cases/Detail/3425。

4. 工艺(流程)创新

工艺(流程)创新是指企业采用全新的或经过重大改进的生产方法、工艺设备或辅助性活动。其中,辅助性活动是指企业的采购、物流、财务、信息化等活动。

对于制造业企业而言,工艺(流程)创新包括采用新工艺、新技术、新方法等,通过整合新的制造方法和技术以获得成本、质量、周期、开发时间、配送速度等方面的优势,或者提高大规模定制产品和服务的能力。工艺(流程)创新已经成为企业获取竞争优势的关键要素。例如,在洗衣机生产过程中,企业采用新型钢板材料,或将生产洗衣机的生产线设备从传统机床升级为数控机床,从而实现了成本降低50%或生产效率提高3倍以上的工艺创新。

产品创新的目标在于提升产品设计与性能的独特性,使其在市场竞争中脱颖而出。技术和管理的创新目标是在保证产品功能不变的情况下,使产品具有更好的经济性、适用性和安全性。而工艺(流程)创新旨在提高产品质量、降低生产成本、提高生产效率、减少能源消耗以及改善工作环境等。

企业将新的流程和要素引入生产流程和服务运作中,并非改变其结果,实则只是改变产品的生产过程。因此,工艺(流程)创新的可见度一般较低,通常情况下顾客无法察觉到这种变化,且实施起来更具有挑战性,需要进行全方位的组织结构和管理系统变革。企业发展初期,由于业务需求变化快,技术更新也很快,往往没有足够的时间进行工艺（流程）创新。随着企业规模的扩大和结构复杂度的提高，流程变革可以带来显著收益，如增加企业利润、降低成本、提高生产力并提高员工满意度等。因此，企业要实现持续发展，就必须再造或重组业务流程。

| 案例 4-4 | 探鱼的流程创新

探鱼是由一对"80后"夫妻共同创办的连锁烤鱼品牌。独特的怀旧风格、十几种不同的烤鱼口味、贴心的服务等，使其"最文艺的烤鱼店"的口碑传遍全国，吸引了一大批"80后"和"90后"的青睐。尽管我国烤鱼市场饱和，数量多达5万家，探鱼依然能够持续不断地开新店，5年内其全国门店突破了200家，遍布70多个城市。然而，2020年突如其来的新冠疫情使餐饮、娱乐、旅游等行业受到重创。这对已经有较大规模的探鱼而言，无疑是落到了寒冷的深渊。

在危机面前，探鱼并没有放弃，而是积极自救，寻找破局之法。首先，探鱼引入流程创新，从线下转到线上，积极拓展外卖市场，上线了探鱼微信小程序。在小程序上，顾客可以查找附近的门店，选择门店下单，可以自提，也可以点外卖。在选择自提服务时，顾客还可以根据自己所选的门店查询自己需要等待的时间。外卖配送员也是探鱼自己的员工，这样不仅可以给闲置员工提供一个新的岗位，也可以更好地管控配送人员的信息，使顾客放心食用。同时为了配合探鱼小程序的外卖业务，自外卖平台上线以来，探鱼就以科学、讲究又不失文青调性的外卖包装和器具，为顾客提供了接近堂食的体验。此外，探鱼外卖还踏进了从未涉足过的零售行业，上线了探鱼生鲜系列，满足了顾客对于蔬菜、水果等零售商品的需求。通过拓宽线上外卖和零售营收渠道，探鱼2020年2月营业恢复率达75%，并在2月中上旬交易额出现突破性上涨，周环比超过360%。

资料来源：杜军、杨倩颖、艾子曼提·吐尔孙，疫情笼罩下的"探鱼"探险之路，中国管理案例共享中心，2021，http://www.cmcc-dlut.cn/Cases/Detail/6305。

4.1.3 不同理论视角下的创新分类

1. 探索式创新与开发式创新

组织双元性（organizational ambidexterity）是指一个组织致力于两类相异甚至相互矛盾的目标。该议题发源于管理研究中各种"二元悖论"的探讨，例如：组织学习和技术创新研究中的探索与利用悖论、组织设计研究中的效率与柔性悖论，以及组织适应研究中的连续与变革悖论等，随后逐渐发展成一个专门的研究领域。

20世纪70年代，组织双元理论开始萌芽，并在组织进化论的框架下扎根，旨在探讨企业如何应对外部环境的变化。组织双元理论强调企业内部各要素之间的互动对企业战略选择、创新绩效及持续竞争优势的影响。该理论认为，在组织生存与发展过程中，如果过分追求标准化和效率提升，则可能导致组织柔性的削弱，而过度追求组织柔性则可能难以产生规模效应。⊖随着经济环境不确定性程度的不断加

⊖ ETTLIE J E, BRIDGES W P, O'KEEFE R D. Organization strategy and structural differences for radical versus incremental innovation [J]. Management science, 1984, 30(6): 682-695.

剧，以及企业面临的竞争压力日益增大，双元性所蕴含的矛盾愈加凸显。基于此，Duncan（1976）提出构建双元型组织结构，以协调和平衡组织发展过程中的悖论问题，从而达到更加高效的组织运作。该理论强调组织具有"双特性"——灵活性和适应性，其核心是组织成员之间存在着相互沟通、相互理解与合作关系。[一]Gupta等（2006）则梳理了组织双元性的基本概念，从定义与内涵、正交与连续、并行式平衡与间续式平衡、二元化与专业化多个方面总结已有成果、争议焦点和未来研究方向。[二]

近年来，创新效率与柔性的双元性研究成为创新管理研究领域的热点，解决开发式创新与探索式创新的管理悖论对于组织绩效尤其重要。其中，开发式创新（exploitative innovation）是指组织运用已有知识与技术，由开发型人才对现行技术、操作流程、营销等加以提炼、完善并付诸实践，以适应市场短期需求并提高效率与短期绩效；探索式创新（explorative innovation）是指组织挖掘新技术、新知识，通过探索型人才在破坏性技术、利基市场和营销手段等方面进行变革和实验，以满足市场未来需求，追求柔性和长期绩效的行为。Benner 和 Tushman（2003）研究表明，在 ISO 9000、全面质量管理（total quality management，TQM）和六西格玛（6σ）等管理活动中，开发式创新与探索式创新之间存在着排斥作用。[三]这是因为探索式创新与开发式创新在创新所需知识、资源基础以及创新产出和创新成效等方面存在本质差异，所以它们的组织架构、技术手段和生产流程等方面也存在显著差异。因此，企业若想成功实施这两种创新，必须先建立相应的支持体系，以保证其有效性。鉴于此，Duncan（1976）通过对"双元性"的研究指出，组织要培养同时兼顾并权衡两种不同创新方式的能力，通过探索和积累形成双元性创新动态能力管理机制，既能通过开发式创新实现低成本、高效率，又能凭借探索式创新开拓新产品与服务，赢得核心竞争力。Gupta（2006）在此基础之上提出了两种不同的双元型创新组织模式，分别是交替型模式（即交替进行开发式创新和探索式创新）和均衡型模式（即同时进行开发式创新和探索式创新）。多数学者肯定了均衡型模式对于组织绩效最大化、管理流程最优化的贡献，认为这是一种创新管理的最优模式。

图 4-3 为组织双元性创新模式演化路径。其中，横轴和纵轴分别表示开发式创新和探索式创新的程度，与创新原点的距离表示组织双元性创新能力与绩效。根据图 4-3 可知，组织创新最优模式为双元均衡型，其在开发式创新和探索式创新方面都保持了较高水平。超开发型、超探索型属于一级次优阶段，表示短期内一种创新能力超出了均衡状态并导致了另一种创新能力下降或不匹配，而组织创新绩效短期之内不会明显下降的阶段；二级次优阶段表示组织在均衡状态下，一种创新能力下降使组织双元性创新出现短板，从而发生退化并返回偏开发型或偏探索型模式，使

[一] DUNCAN R B. The ambidextrous organization: designing dual structures for innovation [J] The management of organization design, 1976: 167-188.
[二] GUPTA A K, SMITH K G, SHALLEY C E. The interplay between exploration and exploitation[J]. Academy of management journal, 2006, 49(4): 693-706.
[三] BENNER M J, TUSHMAN M L. Exploitation, exploration, and process management: the productivity dilemma revisited[J]. Academy of management review, 2003, 28(2): 238-256.

得组织创新绩效出现明显下降。在组织的双元性创新发展过程中,黑色实线箭头表示组织创新模式进化、双元性创新平衡性提升、创新效率和绩效有效提高,这取决于组织有效的规模扩张、资源储备、环境适应及创新管理。反之,由于组织双元协调能力的复杂性、因果模糊性、自我强化和路径依赖性等特征,均衡型创新模式并不稳固,很容易进入次优状态,黑色虚线箭头表示组织创新模式退化和双元性创新平衡能力下降。

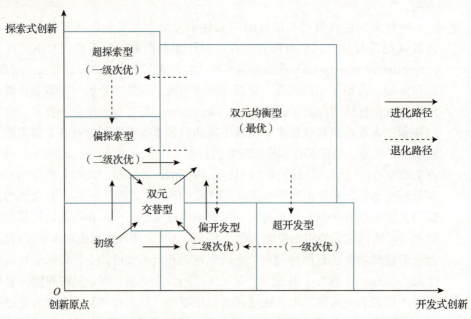

图 4-3　组织双元性创新模式演化路径

资料来源:王寅,张英华,王饶,等.组织双元性创新模式演化路径研究:两种"次优"能力陷阱讨论[J].科技进步与对策,2016,33(8): 93-100.

案例 4-5 ｜ 科大讯飞探索式创新与开发式创新的二元平衡

科大讯飞股份有限公司(以下简称"科大讯飞")于 1999 年成立,专注于智能语音及语言技术、人工智能技术研究、软件及芯片产品研发、语音信息服务及电子政务系统集成,是业内佼佼者。科大讯飞已发展为国内最具规模和影响力的智能化语音解决方案供应商之一,其主营业务包括智能语音产业、智能语音应用系统、互联网语音服务平台、智能语音信息安全与保障四个部分。作为中国最具规模的智能语音技术供应商之一,该公司在智能语音技术领域拥有长期的研究积累,并在语音合成、语音识别、口语测评、自然语言处理等多项技术方面取得了国际领先的成果。

自 2008 年起,科大讯飞在深交所上市,为其核心技术研发和成果产业化提供了更为广泛、更为庞大的资本平台,从而踏上了快速发展的快车道,进一步提升了技术领先优势,不仅将中文语音技术推向全球领先地位,而且多次荣膺英文语音合成国际大赛(Blizzard Challenge)桂冠,巩固了从语音合成到语音识别的全面国际领先地位。同时，随着全球范围内的智能终端普及应用，以智能手机为代表的新一代信息技术正在改变我们的生活。在此阶段，科大讯飞以技术与市场同等重要的策略，致力于在移动互联网时代的浪潮中抓住发展机遇，成为一个长期、大规模、具有创新精神的IT企业集团。在加强与国际巨头和战略伙伴的合作方面，科大讯飞与微软联手成立了合肥微软技术中心，并与美国最大的语音识别厂商Nuance合作成立了联合实验室，以共同推进相关技术的发展。一方面，科大讯飞联合新疆大学、内蒙古大学、西藏大学和云南大学成立了语音及语言联合实验室，深入研究多民族语音及语言核心技术，使其业务领域得到进一步拓展；同时，它还积极开拓国内语音产业的新市场，开发出一系列具有自主知识产权的产品，并取得较好的成效。另一方面，随着语音技术应用的不断深入，该公司中文语音市场占有率较高，其技术和产品在相关领域中不断发挥广泛而深刻的作用。

科大讯飞的高管提到，技术要时刻保持最前沿，市场需求也要密切关注，二者都不可以放松。这就要求我们必须坚持自主创新，同时积极寻求合作伙伴共同推进技术创新。市场制胜的法宝在于核心技术，而要取得市场领先地位，则必须对优质产品进行全面升级，实现技术与市场的协同创新，方能在竞争中立于不败之地。这就是在"技术创新+市场运作+服务保障"三驾马车共同驱动下形成的合力。科大讯飞正是将探索式创新与开发式创新结合，二者并存发展，追求二者的平衡，才能在与国际IT企业巨头同台较量时，始终站在中文语音技术的制高点，引领中文语音产业发展的方向。

资料来源：刘志迎，俞仁智，何洁芳，等. 战略导向视角下组织文化变革与双元能力的协同演化：基于科大讯飞的案例研究[J]. 管理案例研究与评论，2014，7（3）：195-207.

2. 颠覆性创新

颠覆性创新（disruptive innovation）是指一种通过引入新技术或业务模式，彻底改变或颠覆现有市场格局和行业结构的创新形式。这种创新不仅能够满足现有市场的需求，还能够创建新的市场并重新定义整个行业。颠覆性创新的概念由克莱顿·克里斯坦森（Clayton Christensen）等学者提出，并在他的著作《创新者的窘境》中得到广泛阐述。

颠覆性创新的核心是提供与众不同的产品或服务，打破现有的行业规则和常规模式。它与渐进式创新形成鲜明对比：渐进式创新是指在现有产品或服务的基础上进行逐步改进和优化，以满足市场的日常需求；而颠覆性创新则是通过引入全新的技术、商业模式或者设计理念，以实现对现有市场的重新定义和突破性变革。颠覆性创新可以帮助企业在现有市场上创造新的市场机会，或者在新兴市场上迅速占领领先地位。

颠覆性创新的特征包括以下几个。

（1）市场破坏。这种创新往往通过打破传统行业规则、降低成本、提供更便捷的服务或创造新的市场空间，引起市场的深刻变革。

（2）新技术引入。颠覆性创新通常伴随着新技术的引入，这种新技术可能是之前行业未曾使用或广泛应用的，但它有能力重新定义竞争规则。

（3）低端市场切入。创新者通常会通过在低端市场切入，满足低端用户的需求，逐步攻占整个市场。

（4）影响传统业务模式。颠覆性创新会对传统业务模式产生冲击，有可能导致传统企业无法适应变化而退出市场。

（5）创新者的崛起。颠覆性创新常常由初创企业或新兴企业发起，而非传统市场领导者。

（6）颠覆既有价值链。这种创新不仅能够提供新的产品或服务，还可能重新定义整个产业的价值链。

颠覆性创新理论的核心观点是，老牌企业通常试图为利润最高、要求最高的客户提供不断改进的产品和服务，而很少关注市场中低端消费者对于价格和便利性的需求。事实上，现有企业的产品往往超出后者的品质要求。这为（起初）专注于为低端客户提供"足够好"的产品的颠覆者提供了机会，这些新产品或服务通过强调自身的便利性、低成本和广泛的应用场景，逐渐取代传统高端产品或服务。

克里斯坦森把颠覆性商业模式创新和颠覆性技术创新统称为颠覆性创新。例如，美国西南航空的廉价航空模式、戴尔电脑的直销模式、沃尔玛的天天平价等，都是颠覆性商业模式创新。而人工智能、石墨烯晶体管等的应用，则是颠覆性技术创新的结果（见图4-4）。此外，克里斯坦森还提出了两种基本的颠覆方式：低端市场颠覆和新市场颠覆，随后有学者基于此提出了第三种颠覆方式：基于对高端市场的颠覆，如美国联邦快递最初定位于高端市场，但在高端市场站稳脚跟后逐渐向低端和中端市场渗透。

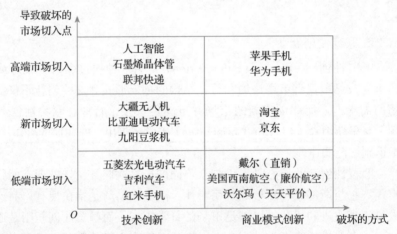

图 4-4 颠覆性创新的分类与示例

资料来源：陈劲，郑刚.创新管理：赢得持续竞争优势[M].3版.北京：北京大学出版社，2016.

除了颠覆性创新理论外，还有其他理论和模型支持颠覆性创新的理念，如创新生态系统理论、开放创新模型、社会化创新模型等。这些理论和模型都强调了技术、市场、组织和社会等多方面的因素对于创新的影响，提供了颠覆性创新的实践指导和分析框架。

颠覆性创新的实施需要企业拥有创新意识和创新能力，并且具备高度的市场敏感性和前瞻性。企业需要建立创新团队和创新文化，不断探索新的技术和商业模式，以快速响应市场变化和顺应消费者需求。同时,企业还需要关注知识产权保护和市场风险控制等问题,以确保创新成果和市场地位的合法性与可持续性。

案例 4-6 | ChatGPT 的颠覆性创新

GPT 的全称为 generative pre-trained transformer,意为"基于预训练的生成式模型"。2019 年,第一代 GPT 模型问世,但只引起了科技行业内部的关注。而在短短的三年后,提供了页面对话功能的 ChatGPT 仅用两个月的时间就吸引了上亿月活跃用户,在全球范围内引发了关注和热议。ChatGPT 是一个同时具备多种能力的通用"对话式 AI 系统",它打破了传统人机对话仅限于单一场景的限制,实现了多场景的多轮人机对话;更为重要的是,在自然语言交互式学习模式下,它可以以"类人"的方式在交互过程中实现自主学习、理解和应用各领域的专业知识。

ChatGPT 是继深度学习后又一个颠覆式的技术创新,以自然语言处理为核心的认知智能技术或将迎来发展新机遇。科大讯飞副总裁、研究院执行院长刘聪指出,以自然语言处理为代表的人工智能算法可能会重构互联网的产品形态,带动教育业、医疗业、汽车业、金融业等众多产业升级,最终引起商业模式的变革。就国内而言,科大讯飞、阿里巴巴、百度等知名企业已经陆续加入 ChatGPT 赛道并公布最新的项目进展。

ChatGPT 模型的升级发展可能推动产业变革与模式创新,主要表现为以下几点。①颠覆人机之间的交互方式,通过精准理解用户需求并调用筛选特定信息,提高交互有效性与成功率。②颠覆人们信息获取方式。ChatGPT 可以实现对信息的筛选、整合,大大提高信息获取的效率与用户体验感。由于信息分发获取方式的改变,流量分布、基于流量变现的商业模式也将受到影响。③革新内容生产模式,提高生产力。"ChatGPT+办公软件"可能会导致办公方式的变革,成为新兴的生产力工具。

资料来源:科大讯飞刘聪:由 ChatGPT 浪潮引发的深入思考与落地展望,第一财经,2023-02-15,https://www.yicai.com/news/101675752.html。

3. 开放式创新

亨利·切萨布鲁夫(Henry W. Chesbrough)在 2003 年首次提出了开放式创新(open innovation)的概念。这一概念强调企业在创新过程中应该积极地与外部合作伙伴、社区、客户和供应商等多方进行联系,以共享知识、资源和创新成果。开放式创新的核心思想是企业不必仅依赖内部创新,还应该借助外部的创新力量,通过开放合作来推动创新(见图 4-5)。开放式创新可以从内部或外部途径实现企业内部技术的商业化路径,并在创新链的各个阶段与多种合作伙伴进行多角度的动态合作,从而能够加速创新过程、降低创新成本,并使企业更加灵活地适应快速变化的市场环境。

开放式创新通过内部技术的外缘化,即通过外部渠道实现技术的商业化,实现了新技术与企业外部的相互渗透,从而在企业内部形成技术创新推力,使得内部技术创新人员与外部技术人员之间进行充分互动,促使企业紧跟技术前沿。实践中,众多享誉国际的企业已经成功实现了开放式创新,取得了持续性竞争优势。例如,宝洁公司运用"联发"(联系与开发)这一全新的创新模式,与全球各地的组织紧密合作,积极寻找技术创新的全球来源,从而实现35%的创新构想来自公司外部的连接。从"非此地发明"(not invent here)的抵制态度转变成"骄傲地在别处发现"(found here)的充满热情的态度,宝洁公司成功地推动了持续的创新,使老牌公司保持创新活力。⊖

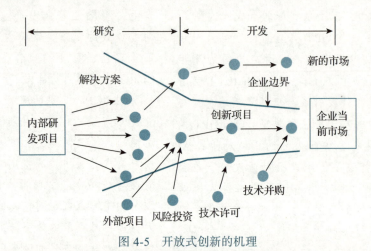

图 4-5 开放式创新的机理

资料来源:CHESBROUGH H W. Open innovation: the new imperative for creating and profiting from technology [M]. Brighton: Harvard Business Press, 2003.

根据创新过程中知识流动方向的不同,开放式创新可分为三种类型,分别为内向型开放式创新、外向型开放式创新和耦合开放式创新。

(1)内向型开放式创新。内向型开放式创新主要是将企业的创新过程对多种外部输入开放,通过资金购买或者技术等价交换以获取外部资源帮助自己进行创新。在该种模式下,企业可以采用各种积极的方式管理知识的流入,如搜寻、专利授权、大学研究项目、在新行业成立企业、与利益相关者合作,以及通过众包和社区等方式。

(2)外向型开放式创新。外向型开放式创新是企业将内部创新成果输出到外部环境中。这种模式下,企业可以采用的知识管理方式有出售、展示、专利技术授权、捐赠知识产权、企业孵化等。

(3)耦合开放式创新。耦合开放式创新是连接由外向内和由内向外开放式创新的过程。耦合开放式创新原则上可能牵涉任何由外向内和由内向外的开放创新所涉及的相应机制。

开放式创新具有以下特征。

(1)形式多样化。由于企业边界的可渗透性和动态开放性,开放式创新的组织形式变得更加多样化,包括专利和技术所有权转让、与领先用户及供应商合作、建

⊖ 陈劲,郑刚. 创新管理:赢得持续竞争优势 [M]. 3版. 北京:北京大学出版社,2016.

立研究联盟、投资于研究机构的项目和成立合资公司等。

（2）创新主体多元化。创新环境开放意味着有更多的企业参与到同一个创新活动中，而网络结构的组织形式增强了各个主体之间的联系，加速并提高了知识的流动性和共享性。

（3）资源获取渠道的多样性及复杂性。开放式创新使得企业与外部环境的互动更为频繁，不仅可以从企业内部获取资源，还可以从企业外部获取资源。企业需要促进资源的创造、吸收、变革、连接与释放等，加强组织间资源共享。

- 开放式创新有助于企业跳出创新的"孤岛"，提升企业将知识转化为产品的机遇和能力，促进企业在技术研发、产品开发、生产和市场化的各个环节中通过"外包"或"外取"来实现创新，从而使企业在最擅长的领域创造价值并获取利润。开放式创新是企业利用其独特的资源进行技术创新和商业模式创新的一种有效方式，具有明显优势。在开放式创新模式下，外部提供的知识只是内部知识的补充，但其作用不亚于内部知识。外部知识是以一种新方式融入企业中，它不仅改变了原有组织结构和流程，而且对企业内部资源也产生巨大影响，从而助力其形成全新的动态竞争优势。同时，开放式创新克服了"非此处销售"的偏见，为企业提供了创造和获取价值的新途径，可以利用外部途径使内部技术商业化，实现了研发回报最大化。
- 与开放式创新相比，封闭式创新意味着公司完全依靠自身的研发资金和人力投入，通过技术突破形成新产品或新服务，进而获得垄断性利润和自身竞争优势。二者的一个重要差异在于企业对待那些刚开始看起来毫无市场前景的项目的态度。在创新的研发活动中，研究人员及其管理者都必须甄别出有实际市场价值的创意，并将其转化为商业化应用，同时抛弃那些毫无市场价值的创意。封闭式创新和开放式创新都能做到后者，即清除那些实际上毫无市场价值的创意，但开放式创新还能够识别出那些刚开始看起来毫无市场前景但实际有潜在市场价值的项目，这些项目适合于在公司现有业务模式之外发展，需要与外部技术结合来释放其潜在的市场价值。封闭式创新过分强化和控制自我研究功能，这就容易导致企业因局限于既有的组织资源、知识和能力而无法应对快速变化与新兴的市场。

案例 4-7 华为的开放式创新

华为成立于1987年，凭借灵活的开放式创新模式，华为从一家代理交换机的中国民营企业迅速崛起成为全球 500 强企业。

20 世纪 90 年代末，全球通信设备市场进入蓬勃发展期，需求呈现出迅速增长态势；国内通信技术的发展相对滞后，且技术迭代速度加快，技术的动态性较高，而外部环境的主要矛盾则表现为技术的高度波动性。在华为之前的技术研发中，其吸收能力主要表现为消化转化能力。然而，华为深刻认识到，在动荡的环境以及技术能力薄弱的情况下，完全依赖内部研发的局限性已经变得十分明显。在满足内部需求的推动下，华为在俄罗斯成立了一家合资公司，并随后在印度、美国等多个国家设立研究所。华为从这些举措中获得了外部卓越的人才和技术资源，为其注入了强大的竞争力，同时也对国内企业提供了一个重要的学习机会；在其创新链的开放节点中，华为集中于创意的萌芽、研发的推进以及实验的探索；在研发过程中，企业与客户之间存在着不同程度的合作关系。在当前的开放背景下，华为以共同经济利益为基础，通过联合研发中双方进行的技术知识交流，实现了知识的双向流动，从而促进了双方的合作与发展。

随着21世纪的到来，为了应对市场细分的挑战，华为开始进一步扩大其对外开放的范围：建立客户需求研究部门，以促进与用户之间的互动与交流；为了提高生产效率，将一些生产环节进行外包处理；通过利用专利交叉授权，借助外部商业化渠道，实现研发成本的降低。华为的创新生态已经扩展到了创意的孕育、研发的探索、实验的验证和生产的推进这四个关键环节，形成了一个开放的创新链。在此基础上，企业间的协同与互动逐渐增强，但仍然存在着一定障碍。华为进一步深化对外开放，通过专利交叉授权，促进了知识的双向流动，这一举措标志着其外向型发展的进一步推进。华为联合创新中心、研发中心、创新联盟等外部合作不断扩张，内部网络和外部网络逐渐形成了一个开放的格局。

自2015年起，华为致力于利用技术机遇窗口实现技术的跨越式发展。在此基础上，华为构建了一个开发者使能平台，旨在为全球范围内的开发者提供最先进的ICT开放能力和各种互补资源，以寻找最具创新性的想法。在创新链的最终客户服务阶段，其开放节点得到了进一步的扩展。华为在整合内外部创新资源和商业化渠道方面加大了力度，这使得知识的双向流动变得更加错综复杂。通过构建内部创新网络与外部创新网络相互融合的"双网"式开放式创新模式，促进了创新成果的产业化进程。华为进一步构建了外部创新网络，以促进创新生态的发展，从而提高了企业知识的多样性和差异性。在此过程中，企业逐渐形成了内部学习与外部吸收相结合的开放式创新模式。在当前情况下，个体的吸收能力呈现出以价值识别为核心的知识获取、消化转化和价值创造的高度均衡发展。在其构建机制中，缄默性知识的积累使其吸收能力实现了从量变到质变的跨越，从而达到了质的飞跃。

资料来源：杨磊，刘海兵. 创新情境、吸收能力与开放式创新共演路径：基于华为、海尔、宝洁的跨案例研究[J]. 中国科技论坛，2020，286（2）：36-45+53.

4.2 创新的环境

当今世界正处在大变革、大调整时期，科技进步日新月异，国际竞争日趋激烈，各国都面临着前所未有的机遇和挑战。科学技术的进步与创新已经成为经济发展的决定性力量。世界各国把增强自主创新能力作为国家发展战略的重要抓手，纷纷制定并实施促进技术创新、提升国际竞争力的政策措施。随着全球竞争不断加剧，经济和科技实力方面的角逐日益紧张，创新日益成为经济和科技竞争的关键。

创新的环境

国家创新能力的提升离不开创新环境的支撑和保障。近几年来，全球科技领域正孕育着一场全新的科技革命和产业革命。在未来数十年里，世界科学技术可能在信息科学、生命科学、物质科学，以及脑与认知科学、地球与环境科学、数学与系统科学,乃至社会科学之间的交叉领域,陆续形成新的科学前沿并发生新的突破。大到一个国家,小到一家企业,只有牢牢掌握核心技术和自主知识产权,才能在未来的发展中占据主导地位。

4.2.1 创新与竞争力:波特的钻石模型

1990 年,美国哈佛商学院著名战略管理学家迈克尔·波特(Michael E. Porter)提出了国家竞争优势理论。该理论旨在研究一个国家形成整体国际竞争力的原因。该理论的中心思想是:一个国家的兴衰取决于其在国际竞争中能否获得优势。他强调,不仅要让一个国家的所有行业和产品参与国际竞争,还必须形成国家整体竞争优势,而国家竞争优势的获得,关键在于整合以下四个基本要素和两个辅助要素(机会和政府)。

其中,决定国家产业竞争力的四个基本要素包括:

- 生产要素[一]——包括人力资源、天然资源、知识资源、资本资源、基础设施;
- 需求条件——主要是指本国市场的需求;
- 相关产业与支持性产业——具有国际竞争力的供应商和关联辅助行业;
- 企业战略、结构和同业竞争——企业创建、组织和管理的支配条件、竞争对手的表现。

这四个要素具有双向作用,构建起钻石体系,又称钻石模型(diamond model),如图 4-6 所示。

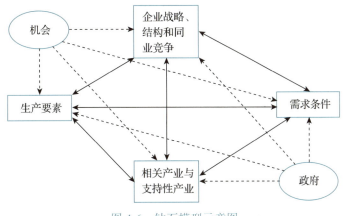

图 4-6 钻石模型示意图

资料来源:芮明杰.产业竞争力的"新钻石模型"[J].社会科学,2006(4):68-73.

钻石模型指出:

(1)一个国家要通过生产要素建立产业强大而持久的竞争优势,就必须致力于

[一] 生产要素有两种常见分类方式。一类将生产要素划分为初级生产要素和高级生产要素,另一类将生产要素划分为一般生产要素和专业生产要素。

发展高端生产要素和专业生产要素,这两类生产要素的可获得性与精致程度是决定竞争优势质量的关键。如果国家把竞争优势建立在初级与一般生产要素的基础上,它通常是不稳定的。在实际竞争中,那些拥有充足要素的国家可能会因为依赖富足的资源或低廉的成本因素而缺乏创新的动力,从而无法维持长期竞争优势;相反,生产要素的人工短缺、资源匮乏,以及地理气候条件恶劣等不利因素,反而会激发产业创新的动力,促进企业竞争优势的持续提升。

(2)国家获得竞争优势的重要因素之一,是拥有那些对专业技能和品质要求极高的本地客户。本地客户在产品创新过程中扮演着关键角色,其创新性决定了产品或服务质量能否满足客户需求。企业不断创新的动力源泉在于当地客户对产品、服务的高要求。此外,若本地客户的预期需求领先其他国家,将激发先进产品的涌现,从而形成企业的一项竞争优势。

(3)相关产业与支持性产业同优势产业之间存在着一种相互依存、相互促进的紧密关系,二者共同构成了不可分割的生态系统。因此"产业集群"(industrial cluster)是产业发展过程中较为普遍的现象。波特教授认为,在特定区域内,企业之间的竞争与合作关系可以通过横向和纵向的密切互动,共同促进产业的不断升级和创新,从而形成强大的区域竞争力。

在中国,创新活动呈现出明显的地域性集群现象。[一]区域创新集群(regional innovation cluster)是指在某个地理区域内,由相互关联和互相依存的企业、大学、研究机构、政府机构等构成的创新生态系统。创新生态系统中各要素之间存在密切的联系,包括知识资本、人力资本、技术资本等各种生产要素,以及相应的管理团队、信息与基础设施等支撑环境。这些组织彼此协作、共享资源,以促进创新、创业和经济增长,形成了一个具有竞争力的、高效的创新生态系统。

区域创新集群的优势有两个。①提供技术、人才、设备和信息等生产要素资源。区域创新集群可以将企业、大学和研究机构汇集在一起,降低了创新的壁垒,同时集群带来的极化效应在形成新的增长极的同时,吸引要素向中心集中,以便更好地开展创新活动。②集群可以促进关联产业间多元化合作,提高整体竞争力。由贸易、技术、关联产业所构成的集群,为企业之间的竞争和合作提供了机遇。由于竞争对手的存在,企业必须不断革新技术、创新产品、改善服务,而合作可以使企业之间形成的产业链更加紧密,企业之间通过彼此的知识共享与交流,能够实现资源优势互补。

(4)推进企业走向国际化竞争的动力不可小觑。这股动力可能来自国际市场需求的拉力,也可能来自本地竞争对手的施压或市场的推力。国内市场的强劲竞争对手是创造和持续产业竞争优势的最大关联因素。在国际竞争中,获得成功的产业必须先在国内市场上展开激烈的竞争,以推动其不断改进和创新,而海外市场则是竞争力的拓展和延伸。

此外,机会和政府作为两个辅助变量,都将影响上述四大要素的变化。

[一] 姜磊,季民河.城市化、区域创新集群与空间知识溢出:基于空间计量经济学模型的实证[J].软科学,2011,25(12):86-90.

（1）机会方面。对企业发展而言，形成机会的可能情况大致有几种：基础科技的发明创造；传统技术出现断层；外部因素导致生产成本突然提高；金融市场或汇率的重大变化；市场需求的剧增；政府的重大决策；战争；等等。波特在钻石模型中认为外部环境变化能够直接影响到四大基本要素，进而影响产业竞争力。[注]

全球化作为比较直观的外部环境变化趋势，是指不同国家之间经济、政治、文化和社会等方面的交流和互动，以及这些领域的一体化趋势。全球化意味着风险与机遇并存，因此全球化对创新的影响是复杂的，既有促进创新的因素，也有制约创新的因素。

首先，全球化促进了技术和知识等重要生产要素之间的交流和流动，有助于企业获取新技术和新知识。不同国家之间的经济联系和交流，使得企业可以获取更广泛的技术和知识，包括专利技术、科研成果、管理经验等。企业可以通过获取这些技术和知识，推动其创新和发展，进而提高产品质量和竞争力。

其次，全球化扩大了市场规模，带来了更加多样化的需求，推动了企业创新的动力。市场规模扩大意味着企业可以更多地销售产品和服务，获得更高的利润和回报，因此更愿意投入到研发和创新中。同时，由于竞争更加激烈，企业需要通过创新来提高产品的品质和降低成本，以保持市场竞争力。

然而，全球化也会对创新产生一些制约。一是生产要素方面，全球化可以促进资本和技术的流动，这可能会导致技术和资本的集中，使得创新的机会不够平等，从而影响创新的发展。二是需求方面，不同国家和地区之间的需求差异也可能对创新产生制约。人们的思维方式、创新方式和创新风格受到不同文化背景的影响，从而影响创新。三是企业战略、同业竞争方面，由于市场竞争加剧，企业可能更注重快速推出新产品和服务，而忽视了长期战略导向，即基础研究和技术创新，从而抑制了创新的发展。全球化伴随跨国企业的兴起和发展，这些企业可能会对本地同行企业的创新能力造成压制，从而影响创新的发展。跨国企业在本地市场的占有率越大，它们就越有可能通过垄断和控制本地市场来限制本地企业的创新能力。

（2）政府。政府可以设定国家化战略，资本市场、资金补贴、生产标准、竞争条例等方面的政策将直接影响企业、产业的竞争优势。政府还可以借助产业政策对企业进行有效干预，使之成为一个能够适应新环境、迎接新机遇的创新型经济体。通过加大教育和资金投入，政府可以提升企业的人力资源和知识技术水平，从而为企业创新提供源源不断的人力支持和技术指导。此外，政府还能够利用产业政策来优化产业结构，促进经济发展方式的转变；通过减税降费的优惠政策刺激新兴产业兴起，降低创新试错成本，推动企业创新意愿和能力的提升。

4.2.2 国家创新环境

1. 国家创新排名

近年来，一些国际权威机构构建了国家创新能力指标的衡量体系，影响力较大

[注] 蓝庆新，窦凯. 基于"钻石模型"的中国数字贸易国际竞争力实证研究 [J]. 社会科学，2019（3）：44-54.

的包括世界知识产权组织等机构发布的《全球创新指数》（Global Innovation Index，GII）、欧盟发布的《欧洲创新记分牌》（European Innovation Scoreboard，EIS）和中国科学技术发展战略研究院发布的《国家创新指数报告》。

《全球创新指数》由世界知识产权组织与美国康奈尔大学以及英国人类发展研究所合作编制。该指数以创新投入次级指数和创新产出次级指数的平均值计算创新指数，对全球132个经济体的创新生态系统进行排名。其中，创新投入次级指数衡量的是支持和促进创新活动的经济要素，包括制度、人力资本与研究、基础设施、市场成熟度和商业成熟度五个维度；创新产出次级指数体现经济中创新活动的实际成果，包括知识和技术产出、创意产出。[一]

从表4-2中可以看出，2023年，瑞士、瑞典、美国、英国和新加坡是世界上最具创新力的经济体。同时也可以看到，2023年我国内地的创新指数排在第12位。

表4-2　2023年全球创新指数（部分）排名

排名	得分	国家/地区	排名	得分	国家/地区
1	67.6	瑞士	11	56.0	法国
2	64.2	瑞典	12	55.3	中国内地
3	63.5	美国	13	54.6	日本
4	62.4	英国	14	54.3	以色列
5	61.5	新加坡	15	53.8	加拿大
6	61.2	芬兰	16	53.4	爱沙尼亚
7	60.4	荷兰	17	53.3	中国香港
8	58.8	德国	18	53.2	奥地利
9	58.7	丹麦	19	50.7	挪威
10	58.6	韩国	20	50.7	冰岛

资料来源：根据《2023年全球创新指数报告》整理。

《欧洲创新记分牌》是由欧洲委员会制定的。评价指标主要包括四个维度，分别为框架条件、投资、创新活动和创新影响。其中，框架条件反映国家创新的基础和环境，如人力资源、创新环境；投资包括政府的资金支持，以及企业投资情况，主要反映国家对创新的资金投入；创新活动主要从该创新、联系、知识产权三个维度进行衡量；创新影响则集中体现在创新对就业和经济的影响。[二]

通过评估在科技投资、人才培养、企业创新等多个创新维度上的表现，《欧洲创新记分牌》可以为各国或组织提供全面的创新排名和评估，促进各国或组织在创新政策上的协同合作，推动创新生态系统的发展。2023年的评估结果显示，韩国属于创新领先国家；加拿大、美国和澳大利亚属于强势创新国家；日本、中国属于中等

[一] 文彦杰. 数据资讯：2021年全球创新指数 [J]. 中国科学院院刊，2021，36(10)：1253-1258.
[二] 程如烟，姜桂兴，蔡凯. 欧洲创新评价指标体系变化趋势——基于对《欧洲创新记分牌》的分析 [J]. 中国科技论坛，2018（5）：165-172+179.

创新国家；巴西、智利、南非、印度和墨西哥为一般创新国家，如表 4-3 所示。㊀

表 4-3 2023 年欧洲创新记分牌（部分）排名

排名	得分	国家/组织	排名	得分	国家/组织
1	126	韩国	7	95	中国
2	121	加拿大	8	60	巴西
3	113	美国	9	51	智利
4	108	澳大利亚	10	41	南非
5	100	欧盟	11	37	印度
6	98	日本	12	31	墨西哥

资料来源：根据《欧洲创新记分牌 2023》整理。

《国家创新指数报告》由中国科学技术发展战略研究院发布，选取与我国具有可比性的 40 个国家（其研发投入总和占全球 95% 以上，GDP 之和占世界 85% 以上）作为评价对象，从创新资源、知识创造、企业创新、创新绩效和创新环境五个维度构建了评价指标体系，使用权威的国际组织和国家官方统计调查数据，客观研判我国在国际科技创新格局中的地位，全面反映我国科技创新投入、产出和支撑经济社会发展能力。

《国家创新指数报告 2022—2023》显示，全球创新发展保持亚美欧三足鼎立格局，我国创新指数得分为 72.7 分，位居第 10 位，是唯一进入前 15 位的发展中国家（见表 4-4）。我国在各个创新维度上均有不俗表现，特别是在"知识创造"维度表现突出。

表 4-4 2023 年国家创新指数报告（部分）排名

排名	得分	国家	排名	得分	国家
1	100.0	美国	11	71.6	英国
2	94.7	瑞士	12	71.6	新加坡
3	89.4	韩国	13	71.4	爱尔兰
4	86.3	日本	14	68.9	芬兰
5	78.0	荷兰	15	68.9	法国
6	76.2	丹麦	16	68.0	挪威
7	75.6	以色列	17	66.5	比利时
8	75.4	瑞典	18	66.0	奥地利
9	72.9	德国	19	62.4	卢森堡
10	72.7	中国	20	61.4	冰岛

资料来源：根据《国家创新指数报告 2022—2023》整理。

㊀ 创新国家等级划分：超过欧盟平均水平 125% 为创新领先国家，100%～125% 为强势创新国家，70%～100% 为中等创新国家，70% 以下为一般创新国家。

2. 国家创新战略

当前,研发和创新成为世界各国调整经济结构、培育经济发展新动能的重要战略。全球研发投入和科技创新成果保持稳定增长态势,我国等新兴经济体技术快速追赶,创新多极化趋势日益凸显。近年来,我国在创新领域取得了显著成效,创新绩效分指数排名稳步上升,不断向成为创新型国家的行列迈进(见表4-5)。

表4-5 我国创新绩效分指数构成指标的世界排名演变

指标	2017年	2018年	2019年	2020年	2021年	2022年
劳动生产率	39	39	39	38	38	38
单位碳排放的经济产出	37	37	37	37	37	—
高技术和中高技术产业增加值占制造业增加值比重	16	14	13	14	11	—
单位能源消耗的经济产出	36	36	36	36	36	35
知识密集型服务业增加值占服务业增加值比重	24	26	27	21	27	—
高技术产品出口额占世界比重	1	1	1	1	1	1

资料来源:根据《国家创新指数报告2022—2023》整理。

我国取得的创新进步来源于全面深化改革释放的创新活力。党的十八大报告提出实施创新驱动发展战略,强调科技创新是提高社会生产力和综合国力的战略支撑,必须摆在国家发展全局的核心位置。2016年5月,中共中央、国务院印发了《国家创新驱动发展战略纲要》,指出创新驱动就是创新成为引领发展的第一动力,科技创新与制度创新、管理创新、商业模式创新、业态创新和文化创新相结合,推动发展方式向依靠持续的知识积累、技术进步和劳动力素质提升转变,促进经济向形态更高级、分工更精细、结构更合理的阶段演进。党的二十大报告提出,加快实施创新驱动发展战略,加快实现高水平科技自立自强,以国家战略需求为导向,集聚力量进行原创性引领性科技攻关,坚决打赢关键核心技术攻坚战,加快实施一批具有战略性全局性前瞻性的国家重大科技项目,增强自主创新能力。党的二十届三中全会更是审议通过了《中共中央关于进一步全面深化改革、推进中国式现代化的决定》,强调构建支持全面创新体制机制,必须深入实施科教兴国战略、人才强国战略、创新驱动发展战略,统筹推进教育科技人才体制机制一体改革,健全新型举国体制,提升国家创新体系整体效能。

当前,我国创新驱动发展战略已取得瞩目的成就,经过多年的积累沉淀,科技创新发展迎来由量转质的跃升期,表现为科研体系日益完备,人才队伍不断壮大,科学、技术、工程、产业的自主创新能力快速提升。经济转型升级、人民物质生活的提高、国防现代化建设与国际竞争,对创新提出了巨大需求。庞大的市场规模、持续革新的技术、多样化的消费需求,为创新提供了广阔的发展空间。与此同时,中国特色社会主义制度能够有效结合集中力量办大事和市场配置资源的优势,为实现创新驱动发展提供了根本保障。⊖

⊖ 中共中央 国务院印发《国家创新驱动发展战略纲要》[N]. 人民日报,2016-05-20(1).

4.2.3 创新生态系统

创新生态系统（innovation ecosystem）是指一组相互关联的组织、人员和资源，共同推动创新和创业活动的生态系统。它是由企业、政府、研究机构、创业者、投资者、孵化器、加速器等组织和个人构成的，这些组织和个人在生态系统中相互作用和影响，共同创造和推动创新的发展。

詹姆斯·穆尔（James F. Moore）首次系统地论述了企业生态系统，他将企业生态系统定义为一种"基于组织互动的经济联合体"，并进一步认为"企业生态系统是由诸多企业利益相关者等具有一定利益关系的组织或群体共同构成的动态结构系统"。[1]在此基础上，Iansiti 和 Levin（2004）从生态位的角度对创新生态系统进行阐述，认为创新生态系统是由多个相互关联但占据不同生态位的参与者所构成，这些参与者之间存在着共生关系，共同构成了经济共同体。[2]进一步，Adner（2006）关注于创新生态系统本身，认为创新的实现不仅依赖于外部环境的变化，还需要生态系统成员的积极参与和贡献。[3]因此，创新生态系统中企业之间可以形成竞争、合作以及不完全信息三种模式，并且这三种模式都能促进企业间相互了解对方的需求及发展动态，从而实现共赢。他还认为，创新生态系统是一种协同机制，企业可以通过协同合作将个体与他者联系，并提供连贯的、面向客户的解决方案。[4]

创新生态系统根据研究对象和层次的不同可分为四类，即国家创新生态系统、区域创新生态系统、产业创新生态系统、企业创新生态系统。国家创新生态系统源于国家创新系统与生态系统的融合研究，是集合所有参与人员，以实现技术进步与发展的动态网络。国家创新生态系统的主要特征包括可重复、可信赖、可扩展等。[5]区域创新生态系统是具有共生竞合和动态演化特征的自组织系统，它通过与创新环境之间的物质、知识和信息交换，实现不同创新物种、种群和群落基于共同价值主张的价值共创。区域创新生态系统主要呈现邻近性、多样性、自组织性和开放性的特征。[6]产业创新生态系统是由多个产业相互交织、相互渗透而成的复杂网络系统。在此网络中，可以实现不同参与者之间的信息共享和资源流通，进而推动产业生态系统的可持续发展。在产业创新生态系统中，主体之间的协作关系必须更加紧密，技术条件和标准也必须更高，以确保系统的稳定性、平衡性、开放性和耗散结构等特征得以维持。[7]企业创新生态系统是由企业、顾客、上下游供应商、经销商、制造

---

[1] MOORE J F. The death of competition: leadership and strategy in the age of business ecosystems [M]. New York: Harper Business, 1996.
[2] IANSITI M, LEVIEN R. Strategy as ecology[J]. Harvard business review, 2004, 82(3): 68-81.
[3] ADNER R. Match your innovation strategy to your innovation ecosystem[J]. Harvard business review, 2006, 84(4): 98.
[4] 梅亮，陈劲，刘洋. 创新生态系统：源起、知识演进和理论框架 [J]. 科学学研究，2014, 32(12): 1771-1780.
[5] FREEMAN C.Technology policy and economic performance: lessons from Japan[M]. London: Pinter Publishers, 1987.
[6] RONG K, LIN Y, YU J, et al. Exploring regional innovation ecosystems: an empirical study in China[J]. Industry and innovation, 2021, 28(5): 545-569.
[7] 陈衍泰，孟媛媛，张露嘉，等. 产业创新生态系统的价值创造和获取机制分析：基于中国电动汽车的跨案例分析 [J]. 科研管理，2015, 36（增刊 1）: 68-75.

商、研究机构、制度机构等共同合作构建的网络体系。该系统的核心在于，各个主体最大限度地利用其内在资源，包括内部信息、资源和物质等，以推动企业之间的协同发展。○

总的来看，创新生态系统的特点主要包括以下四个。

（1）知识共享。创新生态系统中的组织和个人可以共享知识和技术，以便更好地开展创新活动。

（2）创新和创业文化。创新生态系统中的组织和个人具有创新和创业的文化，鼓励创新、创造和冒险。

（3）投资和融资。创新生态系统中的组织和个人可以获得资金和投资，以支持他们的创新和创业活动。

（4）政策和法规。政府可以通过政策和法规来促进创新和创业活动，并为创新生态系统提供支持和保障。

搭建创新生态系统可以促进技术创新和经济增长，培育创新创业型经济，推动经济社会和环境可持续发展。具体而言，创新生态系统可以通过提供资金、技术和知识等支持，吸引和培育具有创新精神和创业意愿的人才，并通过促进创新和创业活动的开展，推动新产品、新服务和新市场的发展，增加企业的竞争力和生产力，推动经济的增长和环境的改善，提高人民的生活水平和幸福感。因此，创新生态系统的建设是当前社会发展的当务之急，对于塑造未来可持续的创新型社会具有不可替代的重要性。

| 案例 4-8 | 中关村的创新生态系统构建

从 20 世纪 80 年代初的"中关村电子一条街"，到 1988 年 5 月国务院批复北京市新技术产业开发试验区，从第一个国家级科技园区到全国第一个自主创新示范区，作为我国科技体制改革重要发源地，中关村的崛起，既是改革开放伟大实践的一个缩影，又是改革开放不断深化的标志性成果，488km² 的中关村成为无数人的"梦想起航地"。

1. 完整的企业创新体系

中关村的快速崛起得益于在集群内部确立了以企业为主体的创新体系，涌现出一批龙头企业、平台企业、源头企业、金融企业。①龙头企业带动产业链上下游企业联动发展。中关村逐步培育出了一批在行业内部具有影响力的龙头企业，为中关村打造成为国际一流创新集群奠定了坚实的基础，如京东方科技集团有限公司依托国家产业战略布局及政策支持，依托重大项目带动上下游企业快速发展。②平台企业推动产业链上下游企业融合发展。平台企业表现为多种形态：信息服务平台企业、技术创新及应用平台企业、企业孵育平台企业、企业投资平台企业、产权交易平台企业。③源头企业构成战略性新兴产业的有生力量。中关村先后出现了一批源头企业，率先在行业开展技术试错、产品试错等企业试错行为，推动新兴产业快速

○ 杨升曦，魏江. 企业创新生态系统参与者创新研究 [J]. 科学学研究，2021, 39(2): 330-346.

发展。④金融企业推动科技与金融高效对接。中关村拥有一批如投行、创投等直接融资机构和一批如商业银行、信用社等间接融资机构，通过多种投资途径促进科技与金融对接，推动中关村创新集群快速发展。

2. 庞大的智力支撑体系

中关村拥有庞大的智力资源，是我国科教智力和人才资源最为密集的区域，拥有以北京大学、清华大学为代表的高等院校40多所，以中国科学院、中国工程院所属院所为代表的国家（市）科研院所206所；拥有国家级重点实验室112个，国家工程研究中心38个，国家工程技术研究中心（含分中心）57个；大学科技园26家，留学人员创业园34家。中关村留学归国创业人才1.8万人，累计创办企业超过6 000家，是国内留学归国人员创办企业数量最多的地区。"高聚工程"共有158名高端人才及其团队入选。成长出以联想的柳传志、百度的李彦宏、博奥生物的程京、中星微电子的邓中翰等为代表的一批国内外有影响的新老企业家。

3. 完善的创新中介体系

中关村积极发挥产业技术联盟、行业协会等枢纽型社会组织以及科技企业孵化器等科技中介的桥梁作用。①产业技术联盟将产学研合作推向战略层面。中关村共拥有产业技术联盟，涉及软件、通信、互联网等多个行业，联盟通过研发合作、技术标准、产业链合作等多种形式组建。②各类协会充当产业发展的桥梁及纽带。中关村内的协会组织、会员企业，与集群内的创业孵化机构、创投机构、专业服务机构建立了密切的联系，已呈现出"以企业为主体，市场化运作"的发展态势。③科技企业孵化器成为创业孵化的核心。截至2021年年底，中关村连续5年每年新设立科技型企业2.5万家，已诞生上市公司466家，拥有独角兽企业102家，培育科技企业孵化器、大学科技园近500家，支持建设技术创新中心、工程研究中心、概念验证中心等各类共性技术平台超过1 000个，支持组建产业技术创新联盟等社会组织近600家。

4. 强大的政策支持体系

政策支持是中关村创新集群快速发展的基石。通过不断的制度创新，集群内部的体制机制不断朝着有利于创新集群的方向发展，为中关村创新集群快速发展营造了良好政策环境，对于中关村发展成为世界一流创新集群奠定了基础。2011年，中组部、国家发改委等15个中央和国家部委与北京市联合印发了《关于中关村国家自主创新示范区建设人才特区的若干意见》，中关村加快建设人才特区。2012年，国家发改委等九部委和北京市联合发布了《关于中关村国家自主创新示范区建设国家科技金融创新中心的意见》，中关村将进一步建立并完善政府资金与社会资金、产业资本与金融资本、直接融资与间接融资有机结合的科技金融创新体系，加快国家科技金融创新中心建设。2018年，北京市出台《北京市推进共建"一带一路"三年行动计划（2018-2020年）》，将在"一带一路"相关国家重点城市建设一批特色鲜明的科技园区。按照计划，北京将以"三城一区"为主平台，以科技园区合作、共建联合实验室、技术转移和科技人文交流等4个方面为重点，推进共建"一带一路"创新合作网络。

资料来源：龚洋冉，宣鸿，郑宏，等.科创服务平台与创新创业主体共成长的"中关村模式"[J].科技促进发展，2023，19（合刊2）：530-534.

4.3 创新的生命周期

4.3.1 经济增长周期

事物萌芽、成长、成熟直至最终消亡的周期过程被称作事物的生命周期。经济增长周期是指经济活动在一定时间内经历的周期性波动,包括繁荣期、衰退期、萧条期和复苏期。这些周期性波动是由各种经济因素相互作用所致,如货币政策、财政政策、市场供求关系、国际贸易、技术进步、政治稳定等。

(1)繁荣期。经济增长迅速,就业和收入增加,企业利润上升,股市和房地产市场活跃,通货膨胀可能会加速,货币政策通常会收紧。

(2)衰退期。经济增长开始放缓或停滞,就业和收入减少,企业利润下降,股市和房地产市场不景气,通货膨胀可能会放缓,可能通过放松货币政策以刺激经济。

(3)萧条期。经济活动持续低迷,失业率飙升,企业利润急剧下滑,股市和房地产市场陷入低迷,通货膨胀几乎停滞不前,货币政策或将面临相当宽松的局面。

(4)复苏期。经济开始出现复苏迹象,增长率逐渐加快,就业和收入开始增加,企业利润有所改善,股市和房地产市场开始回暖,通货膨胀逐渐加速,货币政策通常会逐步收紧。

熊彼特主张,创新是经济周期的核心驱动力,其引发的繁荣是经济周期的起点,而衰退、萧条和复苏则按照时间序列的顺序排列。可以看出,创新周期与经济发展具有很强的相关性。根据熊彼特的理论,创新的浪潮不断涌现,导致了经济周期的四个阶段不断往复,呈现出经济周期的连续性。

在第一次浪潮中,随着创新的兴起,市场对生产资料的需求不断扩大,导致价格不断攀升;同时,银行提供的资金为创新注入了新的活力,引起信贷市场的扩张。随着创新所带来的生产资料需求的增加和银行信贷的扩张,新工厂的建立和新设备的增产得以促进,进而伴随着对消费品需求的增加。生产资料和消费品需求的增加又会导致商品价格的上涨,在物价普遍上涨的繁荣局面下,社会上出现许多投资机会。此外,随着超额利润的刺激和信贷政策的放宽,社会上会涌现出大量的投机行为,引发经济周期的第二次浪潮。

在第二次浪潮中,创新并未对许多投资机会产生影响。银行和其他金融机构的信用扩张行为并非源于创新,而是为普通企业和投机活动提供资金支持。第二次浪潮的兴起并非偶然,而是由于市场结构失衡造成严重的结构性问题,导致金融系统的效率低下。因此,第二次浪潮所蕴含的是投资行为中的失误和过度投资,导致投资"脱实向虚"并集聚了一定的风险。经济体系的自我调节能力有限,若过度依赖信用扩张和投机,将不可避免地导致经济由兴转衰,当经济收缩引发衰退时,不仅会导致投资活动的消失,还会引起破坏,整个经济体系在经历衰退之后,并不会恢复到均衡状态,反而会被"错误的二次繁荣"带入萧条期,即第三次浪潮。随着萧条事件的发生,一些陈旧的企业和生产技术被废弃或被迫进行调整,如转向其他行业或进行生产技术改进等,第二次浪潮的反应逐渐减弱,但随着调整所带来的就业和生产资料需求的再次增加，整个经济体系进入恢复调整阶段，最终达到一个新的平衡状态，即第四次浪潮——复苏。这四次浪潮发生的过程如图4-7所示。

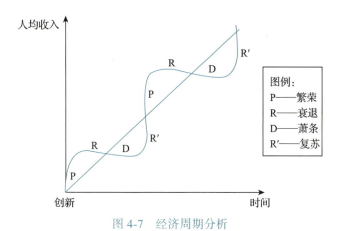

图 4-7　经济周期分析

资料来源：孙梁，韦森. 重温熊彼特的创新驱动经济周期理论[J]. 济南大学学报（社会科学版）. 2020, 30（4）: 5-21.

熊彼特指出，在创新活动的推动下，生产效率得到显著提升，从而导致后一周期的均衡水平高于前一周期，这一过程被他称为"创造性破坏"。从复苏走向繁荣，需要一股创新浪潮，以推动经济的持续发展。因此，在经济增长中，创新总是伴随着周期性波动。熊彼特认为，由于创新的进程并不平稳，且各种创新对经济发展的影响程度不尽相同，有些创新的影响巨大，而有些创新的影响则微不足道，还有一些创新需要漫长的时间才能参与到社会的物质生产、流通、交换等经济生活中，因而经济周期的长短也各不相同。

对于政策制定者、企业家、投资者和个人投资者而言，深入理解和分析经济增长周期的本质和规律至关重要。创新只是一种短期的经济刺激政策，而非长期发展战略。此举有助于他们对未来经济趋势和市场变化进行预测，并制定相应的战略和决策，从而提高其预测能力。

案例 4-9 ｜ 中国的经济发展周期

中国自封建社会结束以来，经济发展呈现 30～40 年周期性规律变化。从 1912 年开始，我国经过 3 个周期发展，相继完成轻工业、重工业和制造业的布局和积累，跃居成为世界第二大经济体。

第一，民族资本主义和官僚资本发展周期，轻工业崛起。该周期从 1912 年持续到 1949 年（37 年）。1912 年清朝灭亡到 1928 年张学良改旗易帜这个时期，北洋政府出台了一系列促进民族资本主义发展的法令，民族资本获得发展，尤其是在 1914—1918 年第一次世界大战期间，欧洲各帝国主义国家放松了对我国的经济侵略，民族资本主义迅速发展。

第二，计划经济驱动发展期，重工业完成布局。该周期从 1949 年持续到 1978 年（29 年）。新中国成立初期，我国的经济总量和人均水平都比较低。以当时的国民经济状况为例，当时我国拥有5亿左右人口，国民收入只有360亿元，每人、每月平均国民收入只有6元。这个时期政府作为主要投资者，通过国家指令性计划来分配资源，并优先发展封闭型的重工业。

第三，市场经济驱动发展期，全面现代化、制造业崛起。该周期从1978年持续到2016年前后（38年）。面对全球化进程加速和第三次科技革命在全球范围内扩散，以及国内经济发展新的要求，1978年我国实施改革开放政策。1978—2016年，我国GDP实现年均9.7%的高速增长，人均GDP从1978年时的155美元跨越式增长到2016年时的8094美元。

当前，我国的经济发展正在进入创新导向的高质量发展阶段（2016年至今）。这个时期我国产业规模和体量不断壮大，农业、工业、服务业三大产业规模持续扩张，制造业表现亮眼。产业技术水平快速提升，通过引进国外先进技术、加大对科技和人力资本的投入等措施，较快地提升了产业技术水平和创新能力，逐步缩小了与发达国家的差距。我国在载人航天、探月工程、超级计算、北斗导航、量子通信等高技术领域取得重大突破，在5G移动通信、人工智能、生物技术、特高压输变电等领域与发达国家处于并跑甚至领跑地位。

资料来源：马晓河.影响中国经济增长趋势的短期变量和长期结构性因素[J].经济纵横，2023，(2)：35-42.

4.3.2　产品生命周期

产品生命周期（product life cycle，PLC）是指产品从最初进入市场到最终退出市场的全过程。值得注意的是，产品的生命周期并非产品使用寿命，而是产品的市场寿命。一般而言，产品生命周期可分为四个阶段：引入期、成长期、成熟期和衰退期，图4-8是产品生命周期曲线。

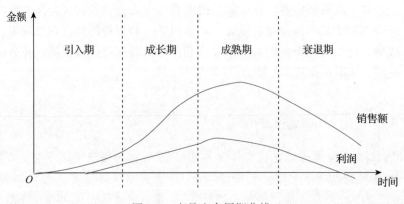

图4-8　产品生命周期曲线

资料来源：田姣，刘吉昆.传统产品生命周期曲线对互联网产品适应性探究[J].包装工程，2016，37（10）：131-135.

（1）引入期。新产品一经推向市场，便迎来了生命周期的第一阶段——引入期。一般来说，这一时期呈现以下三个特点。第一，产品销量低。由于该阶段的产品刚刚投入市场，因此消费者对其了解不足，购买欲望普遍缺乏，只有极少数追求新奇的顾客会考虑购买，这就导致该阶段产品的销量相对较低。第二，产品营销费用高。为了打开产品在市场上的销路，公司一般采取加大宣传的方式来增进消费者对该产品功能和技术细节的了解。第三，成本高，利润低。刚投入市场的新产品往往会由于技术方面的问题导致产品难以量产，因此单位成本高，销售额增长慢，此时的企业不仅难以获取利润，甚至会面临亏损的风险。

（2）成长期。当产品进入市场并成功销售后，便进入了成长期。一般来说，这一时期呈现以下三个特点。第一，市场规模逐渐扩大。这是由于产品已被顾客普遍熟悉，新顾客争相购买。第二，利润开始迅速增长。这一阶段的技术已较为成熟，产品实现量产，单位生产成本降低，销量大幅度提高，利润增长较为迅速。第三，竞争逐渐激烈。由于这一时期的产品利润较为可观，因此竞争者逐渐涌入。

（3）成熟期。当产品在市场上的需求已趋于饱和状态时，则进入了成熟期。一般来说，这一时期呈现以下两个特点。第一，销量增长缓慢甚至下降。这是因为随着购买人数的增加，潜在顾客逐渐减少，市场需求逐渐趋于饱和，因此产品的销量增长缓慢，逐渐攀升至顶峰，然后缓慢下滑。第二，企业利润增长停滞或下降。随着市场的逐步饱和，市场竞争日益激烈，各家企业打起价格战，产品售价降低的同时促销费用增加。

（4）衰退期。当产品销量显著衰退时，便进入了产品生命周期的最后阶段——衰退期。一般来说，这一时期呈现以下两个特点。第一，销量显著衰退，利润迅速下降。这是由于产品功能已经老化，不能满足顾客需求，而顾客的需求则被市场上新近涌现的产品填补，这些产品性能更好、价格更低。第二，一些企业陆续停产。由于产品销量和利润同时下降，一些生产成本较高的企业不仅无利可图，甚至有可能亏本，因此选择停产。

产品生命周期理论对于理解产品创新以及工艺创新具有重要意义。任何一种产品在其整个生命周期中都蕴含着对产品和工艺的不断探索与创新。在一个完整的产品周期内，每一个阶段都存在着不同层次的产品设计及工艺设计，即从产品概念形成到产品成熟这两个相对独立又相互关联的发展过程。引入新产品体现了一种最具独创性的产品创新，而在成长期、成熟期乃至衰退期则需要进行工艺创新，以改进和提高产品质量、改善或降低产品消耗和产品成本，从而提高产品竞争力。正是由于产品生命周期中各种产品技术创新和工艺技术创新的存在，使得不同周期阶段，企业竞争的焦点也各不相同。

- 产品引入期，竞争的焦点在于实现产品的功能，并为市场所接受，所以创新类型是以产品本身的变化为主，主要体现为提高产品功能和实现产品设计类型所要求的产品设计创新。在这个阶段，生产工艺尚未定型，生产技术不成熟，生产所用设备、原材料大都是企业现有的或从市场上所得到的通用品，因此生产效率不高，现场操作很大程度上依赖于工人的个人技能。
- 产品成长期，竞争的焦点在于提高产品质量，实现大批量生产，因此创新类型转向以工艺创新为主要内容。在这个阶段，生产工艺逐渐定型，生产技术逐渐趋于成熟，形成了资本密集型的专用生产线，重要的生产过程开始实现自动化，生产效率大大提高。
- 产品成熟期，竞争的焦点在于降低生产成本，因此创新类型主要是以降低生产活动中劳动和物化劳动的消耗、进一步提高劳动和资本生产率为目的的工艺技术的渐进创新，而产品创新则主要是以针对目标市场的多层次需要增加该类产品的品种和规模。从创新发生频率上来说，在这个阶段工艺创新出现的频率可能高于产品创新。
- 产品衰退期，一般可能只存在点滴的产品或工艺的局部改进创新，产品生命周期的延长更大程度上依赖于市场创新。在个别情况下，也可能由于在产品或产品生产中引进了某种体现为新的技术变化或新的替代要素方面的创新，从而使处于衰退期的该产品起死回生，极大地延长产品的生命周期。⊖

案例 4-10 李宁公司体育用品的产品生命周期

李宁公司体育用品的销售净利润在 2003—2010 年保持了一个良好的趋势，但从 2011 年开始到 2014 年经历了大幅下滑，其产品经历了一个完整的生命周期。

1. 引入期

李宁公司的体育用品刚推出时，其产品认知度低、品牌知名度未完全建立、产量较小、产品对企业利润贡献低。李宁公司创立于 1990 年，当时国内的体育用品市场正处于供不应求的状态，并且当时正处于改革开放的初期阶段，绝大多数的消费者更关注的是"温饱问题"，可以说中国的体育用品市场基本处于空白状态。李宁则凭借其自身的名人效应与对中国体育产业未来前景的看好，结合了当时的时代背景，瞄准投身于民族体育产业，在品牌建立初期，李宁借助健力宝（老牌运动型饮料巨头）和第十一届北京亚运会的契机，依靠其强大的名人效应与公关能力，使李宁运动服装品牌在一夜之间家喻户晓。

2. 成长期

在产品方面，李宁公司基于体育用品初创时期快速发展的积累，逐渐找到了体育用品的定位和目标客户群的消费特征，目标客户群主要以"60 后""70 后"及一部分"80 后"为主体。他们有着强烈的爱国意识，对国民体育用品的倾向度更高；在产品价格上偏向于追求性价比，对产品舒适度有一定要求但不过分苛刻。李宁公司自成立开始就以打造中国人自己的民族体育用品为口号，除此之外，外资体育用品受政策、汇率、单价高、性价比低等因素的制约，这使李宁公司凭借体育用品的成本和价格优势迅速占领和扩大市场份额。

3. 成熟期

凭借其在体育产业的多年深耕，2008 年，李宁在北京奥运会开幕式的"飞天点火"，引发了国民对李宁公司体育用品的追捧，自此李宁公司开始节节高声，走向巅峰，其 2008 年销售规模高达 67 亿元，从 2008 年的 6 245 间门店数量扩张到 2010 年的 8 255 间，涨幅高达 32%。李宁作为北京奥运会开幕式的主火炬点燃者，不仅让世人看到了一个精彩绝伦的表演，也在全世界的面前展现了中国经济发展的成果。之后，李宁公司开始赞助各类大型体育赛事的比赛服

⊖ 罗利元，高亮华，刘晓星. 技术创新与经济增长 [M]. 太原：山西教育出版社，2012.

装,无论是作为体育明星还是作为商业品牌,"李宁"二字在中外的认知度都非常高,公司的国内体育用品事业走向了巅峰。

4. 衰退期

2011—2014 年,李宁公司的体育用品净利润出现大幅下降,公司进入阶段性的衰退期。在 2010 年营收创新高的情况下,李宁公司针对体育用品制定了"5 年 200 亿元"的目标,这势必会要求管理层向高端市场进军,以追求高附加值产品利润,同时与国际品牌正面对抗,抢占市场份额。但当时李宁公司在设计、品质、管理等方面,尚不具备与世界顶级运动品牌直接竞争的能力。这种对局势的误判在库存压力下导致高端产品沦为中低端产品,甚至冲击自身低端产品。另外,李宁公司赞助项目过多且分散,因此缺乏对体育用品赞助的连贯性,不能集中资源在核心项目和核心队伍、运动员上,导致大众当时对其赞助项目印象不够深刻,不具有鲜明特色。

资料来源:李辰云. 基于品牌生命周期理论的中国体育用品品牌策略研究:以李宁公司为例 [D]. 上海:上海交通大学, 2018.

4.3.3 技术生命周期

生命周期的概念在市场和技术领域中分别被称作产品生命周期和技术生命周期。产品生命周期与技术生命周期是既相通又有一定区别的两个概念:共同点在于两者都呈现出"生命周期"这一特征,即都需要经历出生、成长、成熟、衰亡这一生命过程,这也是经济增长周期的一般规律;差异则体现在各自的侧重点不同,即产品生命周期侧重于产品的市场方面,而技术生命周期则侧重于产品的技术方面。

对于一些技术型产品而言,其效益很大程度上取决于技术,也就是说技术的发展水平关系到产品的市场前景。因此,对于技术型企业而言,不仅需要关注产品生命周期,也应该重视技术生命周期。总的来说,技术生命周期也包含四个阶段:萌芽期、成长期、成熟期、衰退期。

(1)萌芽期。技术刚开始产生、初步进入产品市场进行试验的这一时期被称作技术的萌芽期。一般来说,这一时期呈现以下两个特点。第一,研发公司少,专利数量低。这一阶段该技术相关的专利申请数量少,并且由于技术前景不明确,只有极少数企业愿意承担极大的风险参与技术研发和市场开发,因此该阶段的技术都是本领域未来的基础专利。第二,技术存在基本问题。由于这一阶段的技术处于开创性阶段,因此很多研究还只是相对初步且没有具体的理论化成果,关于该技术的基本问题尚未得到改善,市场接受度较低。

(2)成长期。在克服了基础技术问题后,技术就迎来了成长期。一般来说,这一时期呈现以下两个特点。第一,市场扩大。由于基础问题得以解决,该技术已逐步被消费者接受,越来越多的厂商愿意采用该技术。第二,研发投入增多,专利申请量和参与企业数量增多。这体现在两个方面,一是越来越多的企业开始在该技术的专利上布局,二是在萌芽期就进入该领域的企业在自身研发经验的基础上也加大研发经费,实现技术再创新。

(3)成熟期。当技术应用范围较为广泛、研究非常深入时,技术就进入了成熟期。一般来说，这一时期呈现以下两个特点。第一，技术竞争日益激烈，专利申请量趋于稳定。这一阶段的技术已被研究者们完全掌握，相关市场已停止扩张，极少有新申请者进入该领域。第二，技术商业化程度高。由于该技术已相当成熟，因此为满足消费者需求，企业愿意将资金投入技术商业化这一过程。

（4）衰退期。当技术给产品或企业带来的作用逐渐减弱时，技术便走向了生命的最后阶段——衰退期。一般来说，这一时期呈现以下两个特点。第一，技术发展趋于停滞。此时该技术已面临较大局限，难以向前发展。第二，消费者转向其他技术产品，企业也开始研发新技术。在这一阶段，消费者逐渐放弃该产品，寻找更有新鲜感的新技术产品，同时，专利申请量开始减少，企业投身于新的技术研发。

随着数字化经济以及经济全球化的发展，技术创新的周期显著缩短，技术范式更迭频率加快，新技术、新产品、新工艺加速涌现，也不断改变着企业的竞争方式，因此，企业为争夺技术优势而进行的竞争日益激烈。

案例 4-11 ｜ 智能语音技术生命周期

智能语音技术是人工智能（artificial intelligence, AI）领域中的一项通用型技术，主要关键技术有语音识别与合成、自然语义处理等。随着时代发展和技术更新升级，智能语音技术迅速发展，并在金融、医疗、教育等行业得到大规模应用。未来对话式 AI 硬件设备的普及，预计将带来更大的智能语音技术需求。

1. 萌芽期

早在 1985 年，中国智能语音领域就已有专利申请了。1985—2000 年，智能语音领域专利处于技术萌芽期，无论是专利申请量还是专利申请人数量都较少。中国科学院声学研究所、中国科学院自动化研究所、中国科学技术大学、清华大学、北京大学是该领域较早开展技术研发的代表性研究机构。

2. 成长期

2000—2011 年是智能语音关键技术的成长期。该期间内，专利申请量和专利申请人数量增长迅速。2007 年开始，《中文语音合成系统通用技术规范》《中文语音识别系统通用技术规范》和《自动声纹识别（说话人识别）技术规范》等技术标准相继颁布实施，加速了语音识别技术的研究与应用推广；一批专业化智能语音企业应运而生，其中较为知名的国内企业如科大讯飞、捷通华声等。

3. 成熟期

2010 年以后，深层神经网络被应用于语音识别，语音识别技术得到极大发展，准确率和效率也大幅提高。2012—2014 年，智能语音关键技术迎来技术换代期，由于语音识别应用领域增多，传统技术的发展难以满足实际需求，新技术的研发应用仍处于成长初期。在此阶段，专利申请量的增速放缓。伴随近年来深度学习和大数据的迅猛发展，语音识别作为当下人工智能领域备受关注的一项交互技术，在理论研究和商业化应用两个方面均取得的成效突飞猛进，专利申请量达到高峰。

资料来源：张婧宜，张越，靳景，等. 基于专利数据的智能语音产业研究：生命周期视角 [J]. 科学管理研究，2019, 37(2): 51-54+73.

本章小结

按照熊彼特的观点，创新是指将一种新的生产要素和生产条件的"新组合"引入生产体系。而罗杰斯则认为创新是一种"被个体或社会视为新颖的观念、行为、实践或事物"。创新与创造、发明常常交织在一起，但它们之间有着根本的区别：创造仅仅意味着提出创意，发明意味着将创意转化为技术或产品，创新则是将发明转化为商业化应用。

创新按照内容或对象不同可分为产品创新、服务创新、技术创新和工艺（流程）创新四大基本类型。其中，产品创新以市场需求为出发点，明确产品技术的研究方向，通过技术创新活动，创造出适合这一需求的适销产品，使市场需求得以满足；服务创新使潜在用户感受到不同于从前的崭新内容，将新的设想、新的技术手段转变成新的或者改进的服务方式；技术创新以创造新技术为目的，以科学技术知识及其创造的资源为基础；工艺（流程）创新是指企业采用了全新的或经过重大改进的生产方法、工艺设备或辅助性活动。

按照不同的理论视角，创新可以分为探索式创新与开发式创新、颠覆性创新、开放式创新。

波特的钻石模型指出，国家竞争优势的取得关键在于生产要素、需求条件、相关产业与支持性产业以及企业战略、结构和同业竞争四个基本要素与机会和政府两个辅助要素的整合作用，其中，不利的生产要素可能会形成一股刺激产业创新的压力；本地客户对产品、服务的高要求是激发企业推陈出新的动力源泉；产业集群可以通过横向和纵向的密切互动，共同推进产业持续升级和创新；而在国际竞争中，成功的产业必然先经过国内市场的搏斗，迫使其进行改进和创新。

创新生态系统是指一组相互关联的组织、人员和资源，共同推动创新和创业活动的生态系统。它是由企业、政府、研究机构、创业者、投资者、孵化器、加速器等组织和个人构成的，这些组织和个人在生态系统中相互作用和影响，共同创造和推动创新的发展。

经济增长周期是指经济活动在一定时间内经历的周期性波动，包括繁荣期、衰退期、萧条期和复苏期。经济周期的核心驱动力便是创新，创新的出现引致繁荣，之后依次是衰退、萧条和复苏。产品从最初进入市场到最终退出市场的全过程被称作产品生命周期。在产品生命周期中，提高或保持产品竞争力、产品销售额及其利润率最有效的方式就是引入产品的渐进创新（局部改进）和工艺（流程）创新。对于技术型企业而言，不仅需要关注产品生命周期，也应该重视技术生命周期。总的来说，技术生命周期也包含四个阶段：萌芽期、成长期、成熟期、衰退期。

思考题

1. 试从创新的内容角度上阐述创新的分类，以及每种创新类别的特点。
2. 选择一家你所熟悉的本地成长型企业，试对其进行基于不同理论视角的创新分析，并为其提出创新方案建议。
3. 结合后面的延伸阅读，试说明我国是如何改善创新环境以加快建设创新型国家建设的。
4. 参考中关村的创新生态系统构建，你认为企业的创新生态体系应该如何建设？应该注意哪些问题？
5. 你认为哪些产业的技术生命周期非常短？哪些产业的技术生命周期非常长？

参考文献

[1] 高良谋，马文甲. 开放式创新：内涵、框架与中国情境 [J]. 管理世界，2014，249(6): 157-169.

[2] 刘志迎，俞仁智，何洁芳，等. 战略导向视角下组织文化变革与双元能力的协同演化：基于科大讯飞的案例研究 [J]. 管理案例研究与评论，2014，7(3): 195-207.

[3] 梅亮，陈劲，刘洋. 创新生态系统：源起、知识演进和理论框架 [J]. 科学学研究，2014，32(12): 1771-1780.

[4] 应瑛，刘洋，魏江. 开放式创新网络中的价值独占机制：打开"开放性"和"与狼共舞"悖论 [J]. 管理世界，2018，34(2): 144-160+188.

[5] ADNER R. Match your innovation strategy to your innovation ecosystem [J]. Harvard business review, 2006, 84(4): 98.

[6] CHRISTENSEN C M, MCDONALD R, ALTMAN E J, et al. Disruptive innovation: an intellectual history and directions for future research [J]. Journal of management studies, 2018, 55(7): 1043-1078.

[7] ETTLIE J E, BRIDGES W P, O'KEEFE R D. Organization strategy and structural differences for radical versus incremental innovation [J]. Management science, 1984, 30(6): 682-695.

[8] TAYLOR M, TAYLOR A. The technology life cycle: conceptualization and managerial implications [J]. International journal of production economics, 2012, 140(1): 541-553.

延伸阅读

二十大报告——创新精神解读

2022年10月，中国共产党第二十次全国代表大会召开，中共中央总书记、国家主席、中央军委主席习近平出席并在会上发表重要讲话，强调了"创新是第一动力"、必须坚持"创新驱动发展战略"。创新是国家、民族发展进步的源泉，只有坚持创新在我国现代化建设全局中的核心地位，才能推动中国实现高质量发展、形成强有力的国际竞争优势。党的二十大报告立足当前、着眼长远，对完善科技创新体系、加快实施创新驱动发展战略进行了具体部署，体现了我们党对科技创新的重视和国际竞争格局的深刻把握，展现了我们国家争当创新领跑者的信心、决心。

1. 完善科技创新系统

"坚持创新在我国现代化建设全局中的核心地位。完善党中央对科技工作统一领导的体制，健全新型举国体制……形成具有全球竞争力的开放创新生态。"党的二十大报告强调既要注重科技创新，又要重视制度创新、文化创新，认真落实创新的各方面各环节，这样才能更好地打造具有全球竞争力的开放创新生态。在科技创新方面，通过"优化配置创新资源""优化国家科研机构、高水平研究型大学"、加快建设"国际科技创新中心、区域科技创新中心"，加强科技创新能力，达到提升国家创新体系整体效能的目的。在制度创新方面，通过"深化科技体制、评价体系改革""加大科技投入"，加强知识产权的法制保障，从多方位完善支持创新的基础制度。在文化创新方面，培育并发扬创新精神、激发创新动能、营造创新活力的社会环境和文化氛围。

2. 加快实施创新驱动发展战略

"坚持面向世界科技前沿、面向经济主

战场，"我国目前正面临着"卡脖子"等关键技术难题，如何突破限制、营造适合创新的环境成为亟待解决的问题。党的二十大报告指出，要以国家战略需求为导向，认真落实创新驱动发展战略，协同高校或研究机构引进科技人才，加快科技成果转化落地，打造适宜的国家科技创新环境。具体而言，通过"优化财政科技经费配置"，为创新项目提供资金支持，提高创新活力；通过"产学研深度融合"，为创新提供高层次的科技人才、技术，加快科技创新成果转化、落地；通过"发挥科技型骨干企业引领支撑作用"，强化企业科技创新主体地位，营造有利于中小型高新技术企业成长的良好环境，加速创新链、产业链、资金链和人才链深度融合，打造创新"生态圈"。

资料来源：习近平.高举中国特色社会主义伟大旗帜 为全面建设社会主义现代化国家而团结奋斗[N].人民日报，2022-10-26(1).

自测练习

扫码查看练习题及参考答案

第 5 章 创新的战略选择

■ **本章要点**

1. 了解创新战略的种类。
2. 理解竞争导向的创新战略的含义。
3. 理解模仿学习导向的创新战略的含义。
4. 理解价值导向的创新战略的含义。
5. 掌握不同创新战略的内涵、种类、适用条件、优势与挑战。

■ **引导案例**

从引进模仿到全面领先:我国高铁的发展历程

我国高铁发展大致经历了四个阶段:1978 年的启动阶段、20 世纪八九十年代的初探阶段、21 世纪初的引进创新阶段、2008 年至今的高铁新阶段。

1. 1978 年的启动阶段

1978 年 10 月,邓小平访问日本,乘坐东海道新干线时表示我国铁路也需要"像风一样快"。当时我国的铁路运输总里程为 5.2 万 km,最高运行速度为 120km/h,平均速度只有 43km/h,而新干线运行速度最高可达 210km/h。这次访问让我国铁路部门开始规划高铁建设。

2. 20 世纪八九十年代的初探阶段

1984 年,中国铁道部第四勘测设计院撰写并由中国铁道出版社出版的《高速铁路》一书成为我国第一本高铁图书。该书汇集了日本、法国、德国等国家的高铁发展情况,为我国早期规划高铁建设起到了积极的指导作用。

20 世纪 80 年代末,铁道部选定时速 160km 的准高速铁路作为突破口,选择对广深铁路进行试验和探索。1996年，广深铁路股份有限公司通过发行H股和自有资金进行准高速铁路与高速电气化改造投入。1998年5月，广深线高速电气化工程竣工并投入运营。该铁路使用了众多国际先进技术和设备。同年，我国率先使用X2000摆式高速动车组在广深城际列车上运行，被视为我国高速铁路改造的开端。1998年6月，韶山8型电力机车在京广铁路的试验中达到时速240km，在中国铁路史上创造了"中国铁路第一速"的纪录。

3. 21世纪初的引进创新阶段

虽然"中华之星"等自主研发的电力动车组在最高时速方面创造了历史纪录，但当时我国的高铁设计要求低于国外高速铁路标准，整体核心技术不成熟，列车的工艺水平比较差，在试验不到两年后就放弃了商业化。因此，自主研发的电力动车组很快就陨落了，并从2004年开始从外国企业引进高速列车。

2004年起，我国政府开始公开招标铁路动车组。最初铁道部与日本车辆制造及日立制作所洽商，但被拒绝出售车辆及技术转移。最终中方向川崎重工业购买3组E2系动车组及其车辆技术。2004年10月，川崎代表"日本企业联合体"与中国铁道部签订出口铁路车辆、转让技术的合同。2005年8月，铁道部向六方签订技术转让合同。

通过招标和技术引进，我国开始在国内生产CRH1、CRH3和CRH5。这两次招标引进了四家企业的先进技术，为日后的国产化道路打下了基础。我国利用庞大的市场，以开放市场换取技术，推动了我国高铁的发展。

4. 2008年至今的高铁新阶段

2008年2月，科技部和铁道部共同签署《中国高速列车自主创新联合行动计划》，该计划旨在基于消化吸收已取得的重大成果，进一步提升自主创新能力，研制新一代时速350km及以上的高速列车，为京沪高速铁路提供强有力的装备保障。CRH380型高速动车组是该计划最重要的项目之一，铁道部通过分析京津城际铁路等高速铁路积累的大量数据和经验，在基本技术上提出了新一代动车组的性能提升方向和技术方案，并对方案进行了大量的分析计算，形成了一整套列车系统设计方案和子系统优化方案。到2010年，铁道部宣布开始研究和开发超高速铁路技术，使列车最高速度提高到500km/h。

自2012年起，中国铁路总公司联合企业、高等院校和科研单位，开展了中国标准动车组的研制工作。2014年9月，中国标准动车组方案设计完成；2015年6月30日，中国标准动车组正式下线，并于当天在中国铁道科学研究院环形试验基地正式展开试验工作；2016年7月，两列中国标准动车组开始进行综合试验，从时速200km逐步提高至时速420km。

自我国开始引进动车组，仅花费数年的时间便将国外技术转化为自主研发技术，并达到了世界先进水平。这是我国高铁发展的一个成功案例，通过自主创新和整合国内外资源，我国在高铁领域已经成为世界领先的制造商之一。我国通过技术引进和吸收外部先进技术，快速提升自身研发能力，并且在此基础上不断进行创新和提高产品质量。

资料来源：关于中国高铁发展历程，你了解多少？https://www.yoojia.com/ask/17-12217120249795379871.html。

思考题

1. 我国高铁的创新战略经历了几个阶段的演变？每个阶段的战略有哪些特点？

2. 不同的创新战略有何适用条件？
3. 试分析我国高铁的创新战略对当前我国企业有哪些启示。

5.1 竞争导向的创新战略

5.1.1 内涵与适用条件

当企业所处的市场竞争异常激烈时，企业可能需要采取正面的创新战略，即以主要竞争对手为目标，通过创新赢取竞争优势，这就是竞争导向的创新战略。具体而言，企业通过不断推出新产品、新服务和新技术，或通过技术革新不断降低成本、提高效率，从而直接与竞争对手展开竞争，借此抢占市场份额、提高品牌知名度，最终获得竞争优势。

竞争导向的创新战略

该类创新战略要解决的核心问题是，企业如何通过确定顾客需求、竞争者产品和企业产品这三者之间的关系，来奠定其在市场上的特定地位并维持这一地位。

竞争导向的创新战略要求企业能够比竞争对手提供更有竞争力的新产品或服务，例如更低的价格、更具差异化或更具创新性等，从而获得市场认可并建立企业的竞争优势，获得有利的竞争地位。

具体而言，采用竞争导向的创新战略的企业需要具备以下条件。

（1）企业在当前市场具备较为深厚的技术或研发积累，包括进行基础和应用研究的能力，且拥有相关的专利和知识产权，以保护其研发成果，避免被竞争对手复制和模仿。

（2）企业的技术、资金、人力等资源较为丰富，这是因为竞争导向的创新战略属于一种风险性战略，既可能为企业带来极强的市场竞争优势，获得丰厚的销售利润，也可能因高度激烈的市场竞争而面临较高的失败风险。竞争导向创新的前期投入往往很大，企业丰富的资源积累能够确保企业在竞争过程中具有较强的抗风险能力，且有一定的持续投入可能性，以确保最终竞争性创新行动的成功。

（3）企业战略制定者具有创新气魄和战略眼光，企业领导层特别是参与企业战略制定和实施的企业领导人员能够准确把握科学技术发展的未来趋势，勇于开拓、锐意进取。

（4）企业能够准确把握市场需求，了解消费者需求变化趋势，并在此基础上开发新产品或服务，以满足现有市场用户的需求，同时还需要有强大的营销团队，加强新产品或服务的市场营销和推广，扩大市场接受度，提高市场份额。

（5）企业需要具备快速反应市场的能力，通过不断迭代创新，提高市场竞争力。

5.1.2 战略类型

1. 创新的差异化战略

差异化战略指的是某一行业或者企业组织在市场竞争中为了赢得发展空间，采取区别于竞争对手的服务、产品以及企业形象等，并以此在激烈的市场竞争中赢得发展优势。差异化战略的运用要求企业具备能够获得顾客认可的有差异的产品与服务，这是目前企业发展过程中区别于其他企业的重要竞争优势之一，以使企业能够在激烈的市场竞争中赢得发展空间，获得高于同行业水平的利润。

创新的差异化战略是指企业在创新产品、服务和企业形象等方面与竞争对手有明显的区别，以获得竞争优势而采取的创新战略。创新的差异化战略使得企业能够积极发挥自身的创新优势，通过与众不同的新技术、新产品或新服务为企业创新赢得发展空间。

面对消费者需求快速变化的市场，技术和产品生命周期日益缩短，创新的差异化战略更能够适应市场的快速变化，对提高企业绩效有明显的效果。创新企业实现差异化的途径包括：产品创新差异化、服务创新差异化、渠道创新差异化、形象创新差异化，以及创新人员差异化，如表5-1所示。

表 5-1 创新的差异化战略内涵

维度	创新范围
产品创新差异化	产品特色、性能、可靠性以及产品风格设计
服务创新差异化	产品服务、订货、送货、售后服务
渠道创新差异化	产品覆盖程度、专业化程度
形象创新差异化	企业和产品标志、媒体宣传、关键事件
创新人员差异化	基础竞争力（知识技能、责任心、表达能力）、中层竞争力（预测力、诊断力、道德感）、高层竞争力（个人信用、人际关系、创造力）

资料来源：作者根据相关资料整理而成。

企业在不同的发展阶段，基于不同的企业规模和目标，所选择的创新差异化战略可能也会有所不同，同时，差异化战略的应用也不是一成不变的，应该根据企业发展的实际情况进行调整，以应对复杂多变的市场环境。随着企业规模的扩大、市场环境的改变、消费者需求的个性化，企业的创新差异化应从多个角度与其他企业区分开来。

案例 5-1　蜜雪冰城 65 亿元背后的差异化模式创新

在喜茶、奈雪等网红茶饮品牌之外，隐形巨头蜜雪冰城是如何走出自己的"花路"，又是凭借什么发展逻辑实现品牌的快速扩张呢？

1. 制造爆款，坚持低价

蜜雪冰城初期推出定价 3 元/杯的柠檬水和 1 元/个的冰激凌。在两大爆品的加持下，蜜雪冰城的开店速度迅速提高，经营规模不断扩大。在对产品定价时，蜜雪冰城通过对产品成本的精准核算与控制，加上微量的毛利润，倒推出产品的定价，并赚取更多的品牌溢价。比如，通过对鸡蛋、牛奶和白糖等原料成本的核算与控制，即便冰激凌的售价降为 1 元/个时，依然有低利润存在。这种主打"高性价比"的定价原则，成为蜜雪冰城重要的品牌成因之一。即使是在新冠疫情期间，蜜雪冰城也依然坚持"不涨价"。

2. 定位明晰，主攻下沉市场

蜜雪冰城一直将开店重心放在下沉市场。它的门店主要遍布三、四线及以下城市，并且在选址时，往往会把门店扎堆开在学校周边、商业步行街、车站等客流量较大的区域，这些地方不仅利于品牌曝光，还易形成稳定的复购率。极高的性价比配合促销，让消费需求高但消费能力弱的主要消费群体，在一定程度能消费得起但不会太心疼钱。这种"农村包围城市"路线，在避开了一、二线城市的激烈竞争的同时，还让品牌的经营规模如滚雪球般不断扩大。后来，进驻一、二线城市的蜜雪冰城在开店选址上，依然坚持自己的商业策略，仍以学校周边、步行街旁、城中村等地为重心，不断地扩大自己的门店版图。

3. 品牌视觉设计升级

蜜雪冰城与知名营销咨询公司华与华联手，以"打造超级符号"为核心逻辑，对品牌形象、Logo、IP形象等视觉元素进行了全面升级。门店设计方面，招牌从原有的黑色改为亮眼的红色，整体店面也以红色为主题色。IP形象方面，手拿冰激凌的雪人"雪王"，作为蜜雪冰城全新的IP形象，在店铺招牌、产品包装等方面随处可见它的身影。同时，蜜雪冰城将年轻人喜爱的音乐、娱乐、周边、表情包与IP形象、品牌营销相结合，加速雪王IP的传播，强化消费者对品牌的印象，努力与年轻人打成一片。

4. 极简菜单，快速决策

蜜雪冰城的菜单非常简单清晰，基本只做精品、爆品。除了将饮品品类做清楚的划分，蜜雪冰城还会将主打产品在菜单中做突出处理，便于消费者在看过菜单后能够快速找到自己想要购买的产品，做出消费决策。此外，蜜雪冰城的单品名字也很直白，比如冰鲜柠檬水、雪王大圣代等，消费者看名字就知道原料是什么，不需要向店员询问或者自行猜测，降低了沟通成本，也节省了消费者的时间。

5. 紧跟潮流的新营销

为了进一步吸引年轻消费者的注意力，迎合年轻人的喜好，蜜雪冰城在营销方面下了不少功夫。线上，蜜雪冰城官方会在微博、抖音等社交平台保持活跃，通过产出内容与网友保持密切互动。在推广期间，蜜雪冰城还会号召品牌体系下超15 000名员工，下载并拍摄抖音短视频，助力预热宣传。遇到节日热点，蜜雪冰城也试图通过发起相应的品牌活动，吸引年轻消费者前来参与。比如"5·20"活动期间，情侣可线上领取电子证，也可到店消费满2杯领取纸质证书。不需要付出太多成本的小活动，却能够在一定程度上满足年轻群体在特定节日的仪式感，加深对品牌的印象，并提升品牌本身的曝光。

6. 群雄割据的下沉市场

在下沉市场深耕的不止蜜雪冰城一家。像喜茶、奈雪等一线城市的网红品牌，也在布局下沉市场。这些品牌一边在三四线城市稳扎稳打，另一边向一、二线城市挺进，规模上虽说和蜜雪冰城还有些距离，但是门店数量仍然达到了几千家。而这些品牌的产品，同样主打性价比，价格不算太高，品类也大多相似，产品用料甚至比蜜雪冰城更为丰富新鲜，口感表现更为出色。因此，能否守住小城市的基本盘，能否有效抢占大城市的空白市场，建立自己足够宽的品牌护城河，蜜雪冰城未来的发展之路仍未可知。

当然，蜜雪冰城10元以下的感人价格，在当下的奶茶界，仍然是令对手瑟瑟发抖的核心武器。

资料来源：https://pdf.dfcfw.com/pdf/H2 AN202209221578600852 1.pdf?1663926656000.pdf, https://pdf.dfcfw.com/pdf/H3 AP202209261578676537 1.pdf?1664209757000.pdf。

2. 创新的低成本战略

低成本战略，又称成本领先战略，是指企业强调以低单位成本为用户提供低价格的产品。作为一种先发制人的战略，它要求企业有更高的生产效率、更有效的供应链体系、更大规模的生产以及更广泛的共享模块设计。在企业间的竞争中，低成本战略是最直接有效的竞争方式，但也缩小了企业的利润空间，因此要保证这一竞争战略的长期有效，企业必须持续保持产品或服务成本方面的优势。

创新的低成本战略意味着企业在创新过程中聚焦降低研发或生产成本及流程改进，从而使企业创新获得长期的成本优势。产品设计和早期开发阶段的成本削减，对于企业而言意味着巨大的机会。

企业将通过有效途径降低创新过程的成本，提供超低价格但设计精良的基础性产品，或者通过方法创新，以尽可能低的成本赋予产品更多性能特征。具体途径包括：

- 重新思考设计和产品线的其他可能性；
- 赋予研发人员跨市场交流创意的能力；
- 采用精密的成本模型；
- 开发流程中与供应商结成密切的伙伴关系，发挥供应商的创造力；
- 让现有产品或服务面向更多新顾客群体；
- 做好新产品或新服务的风险成本管理。

创新企业采用低成本战略能够有效防范潜在的市场进入者并提高企业创新过程的议价能力。这主要是因为潜在的市场进入者在生产经验管理、技术组织、技术创新方面等都缺乏一定的经验，企业灵活应用低成本战略可以取得在成本上的竞争优势，有效防范潜在市场进入者带来的威胁，并利用低成本来实现对利润的部分保护，提高企业创新过程面向供应商、创新成果面向消费者的议价能力。

创新企业在坚持成本领先战略的同时，还应该努力寻求技术创新、新产品开发以及管理上的高效率等，为成本领先奠定更坚实的基础，从而使企业在市场占有率和利润率上领先对手。

| 案例 5-2 | 我国光伏企业的总成本领先战略之战

在"双碳"目标的背景下，2022 年光伏市场行业火热。受行业利好的影响，众多光伏企业宣布扩产计划，百亿级大手笔扩产屡见不鲜。而光伏行业的同质化问题和行业内卷现象变得越来越突出。

2022 年，通威股份有限公司（以下简称"通威股份"）的子公司通威太阳能（合肥）有限公司（以下简称"通威太阳能"）以全场最低的 1.942 元/W 的价格预中标华润电力 3GW 组件集采的消息引起了行业内的热议。通威太阳能报价比第二候选人常州亿晶光电科技有限公司（以下简称"亿晶光电"）低近 5 分/W，比第三候选人隆基乐叶光伏科技有限公司（以下简称"隆基乐叶"）低 8 分/W。这一竞标价格在硅料价格持续上涨的情况下非常惊人。作为"硅料龙头"的通威股份进军光伏组件赛道，引发整个行业的震动，未来的光伏组件市场格局可能会因此而改变。

1. 价格战引发行业"巨震"

华润电力在 2022 年 8 月 17 日晚间公示了第五批 3GW 光伏项目的光伏组件设备集中采购中标候选人名单，通威太阳能、亿晶光电、隆基乐叶三家公司入围。其中，通威太阳能的报价为 1.942 元/W，是全场最低，成为第一候选人，其投标价格为 58.27 亿元，而亿晶光电和隆基乐叶的报价分别为 1.995 元/W 和 2.02 元/W。通威太阳能以价格优势击败了亿晶光电和隆基乐叶，而且还包括了本次招标的 1 000km 运费。

由于华润电力 3GW 集采将选择一家组件供应商，通威太阳能凭借低廉的价格独家预中标华润电力 3GW 光伏组件集采大单，这也是通威股份首次获得组件大单。作为硅料行业的领军企业之一，通威股份在硅料业务上赚得盆满钵满。拓展下游产业链介入组件环节可以通过利润补贴组件业务，快速降低成本，形成价格竞争力。这有助于抢占市场份额，对于组件企业来说是一个重要机会。受该事件的影响，以光伏组件龙头为代表的光伏概念股次日纷纷下跌，甚至跌停。

2. 行业内卷加剧，低成本为王

随着平价上网时代的到来，"低成本为王"已经成为光伏行业的基本生存法则。光伏行业竞争加剧，推动了一体化发展。然而，行业内卷的趋势正在逐渐增强。本次华润电力集采的中标价格显示，通威太阳能已经在竞争中引发新一轮的"价格战"，以明显低于竞争对手的价格中标，行业内卷竞争已达白热化。

早在 2021 年股东大会上，通威股份曾表示，研发投入主要是为了了解整个产业链的信息。但是，由于硅料价格持续上涨，越来越多的光伏企业进入这一市场。龙头企业纷纷通过整合产业链来布局，以提高自己的利润空间，增强盈利能力。

作为硅料和电池双龙头企业，通威股份自身拥有成本优势。此外，组件顾客对硅料和电池产能的需求增加，存在市场萎缩的风险，刺激了通威股份进入组件领域，并加快了一体化发展的步伐。如今通威股份已成为全产业链运营者，光伏组件市场的竞争或将进一步加剧。

3. 二、三线组件企业面临困境

为了降低成本，一体化发展成了光伏企业特别是头部企业的必然选择。而一线企业纷纷加码一体化的结果，也进一步压缩了二、三线光伏企业的生存空间。二、三线组件企业由于没有垂直一体化产能，成本相对较高，在硅料和硅片价格持续上涨的情况下，出现减产或停产的情形。

实际上，2022 年第二季度，光伏组件企业整体开工率较第一季度出现明显下降，维持在大约 50% 的水平；组件企业的毛利水平也在 10% 以下。而硅料和硅片以及电池价格的持续上涨，必然会加大下游组件企业的成本压力，进一步压缩其利润空间。相关行业数据表明，1.95 元/W 的组件价格已经成为下游地面电站投资企业能够承受的极限。

由此可见，在"低成本为王"的市场竞争中，一线企业成本优势将更加凸显，而二、三线组件企业也将面临生存之危。

资料来源：低成本为王！2600 亿光伏龙头开打"价格战"，二、三线企业面临危机！OFweek 太阳能光伏网，2022-08-24, https://solar.ofweek.com/2022-08/ART-260006-12008-30572366.html。

3. 创新的动态竞争战略

著名的战略学者迈克尔·希特（Michael A. Hitt）在 1999 年定义了动态竞争战

略。动态竞争战略是企业为了获得与维持竞争优势而采取的一系列竞争性行动,并与竞争对手的竞争性反应形成互动的过程。其核心思想认为竞争是动态的,而不是静态的,竞争对手之间的互动是竞争的主要体现。企业在寻求暂时优势时,需要采用改变规则和创新等方法。

创新的动态竞争是指企业在技术、产品和服务等的创新过程中采取的一系列竞争行动,伴随着对手企业的一系列反应,这些反应又会反过来影响原先企业的行为,行动和回应塑造了每家企业在经营战略层面的竞争地位。

创新的动态竞争过程具有高强度、高速度、暂时性和具有行业特性等特征。企业在制定动态战略时,应该充分利用各种手段,如价格、广告、分销渠道、促销、现有产品的重新定位、投入新产品等。

动态竞争模型是对同行业的竞争对手间为争夺某个位置而发生的一系列动态竞争互动进行的分析,适用于存在两个或两个以上企业之间的竞争对峙,特别是某些特定行业。

案例 5-3 │ 小米行军——动态竞争战略的典型样本

小米逐步实现正规化,其变化并非完全基于组织规模成长的必要性,也和手机市场格局的巨变和竞争对手的战略演变有关。在国内手机市场竞争环境改变时,小米升级了原本的性价比战略,开拓了海外国际业务;在小米手机业务竞争壁垒不够明显时,小米及时打造小米生态链。因此,小米采用的是动态竞争战略。

从小米手机诞生之初,性价比便是其明显标签,正因如此,小米手机在智能手机市场占据了一席之地。但是在性价比战略的延续上,小米做出了选择和改变。它一方面将红米品牌改名为 Redmi,继续承担小米手机业务在中低端市场的极致低价高配战略,另一方面将性价比战略升级,将原本针对低端市场的性价比战略向高端市场转移,以应对竞争对手。

不过,这也吸引了行业竞争者的模仿。与此同时,随着用户消费水平的上升,品质的需求早已高过单纯的价格竞争。以 OPPO、vivo 为例,它们开始在品质、外观设计以及竞争行动上有意凸显自身高端形象,提升自身的定价。但是,小米手机却缺席了"高端机"市场,因为它在最容易冲击高端市场的时候忙于生态链布局,加上缺席时间较久、研发技术滞后,小米手机市场份额开始下滑。在这种情况下,小米做出应对,决定将小米 9 作为最后一款 3 000 元内的手机。

1. 智能手机的国际化与新零售布局

目前,小米手机的增长主要来源于国际化业务的拓展以及新零售的布局。可以说,这既是小米手机的增长点,也是小米对外界竞争的反应对策。

就国际化业务而言,华为、OPPO、vivo 等品牌皆有布局。OPPO 专注海外的品牌一加在东南亚、印度、欧洲等地,同样竞争激烈。于是,小米也加入国际化布局中,依旧主打"性价比"战略,很快便获得了成功,甚至营收预计超过国内市场。因此,小米开始组织调整,宣布成立各类部门以应对海外市场。

随着新零售概念的提出,阿里巴巴、京东、小米三家企业几乎同时开始向线下市场进军。目前,阿里巴巴的天猫小店、京东的京东家电、小米的米家经营各具特色。

2. 小米生态链

对小米而言，物联网、生态链的构建，既是成为互联网高科技公司的路径，也是智能手机风口逐渐退却后出现的新增长点。

早在 2013 年，雷军在看到智能硬件和物联网的趋势后，便在年底开启了小米生态链计划。2014 年，小米通过"投资+孵化"的方式快速布局了生态链。如今，这已然成为小米生态的核心竞争力。相较于华为、OPPO、vivo 等竞争对手而言，小米已经跳出了单纯智能手机市场的竞争。在物联网时代，找到了一条属于小米的道路。

3. 层级化：进化的必由之路

2019 年，在小米上市后的第三次组织架构调整中，小米宣布推动层级化落地的消息，引起舆论哗然，这主要源自小米曾一度是倡导扁平化管理的互联网企业中的标杆。

取消扁平化管理的原因，主要是小米企业规模的不断扩大，造成扁平化管理难以管理上万名员工。实际上，扁平化也不是万能药。从扁平化走向层级制，几乎是每一家公司从创业期走向成熟期后的必然选择。毕竟，小米已经不是过往几十人、几百人的"游击队"，而是一家具备一定规模的大体量企业。对比竞争对手华为和大体量公司阿里巴巴、腾讯，小米需要"正规化"。不仅仅是出于自身规模、体量的变化，更多的是在新阶段，手机业务国际化、新零售业态，包括物联网布局的竞争环境，要求小米具备一家大企业的精细化管理的能力。因此，推进层级制改革就是一种必然的选择。

从动态竞争理论视角来看，小米面临的竞争主题在变，因而其响应竞争的方式也需要调整。所以，目前更为层级化和集权化的组织架构，能够促成合理调配与聚焦关键资源到突破式创新的领域，并更加精准地响应更为精细和差异化的竞争业务领域。

从智能手机业务的崛起到国际化、新零售布局、物联网时代的小米生态链，小米的发展步伐基本遵循着动态竞争理论，在改变行业的同时，自身也在被改变。

资料来源：胡慧芳，郝亚洲，齐卿，等.小米行军：动态竞争策略的典型样本 [J]. 中欧商业评论，2019（4）：42-57.

5.1.3 优势与挑战

竞争导向的创新战略的优势有以下三个。

（1）提高企业的市场占有率。竞争导向的创新战略可以帮助企业扩大业务规模，增加收益，进而提高其市场占有率。

（2）提高企业的品牌知名度。采用竞争导向的创新战略，企业可以推出更多的新产品、新服务和新技术，提高品牌知名度和声誉。

（3）增强企业的竞争优势。通过不断创新，企业可以提高其产品质量和性能，降低成本，提高效率，增强其在市场上的竞争优势。

此外，竞争导向的创新战略还能够提升企业的形象，树立企业在行业内的领先地位，并且通过不断鼓励员工参与创新，提高员工的工作满意度和归属感。

总之，竞争导向的创新战略是企业在市场竞争中必须采取的重要策略之一，可以帮助企业在市场上获得更大的成功和竞争优势。

然而，采用竞争导向的创新战略也面临着一些挑战。

（1）高投入成本。创新需要投入大量资源和资金，对企业的财务状况有一定要求。

（2）风险较高。创新涉及新技术和新产品的开发，具有一定的不确定性，可能面临市场风险和技术风险。

（3）市场变化快速。市场变化快速，需要企业不断跟进市场变化，及时调整创新战略。

（4）竞争激烈。在竞争激烈的市场环境中，企业需要不断提高创新速度和效率，才能在市场竞争中占据优势。

5.2 模仿学习导向的创新战略

5.2.1 内涵与适用条件

模仿学习导向的创新战略

当企业由于创新资源和能力的限制而与行业领先者存在差距时，通常会选择通过学习领先者的思路或行为，并在此基础上对技术进行再创新，从而缩小与领先者的技术差距甚至反超领先者的核心技术，这一战略被称为模仿学习导向的创新战略。

随着经济全球化进程的加快和数字经济的发展，企业获取先进创新信息的渠道和方式越来越多。后发国家或发展中国家的企业可以在市场需求的引导下，通过模仿学习创新者的新技术、新思路、新工艺，并进一步改进和优化技术、简化工艺等，以此为新兴市场中的用户提供功能强大、质量好、价格低廉的产品，从而大规模地开发新兴市场和中低收入市场，构建企业自身竞争优势。当在新兴市场进行创新并占有一定市场后，企业可以通过进一步改造或升级产品而投放至发达国家或全球市场，通过服务国际市场而将本土市场的知识转化为后发优势，以实现逆向追赶和超越。

模仿学习导向的创新战略是一种受启发的探索和再创造的过程，是适用于后发企业的创新途径，其特征如表 5-2 所示。甄伟丽通过分析比亚迪的创新历程指出，我国企业可通过"引进—消化吸收—再创新"这一模式实现逆向超越，即学习国际上相对成熟的技术，模仿成功的经典产品，开展技术工艺创新，并对产业链进行有效整合。[一]

表 5-2 模仿学习导向的创新战略的特征

本质	为新兴市场顾客找到最佳解决方案
产品	产品朴素、功能强大、质量足够好
开发	从头开始重新发明产品，重新开始创新
价格	低价、高容量取向
方法	以消费者为中心，采用市场回顾法确定顾客需求点、研发产品解决顾客需求
目标	创造市场，建立新的核心竞争力
思维方式	针对新兴经济体培养思维方式
市场	基于新兴市场，构建新的全球增长平台

资料来源：作者根据相关资料整理而成。

一 甄伟丽. 逆向创新模式研究：以比亚迪股份有限公司为例 [J]. 科技进步与对策，2012,29(5)：18-22.

在制定模仿学习导向的创新战略时,要特别关注新兴市场在用户、产品、产业、社会和政策等战略要素上与发达国家市场的差异,同时企业往往需要具备以下条件。

(1)产业技术或市场基础已形成。采用模仿学习导向的创新战略的企业需要在已有的技术或市场基础上进行,因此必须有明确的模仿学习对象,以借鉴和模仿其先进技术或市场模式。

(2)洞悉新兴市场消费者需求。采用模仿学习导向的创新战略需要企业足够明晰消费者的需求本质,了解新兴市场用户的实际需求与发达国家用户需求的差异,从而利用改进后的技术提供更匹配新兴市场用户的产品,以此获得市场认可。

(3)成本控制能力强。低价是模仿学习型创新的典型特征之一,因此,企业要充分利用本地优势的产业环境,通过有效的成本控制来提高产品的性价比。而政府对特定产业的支持、低廉的人力成本等往往是新兴市场企业控制成本的关键。

(4)市场反应速度快。模仿学习型创新需要快速响应市场需求变化,以根据用户需求重新设计产品,以满足消费者的需求。尤其在逆向超越阶段,面对不同市场或国家的消费者需求,企业必须具备能够快速反应市场的能力。

(5)资源整合能力强。模仿学习型创新需要企业深入当地社会环境中,争取广大利益相关方参与,以确保创新活动所需的各类资源充足,以此突破新兴市场的限制条件,形成创新突破并撬动全球市场。

| 案例 5-4 | 逆向创新,九号公司引领全球创新短交通

九号公司不是唯一一家研发电动滑板车的企业,但它却做到了行业顶尖,这是因为九号公司 CEO 王野将思考问题的方式翻转了过来,针对目前电动滑板车的现象、存在的问题等方面进行分析,从别的角度探寻新途径。王野说:"当时大家都是将电动滑板车当成玩具来做,只有我们是按照车规级要求来做的,而且我们还在用机器人技术赋予它更多可能性。"之所以有这样的产品定位,是因为九号公司从 2012 年创立之初,便明确了"简化人和物的移动"这一企业初心和使命。

按照车规级研发电动滑板车使九号公司受益良多。2018 年,在国内共享单车方兴未艾之时,共享电动滑板车开始在欧美国家流行。由于欧美国家的很多人从小就有玩滑板的习惯,所以对电动滑板车有很高的接受度。有数据显示,2018—2019 年,共享电动滑板车应用在北美洲的月装机量增速高达 580%。为欧美各大共享滑板车运营商提供解决方案的正是九号公司。也是在这一年,九号公司成立了商用出行事业部,进一步开拓电动滑板车 B 端市场,以提高市场份额。

使用车规级标准还有一个好处,那就是可以为九号公司的辅助驾驶系统的开发提供基础。九号公司的电动滑板车 S90L 整合多种人工智能技术,可以实现低速半自动驾驶。除此之外,在推进国内电动两轮车的智能化发展方面,九号公司也发布了多款智能化电动两轮车产品,并提供 OTA 在线升级服务。九号公司发起了我国的第一个电动滑板车国家标准《电动滑板车通用技术规范》。这些成就是九号公司在过去 10 多年里不断拓展交通和机器人业务领域,构建自己的智慧移动版图,搭建云平台和技术中台等特色技术的结果。

九号公司在 2019 年推出了智能电动滑板车 T60。该产品集成了 AI 相关技术,包

括视觉导航技术、GPS 融合视觉定位技术和深度学习算法，配备了三轮行驶系统，可以在低速状态下实现半自动驾驶功能。Spin 公司是美国最大的共享电动滑板车运营商之一，该公司采用了 T60 电动滑板车，并通过远程遥控下的半自动导航功能来提高运营效率。另外，九号公司还开发了 S90L 电动滑板车，该产品搭载了 Segway Pilot，不仅可以实时检测道路和行人信息，而且还增加了停车点检测和行车记录仪等功能，以解决电动滑板车面临的道路规范和行驶安全问题。这些产品的推出证明九号公司在自动驾驶技术方面取得了很大进展。

此外，九号公司也在推动国内电动两轮车的智能化发展。2018 年，国内电动两轮车出台新国标，意味着电动两轮车将开始进入智能化时代。此时，王野早已经想过要利用人工智能及机器人技术"将电动两轮车重做一遍"，但缺乏契机。出台的新国标给了九号公司这个机会。由于利用逆向思维的创新思路，九号公司将智能机的研发思路应用到再造电动两轮车上。电动两轮车配备了定位导航功能、BMS 6.0 智能电池管理系统，并开发了 RideGo 智能操作系统和 AirLock 智能解锁功能。这不仅提高了电动两轮车的骑行体验，而且在行业内率先实现了真正的智能乘用体验。

2019 年 12 月，九号公司发布了 C 系列真正的智能电动两轮车和 E 系列智能电动摩托车等产品。在随后的一年里，该系列产品持续进行了 30 多次 OTA 在线升级，这种高更新频率在传统电动两轮车行业中几乎不可想象。此后，九号公司又相继推出了多款智能化产品，包括 A 系列、B 系列、新 C 系列和电摩 N 系列等。到 2022 年，九号公司又推出了性能更强、续航更长、智能化程度更高的远行者 F 系列和机械师 MMAX 系列电动两轮车产品。

九号公司在过去 10 多年里一直在扩展和创新短途出行与机器人业务领域，从智能电动平衡车到智能电动滑板车，再到智能电动两轮车。公司搭建了自己的云平台、技术中台，并建立了颇具特色的智慧移动技术栈，这些支撑了九号公司的智慧移动版图，并成为公司科技底蕴的重要部分。

资料来源：立足科技创新，九号公司持续引领全球创新短交通，和讯网，2019-05-10，https://baijiahao.baidu.com/s?id=1739044372867858985&wfr=spider&for=pc。

5.2.2 战略制定与实施

1. 模仿学习导向的创新战略的思维方式

传统的创新思维模式往往认为，创新的来源集中在经济发达的国家或地区。因此，企业往往只关注来自发达国家或地区的创新，而忽视来自发展中国家和地区的创新可能性（Govindarajan 和 Trimble，2014）。与传统创新思维不同，模仿学习导向的创新重视来自新兴市场和地区的需求及其驱动的创新，把面向新兴市场需求的创新作为企业创新战略最重要的初始考量。

模仿学习导向的创新战略要求企业的战略制定者摆脱传统思维限制。Govindarajan 和 Trimble（2014）根据对新兴市场的重视程度不同提出了创新者的五级思维模型。

（1）一级思维。认为面向新兴市场的创新不重要，并对其视而不见。

（2）二级思维。新兴市场目前还不重要，可以关注它的变化，等到其市场变大了再加以重视。拥有二级思维的领导者一般认为，新兴经济体是在缓慢追赶发达国家，二者的发展路径是相同的，因此只需要耐心等待，新兴市场的用户就会变得越来越富裕，从而会需要企业所提供的现有产品，故企业不需要做任何改变。

（3）三级思维。新兴市场的用户有不同的需求，需要根据这些不同的需求来对现有的产品和服务进行修改。三级思维方式已经意识到面向新兴市场创新的重要性，但做出的改变仅限于针对新兴市场不同的需求进行细微调整，而这也是全球本土化的本质，一般适用于跨国公司向其他发达国家进行市场扩张。

（4）四级思维。新兴市场的用户有截然不同的需求，必须根据他们的需求来重新设计产品和服务。这一思维强调新兴市场是全新且不同的，需要切实从新兴市场的需求出发，找到最佳解决方案，同时要求所有参与决策制定的人必须充分了解新兴市场的需求和条件，由此提供契合的产品和服务，并在这一过程中力争实现技术和价格双重领先。

（5）五级思维：新兴市场的用户具有全球性的战略重要性，必须像重视发达国家的用户一样重视发展中国家的用户。[一]五级思维是四级思维的进一步扩充，除了认同需要针对新兴市场进行全新产品设计，以抓住新兴经济体巨大的增长潜力之外，还格外重视新兴市场的创新可能带来的全球市场格局变化，认为新兴市场可能会领先于发达国家市场，而面向新兴市场的创新还将反向占领发达国家市场，帮助企业赢得全球竞争优势。

总体而言，思维层级越高，意味着战略决策者对新兴市场创新的重视程度越高，从而越有利于模仿学习导向的创新战略的制定和实施。模仿学习导向的创新战略需要企业决策者将重心放在挖掘新兴市场全新的需求上，同时积累与新兴市场有关的知识和专业技能，促使其抓住新兴市场潜在的机遇，并采取清晰可见、具有象征性的行动。

2. 模仿学习导向的创新战略的行动原则

（1）建立本地团队。建立本地团队是指在新兴市场建立拥有全部业务能力和广泛决策权的团队。建立本地团队的重点在于挑选合适的团队成员，而选择团队队员的前提是明确团队需要的技能，这要求发起人需要先明确创新的领域和目标。采用模仿学习导向的创新战略的本地团队，必须了解新兴市场需求并能提供最佳解决方案，是市场洞察和技术力量的有机结合。因此，团队招募对象不仅要深入了解目标市场，包括竞争对手、潜在用户需求、市场趋势等，由此明确创新方向；同时也要对市场上已有的产品或技术有着深入分析，能够找出其中的优势和不足，在学习掌握现有成熟技术基础上不断争取突破性进展，构建全新解决方案。此外，团队成员还需具备良好的协作和沟通能力，保持不断学习和开放的思维与心态，以适应市场变化并不断寻找创新的机会。

（2）广泛整合资源。本地团队面向新兴市场进行创新时，需要获取各种信息、技术和专业知识来更好地实施创新，因此需要广泛整合资源。首先，通过整合不同领域的专业知识，可以更全面地理解新兴市场用户面临的问题和需求，寻找创新的机会。其次，通过整合市场研究、用户反馈等资源，可以更准确地把握市场动态，

[一] 路江涌. 图解创新管理经典 [M]. 北京：机械工业出版社，2018.

确保创新项目与市场保持一致。最后，充分整合内外部技术资源可以降低研发成本，避免重复努力，并减少创新过程中的风险，便于为新兴市场需求找到最佳解决方案，并加速新产品或服务的开发和推出市场的时间。广泛整合资源需要团队建立良好的合作关系，包括：与行业内的合作伙伴、大学、研究机构建立紧密的合作关系，来获得最新的技术信息和研究成果；与同行业的专业人士和企业代表建立联系，有助于了解行业趋势、创新动向，并寻找合作机会；利用开放式创新平台，吸引外部创新者的参与，汇集来自不同领域的创新思维和解决方案等。

（3）快速迭代产品。随着新兴市场的快速发展，新兴市场用户的需求也在不断发生变化，因此，对于模仿学习导向的创新战略，早期重点应该是基于当下收集的用户需求信息来对其未来变化进行预设，针对关于未来的假设而快速提出相应的解决方案，并通过以最快、花费最少的方式让其在市场中得以验证。这一验证过程需要团队建立高效的用户反馈机制，通过用户测试、调查和反馈收集用户意见，快速了解用户需求和体验，并采用敏捷开发方法，将整个开发周期分成短期迭代，每个迭代周期内完成一部分功能，这些做法都有助于及时调整和改进产品。在变幻莫测的市场竞争中，最终获胜的并不一定是一开始就具有最佳战略的公司，而通常是学得最好、调整最快的公司。

（4）服务全球用户。在满足了新兴市场用户的需求后，企业要考虑的是如何将创新推广到全球市场中。由于不同欠发达国家之间的需求差异不大，因此当企业在新兴市场取得成功后，进入其他发展中国家或新兴市场是相对容易的。一般而言，在最低限度的基础设施下，超低价格、便携性、简易操作和实用性等基本需求是新兴市场用户普遍追求的。而当企业试图进入发达国家时，通常可以通过先进入发达国家的边缘市场，而后再尝试慢慢渗透到整个发达国家市场。边缘市场是指在地理上属于发达国家，但与欠发达国家市场相似的市场。事实上，即使在发达国家，也有很多群体，他们和欠发达国家部分人口一样有着相似需求，这有利于采取模仿学习导向的创新战略的企业借助其面向新兴市场成功的创新来进入。

为了发现创新成果进入发达国家市场的时机，需要着眼于新兴市场与发达国家市场的需求差异及其缩小的趋势。战略制定者可以思考以下问题。

- 技术发展需要多久才能吸引发达国家市场的顾客？
- 发达国家市场的顾客紧缩预算时，是否更能接受高性价比的模仿学习型创新？
- 基础设施创新在新兴市场的成功能否引起发达国家顾客的兴趣？
- 对于发达国家的基础设施，何时需要更新？
- 发达国家市场的顾客何时面临高度的持续性压力？
- 在新兴国家中证明有效的创新需要多长时间才能通过发达国家的监管系统？
- 发达国家的顾客是否会采纳在新兴市场流行的偏好？

5.2.3 战略类型

模仿学习导向的创新战略实施的关键在于：一是产品概念化，即产品与市场需求的吻合度；二是研发实力，即学习、模仿并迭代超越先进技术的能力。

围绕后发企业在创新活动的概念化与研发环节主导程度的不同,徐雨森和徐娜娜(2016)总结归纳了四种模仿学习导向(逆向追赶)的创新战略类型,如图 5-1 所示。

概念化环节主导程度	高	强创意,弱研发	强创意,强研发
	低	弱创意,弱研发	弱创意,强研发
		低	高
		研发环节主导程度	

图 5-1 模仿学习导向的创新战略类型

资料来源:徐雨森,徐娜娜. 后发企业逆向创新的类型与策略组合研究 [J]. 科研管理,2016,37(10):35-42.

其中,"弱创意,弱研发"型创新是指企业在概念化环节主导程度较弱,而在研发环节主导程度也比较弱的创新。这类创新产品虽然有一定新颖性,但并未涉及产品概念的重新定义。实际上,产品概念化环节已经由跨国公司完成,研发活动的难度也不高,创新活动的主要表现是快速推进市场化、产业化进程,抢占市场先机(见表 5-3)。同时,产品概念化多针对有获利基础的缝隙市场,以此避免与强大的竞争对手发生正面冲突。因此,当企业具有较强的市场快速反应能力和市场推广能力时,可以采用"弱创意,弱研发"型模仿学习导向的创新战略。

表 5-3 不同类型模仿学习导向的创新战略的策略组合及企业要求

创新战略类型	创新策略组合	企业要求
弱创意,弱研发	主要策略 "竞速" 策略 辅助策略 "利基" 策略	快速市场反应能力,市场推广能力
强创意,弱研发	主要策略 "利基" 策略 辅助策略 "竞速" 策略	市场认知能力,适应性技术改进能力
弱创意,强研发	主要策略 "开发领先" 策略 辅助策略 "竞速" 策略	超前的技术认知能力,强大的资金支持
强创意,强研发	主要策略 "全面领先" 策略 辅助策略 "开发领先" + "竞速" 策略	较强的自主研发能力,较强的资源整合能力

资料来源:作者根据相关资料整理而成。

"强创意,弱研发"型创新是指企业重新定义产品的核心设计概念,但并未在研发环节过多投入,而是对现有的技术进行集成和改进。这类创新的产品创意往往较强,洞察利基市场的需求并设计出契合需求的产品是这类创新实施的首要条件。而完成产品概念化环节后,还必须抢在领先跨国公司前占据市场有利地位。对于概念化能力强但研发能力较弱的后发企业,这种"利基"主要策略和"竞速"辅助策略的组合更适合其"弱创意,弱研发"型模仿学习导向的创新战略。

"弱创意,强研发"型创新是指企业在概念化环节主导程度弱,而在研发环节主导程度比较强的创新。这类创新实现的关键在于企业在以往产品设计和技术的基础上,开展工艺设计、生产图纸等以产品商品化和产业化为目标的开发活动。同时还需要企业将有限资源投入到更贴近生产实践、风险相对较小的开发环节,以此提高成功的可能性，并快速实现产业化，占据市场。"弱创意，强研发"型模仿学习导向的创新战略要求企业既要有超前的技术认知能力，同时还要有强大的资金支持。

"强创意，强研发"型创新是指企业在概念化环节和研发环节主导程度都比较强的创新。这类"全面领先"的模仿学习导向的创新战略需要企业不仅具有较强的自主研发能力，同时由于开创性创新较高的研发难度，故对资金的需求也很高，使得企业还需要具备较强的资源整合能力。因此，这类战略更适合综合实力强、处于成熟期的企业。

5.2.4 优势与挑战

一方面，由于是在领先者的创新基础上所进行的模仿学习再创新，核心内容是对成熟的技术或产品在广度和深度上进行消化吸收并进一步创新，因此，模仿学习导向的创新战略可以取其所长、避其所短，开发出更适用于新兴市场的新技术或新产品。另一方面，由于模仿学习创新过程中可能遇到的难题一部分已被实施领先型创新战略的企业解决，这在一定程度上降低了创新过程的不确定性。通过模仿学习领先者的先进技术，可以减少创新中的风险和成本，并在短时间内获取新技术。

采用模仿学习导向的创新战略，更重要的是还要在学习和模仿的基础上积累企业关键的创新资源，不断进行扩展创新，通过新技术、新产品在新兴市场乃至全球市场中构建独特优势，增加后续其他企业模仿的难度，从而获得持久竞争力。

此外，模仿学习导向的创新战略需要把握一定的时机，一般在新技术或产品出现早期可能是最优的，这是因为对新技术或新产品的模仿时间越早，则越有可能实现创新在新兴市场上所带来的超额利润，且相应的模仿者也较少，从而竞争激烈程度越低。进入时机越晚，则由于模仿学习者增加，市场竞争变得激烈，且新技术或新产品也逐渐标准化、趋同化，企业通过跟随创新所获得的利润将会减少。因此，能否尽早地辨别和确定新技术或新产品方向，并迅速配置创新所需的关键资源，成功实施创新，是模仿学习导向的创新战略获得成功的关键。

5.3 价值导向的创新战略

5.3.1 内涵与适用条件

价值导向的创新战略是指将用户需求作为创新的核心驱动力，在现有市场和用户需求之外，挖掘新用户的新需求以及现有用户的真实需求，把为用户创造价值作为起点和核心的创新战略。价值导向的创新战略并不以竞争对手为主要目标，而是以挖掘新用户需求为核心，开辟新赛道，开拓新市场，形成新的竞争优势，如图5-2所示。

价值导向的
创新战略

当企业行动对自身成本结构和买方价值主张都产生正向影响时，就会实现价值创新。企业通过削减产业竞争元素并降低成本，同时增加和创造行业未提供的元素以提升买方价值。随着时间推移，高附加值带来的高销售额实现了规模经济，成本进一步得到降低。

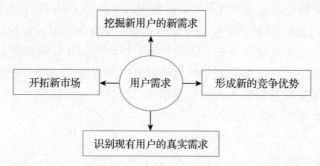

图 5-2　价值导向的创新战略

正如前面所述,当企业采取竞争导向的创新战略时,低成本创新战略和差异化战略是两种不同的竞争导向,而价值导向的创新战略强调为用户创造新的价值,可以同时实现低成本和差异化。这一创新战略主张开辟全新的市场空间,远离现有的市场,创造新的价值和用户群体。它不与竞争对手正面竞争,而是专注于价值创新,保障自身的特殊竞争地位,瞄准缺失的子市场进行创新活动。表 5-4 是竞争导向的创新战略与价值导向的创新战略对比。

表 5-4　竞争导向的创新战略与价值导向的创新战略对比

竞争导向的创新战略	价值导向的创新战略
参与竞争	规避竞争
在已经存在的市场内竞争	拓展非竞争性市场空间
争夺现有需求	创造并攫取新需求
遵循价值与成本互替定律	打破价值与成本互替定律
根据差异化或低成本的战略选择,把企业行为整合为一个体系	同时追求差异化和低成本,把企业行为整合为一个体系

资料来源:作者根据相关资料整理而成。

在价值导向的创新战略中,企业需要不断关注和了解市场与用户需求的变化,不断创新来改进产品和服务,始终以创造更有价值的产品和服务为目标,不断提升企业的市场地位。

作为一种以用户为中心、注重产品或服务的功能性和用户体验的创新战略,价值导向的创新战略有以下四个主要特征。

(1)以用户为中心。价值导向的创新战略始终把用户需求和用户体验放在首位,企业通过深入了解用户需求和期望,不断提高产品或服务的质量和用户体验。

(2)重视功能性和实用性。价值导向的创新战略强调产品或服务的实用性和功能性,即使创新的产品或服务看起来不太新颖或惊人,也应该有实际的价值和贡献。

(3)追求卓越的用户体验。价值导向的创新战略不仅注重产品或服务的实用性和功能性,更加注重用户体验的卓越,从而提高用户的满意度和忠诚度。

(4)不断优化改进。价值导向的创新战略需要持续地优化和改进产品或服务,以不断满足用户的需求和期望,并保持企业的竞争力。

| 案例 5-5 | 汉庭酒店的创新战略

传统的酒店行业只有两类产品：一类是高星级酒店，价格昂贵，普通人难以承受；另一类是招待所，虽然价格便宜，但住宿条件十分落后。于是，在产品设计上，汉庭酒店剔除了传统星级酒店的豪华大堂、大型会议室、娱乐、餐厅等设施，选择把客房作为唯一的产品，减少房间的面积，以增强"洗好澡，睡好觉，上好网"的体验，然后把价格降低，只要200元就能住一晚。这就开创了一个新蓝海，汉庭酒店迅速在中国酒店市场崛起。从此，经济型酒店进入了黄金时代，各大品牌如雨后春笋般涌现，到2015年年底，汉庭酒店的数量已经达到了2 000多家。2016年2月，汉庭酒店开始和华与华展开合作，提出了品牌升级重塑的诉求：汉庭酒店将始终坚持为最多数人民服务，要让汉庭酒店成为一家人人都住得起、人人都喜欢住、人人出行都首选的"国民酒店"。

然而，面对"国民酒店"的诉求，汉庭酒店重新回到原点，开始思考：这个行业的消费本质究竟是什么？消费痛点又是什么？通过走访上海、广州、北京3个城市的酒店，组织6场消费者焦点座谈会，汉庭酒店发现相比于酒店的硬件设施和服务水平，客房的"干净卫生"是消费者住酒店最关心的痛点。

于是，汉庭酒店率先与行业领先的洗涤公司合作，从源头保障毛巾、床单等用品经过严格洗涤；同时，在行业内首创便携式消毒柜，使得每个水杯都能100%得到消毒；在此期间还使用艺康和3M等美国进口的高标准清洁剂开展内部质量自检，将5%质量不达标的酒店或房间下线停售。这些举措使得汉庭酒店的单店利润增长高达43万元。

至此，汉庭酒店的战略方向便已明确，就是基于现在已有的"干净"举措，继续加强对"干净"的战略资源匹配，将"干净"做到极致，开创经济型酒店的新蓝海时代。

资料来源：李佳,肖南.华住的边界[J].中国企业家,2020(10): 48-52.

5.3.2 战略制定与实施

1. 重新定义市场和需求

实现价值导向的创新战略的核心在于：重新定义市场和重新定义需求。重新定义市场是指实现和竞争对手的差异化，即不看直接竞争对手，而是注意间接竞争对手和企业的互补者，看看是否有机会向它们学习，实现跨界创新。其中，直接竞争对手是那些和本企业干同样事情的企业，间接竞争对手是那些和本企业干类似事情的企业，互补者则是那些干的事情和本企业干的事情加在一块对用户能产生价值增值的企业。重新定义需求的重点则是不看现有用户的现有需求，而是注意现有用户的真实（新）需求或非现有用户的潜在需求。因此可以把企业按照内部和外部，以及人和事的维度进行分解：企业外部的人（用户）、内部的人（组织）、外部的事（市场）以及内部的事（产品）四个要素。进一步地，可以把用户要素细分为用户特征、用户需求和用户选择三个要点，把组织要素细分为领导者、团队员工和组织管理三个要点，把产品要素细分为产品开发、营销推广和商业模式三个要点，把市场要素细分为技术趋势、资本资源和市场竞合三个要点。

重新定义市场主要是处理好竞争者和合作方之间的关系，通过和合作方的深入合作做大市场，通过和竞争方的良性竞争维持市场。重新定义需求主要是把握现实需要和需求，同时培育潜在需要和需求。

2. 分析工具与框架

（1）战略布局图。战略布局图是强有力的价值导向的创新战略建立的框架。它能够有效描绘市场的竞争现状，使管理者和创业者清晰了解竞争对手在产品、服务、配送等方面的资金分配情况，并了解市场现有相互竞争商品中的顾客获得的价值。

战略布局图通常是一个二维的图表，其中横轴代表产业中的各种竞争要素，例如产品特性、价格、渠道、促销活动等，也可以视作顾客可以从这些相互竞争的产品选择中获得的价值元素；纵轴则表示这些元素的强度或重要性。

在战略布局图中，不同的价值元素通常被归类为不同的组，每个组内的元素通常按照其重要性和满足程度进行排列，可以通过绘制曲线或直线来表示，这就是战略布局图所强调的基础，即价值曲线（value curve）。如果产品特性在战略布局图中的价值曲线呈上升趋势，则说明产品特性对于顾客来说非常重要，也说明在这个产业中，产品特性的差异化程度较高。在图 5-3 中，两条曲线分别表示 A、B 品牌的价值曲线，体现出两个品牌在各个价值元素上的表现强弱。

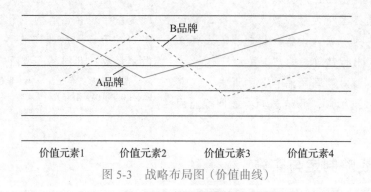

图 5-3　战略布局图（价值曲线）

通过战略布局图，企业可以更好地理解顾客需求和偏好，以及产业中不同竞争元素的强度和重要性。这有助于企业制定更加有效的战略来提升顾客价值、降低成本并创造新需求。

（2）四步动作框架。采取价值导向的创新战略的企业，往往需要重构顾客的价值元素，塑造新的价值曲线。为创造新的价值曲线，企业需要围绕四个问题来进行思考。

第一个问题是哪些被产业认定为理所当然的元素需要剔除，以指导剔除产业中的无价值元素；第二个问题是哪些元素的含量应该减少到产业标准以下，以避免设计过多功能而浪费资源；第三个问题是哪些元素的含量应该增加到产业标准以上，以推动消除消费者妥协；第四个问题是哪些产业从未有过的元素需要创造，有助于推动发现创新的价值源泉。前两个问题能够指导决策者如何把成本降到竞争对手之下；与之相对，后两个问题能指导他们如何去提升买方价值，创造新需求。总体而言，这四个问题能够系统地探索如何重构买方价值元素，同时降低企业成本。这些问题的集成使得企业可以创造全新的竞争优势，超越现有的竞争元素基础，重构产业竞争规则，并在战略布局图上重新诠释产业的竞争现状。

由此形成四步动作框架，其核心是取舍，具体包括剔除、减少、增加和创造四个做法，如图 5-4 所示。剔除是消除某些产品维度，减少是降低某些产品维度；增加是增加某些产品维度，创造是创造新的产品维度。其中，增加和创造是"取"，剔除和减少是"舍"。对于价值导向的创新战略，最重要的动作是剔除和创造，二者能够使企业超越以现有价值元素为基础追求价值最大化的境界，促使企业改变价值元素本身。

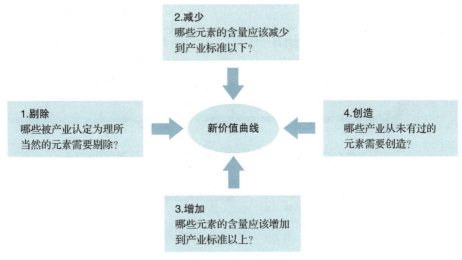

图 5-4　四步动作框架

资料来源：金，莫博涅. 蓝海战略：超越产业竞争，开创全新市场 [M]. 吉宓，译. 北京：商务印书馆，2005.

3. 战略制定的原则与过程

制定和执行价值导向的创新战略，需要遵循以下六个原则（见图 5-5），四条是应对制定战略时的风险，两条是应对执行战略时的风险。

（1）原则一：重建市场边界。目的在于甩脱竞争，开创无人竞争的市场环境。

企业重建市场边界是指其通过重新定义、调整或创新产品或服务的特性，以寻找新的市场空间，从而避开激烈竞争的市场，进入相对未开发或竞争较小的市场。

Kim 和 Mauborgne 提出了重新构建市场边界的六条路径框架，企业选择其一就可实现重建市场边界。

路径一：跨越他择产业。他择品包括功能与形式都不同而目的却相同的产品和服务。

路径二：跨越产业内部战略集团。战略集团是指产业内一组采取类似战略的企业。要跨越现有战略集团，关键是要突破狭隘的视野，了解何种因素决定消费者在高档消费品和低档消费品之间做出选择。

路径三：跨越买方链。购买者为产品或服务付账，但不一定是实际的使用者。

路径四：跨越互补性产品和服务项目。发掘互补性产品和服务中隐藏的需求非常重要，关键是要理解顾客在选择产品或服务时真正寻找的是什么，找到其真实需求。

路径五：跨越针对顾客的情感与功能导向。情感导向的产业可能会为产品或服务增加花哨效果，提高价格，但并不能提高功能。去掉这些多余的东西可能会创造一个更简单、价格更低的产品。而功能导向的产业则可以通过添加适当的感性元素，给产品注入新生命，从而刺激新需求。

路径六：跨越时间。启发创新战略的关键灵感通常不来自预测趋势本身，而是从商业角度洞察这些趋势将如何改变顾客所获得的价值和企业的商业模式。

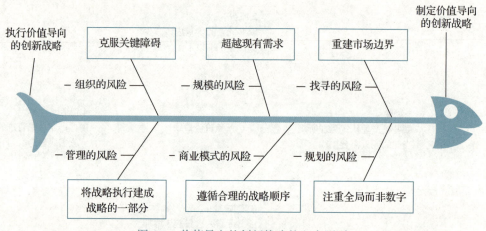

图 5-5 价值导向的创新战略的六个原则

资料来源：金，莫博涅. 蓝海战略：超越产业竞争，开创全新市场 [M]. 吉宓，译. 北京：商务印书馆，2005.

（2）原则二：注重全局而非数字。这个原则可以降低规划风险，避免管理者和创业者投入大量时间和精力却只规划出一些红海战术。企业可以通过绘制战略布局图和采用四步动作框架，确保创造和获取新需求。

绘制战略布局图不仅可以将企业在市场中的现有战略定位可视化，还可以帮助企业勾勒出未来的战略。通过以战略布局图为中心构建企业的战略规划过程，企业及其管理者可以将重点放在整体上，而不是陷入细节和数字中。通常而言，通过绘制战略布局图推导企业的价值曲线，并进一步制定企业战略的步骤包括：首先，需要深入理解顾客需求，包括顾客对产品的期望、对价格的敏感度、对渠道的偏好以及对促销活动的反应等，并将顾客需求分解成一系列的价值元素，例如产品特性、价格、渠道、促销活动等；其次，对每个需求要素按照其重要性和满足程度进行打分，并将这些分数按照需求要素的特性进行排序，根据排序后的价值元素，绘制出价值曲线；最后，通过分析价值曲线，企业可以发现哪些价值元素是顾客最关注的，哪些价值元素是可以通过改进来提升顾客价值的，并据此初步制定相应的战略，例如通过改进产品特性、降低价格、优化渠道或加强促销活动等方式来提升顾客价值。

在通过战略布局图制定初步创新战略的基础上，企业可以通过前述"四步动作框架"进一步完善创新战略。

步骤1：将企业的价值曲线与竞争对手的进行比较，改进战略。

步骤 2：进行实地探索，观察选择产品和服务的独特之处，思考需要剔除、创造和改变哪些元素。

步骤 3：观察顾客、竞争对手、非顾客反馈的信息，构建未来的战略布局图，并不断调整以达到最佳状态。

步骤 4：将战略转变之前及之后的战略布局图印在同一张纸上，并把它发给组织内部各部门员工。

（3）原则三：超越现有需求。要实现这个目标，企业需要挑战两种常规做法：一种是只关注现有顾客；另一种是追求市场细分，满足顾客之间的细微差异。通常企业为了增加市场份额，会努力留住和拓展现有顾客，导致市场细分越来越精细，产品和服务越来越量身定制，以迎合顾客偏好。然而，通过市场细分这一做法往往只能开辟较小的目标市场。

要最大化价值创新所面向的市场规模，企业需要采取相反的策略。不应只关注顾客，还应关注非顾客；不应只关注顾客之间的差异，还应基于顾客强烈关注的共同点来建立业务项目。这样可以超越现有需求，打开前所未有的新市场。

在这一思路指导下，可以将市场分为三个层次（见图 5-6），分别是：徘徊在市场边界上，随时准备换船而走的"非准顾客"（第一层市场）；有意回避市场的"拒绝型非顾客"（第二层市场）；处于远离市场的"未探知型非顾客"（第三层市场）。

企业要想超越现有需求，就需要抓住这三层市场中的一层或几层，确保产品有足够的市场。

图 5-6　三层市场结构

（4）原则四：遵循合理的战略顺序（见图 5-7）。按照顺序不断思考如图所示的 4 个问题，目的是在强调为顾客创造价值的基础上，同时考虑成本问题，打破价值与成本之间的权衡取舍。

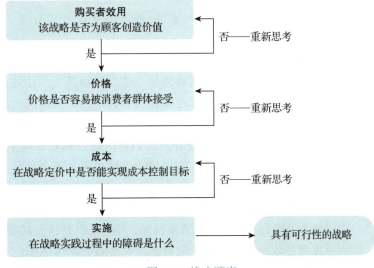

图 5-7　战略顺序

制定价值导向的创新战略的起点是确保买方效用。这意味着价值导向的创新需要重点考虑：产品或服务的效用是不是用户真正需要的？是否有充分的理由让用户去购买？要判断或评估企业是否为买方提供了他们需要的效用，可以采用用户效用矩阵进行评估（详见本章延伸阅读）。

只有确保了确实能为用户创造与众不同的价值后，才能进行到下一步的思考：产品或服务的价格能否吸引目标买方大众群体，让他们感到肯定有能力支付？

除了考虑为用户创造独特价值以获取收入外，企业接下来要思考：能否以目标成本生产产品或提供服务，并获得优厚利润？定价能否获利？只有在确定企业能够获取利润的基础上，才能可持续地实现价值创新，为用户和企业创造价值。

最后一步企业要考虑的是解决用户接受上的障碍。在推出价值导向的创新产品或服务时，用户会存在哪些接受上的障碍？如何着力解决这些障碍？只有在一开始就将这些用户接受方面的障碍清除，才能保证价值导向创新的"价值"真正实现。

（5）原则五：克服关键障碍。任何战略在执行上都面临一定挑战，而价值导向的创新战略往往意味着对现状的重大革新，它取决于企业能否以更低的成本将那些竞争导向的企业所采取的类似价值曲线另辟蹊径，因此常常会增加执行方面的难度而面临四重关键障碍，如图 5-8 所示。

图 5-8　四重关键障碍

资料来源：史丰涛.解读《蓝海战略》[J].经贸实践，2018（10）：237+239.

第一重障碍是认知障碍。如何唤醒核心管理层和员工，让他们意识到价值导向的创新战略的必要性，突破思维惯性来接受新的市场机会，这是战略执行要解决的第一步。

第二重障碍是资源障碍。价值导向的创新战略强调对低成本和差异化的兼顾，往往面临较大的资源需求，包括人力、物力、财力等，而企业可能无法提供足够的资源支持。

第三重障碍是动力障碍。价值创新从推向市场到被广泛认可，往往需要一定的时间，如何鼓动关键员工快速并执着地行动，是企业可持续发展要考虑的问题。

第四重障碍是政治障碍。新的战略思路或战略方向可能面临来自强大的既得利益者的反对，他们可能担心变革会威胁到其地位或利益，这种政治和人际行为也会妨碍价值导向的创新战略的执行。

（6）原则六：将战略执行建成战略的一部分。要克服上述战略执行所面临的四重障碍，就需要将战略执行建成战略的一部分。

首先，企业需要加强全员上下对企业所制定的价值导向的创新战略的学习和理解，可以通过资料发放、培训、研讨会等方式，让员工了解企业创新战略的目标、执行环节、重要做法等。还可以让部分员工亲临市场一线，倾听、了解顾客的真实声音，从而提高员工对价值导向的创新战略的认可度和接受度，并深刻理解战略执行最终要实现的效果及其重要程度。

其次，企业需要充分整合资源，合理分配资源，强化资源使用的效率。企业可以通过制定详细的预算和计划，明确资源投入的方向和重点，同时加强资源整合和共享，提高资源利用效率，并在企业内通过设立激励机制、提供发展机会、营造创新氛围等方式，充分激发人力资本即员工的创新精神和积极性，激励他们投身到价值导向的创新战略执行中。

最后，企业需要建立良好的组织文化，鼓励员工勇于尝试、敢于创新。具体而言，可以通过倡导开放、包容、协作的文化氛围，营造充满信任和忠诚的组织文化，让员工在践行价值创新的过程中感受到更多支持。同时，借助公平过程来推动员工积极践行价值导向的创新战略。公正的程序可以反映组织管理范畴内的公平过程，而当员工们参与到公正的程序中时，便会提高其对行动结果的满意度和支持度，从而自愿执行新的战略决策。有了这种自愿合作的心态，员工不仅会完成常规的工作量，更会超越自我，全力投入执行已制定的创新战略。图5-9展示了过程、态度、行为和战略执行之间的因果关系。

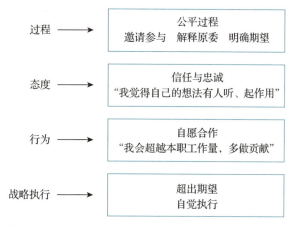

图 5-9　过程、态度、行为和战略执行之间的因果关系

资料来源：白胜. 蓝海战略理论与竞争战略理论的对比分析 [J]. 经济纵横, 2007,(20):64-66.

5.3.3　优势与挑战

价值导向的创新战略是企业把创新与效用、价值、成本整合到一起所制定的创新战略，其本质是倡导差异化和低成本共存，在成本和价值的考量上，企业通过剔除和减少产业竞争所比拼的元素节省了成本，又通过增加和创造产业未曾提供的元素提升了买方价值，而随着时间的延续，高价值的产品实现了规模经济，从而降低了成本。价值导向的创新战略的关注点不在于企业如何超越竞争对手，而在于如何通过重建市场边界来摆脱竞争。这种创新战略以顾客价值为导向，能够更好地满足顾客的需求和期望，提高产品或服务的市场竞争力，同时能够开拓新市场，为企业带来更多的商机和发展机会。此外，通过提高产品或服务的附加值，企业能够创造更高的利润和市场份额，提高其盈利能力和市场地位。此外，价值导向的创新战略注重长期价值的提升，能够带来更加稳定和持久的市场优势。

但价值导向的创新战略也不可避免地会面临一些挑战，例如，这种创新战略需要对市场有着充分且深入的了解，洞察目标市场用户的真实需求或敏锐地发现非目标市场用户的新需求，具有较高的风险和不确定性，对战略决策者提出较高要求。同时，由于用户需求和市场环境是不断变化的，价值导向的创新战略可能会受到市场风险的影响，需要企业不断调整和优化创新策略。此外，在市场竞争激烈的环境下，企业需要不断创新和改进，以保持市场竞争力，否则可能被其他竞争对手所取代。

本章小结

本章主要介绍了企业的三种创新战略选择，分别是竞争导向的创新战略、模仿学习导向的创新战略、价值导向的创新战略，并围绕这些战略的核心内涵、适用条件及类型等展开。

三种创新战略选择需要组织领导者基于现有的市场情况和组织实力考量后再做选择，并且需要根据不同的业务单元或产品所处的市场竞争环境来使用不同的战略。强调市场定位、投资于研发、注重知识产权保护、追求快速创新、强调营销推广的企业或处于市场领导者地位的组织适合选用竞争导向的创新战略；创新的积累有限、创新的效率较高且技术或市场基础已形成、技术门槛低、市场反应速度快的企业或处于市场追随者和挑战者地位的组织适合选择模仿学习导向的创新战略；以用户为中心、重视功能性和实用性、不断优化改进的企业或处于市场补缺者地位的组织适合采用价值导向的创新战略。

思考题

1. 请找一家国内企业，分析它在不同阶段所做的创新的战略选择，并加以评述。
2. 你认为目前国内市场存在哪些创新的机遇和挑战？
3. 结合实际经验和例子，分析各类创新战略选择会在哪些方面给企业带来好处，并举例说明。
4. 如果可以创建一家企业，你会如何选择创新战略？
5. 选择一家企业，结合本章内容谈谈你对其改进产品、服务或组织架构的想法。

参考文献

[1] 武亚军. "战略框架式思考" "悖论整合" 与企业竞争优势：任正非的认知模式分析及管理启示[J]. 管理世界，2013（4）：150-163+166-167+164-165.

[2] 杨俊,田莉,张玉利,等.创新还是模仿:创业团队经验异质性与冲突特征的角色[J].管理世界,2010(3):84-96.

[3] 陈清泰.促进企业自主创新的政策思考[J].管理世界,2006(7):1-3+52.

[4] 蓝海林.企业战略管理:"静态模式"与"动态模式"[J].南开管理评论,2007(5):31-35+60.

[5] DAMANPOUR F. Organizational innovation: a meta-analysis of effects of determinants and moderators[J]. Academy of management journal, 1991, 34(3): 555-590.

[6] TEECE D J. Profiting from innovation in the digital economy: enabling technologies, standards, and licensing models in the wireless world[J]. Research policy, 2018, 47(8): 1367-1387.

[7] UTTERBACK J M, ABERNATHY W J. A dynamic model of process and product innovation[J]. Omega, 1975, 3(6): 639-656.

[8] ROBERTS E B, BERRY C A. Entering new businesses: selecting strategies for success[J]. Sloan management review, 1985, 26(3): 3-17.

[9] BARNEY J B. Strategic factor markets: expectations, luck, and business strategy[J]. Management science, 1986, 32(10): 1231-1241.

[10] CHEN M J. Competitor analysis and interfirm rivalry: toward a theoretical integration[J]. Academy of management review, 1996, 21(1): 100-134.

延伸阅读

如何解读价值曲线

战略布局图让公司透过当前看到未来。为此,企业必须学会解读价值曲线。在价值曲线背后,蕴含着关于行业现状和未来商机的宝贵的战略信息。

1. 价值曲线内涵

价值曲线回答的第一个问题就是商业项目能否成功。当企业的价值曲线或竞争对手的价值曲线符合价值导向创新战略的三条准则时,即重点突出、独树一帜、主题信服,其商业可行性非常高,符合蓝海思想的初衷。反之,当价值曲线缺乏重点时,成本结构往往会较高,商业模式也会变得复杂。当价值曲线无法独辟蹊径时,企业策略雷同,难以在市场中脱颖而出。当企业缺乏引人注目的宣传主题时,则可能没有商业潜力,缺乏自然增长的能力,而只是为了创新而创新。

2. 一家深陷红海的企业

如果一家公司的价值曲线和竞争对手相同,则有可能已经进入激烈的红海竞争中。此时,公司的战略常常试图依靠成本或价格与对手竞争,这会降低企业的增长速度。即使行业整体增长,企业的收益也只是因为运气好而非战略的正确。

3. 没有回报的过度投入

在战略布局图上,若一家企业的所有价值元素都达到高水平,则需考虑其市场份额和盈利水平是否与其投资成正比。如果没有,则可能意味着企业提供了超过消费者实际需求的内容,在某些因素上过度投入,但顾客价值提升并不多。为实现价值创新,企业需要决定增加和创造哪些因素,同时决定哪些因素需要剔除或减少,以建立差异化的价值曲线。

4. 不连贯的战略

当一家公司的价值曲线缺乏重点且各种因素忽高忽低时,意味着该公司缺乏一个连贯的战略,而其战略很可能由一些互相独立的子战略组成。这些子战略单独看或许能发挥作用,使企业运转,但总体来看却无法实现战略远见,无法区分自身和其他竞争对手。这种情况通常是多个部门各自为战的结果。

5. 自相矛盾的战略

当企业在某项竞争要素上提供高水平,但忽略了支撑该要素的其他因素时,就会出现战略自相矛盾的情况。例如,企业网站的内容设计得简洁易用,但连接速度却很慢。战略自相矛盾还可能表现为要素水平和价格之间的关系。例如,一家加油站发现自己的价值曲线实际上是"提供较少的服务,但要价很高",与竞争对手相比,它提供的服务较少,但价格很高,因此丢失了市场份额。

6. 以内部运营为导向的企业

在描绘战略布局图时,如何标注行业竞争因素?应该以消费者理解和看重的词汇来表达各项竞争因素,而非公司的技术术语。从战略布局图所使用的语言可以判断企业的战略是受到外部需求的推动,还是以内部运营为导向。通过对战略布局图语言的分析,可以帮助企业了解自身对于创造行业需求的距离。

用户效用矩阵

对购买者从服务中获得的效用进行评估是必要的。但由于某些公司过度迷信其产品或服务的新颖性,当采用许多新技术时,这些公司实际上可能会忽视为购买者提供特别效用的重要性。

以飞利浦的 CD-i 产品为例,该产品因多元化功能而被称为"富有想象力的机器",但最终未能唤起人们的购买欲。该产品集合了视频、音乐、游戏、教学工具等多项功能,但由于功能太多,消费者无法理解如何使用它,同时缺少吸引人的软件工具。因此,尽管 CD-i 在理论上可以实现几乎所有功能,但实际上它的实用性有限,消费者并非必须使用它,因而销量难以扩大。CD-i 产品的管理人员陷入了技术陷阱,即对新技术过于迷恋,认为在产品中采用新技术就可以提供最先进的效用,但研究表明这并不一定是正确的。

为了避免这个陷阱,首先需要对战略进行详细描述,准确介绍产品的创新性、差异性和特别吸引人的部分,让购买者了解这些信息。接下来,公司需要评估新产品和新服务在哪些方面改变了购买者的生活。尽管在技术方面可能有所减少,但产品和服务可以极大地提高购买者的实际效用。

购买者效用图能帮助管理者从正确的视角来分析问题(见图 5-10)。它清楚地表明了各种类型的公司给购买者提供的特殊效用,以及购买者使用产品与服务过程中经历的不同阶段。这张图让管理者清楚地判断产品与服务所提供的效用空间的大小。以下将从横向、纵向两个方向来具体地分析。

		购买者经历的六个阶段					
		购买	配送	使用	补充	维护	处置
六个效用杠杆	顾客生产率						
	简单性						
	方便性						
	风险性						
	趣味性和形象性						
	环保性						

图 5-10 购买者效用图

1. 横向：购买者经历的六个阶段

购买者的经历通常被划分为六个阶段，涵盖了从购买到处置的全过程。每一个阶段还包括许多特定的环节。例如，购买阶段或许包括浏览电商平台网页的体验，或在货架前流连的体验等，如表 5-5 所示，在每一步，企业经理们可以提出一系列问题，以测量购买者体验的质量。

表 5-5　购买者的经历周期

购买	配送	使用	补充	维护	处置
找到你需要的产品需要多久	产品配送需要多长时间	使用产品是否需要培训或专家的协助	你的产品是否还需要以其他产品或服务作为补充	产品的维护是否需要外部支持	产品的使用会不会产生废弃物
购买产品的地点是否有吸引力且容易到达	拆开包装并安装新产品有多难	产品闲置时是否容易保存	如果是，要花多少钱	维护和升级产品有多容易	处理使用后的产品有多容易
交易环境是否安全	买方是否需要自行安排配送	产品的特性和功能是否强大	要花多少时间	维护保养要花多少钱	在安全处理产品方面，有无法律或环境上的问题
完成一次购买行为能有多快	如果是，要花多少钱，有多麻烦	产品或服务提供的功能和选择是否超过一般用户所需，是否过于花哨	要带给用户多少不便与难处		处理产品废弃物要花多少钱
			获取它们有多难		

2. 纵向：六个效用杠杆

购买者经历的六个阶段对应着六个效用杠杆，即企业为购买者提供的特殊效用。这些杠杆中大部分都是显而易见的，例如简单操作、有趣、环保等。有些产品可以大大减少消费者的经济、身体或信誉上的风险，这些效用也不难理解。如果产品或服务容易获得、使用和处理，那就为消费者提供了便利。最常用的杠杆是消费者生产率，通过产品和服务使消费者处理事务更好、更快。

为了检验消费者是否获得了特殊效用，企业通常需要检查其产品与服务是否为消费者所经历的六个阶段排除了获得效用的最大障碍。

发现获得效用的障碍所在也就意味着公司为消费者提供特别价值的机会所在。在购买者效用图的 36 个空格中，确定应该努力的方面，可以使得新产品与服务不仅创造不同于现有产品和服务的效用，而且还能消除提供效用的最大障碍，从而将非顾客转化为顾客。如果服务与其他方案提供的服务处于相同的空格中，则面临的机会不是蓝色海洋战略。

作为领导者，必须考虑消费者经历周期中效益提升所面临的最大障碍在哪里，并评估当前的产品或服务能否有效消除这些障碍。如果不能，那么现在就提供了一个机会来创新和改进产品。

自测练习

扫码查看练习题及参考答案

第 6 章　商业模式创新

■ 本章要点

1. 理解商业模式创新的含义和重要性。
2. 了解商业模式构成要素的不同观点。
3. 理解商业模式创新的过程,掌握商业模式创新的步骤。
4. 熟练分析商业模式创新的成功案例。
5. 思考数智经济时代商业模式创新的方向。

■ 引导案例

蔚来已来:汽车行业的创新与体验变革

蔚来成立于 2014 年,是一家致力于电动汽车和相关技术的创新公司,是中国汽车市场的一股新兴力量。蔚来开创式地采用了电池租赁模式,即车主可以选择租赁或者购买电池,这种模式能够大幅降低电动汽车的购买成本。此外,为了为客户提供更便捷的充电服务,蔚来在电池交换技术上进行了突破性的创新。传统电动汽车需要在充电站充电,充电时间较长,影响了用户的使用体验,而蔚来推出了电池交换技术,让用户能够在短时间内完成电池的更换,从而大大提高了使用的便捷性。同时,蔚来还将这种技术向其他车企进行开放,致力于打造完整的电池交换生态圈,实现多方共赢。

作为智能汽车的先行者之一,蔚来的另一个重要举措就是坚持"软件定义汽车"理念,将大量资源放在软件开发和算法优化上,基于其自主研发的自动驾驶技术,推出了自动驾驶辅助系统,命名为 NIO Pilot。该系统基于车辆的智能硬件平台、高精度地图以及 AI 算法,为驾驶员提供全方位的自动驾驶辅助服务,从而提高行车安全和驾驶体验。蔚来更加注重用户在整个汽车产品生命周期内的用户体验,打造"汽车即服务"商业模式,即用户通过订阅服务的方式,使用蔚来的汽车、充电桩、电池交换站等配套服务,而不是购买一辆汽车的一次性服务。用户可以通过定期订阅服务的方式，享受 NIO Pilot 的全面自动驾驶、高速巡航和城市辅助等多种功能，从而提高驾驶的舒适性、便利性和安全性。这种模式让用户不必一次性支付高昂的购车成本，同时还能享受到定期升级换新、上门洗车、上门免费维护保养等多种服务。蔚来在坚持持续不断地提高用户体验和自身服务水平，来获得用户的满意度和忠诚度，实现企业利益最大化。

资料来源：中国新能源汽车换电市场研究报告，2022。

思考题

1. 蔚来的商业模式在哪些方面做出了创新？
2. 与其他新能源汽车品牌相比，蔚来的商业模式创新有哪些优势？
3. 蔚来的商业模式创新还能向哪些方面迭代？

6.1 商业模式创新的要素

产品生命周期越来越短意味着企业不能单纯靠技术获得永久的利润。有效的商业模式能够击败较好的创意或技术。商业模式（business model）是指企业为了实现客户价值最大化，把能够使企业运行的内外各要素整合起来，形成完整、高效、具有独特核心竞争力的运营系统，并通过提供产品或服务使系统持续实现盈利目标的整体解决方案。

商业模式创新的要素

商业模式创新（business model innovation）则是指对传统商业模式进行改革或者创新，以实现企业增长、利润最大化或社会价值最大化的一种策略。

商业模式创新不仅仅是对产品或服务的创新，更是对商业运营方式、市场营销方式、收益模式等方面的全面改变和创新。通过商业模式创新，企业可以开拓新的市场和业务领域，提高竞争力，增加收益和市场份额，同时也能够创造更多的社会价值。

6.1.1 商业模式构成要素的不同观点

商业模式构成要素是商业模式创新的基础，不同学者对商业模式构成要素有不同的解释和分类方法。常见的商业模式构成要素的观点包括以下四个。

（1）开放式商业模式四要素。亨利·切萨布鲁夫于 2006 年提出的开放式商业模式将商业模式构成要素分为四个部分，包括价值主张、价值网络、价值交换和价值架构，如图 6-1 所示。其中：价值主张是指企业如何为客户提供价值，并通过独特的商业模式与竞争对手区别开来；价值网络是指企业与其他企业和组织之间的合作关系，包括战略联盟、产业链和生态系统等；价值交换是指企业与客户、供应商和其他合作伙伴进行价值交换，包括销售、采购、供应链等；价值架构是指企业将自己的资源和能力组织起来，以支持其商业模式的实现。

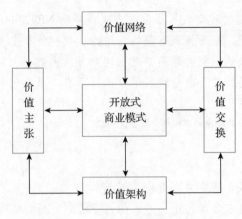

图 6-1 开放式商业模式四要素

资料来源：CHESBROUGH H W. Open business models: how to thrive in the new innovation landscape [M]. Brighton: Harvard Business Press, 2006.

开放式商业模式强调企业不仅依赖于自身的内部资源和能力，而且要积极地与外部的合作伙伴、社区和平台共同创造和共享价值，其核心是开放性和合作性。企业通过与其他企业、社区和平台的合作来共同实现商业目标，共同承担风险、共享成果。开放式商业模式可以促进创新、降低成本、提高效率、增强竞争力，并且能够更好地适应快速变化的市场环境。

（2）商业模式画布九要素。亚历山大·奥斯特瓦德（Alexander Osterwalder）和尹夫·皮尼厄（Yves Pigneur）在其 2010 年出版的《商业模式新生代》（*Business Model Generation*）⊖一书中首次提出了商业模式画布（business model canvas），并提出了商业模式的九个组成要素（见图 6-2），包括客户细分（企业的目标客户群体）、价值主张（企业为客户提供的价值）、渠道通路（企业向客户传递价值主张的方式）、客户关系（企业与客户之间的互动和沟通方式）、收入来源（企业从客户那里获得的收入来源）、关键资源（企业用来创建和提供价值主张所需的关键资源）、关键业务（企业为实现商业目标所必须进行的关键业务活动）、合作伙伴（企业需要与之合作共同实现商业目标的重要伙伴）和成本结构（企业在运营过程中所需要的成本）。这九个要素互相关联、互相作用，形成了企业的商业模式。

商业模式画布提供了一种清晰、简明的思考框架，使企业可以更加系统地审视自己的商业模式，并更好地了解商业模式的关键要素之间的相互作用和影响。画布上的每个要素都有清晰的定义和交互作用，这也使得企业可以更好地展示自己的商业模式，并与合作伙伴、投资者、客户等沟通。商业模式画布也因此成为使用最广泛的商业模式工具之一。

⊖ 该书中文版已由机械工业出版社出版。

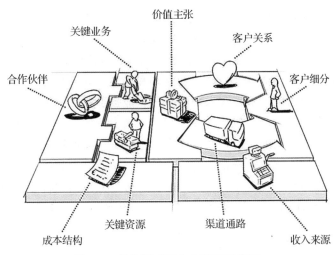

图 6-2 商业模式画布九要素示意图

资料来源：OSTERWALDER A, PIGNEUR Y. Business model generation: a handbook for visionaries, game changers, and challengers[M]. New York: John Wiley & Sons, 2010.

（3）演化式商业模式五要素。哥伦比亚大学商学院 Rita McGrath 教授基于在当前快速变化的市场环境中，企业需要通过不断创新和优化商业模式来提高竞争力和盈利能力这一情况，提出演化式商业模式，将商业模式划分为五个部分，分别是客户目标、价值主张、供应链架构、收益机制、成本架构，如图 6-3 所示。其中：

图 6-3 演化式商业模式五要素

资料来源：MCGRATH R G. The end of competitive advantage: how to keep your strategy moving as fast as your business[M]. Cambridge: Harvard Business Review Press, 2013.

客户目标是指企业需要了解目标客户群体的需求、特点、行为等方面，以便精准地提供产品或服务；价值主张是指企业所提供的产品或服务的独特性和价值，需要满足客户需求并解决客户面临的问题，与竞争对手形成区别；供应链架构是指企业产品或服务的生产、配送和售后等方面的供应链架构，需要保证高效和质量；收益机制是指企业如何从所提供的价值主张中获取利润的方式，包括直接销售、租赁、订阅、广告、特许经营等多种方式；成本架构是指企业在运营过程中所涉及的成本架构，包括人力、物力、财务等方面的成本，需要保证经济性和可持续性。

演化式商业模式的核心观点是，商业模式需要通过实践和反馈不断改进与调整。它强调商业模式的演化是一个持续的过程，需要不断试错和学习。通过不断的学习和迭代，企业能够更好地理解客户需求、市场趋势和自身优势，从而更好地优化和创新商业模式，提高竞争力和盈利能力。

（4）商业模式十二要素。哈佛商学院教授 Ramon Casadesus-Masanell 和乔治城大学教授 Joan E. Ricart 在 2009 年提出商业模式十二要素（见图 6-4），具体包括：价值主张——企业为客户提供的核心价值；客户细分——企业针对的不同客户群体；客户关系——企业与客户之间的互动和沟通方式；渠道——企业与客户之间进行产品或服务交付的方式；收入来源——企业创造收入的方式；关键资源——企业所需的关键资源和资产，包括物理、知识和人力资源等；关键合作伙伴——企业与其他组织或企业之间的关键合作；成本结构——企业的运营成本，包括固定成本和变动成本等；核心能力——企业的核心技术、核心能力和核心竞争优势；风险——企业面临的风险和不确定性；环境——企业所处的市场和行业环境；价值网络——企业所在的价值网络，包括客户、供应商、合作伙伴、竞争对手等。

图 6-4　商业模式十二要素

资料来源：CASADESUS-MASANELL R, RICART J E. From strategy to business models and onto tactics[J]. Long range planning, 2010, 43(2-3): 195-215.

6.1.2　商业模式要素观的核心

尽管学术界关于商业模式的构成要素提出了不同观点，但不同的观点和分类方法主要是侧重点和解释方法的差异，对商业模式核心内涵的解释始终一致，即商业模式反映的是企业价值创造、价值传递和价值获取的价值逻辑，如图 6-5 所示。

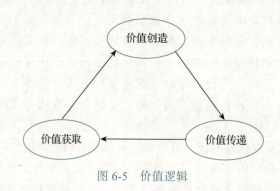

图 6-5　价值逻辑

其中，价值创造是商业模式成功的前提和基础，是指企业如何为客户创造价值。

企业需要通过了解客户需求和市场趋势，不断创新和改进产品和服务，提供符合客户需求的产品和服务，从而赢得客户的信任和忠诚度。

> **案例 6-1** | **百步印社的价值创造创新**
>
> 深圳百步印社科技有限公司（以下简称"百步印社"）是一家解决人们日常生活中打印需求的公司，主要产品是一款可以打印文件和照片的自助设备，目前多投放于社区，致力于打造成 24 小时自助文印平台。传统的打印店由于空间分布不均匀，运营时间有限，无法满足客户及时的打印需求，而百步印社的自助打印设备能够满足一个 700 户家庭的社区的打印需求。2017 年 3 月，始于改善自身生活体验和满足社区需求的创业理念，百步印社从社区开始，历经学校、医院和机关单位的环境测试，最终确定以社区为主要铺设区域，还总结出了一套属于自身的社区铺设经验。同时，在产品设计方面，百步印社最初设计出来的打印机是非常笨重的，需要几个人才能将其抬起，经过改良，现阶段最轻的产品可以做到重量为 20kg，设备占地面积仅为 $0.63m^2$，百步印社不断根据用户需求实现产品的迭代。
>
> 资料来源：曹国忠, 万子薇, 穆蓓. 基于共享理念下的自助打印服务方案设计 [J]. 艺术与设计（理论）, 2020, 2(6): 93-95.

价值传递是指企业如何将创造的价值传递给客户。企业需要建立高效的渠道和销售网络，以便将产品和服务传递给客户，并提供良好的客户服务和支持。传递价值是为了让客户更好地享受到产品和服务的好处，从而提高客户满意度和忠诚度。

> **案例 6-2** | **拼多多的价值传递创新**
>
> 拼多多创建之初所打造的拼团模式，通过打折促销、限时特价等方式，吸引用户团购，享受更低的价格，同时也可以增加用户的黏性和忠诚度。它允许用户在平台上建立自己的社交群组，分享购买链接，并邀请其他用户一起购买，从而享受更低的价格。这种社交电商模式，将拼团和社交网络相结合，创造了更具吸引力的购物体验，吸引了大量年轻用户，实现了企业的利益最大化，同时也满足了用户需求。
>
> 资料来源：李松柏. 拼多多商业模式创新分析 [J]. 现代商业. 2022(28): 7-10.

价值获取是指企业如何从创造和传递价值中获得经济收益。企业需要选择合适的盈利模式，如销售产品、提供服务、订阅模式、广告模式等，以获得收益。获取价值是商业模式成功的最终目标。

> **案例 6-3** | **抖音的价值获取创新**
>
> 抖音作为目前火爆的短视频平台之一，拥有多用户、大流量、高用户黏性等特点，广告投放是抖音将其商业价值变现的重要手段之一。除了手机 app 开发者最常使用的开

屏广告、搜索栏广告等，抖音利用其短视频平台的特点，新增了信息流广告，穿插于用户的短视频播放中，通常以独立的视频出现，此外支持广告主个性化定制，可以在广告页面设置落地页，支持用户从视频广告跳转到产品的详情页，信息流广告具有很高的灵活性，能够满足广告主的多种需求，为抖音打造获取价值新方式。

资料来源：杨炜婷，李梦鑫，董爱红等.抖音短视频营销推广策略探析[J].科技创业月刊，2021，34(10)：141-143.

6.1.3 商业模式创新的四要素模型

全球化和数字化背景下，商业模式的设计和创新变得越来越重要，企业需要通过不断地优化和创新商业模式来满足消费者的需求、应对竞争压力，因此需要一个系统性的框架来指导商业模式的设计和优化。

马克·约翰逊（Mark Johnson）在其 2010 年出版的《商业模式传奇》(Seizing the White Space: Business Model Innovation for Growth and Renewal)一书中，探讨了商业模式创新的重要性和方法。他提出的四要素模型提供了一个简明清晰的商业模式框架，帮助企业和研究者更好地理解商业模式的构成和设计，从而更好地规划和实施商业策略。

商业模式四要素包括客户价值主张、盈利模式、关键资源和关键流程四个相互关联的要素。四要素模型的提出为企业的商业设计和创新提供了一个实用的框架，能够让企业更好地了解如何为客户提供价值、如何实现盈利以及如何组织关键资源和关键业务来支持商业模式。其中：客户价值主张（customer value proposition，CVP）是指企业找到帮助客户完成其重要工作的方法即为客户创造价值的方法，确定了企业的目标客户、目标客户的工作需求以及企业提供的需求满足方案；盈利模式（profit model）定义了企业如何在为客户创造价值的同时为自己创造价值，包括收入模型、成本结构、利润模型和资源速度四个维度；关键资源（key resources）是指企业向目标客户传递价值主张所需的各类资产，包括人员、技术、产品、设备、信息、渠道、伙伴、品牌等；关键流程（key processes）决定了企业价值传递方式的可重复性和可扩展性，包括企业流程如设计、开发、制造、销售、服务等，规则和度量如供应商条款、交货时间、信用条款、保证金要求等，以及接触客户的方法和渠道等。

客户价值主张和盈利模式分别定义了客户和企业的价值，而关键资源和关键流程则描述了价值如何交付给客户和企业。商业模式创新描绘了企业商业模式区别于竞争对手商业模式的程度，可以通过上述四要素实现。

案例 6-4 | 滴滴：网约车的商业模式创新

滴滴出行是以出租车、专车、快车、顺风车等多种出行方式为核心的移动出行平台。

在客户价值主张方面，滴滴出行通过其海量出行数据和智能算法建立了大数据平台，通过数据分析和挖掘，不仅为用户提供个性化的出行服务和推荐,而且帮助城市管理者进行交通优化和规划。

在盈利模式方面,滴滴出行主要依靠高效的供需匹配和合理的价格策略获得盈利。例如,滴滴出行作为中间平台,通过快速匹配驾驶员和乘客,提供交易服务。在每笔订单完成后,滴滴出行会收取一定比例的平台手续费。这些手续费构成了滴滴出行盈利的重要组成部分。此外,滴滴出行还采用共享经济模式,鼓励用户共享搭乘资源。通过车辆合并、优化路线等方式,降低出行成本。

在关键资源方面,滴滴出行积极引进和培养数字化、智能化、服务化等方面的人才,同时也通过打造多元化、包容性的企业文化和创新平台,激发员工的创新和潜能,

实现人才的流动和跨界合作。同时,滴滴出行通过战略投资和合作,整合了多个出行服务领域的资源,例如,与优步中国的合并,整合了两家巨头在全球的出行服务资源,进一步扩大了滴滴出行在全球范围内的出行服务领域的影响力和竞争力。

在关键流程方面,滴滴出行依托移动互联网技术,建立了一个智能、高效的出行服务平台。通过应用程序和云计算技术,实现用户订车、驾驶员接单、订单管理、支付等全流程自动化,提升用户体验。同时,滴滴出行提供多种类型的出行服务,包括打车、顺风车、出租车、专车等,以更好地满足用户不同的出行需求。

资料来源:https://www.didiglobal.com。

6.2 商业模式创新的过程

6.2.1 市场需求的鉴别

用户作为市场需求的载体,用户画像是企业获得并理解市场需求的有效手段。所谓用户画像(user profile),是指在特定情境下,基于真实用户数据,所形成的用于描述用户属性和特征的标签集合。

商业模式创新的过程

构建用户画像主要包含以下三个步骤(用户画像感知评价量表见附录6A)。

第一,获取用户数据是构建用户画像的基础(见图6-6)。用户数据包含用户个人信息和用户行为数据两类,个人信息如姓名、性别、年龄、职业、收入、手机号等属于用户的静态信息,相对稳定;而用户行为数据包括用户的生活习惯和消费行为等,在互联网背景下,企业可以通过网络爬虫等技术,追踪用户浏览网站、搜索等行为轨迹,形成相对完整的用户动态数据。

第二,提炼用户标签是构建用户画像的关键。标签通常是人为规定的高度精练的标识,用户标签的提炼建立在对原始数据的统计分析基础上。例如,通过分析原始数据中用户的购买频率,可以提炼出用户的产品购买偏好。

第三,根据用户标签构建用户画像,即将所有标签综合起来就可勾勒出用户"画像"。例如,小红书app的经典用户画像——①Z世代:兴趣社交,追逐潮流,网络游戏,学习打卡;②都市潮人:时尚,自身形象,独立精神,有观点;③精致妈妈:生活品质,注重形象,高端消费;④新锐白领:经济独立,热爱工作,积极活泼;⑤单身贵族:经济独立,注重享受,追求品质。

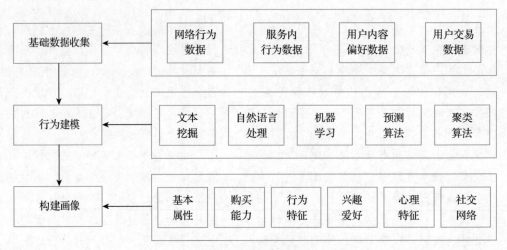

图 6-6　构建用户画像

资料来源：亓丛，吴俊.用户画像概念溯源与应用场景研究 [J].重庆交通大学学报（社会科学版），2017，17（5）：82-87.

对用户画像的进一步分析与挖掘，有助于企业识别市场需求并提供能满足对应市场需求的产品。

Kano 模型（见图 6-7）是基于赫兹伯格的双因素理论提出的，主要用于客户需求分类和优先排序的工具，展示产品或服务与客户满意度之间的关系。市场需求可以划分为五类：基本型需求、期望型需求、魅力型需求、无差异型需求、反向型需求。在进行 Kano 分析前，通常需要使用矩阵量表对用户进行调研，详见附录 6B。

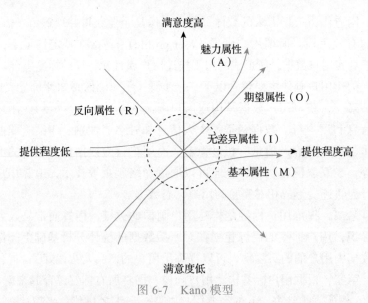

图 6-7　Kano 模型

资料来源：KANO N. Total quality management: proceedings of the first world congress[C]. Dordrecht: Springer Netherlands, 1995.

- 基本型需求是用户对企业提供的产品/服务的基本要求，是用户认为产品"必须有"的属性/功能。当企业的产品/服务无法满足用户的这类需求时，用户会表现出对产品/服务很不满意；当企业的产品/服务满足了用户的这类需求时，用户也不会表现出满意。

- 期望型需求的满足程度正向促进用户的满意度，意味着产品/服务水平超出用户期望越多，用户的满意度越高；反之，当此类需求得不到满足时，用户的不满也会显著增加。
- 魅力型需求是指不会被用户过分期望的需求。这类需求与用户满意度的关系表现为随着用户需求得到满足的程度增加，用户满意度会急剧上升；同时，即使需求没有得到满足，用户也不会表现出明显的不满意。
- 无差异型需求是指不论企业是否提供，对用户体验都不会产生影响。这类需求通常都不会导致用户满意或不满意。
- 反向型需求是指引起用户强烈不满的产品特性，即提供后用户满意度反而会下降，且提供的程度与用户满意度成反比。

简而言之，企业首先要全力以赴地满足用户的基本型需求，尽力去满足用户的期望型需求，并争取实现用户的魅力型需求。

此外，企业还可以通过客户工作、痛点、期待收益三个要素来归纳和提炼市场需求。其中：客户工作是指客户正在进行或尽力完成的工作、正尽力解决的问题或正尽力满足的需求；痛点是指客户完成工作或目标的过程中可能存在的阻碍、风险或负面结果；期待收益则是指客户所期望的、需要的结果或效益，包括功能效用、社会效益、积极情绪及费用节省等。

例如，对于电影院的客户（见图6-8），他们进入电影院的客户工作包括娱乐、放松、与朋友分享、逃避生活、艺术追求、打发时间等，痛点包括交通时长、排队拥挤、放映时间不合适、停车不便等，进入电影院的期待收益如舒适体验、花费不多、剧情精彩等。企业需要根据目标客户的情况提供相应的产品或服务、对应的痛点缓释方案和收益创造方案。例如，电影院提供的产品和服务是大屏幕上播放的电影，其痛点缓释方案包括提前在线预订和双人座，收益创造方案有大银幕及环绕立体声。

6.2.2 盈利模式的构成

盈利模式旨在解决企业自身如何获得利润的问题，是商业模式创新最主要的目标。所谓盈利模式，是指企业的利润来源及方式，回答了从谁那里获得收益、谁可以分担投资或成本等问题。

实践中，管理者大多关注收入增长和市场份额，并认为利润会随之而来，即企业生产出让客户喜欢的产品或提供好的服务，再卖掉产品/服务，用收入减去成本就是企业利润。事实上，这种盈利模式最终会导致企业陷入困境，原因可以总结为企业主要依赖主营业务的直接销售获得收入，收入来源单薄，而成本和费用主要由自己承担。试想，同行业企业的产品/服务、业务模式、销售模式、成本结构等具有较高的同质性，企业间的盈利模式也几乎无差异，而随着行业内企业规模扩大、产能增加，企业间竞争加剧，价格战会导致企业的主营业务利润越来越单薄，甚至亏本。

例如，家电制造行业经历过多轮竞争后剩下的几家大规模品牌企业，其利润率普遍低下，股票价值也低于账面净资产价值。

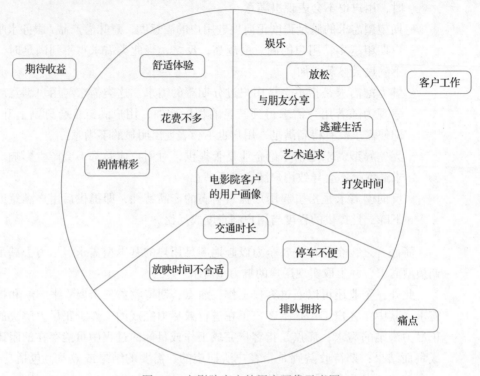

图 6-8　电影院客户的用户画像示意图

事实上，企业的盈利来源可以不是直接客户或主营业务，成本和费用也不一定是自己承担。魏炜和朱武祥（2009）将收入来源划分为直接客户、直接客户和第三方客户、第三方客户三类，成本支付则可以是企业、企业和第三方伙伴、第三方伙伴、零可变成本四类。同时考虑上述不同的收入来源和成本支付方式，可以得出共计 12 类企业盈利模式结构。其中，部分盈利模式的收入来源于第三方或其他利益相关者，成本和费用也转移给了其他利益相关者。

此外，考虑资源的周转速度，企业盈利模式可以划分为收入模型、成本结构、利润模型和资源速度四个方面。其中：收入模型为产品的价格与销量的乘积；成本结构主要由业务模型所需的关键资源的成本驱动，包括直接成本、间接成本和规模经济；利润模型考虑了预期的数量和成本结构，探讨每笔交易为实现预期利润所做出的贡献；资源速度讨论了企业需要以多快的速度周转库存、固定资产及其他资产，旨在回答企业如何充分利用资源以实现预期利润的问题。

例如，蜜雪冰城的单店加盟模式是其盈利的秘诀。在蜜雪冰城全国 2 万多家店中，只有 47 家直营店，加盟门店自负盈亏，公司不分成，收入来源主要包括蜜雪冰城公司为加盟店提供的人员培训、食材、包装材料、设备设施和品牌授权等费用。为进一步降低成本，蜜雪冰城早在 2012 年就自建工厂，实现对食材原料的生产和加工，为门店提供低成本原材料，并布局建设仓储物流基地，城区设"前置仓"模式，大幅降低物流成本。该模式帮助蜜雪冰城在 2019 年、2020 年、2021 年分别实现营业收入 25 亿元、46 亿元和 103 亿元，净利润分别达 4.3 亿元、8.9 亿元和 18.4 亿元，连续两年实现收入和利润翻倍增长。

通过收入来源的划分，企业盈利模式也可分为以下两类。

（1）以产品为收入来源。这是最常见的盈利模式，企业通过销售产品来获取收入。这种模式的优势在于，企业可以通过不断优化产品来提高竞争力，同时可以通过销售渠道的拓展和营销活动的推进来扩大销售规模。例如，苹果公司就以销售高端电子产品为主要盈利来源，包括 iPhone 手机、iPad 平板电脑、Mac 笔记本等。

（2）不以产品为收入来源。这种盈利模式包括以下几方面。①引流－额外收入：这种模式的特点在于，企业通过提供某个产品或服务来吸引消费者，并在消费者购买该产品或服务的同时，将另外的产品或服务推销给消费者，从而获取额外的收入。例如，打印机和耗材的关系，打印机价格较低，但耗材价格较高，当用户购买打印机时，打印机厂商就会希望用户能够长期使用他们的耗材，从而获得更多的利润。②消费者的下游方作为付费者：该模式通过提供免费或低价的产品或服务来吸引消费者使用，并将另外的产品或服务推销给消费者的下游方，从而让下游方成为付费者。例如，许多免费的社交媒体平台通过提供免费的服务来吸引消费者使用，并将广告推送给广告主，从而从广告主处获得收入。③消费者的上游方作为付费方：企业通过提供一些免费的产品或服务来吸引上游方使用，并让上游方成为付费方，从而获得收入。例如，许多云存储服务商会提供一些免费的存储空间，让用户尝试并建立对该服务的信任感，然后再向用户推销更大的存储空间，让用户成为付费用户。

6.2.3 资源的组合与利用

商业模式是指企业利用获取的资源为客户创造价值，因而资源的创新组合与利用是商业模式创新的来源之一。虽然资源基础观（resource-based view，RBV）指出企业的资源优势包括企业资源是有价值的、稀缺的、不可模仿的、难以替代的，有助于塑造企业的竞争优势，但是并未解答企业如何获取与利用各类资源这一重要问题。

资源编排理论强调管理行动在调动和利用企业资源以实现战略目标如商业模式创新等方面的作用，提出包括构建资源组合、资源整合捆绑和资源转化利用三个步骤。其中：构建资源组合是指企业获取、积累和剥离资源的过程，该资源组合代表了企业潜在价值创造的上限；资源整合捆绑是指企业资源组合中的资源被整合捆绑以创造能力，从而允许企业采取具体行动（如市场营销、研发等）来为客户创造价值，具体包括稳定、充实和开拓三个方面；资源转化利用是指应用企业能力为客户创造价值和为所有者创造财富的过程，包括调动、协调和部署过程。

上述资源管理过程本质上是有先后顺序的，即企业必须先有资源，并将其捆绑到能力中，才能进行利用以创造价值。

而围绕企业如何获取资源的问题，已有研究提出了内部资源挖掘和外部资源开发两种途径。一方面，内部资源是企业实施战略、经营业务的根本优势，也是企业最易识别和掌控的资源，对企业的商业模式创新尤为关键。具体而言，研究发现对内部资源如内部的人力、财力、技术等资源的有效配置与利用有助于企业实现流程优化，从而实现商业模式创新。另一方面，企业还需要通过管理者个人的社会网络，包括商业网络，如供应商和客户、战略联盟、风险投资、中介服务机构、外部专家等渠道快速整合外部资源以克服资源约束，并通过进一步的资源管理实现价值创造。

例如，顺丰速运通过建立自有物流网络和技术平台，整合物流资源和信息流资源，提供一站式物流服务，为客户提供高效、低成本的物流解决方案。再如，小鹏汽车通过整合新能源汽车生产和研发资源，构建了一个创新型的智能汽车生态系统，将人工智能、互联网技术与汽车结合起来，提供更加智能化、个性化的出行体验。

6.2.4 流程的优化

企业的业务活动和经营管理活动由各种流程组成，并最终输出为提供给消费者的各类产品和服务。臃肿的组织背后可能隐藏着例如流程运作复杂、效率低下、客户抱怨等诸多问题，为了解决企业面对的环境问题，改进绩效表现，需要对企业现有业务流程重新设计和优化。流程优化就是指对现有流程进行梳理、改进和完善，如减少部分环节、调整工序等。流程优化有以下几种方法。

（1）ESIA 分析法。ESIA 分析法（见图 6-9）是一种设计新的流程以代替原有旧流程，以一种新的结构方式为客户提供价值的流程优化方法。该方法强调流程优化的基本原则在于减少流程中的非增值活动并调整核心的增值活动，提出了清除（eliminate）、简化（simplify）、整合（integrate）和自动化（automate）四个步骤。首先需要清除组织内非必要的无附加价值活动，如过量产出、过量库存、反复加工、反复检验等。其次是简化经过清除后仍然复杂的环节，如记录、程序、沟通等。再次通过整合流程，使其能够顺畅连贯地满足客户需求。最后是在清除简化整合的基础上，使原本复杂烦琐的作业流程自动化。

图 6-9　ESIA 分析法示意图

资料来源：杨海燕，李磊，韩非.基于 ESIA 法的科技计划项目管理流程优化研究 [J]. 科研管理，2019，40(4):256-263.

（2）标杆瞄准法。标杆瞄准法（见图 6-10）强调企业需将自己的产品和服务、经营和成本等与在该方面表现最优秀的企业进行对比，并通过数据收集分析、变革行动等步骤改进本企业的业务流程。根据企业运作的层面，标杆（benchmark）分为三类——战略层标杆、操作层标杆、管理层标杆。根据选择的标杆对象又可分为三类：①内部流程标杆分析，是指企业内部不同部门或机构中相同流程之间互相评量比较；②外部竞争性流程标杆分析，以企业的同业竞争对手的产品、服务、作业流程为标杆进行评量比较；③功能性流程标杆分析，不限定行业，选取某一领域最卓越的机构，以其某一特定功能或作业流程为标杆进行评量比较。

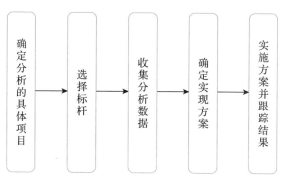

图 6-10　标杆瞄准法执行步骤

资料来源：ANAND G, KODALI R. Benchmarking the benchmarking models[J]. Benchmarking, 2008, 15(3): 257-291.

（3）DMAIC 模型。DMAIC 模型（见图 6-11）是一种基于数据的业务流程优化循环模型，是 6σ 管理中最重要、最经典的管理模式，包括界定（define）、测量（measure）、分析（analyze）、改进（improve）、控制（control）的五步骤优化法。具体来说，界定是识别客户要求，确定影响客户满意度的关键因素；测量是确定衡量标准，收集整理数据；分析需要运用多种统计技术方法找出问题的根本原因；改进是实现目标的关键步骤，审视原因进行改进使公司利益和客户满意度最大化；控制使偏差保持在允许的范围内。

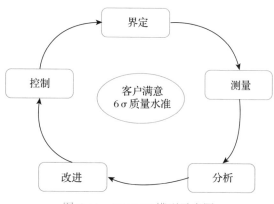

图 6-11　DMAIC 模型示意图

资料来源：DE MAST J, LOKKERBOL J. An analysis of the Six Sigma DMAIC method from the perspective of problem solving[J]. International journal of production economics, 2012, 139(2): 604-614.

流程优化通过不断发展、完善、优化业务流程保证企业的竞争优势。在流程的设计和实施中，要对流程进行不断的改进，以取得最佳的效果。选择适合企业当下处境的流程优化方法，有助于企业提高运营效率，降低运营成本，获取竞争优势并实现商业模式创新。

现实中通过流程优化实现商业模式创新的例子很多。例如，高铁车站通过引入自助检票闸机，旅客可以自己完成出票手续，无须取纸质车票，直接刷身份证或手机二维码即可验票乘车，避免了排队等待和人工操作带来的时间浪费与成本增加，提高了整体效率。又如，医院通过引入电子排队系统和自助挂号机，患者或亲属可以自主选择医生和就诊时间，降低了人工服务的压力，提高了服务效率。

6.3 数智经济时代的商业模式创新

6.3.1 数智经济背景下商业模式创新的特点

数智经济时代的商业模式创新

数智经济的特点是信息化、网络化、平台化、智能化和全球化，这些特点为现有商业模式带来了挑战，因而催生了许多新的商业模式。在数智经济时代，商业模式创新的核心是通过数字技术和数据分析，实现企业的价值创造、传递和获取的革新，以适应消费者需求的变化和市场环境的不断变化。

数智经济时代，商业模式的价值逻辑变成了创造、交付与分享价值（王永贵和洪傲然，2022），即商业模式创新的价值逻辑不仅要注重企业对价值的创造与获取（Amit et al.，2022），而且要超越"以企业为中心"的价值传递逻辑，积极主动地对价值进行分享。换言之，企业需要与包括客户在内的各利益相关者共同创造价值，并基于协同的价值创造系统合理地分享共同创造的价值。

数智经济背景下商业模式创新的特点如下。

- 技术驱动：数字技术是商业模式创新的重要驱动力，企业需要不断跟进和应用新技术，以创新和改进商业模式。
- 用户导向：数字经济的发展使客户需求和体验成为商业模式创新的关键，企业需要根据客户需求和反馈，不断改进和创新商业模式，以提高客户满意度和忠诚度。
- 平台化：数字经济的发展使平台成为商业模式的新趋势，企业需要建立和发展自己的平台，或者参与到已有平台中，以实现更高效的资源整合和价值传递。
- 数据驱动：数字经济的发展带来了大量数据的产生和应用，企业需要充分利用数据分析和挖掘技术，深入了解客户需求和市场趋势，以优化和创新商业模式。
- 生态系统：数字经济的发展使企业之间的竞争变得更加复杂，同时也带来了更多的合作机会，企业需要建立开放的生态系统，与其他企业和组织进行合作，以共同创造更大的价值。

6.3.2 数智经济背景下商业模式创新的过程

1. 鉴别市场需求

在数智经济背景下,企业可以依靠用户行为数据和算法模型更精确地识别目标市场和潜在客户。企业除了构建性别、兴趣、常驻地、职业、收入和年龄段等相对稳定的数据画像外,还可以及时获得近期活跃应用、近期去过的地方等具有一定时效性的行为数据,还可以根据当前地点、打开的应用等场景化明显的、稍纵即逝的场景数据进行场景化推送。例如,抖音、快手、Bilibili 等视频平台,就是根据用户浏览过的视频类型、主题等行为数据,通过算法建立用户画像,进行后续视频的精准推送,达到人人不同的个性化推送。

2. 设计盈利模式

数智经济时代,数据、算法模型、算力成为企业重要资源,涌现出了许多创新型企业的盈利模式。

(1)在数智经济时代,随着数字技术和大数据技术的发展,企业更加关注数据和数字技术的应用,企业的盈利模式越来越重视数据的收集、分析和利用。企业需要探索如何利用数字技术和大数据技术,设计出能够更好地满足客户需求和提高运营效率的盈利模式。例如,电商平台提供的大数据分析服务,帮助商店分析客户需求和客户群体,并以此向商家收取数据服务费用。

(2)随着消费者需求的多样化和个性化,企业需要探索如何提供更加定制化的服务,以满足客户需求。因此,盈利模式设计过程中需要关注客户个性化需求的收集、分析和实现。例如,字节跳动作为以短视频、新闻资讯、社交娱乐等内容平台为主营业务的企业,利用先进的算法技术和优质的内容生态,根据用户的使用习惯和可能感兴趣的内容,为用户做个性化推荐,吸引了大量用户。

(3)企业在盈利模式设计过程中要考虑到整个生态系统的构建和运营,以实现可持续的盈利。生态系统建设包括与供应商、合作伙伴、客户和其他利益相关者的协作,以及共享经济和平台经济的发展等。

总之,数智经济时代的盈利模式设计过程需要更加注重数据和数字技术的应用、个性化和定制化服务、生态系统建设等方面的因素,以满足消费者需求,实现企业发展和社会价值的双重目标。

3. 赋能资源整合

数智经济时代,企业的赋能资源整合需要面对以下背景。①数据爆炸:随着数字技术的快速发展,企业可以获取和处理的数据数量越来越多,如何有效地管理和分析这些数据成为企业需要解决的问题之一。②技术创新:随着人工智能、大数据、云计算、区块链等技术的不断创新和发展,企业需要不断跟进和应用新的技术来提高效率和竞争力。③个性化需求:消费者对产品和服务的个性化需求越来越高,企业需要通过数字化技术实现个性化生产和服务,以提高客户满意度。④人才缺口:数智经济时代需要具备数字化技能的人才,但人才市场的供需矛盾严重,企业需要通过不断创新的培养机制和人才引进机制解决人才缺口问题。

在这种背景下，企业需要做到以下几点。①数据整合：企业需要整合不同来源和类型的数据，建立数据仓库和数据分析平台，实现数据的规范化、标准化和可视化。②技术整合：企业需要整合不同的技术资源，建立技术平台和技术生态系统，实现技术的共享、协同和创新。③人才整合：企业需要整合不同领域的人才资源，建立人才发展平台和人才共享机制，实现人才的培养、流动和跨界合作。④业务整合：企业需要整合不同业务领域的资源，建立业务合作平台和生态系统，实现业务的协同、优化和创新。

通过以上资源整合，企业可以实现数字化转型，提高生产效率和经营效益，满足消费者个性化需求，建立品牌竞争优势。

案例 6-5 | Pika 的赋能资源整合

2023 年 11 月，美国 AI 初创公司 Pika Labs(以下简称"Pika 公司")推出 Pika 1.0，能够生成和编辑 3D 动画、动漫、卡通和电影等各种风格的视频，一经推出便在各大社交媒体上迅速走红。其宣传的视频显示，只需在该软件的视频输入框内输入"马斯克穿着太空服，3D 动画"的关键词，一个身穿太空服的卡通马斯克便跃于屏上。在数据整合方面，Pika 公司通过整合图片生成算法和 AI 数据，开发出文本嵌入视频式的操作平台，为用户提供个性化的视频生成服务。在技术整合方面，Pika 公司技术团队已自研开发 AIGC（生成式人工智能）相关技术。据悉，AIGC 已在公司内部实现广泛的应用。文博会现场展出的 AIGC 产品数晔是集团在"营销+AI"领域的全新探索，运用成熟的图生图、高清修复、换脸等技术，让观众体验拍照并生成属于自己的国风视频。在人才整合方面，Pika 公司的两位创始人具备较完善的背景知识，初创期便整合了各自的数字化、智能化经验，经过不断讨论和迭代后成就了 Pika 1.0 的爆火。同时，他们还积极引进和培养数字化、智能化、服务化等方面的人才。在业务整合方面，Pika 公司主要围绕芒果内容 IP 生成短视频内容，有效降低了平台运营宣传与获客成本。同时，公司还将探索 AI 技术在提升广告、会员等业务运营效率方面的应用。

资料来源：何文英. 文生视频软件 Pika 火出圈或推动 AIGC 加速融入多种业态 [N]. 证券日报，2023-12-04(B3).

4. 优化业务流程

随着互联网和信息技术的发展，大数据已成为推动企业关键业务和流程创新与优化的重要推动力。目前来看，企业运用大数据优化流程以实现商业模式创新的途径有两种。

第一，聚焦供应端，利用机器学习、数据挖掘技术等管理库存和产品。例如，拣选物件是传统仓库管理的主要工作之一，京东打造了智能仓储管理系统，该智能仓库使用无人机搭配智能系统，可以进行极端复杂场景下高效率、高精度、高度自动化、密集波次、多种件型的拣选作业。无人拣货机搭配高精度传感器，可以独立完成智能感应、高精定位、动态分配、商品扫描、订单聚合、商品复核等步骤；智能仓管系统对深度学习、大数据、运筹学、机器视觉识别、数字孪生五大前沿技术进行深度融合，实现了自动化、智能化管理。无人化的智能仓储管理系统解放了人力，提高了运转效率，对仓库的作业模式和管理模式都是颠覆性创新。

第二，聚焦市场端，通过大数据分析市场、竞争等相关数据完成创新。一是提供个性化定制服务，通过对大数据的深度分析，企业可以更好地了解消费者的个性化需求，并提供相应的个性化定制服务。例如，各品牌智能音箱产品可以根据用户的语音指令，为用户提供个性化的服务和体验。二是提供平台化服务，企业可以通过构建开放平台，整合市场上的各种资源和服务，为消费者提供更为全面和便捷的服务。例如，支付宝通过开放平台，整合各种线上和线下的服务，为消费者提供一站式的服务。三是利用智能化技术，企业可以通过利用人工智能、物联网等技术，提高服务的智能化水平，从而更好地满足市场需求。例如，美团通过人工智能及大数据分析等技术，提供智能化场景推荐服务。

6.3.3 数智经济背景下商业模式创新的模式

数字技术的快速发展，促进了各行各业的数字化转型和升级，企业需要掌握并应用数字技术，创新商业模式，以应对市场变化和竞争压力。数智经济时代最显著的特点就是数据变得越来越重要。通过数据的采集、存储、处理、分析和应用，企业可以更好地了解客户需求、市场趋势和竞争对手的情况，从而更好地制定和实施商业策略，提高运营效率和竞争力。许多企业已经开始探索人工智能、云计算、大数据、物联网等数字技术的应用，以提高产品质量、服务效率和客户满意度。此外，数字技术还帮助企业创新商业模式，如通过数字化平台和共享经济等方式，实现产品和服务的个性化、差异化和升级，以满足不同用户的需求。

具体而言，数智经济背景下商业模式创新的模式有以下几种。

1. 互联网平台模式

互联网平台模式是一种基于互联网的商业模式，企业通过互联网技术将不同供需方连接起来，建立在线市场、社交网络、共享经济等平台，将供应商、消费者、合作伙伴和其他利益相关者连接起来。互联网平台模式的特点在于它具有高度的聚合效应和规模效应，能够快速连接不同的供需方，降低交易成本和提高效率。同时，互联网平台也能够通过数据和技术的支持，为不同的用户提供个性化、精准化的服务，实现商业模式的创新和变革，从而创造新的商业机会。

| 案例 6-6 | 闲鱼：让闲置在互联网上游起来

闲鱼是阿里巴巴旗下的二手交易平台，于2014年推出，成为中国最大的二手交易平台之一，其商业模式主要基于互联网平台模式建立的C2C二手交易平台。闲鱼的目的在于借助移动互联网的普及，实现随时随地的二手交易。用户可以在闲鱼上发布自己的闲置物品，通过手机app进行发布、浏览、购买和交易等一系列操作。此外，闲鱼通过与支付宝、淘宝等阿里巴巴旗下的平台互通，构建了一个庞大的生态系统。用户可

以通过支付宝账户进行交易和支付,同时也可以从淘宝、天猫等其他阿里巴巴平台进入闲鱼,实现流量共享和资源整合。闲鱼作为一个典型的互联网平台,通过技术和服务的创新,打造了一个便捷、安全、智能的二手交易平台。闲鱼通过社交、信任、个性化服务等方式,提高了用户的黏性和满意度,同时通过数据分析和技术支持,不断创新和优化商业模式,满足用户的需求,从而取得了巨大的商业成功。

资料来源:孟韬,关钰桥,董政,等.共享经济平台用户价值独创机制研究:以 Airbnb 与闲鱼为例 [J]. 科学学与科学技术管理, 2020, 41(8): 111-130.

2. 订阅模式

数智经济背景下的订阅模式是指企业向消费者提供一种以订阅方式购买服务或产品的模式,而不是一次性购买。这种模式在数字化、智能化和网络化的时代更具有优势。通过订阅模式,消费者可以根据自己的需求和预算选择订阅服务的种类和时间,而企业可以通过收取定期订阅费用实现持续稳定的收入。此外,订阅模式还可以提高消费者的忠诚度和参与度,促进企业与消费者之间的交流和合作。

订阅模式的商业模式创新适用于各种领域,如媒体、软件、教育、医疗、金融等。例如,Netflix 是一个知名的视频订阅服务提供商,用户可以根据自己的需求选择不同的订阅方案,观看不同的电影和电视节目。又如,Adobe 公司提供了一种订阅模式的创新,用户可以通过 Adobe Creative Cloud 订阅,以获取他们需要的各种设计和创意软件工具,而无须购买整个软件套件。

案例 6-7 | 蔚来:订阅制竟是欧洲最火的租车方式?

2022 年,蔚来官方宣布,正式开始在德国、荷兰、丹麦和瑞典市场提供服务,ET7、EL7 和 ET5 将通过订阅模式开放预订。该订阅服务和传统租车业务相比有着独特之处。与租车、融资租赁不同,订阅吸收了两者的长处,兼具租车的全包服务、便捷灵活以及融资租赁的高性价比。蔚来自然也具备了这些优势。蔚来的订阅服务首先突出在灵活性上。传统的融资租赁业务大部分要签订多年的合同,而蔚来的车辆订阅期限分为月租和 12~60 个月的长租。短期订阅可提前两周随时取消当月订阅,可任意更换车辆,随着使用时间的增加,月租费将相应降低。长期订阅只可以选择一款车型,享受较低的固定订阅价格,如果到期后不终止订阅,将按照灵活订阅条款自动续订,这样的订阅模式给了消费者更多的选择。

除了灵活性外,蔚来的订阅模式也强调"全包式服务"。所有订阅用户均可享受全险、保养、冬季胎、代步车和 BaaS,同时可以选择不同的配置,包括不同的电池包;使用全球各地"牛屋"(NIO House),参加用户活动等。值得一提的是,蔚来的换电服务受到了欧洲媒体的好评,给蔚来的订阅模式增色不少。英国《金融时报》报道蔚来的 BaaS 模式将使其拥有比竞争对手更大的市场。路透社报道称,BaaS 是蔚来为欧洲用户提供的重要服务。蔚来 BaaS 模式的电池租赁和换电服务不仅降低了消费者用车成本,而且避免了漫长的充电。

资料来源:杨梓.新能源车企付费订阅服务是门好生意吗 [N]. 中国能源报, 2022-08-01(12).

3. 共享经济模式

共享经济模式是指通过数字技术和网络平台将闲置资源与服务能力共享给其他用户，实现资源的最大化利用和经济效益的最大化。通过该模式，消费者可以通过在线平台或应用程序来搜索和购买所需的商品或服务，而这些商品或服务实际上由其他个人或企业提供。通过将资源和服务能力最大化利用，共享经济模式可以降低成本、减少浪费，同时提高资源的使用效率。共享经济模式的商业模式创新适用于各种领域，如住宿、交通、娱乐、金融等。例如，共享住宿平台爱彼迎（Airbnb）允许用户将自己的住宅、公寓或房间出租给其他人，同时也让用户在全球范围内搜索和预订其他人的住宿空间。

| 案例 6-8 | 街电：随时随地共享充电

街电是目前国内随处可见的共享充电宝品牌，成立于 2015 年，总部位于上海。街电致力于打造便捷、高效的移动充电网络，为广大用户提供便捷的移动充电服务，其商业模式基于"共享充电宝，收取充电服务费"来实现盈利。街电充电宝可以在超市、商场、咖啡厅、餐厅、酒店等各种商业场所内领取，用户可以使用充电宝为手机、耳机等移动设备充电，同时也可以在任何一个商业场所内归还充电宝，非常便捷。充电宝上配有一个二维码，用户可以通过扫码进入街电小程序 app，选择充电套餐进行支付，每小时收费 1~5 元不等。街电的商业模式不仅创造了全新的共享充电生态系统，还将品牌价值和商业价值融合在一起，让消费者享受到更为便捷和实惠的服务。

资料来源：侯凌熙，王凤，程振强.共享经济主要商业模式分析[J].上海立信会计金融学院学报，2020, 32(5): 109-120.

---

4. 数据模式

互联网上用户的行为和操作每天都产生海量的数据，数据模式创新是指利用数字技术，通过收集、分析和利用大数据，提供更加精准和个性化的服务或产品。为了获取有价值的大数据，企业必须能够捕捉、存储、分析、可视化和解释这些大数据，使企业不仅可以从技术中获益，同样还可以从信息中获益。例如，ChatGPT 等人工智能技术驱动的自然语言处理工具，以及 Facebook 和微信等社交媒体平台利用大数据技术分析用户的偏好和需求，为其提供个性化的推荐服务。

数据模式的商业模式创新可以帮助企业更好地了解市场需求和用户需求，提高运营效率和决策效果，从而实现业务增长和盈利。同时，数据模式的商业模式创新也需要企业具备良好的数据分析能力和数据管理能力，以保障数据的质量和安全。

| 案例 6-9 | 微信：基于用户数据的服务优化

微信是中国最大的社交媒体平台之一，用户在使用微信的聊天、群聊、朋友圈等功能时会产生海量的数据，通过大数据算法，在保护用户个人隐私的前提下对这些数据进行分析，微信可以更好地了解用户偏好和需求，为其提供更加个性化的推荐和服务。微信通过用户的位置信息、朋友圈等多种数据源建立用户画像，从而更好地了解用户的兴趣、喜好、消费能力等信息，更精确地投放朋友圈广告、推送公众号文章等，为企业提供更加个性化的营销服务。在隐私方面，微信注重用户数据的安全和隐私保护，通过数据加密、权限控制、安全审计等，保障用户数据的安全和隐私不被泄露或滥用。微信的数据模式创新为企业提供了更加精准、个性化、便捷和安全的营销和服务渠道，帮助企业更好地了解用户需求，提高运营效率和决策效果，同时也保障了用户数据的安全和隐私。

资料来源：杨明. 大数据背景下电子商务精准营销措施分析 [J]. 中国产经，2023，310(6): 61-63.

5. 区块链模式

区块链模式创新是指利用区块链技术，建立一种去中心化的商业模式，每个区块链中的服务器节点都可以保障区块的数据存储和算力，以实现信息和价值的安全传递与管理。该技术有两个重要特点，一是数据难以篡改，二是去中心化。利用区块链技术的模式创新实例有比特币和以太坊等数字货币平台，以及智能合约和数字资产交易平台等。区块链模式的商业模式创新需要企业具备先进的技术研发和应用能力，同时也需要充分了解市场需求和用户需求，探索新的商业模式和盈利模式，以实现商业和社会价值的双赢。

案例 6-10 │ 鲸探：推出首个可变化数字藏品

鲸探是蚂蚁集团旗下的数字藏品平台，基于蚂蚁链技术，与各地博物馆、艺术工作室等合作，发行了多种风格的数字藏品。用户可以通过鲸探app或小程序购买、收藏、欣赏、展示和赠送数字藏品，也可以在社区和其他用户交流分享。鲸探的数字藏品是基于区块链技术的数字资产，具有唯一性、稀缺性、不可篡改性和可追溯性等特点。每个数字藏品都有一个独一无二的编号和证书，可以证明其真实性和所有权。2023年，鲸探宣布与NBA合作，并推出首个可变化数字藏品。可变化数字藏品是指根据一定的规则或条件，可以改变自身形态或属性的数字藏品。例如，根据时间、地点、温度、湿度等因素，或者根据用户的互动行为，数字藏品可以呈现出不同的颜色、形状、动画等效果。这种新型的数字藏品形态，不仅增加了数字藏品的趣味性和互动性，也提高了数字藏品的价值和稀缺性。这是因为每个可变化数字藏品都可能在某一时刻呈现出独一无二的状态，而这种状态可能再也不会重复出现。

资料来源：陈桥辉. NBA可变藏品遭疯抢，数藏市场迎来引爆点？[J]. 销售与市场（营销版），2023(6): 86-89.

总而言之，在数智经济背景下，商业模式创新已成为企业持续发展和竞争优势的重要驱动力。数智经济时代的商业模式创新，需要企业对用户需求和市场需求有深入的洞察和理解，以及不断提升和应用数字技术和数据分析能力，从而获得商业成功。

本章小结

商业模式创新可以促使企业通过改进产品和服务、优化生产流程、改变市场定位、创新收费模式等方式，更好地满足客户需求，提高客户满意度，增强品牌影响力，从而获得更多的市场份额；还可以帮助企业通过将产品和服务进行差异化、创新收费模式，或者是开发新的产品和服务等方式，在市场中寻找新的增长点和收益来源。通过改进生产流程、减少中间环节、采用新的技术和设备等方式，商业模式创新可以降低企业的成本，提高企业的盈利能力。

此外，商业模式创新通过引领市场趋势、创新产品和服务、打破传统思维等方式，可以推动整个产业的创新和发展，为整个产业带来更多的价值。总体而言，商业模式创新对企业来说具有重要的意义。

思考题

1. 尝试阐述每类商业模式创新过程的特点，以及数智经济时代下商业模式创新过程的不同。
2. 选择一家你所熟悉的创业企业，试从商业模式创新的角度对其进行分析。
3. 选择一家你所熟悉的成熟企业，思考该企业在数智经济时代下可以从哪个方面进行商业模式创新。

参考文献

[1] 钱雨，孙新波．数字商业模式设计：企业数字化转型与商业模式创新案例研究[J]．管理评论，2021，3（11）：67-83．

[2] 易加斌，徐迪，王宇婷，等．学习导向、大数据能力与商业模式创新：产业类型的调节效应[J]．管理评论，2021，33（12）：137-151．

[3] 易加斌，张梓仪，杨小平，等．互联网企业组织惯性、数字化能力与商业模式创新[J]．南开管理评论，2022，25（5）：29-42．

[4] 张新民，陈德球．移动互联网时代企业商业模式、价值共创与治理风险：基于瑞幸咖啡财务造假的案例分析[J]．管理世界，2020，36（5）：74-86+11．

[5] BADEN-FULLER C, HAEFLIGER S. Business models and technological innovation[J]. Long range planning, 2013, 46(6): 419-426.

[6] FOSS N J, SAEBI T. Fifteen years of research on business model innovation: how far have we come, and where should we go? [J]. Journal of management, 2017, 43(1): 200-227.

[7] JOHNSON M W, CHRISTENSEN C M, KAGERMANN H. Reinventing your business model [J]. Harvard business review, 2008, 86(12): 50-59.

[8] TEECE D J. Business models, business strategy and innovation[J]. Long range planning, 43(2-3): 172-194.

[9] YOO Y, BOLAND JR R J, LYYTINEN K, et al. Organizing for innovation in the digitized world[J]. Organization science, 2012, 23(5): 1398-1408.

[10] ZOTT C, AMIT R, MASSA L. The business model: recent developments and future research[J]. Journal of management, 2011, 37(4): 1019-1042.

> 延伸阅读

创新商业模式：创造与保持竞争优势

关键资源能力只是维持持续竞争优势的必要条件。要维持持续竞争优势，关键要从差异化定位、业务系统、盈利模式、关键资源能力或者现金流结构等方面入手，构建独特的利益相关者交易结构，形成高价值创造、低价值耗散、合理共享价值的新商业模式。

创造和保持竞争优势为什么这么重要？因为企业都希望通过创造和保持竞争优势，使企业增长更快，经营期限更长，投资价值更高。

1. 什么是竞争优势

管理学关于竞争优势的定义是：如果一家企业获得超过产业平均水平的收益，那么它就有竞争优势。但这只是评价企业是否有竞争优势，并没有定义什么是竞争优势。如果问一位企业家什么是竞争优势，或者他的企业有什么竞争优势，你得到的回答或者是研发能力强，或者是渠道能力强、品牌好，等等。但这些也不是竞争优势，只是资源能力优势。此外，单项资源能力优势会随时间而衰减，会被替代、被超越。

一些企业一直缺乏竞争优势；一些企业自认为获得了竞争优势，但很快流失耗散；一些企业自认为有很多的竞争优势，却没有产生相应的经营业绩。柯达早在1975年就发明了数码相机，但在2011年却陷入破产困境。有一些企业或者个人一开始只有很少的优势条件，甚至基本上没有竞争优势，后来却取得了成功。例如，北汽福田在1989年前还只是山东诸城市（县级市）城关镇农机修配厂，但在2009年却成为全球商用汽车冠军。

2. 如何创造和保持竞争优势

资源能力学派认为，企业要保护其竞争优势，必须以稀缺或难以流动（流动性差）的资源能力为基础，建立隔绝机制。但资源能力往往分散掌握在不同的利益主体手上，其市场化程度、流动性都在增强，而且稀缺、流动性差的关键资源能力只是维持持续竞争优势的必要条件，而非充分条件。因此，企业拥有稀缺、流动性差的资源能力，并不一定能形成竞争优势。

20世纪70年代，施乐在黑白复印机市场上的优势，有一部分源于其超强的服务能力，这种服务能力以现场维修为基础，以广泛的销售商网络为依托。但佳能推出小型复印机，质量可靠，很少损坏。结果是，施乐的资源能力优势——超强的服务能力，并不构成对佳能的竞争优势。这是因为佳能采取了完全不同的商业模式，其定位和提供的客户价值不同，佳能优良的产品设计降低了施乐服务能力和销售网络的价值。

企业如何建立和更长久地保持竞争优势？如何建立隔绝机制，限制其流动？我们的回答是：创新商业模式！

3. 创新商业模式

什么是商业模式？商业模式有多种定义。我们认为，商业模式就是利益相关者的交易结构。任何企业都要与其他利益相关者（包括客户、供应商、渠道、政府、投资者、外包者或者外协者等）交易。企业家应从企业与利益相关者的交易结构，来设计自己的利益相关者交易结构。

为什么创新商业模式能够助力企业建立和更长久地保持竞争优势？因为相比于竞争对手，好的商业模式能够通过好的交易结构给资源能力拥有者带来更合理的价值分享，从而不断获取、积累、隔绝和保持优势资源条件，减弱资源能力拥有者流动的动力。

一个好的商业模式总是能为企业及其利益相关者创造最大的价值，换言之，实现企业剩余与利益相关者剩余之和的最大化。

商业模式创造巨大的交易价值，并付出一定的交易成本，两者之差为交易结构的价值空间。除了交易成本,企业和利益相关者还需要付出货币成本,比如内部管理费用、原材料采购成本等。价值空间减去货币成本,就是商业模式为所有利益相关者实现的价值增值,其组成为企业剩余加上利益相关者剩余。

价值空间的来源包括两种:价值创造和价值耗散。

所谓价值创造,是指与传统商业模式所处的商业生态相比,市场(包括客户和产品)空间极度扩大了。设计新商业模式是为了获得一个新的增量市场空间。它可以是定性的增加,增加某种新的价值;也可以是定量的增长,把某种价值极大地扩大。如果反映在商业模式效率上,那么高价值创造意味着高交易价值。

所谓价值耗散,是指在既定的市场中,相当一部分价值并没有分配给企业及其利益相关者或同类模式的商业生态参与者。换言之,通过一种无序方式分配,最终参与的各利益相关者所获得的回报总和(主要是指经济利益回报)远远低于所获得的市场总和。这意味着利益相关者所创造的价值很大一部分耗散在交易成本上。如果反映在商业模式效率上,那么高价值耗散意味着高交易成本。

按照价值创造和价值耗散的高低,商业模式可分为四大类:高创造,高耗散;高创造,低耗散;低创造,高耗散;低创造,低耗散。

由于商业模式对企业价值起一个乘数作用,因此,绝对的价值创造和价值耗散的高低是没有意义的,只有两者相对而言的高低才具备指导意义。

(1)高创造,高耗散。企业及其利益相关者创造了巨大的交易价值,同时,很大一部分交易成本耗散在交易过程中。判断该模式是否有存在的合理性,要看新创造出来的交易价值是否超过多耗散掉的交易成本。

前几年,很多独立软件开发商开发出很多好用、有价值的软件,放在互联网上,想通过版权获得收入。这些软件给下载者提供了良好的功能体验。但由于开发商找不到低成本、高效率的技术监督手段和盈利模式,绝大部分软件只能被无偿下载使用。整个商业模式虽然创造了巨大的社会价值,但交易成本极高,耗散更大。因此,这种商业模式没能持续下来。

(2)高创造,低耗散。企业及其利益相关者创造了巨大的交易价值,交易成本的耗散也能较好地得到控制。此类企业及其利益相关者至少在中短期能够获得较好的发展。

苹果开发时尚、高档的智能终端,提供有限的功能应用,把应用拓展交给高效的共享平台 App Store,形成消费者对独立软件的依赖需求。因此,虽然同样是独立软件开发商,但苹果的软件开发商可以自由定价,并获得定价收入的 70%,苹果只获得剩下的 30%。整个资金交易均通过安全、可靠、高效的网上支付进行。它是高价值创造、低价值耗散商业模式的典范。

(3)低创造,高耗散。企业及其利益相关者创造的交易价值有限,很大一部分交易成本耗散在交易过程中。从长期来看,此类企业将不可避免地走向衰落。

传统的农村水稻种植需要个人种植、施肥、除草、收割等,效率很低,很难创造巨大的交易价值;农民还要单独与化肥、种子、收割机等供应商交易,交易成本极高。低价值创造、高价值耗散,这导致农村这种传统种植商业模式可能无法长期存在。

(4)低创造,低耗散。企业及其利益相关者创造的交易价值有限,但是交易成本得到很好的控制。只要新增加的交易价值超过新耗散的交易成本,这种模式在中短期就仍有存在的可能,但很难得到长足发展。

在合伙制下,律师事务所实质上采取的是类似于个体户的方式,其总体效率不可能高,因此价值创造较低;但是,在严明的法律环境下,需要耗散的交易成本也可以得到较好的控制,律师及其利益相关者能够获得较多的价值留存。因此,作为律师个人,从事该职业能获得不错的收入和社会地位,但从行业来看,很难培养出创造巨大价值的企业。这是由其低价值创造、低价值耗散的商业模式所决定的。

因此，好商业模式的标准是：高价值创造，低价值耗散。

事实上，垄断在短期内同样可以实现高价值创造、低价值耗散。但长期而言，垄断的高价值创造、低价值耗散是以其他利益相关者的低价值创造、高价值耗散为代价的。垄断通过资源独占、不平等竞争，极大地破坏创新。在对资源和价值的分配上，垄断不利于商业生态系统的可持续发展。

为了保持长期的商业生态和谐，使企业的竞争优势可持续、可更新、可成长，创新商业模式必须考虑"价值共享"。

因此，创新商业模式的标准是：高价值创造、低价值耗散、合理的价值共享。

资料来源：朱武祥，魏炜，林桂平. 创新商业模式：创造与保持竞争优势 [J]. 清华管理评论，2012（2）：26-38.

自测练习

扫码查看练习题及参考答案

附录 6A

用户画像感知评价量表

表 6A-1　用户画像感知评价量表

变量	定义	题目
可信度	衡量人物形象的可信度（现实、真实）	这个角色看起来像一个真实的人
		我见过这种人
		人物的照片看起来很真实
		人物角色似乎是有个性的
一致性	衡量角色配置文件中不同信息的一致性	人物描述中的引用与档案中的其他信息相一致
		人物描述中的图片与档案中的其他信息相一致
		人物描述的信息似乎是一致的
		人物描述中的人口统计信息（年龄、性别、国家）与档案中的其他信息相一致
完整性	衡量人物角色，捕获它所描述的用户的基本信息的程度	人物角色概要足够详细，可以对它所描述的客户做出决策
		角色简介看起来很完整
		人物角色概要文件提供了足够的信息来理解它所描述的人
		角色简介不会遗漏重要信息
清晰度	衡量人物角色信息呈现的清晰程度	人物角色的信息呈现得很好
		角色简介中的文本足够清晰，可以阅读
		人物角色配置文件中的信息很容易理解
		角色是令人难忘的

（续）

变量	定义	题目
喜爱性	衡量被调查者对角色的喜爱程度	我觉得这个角色很可爱
		我可以和这个角色做朋友
		这个角色感觉像是我可以花时间在一起的人
		这个角色很有趣
同理心	衡量受访者对人物角色的共情程度	我觉得我了解这个角色
		我觉得自己与这个角色有着强烈的联系
		我可以想象这个角色生活中的一天
相似性	衡量被调查者认为角色与他的相似程度	这个角色感觉和我很像
		这个角色和我的想法很相似
		这个角色和我有相似的兴趣
		我相信在大多数问题上我都同意这个角色
使用意愿	衡量被调查者了解更多人物角色的意愿	我会在我的任务（制作 YouTube 视频）中使用这个角色
		我想更多地了解这个角色
		我可以想象在我的任务（制作 YouTube 视频）中使用角色信息的方法
		这个角色将提高我对它所描述的客户做出决策的能力

资料来源：SALMINEN J, SANTOS J M, KWAK H, et al. Persona perception scale: development and exploratory validation of an instrument for evaluating individuals′ perceptions of personas[J]. International journal of human-computer studies, 2020, 141.

附录 6B

Kano 量化表格

Kano 模型调查问卷对于每个特性的调研问题，都是分正向和负向两个方面来提问。在做 Kano 分析前，一般需要进行用户调研。通常采用矩阵量表的形式让用户对功能进行正面和负面评价，评价分为五个程度："我很喜欢""它理应如此""无所谓""勉强接受""我很不喜欢"。

表 6B-1　Kano 量化表格

正向问题	反向问题				
	我很喜欢	它理应如此	无所谓	勉强接受	我很不喜欢
我很喜欢	Q	A	A	A	O
它理应如此	R	I	I	I	M
无所谓	R	I	I	I	M
勉强接受	R	I	I	I	M
我很不喜欢	R	R	R	R	Q

注：A——魅力型；O——期望型；M——基本型；I——无差异型；R——反向型；Q——可疑结果。

PART 3 第3篇

创新的组织与执行

本篇将着重介绍创新的过程、绩效评估以及组织学习，旨在探讨如何有效组织和推动创新活动，并对其结果进行评估和学习，最终构建一个学习型组织。

首先，第7章将探讨创新的过程，分为三节来讲解不同类型的流程管理方法。第一节聚焦于结构化流程，特别是阶段－关口流程，通过明确各个创新阶段的目标和里程碑，提供了一种系统性的管理方法；第二节介绍商业流程管理，其中包括端到端流程和集成产品开发流程，强调了从用户需求到最终交付的整体管理，促进跨部门合作；第三节则深入探讨精益产品开发流程，该方法注重快速迭代、持续学习和适应市场的需求。

其次，第8章将重点关注创新的绩效评估。第一节探讨创新绩效评估的内涵，包括概念和重要性；第二节介绍四类指标用于评估创新绩效，即产出绩效、过程绩效、商业绩效和组织绩效；第三节列举创新绩效评估的实施方法，如计分卡、贝尔曼方程和成本效益分析。

最后，第9章将讨论创新的组织学习。第一节着重介绍组织学习的概念和类型，强调了在创新环境中不断学习和改进的重要性；第二节深入探讨了学习型组织的内涵及构建基础，包括试验方法、从过去的经验中学习、从他人的经验中学习等；第三节则介绍组织学习与创新的关系。

- 第7章　创新的过程
- 第8章　创新的绩效评估
- 第9章　创新的组织学习

第 7 章　创新的过程

■ 本章要点

1. 了解结构化流程的概念及意义。
2. 理解阶段－关口流程的概念及各阶段活动。
3. 理解端到端流程和集成产品开发流程的概念及过程。
4. 理解精益产品开发流程的概念及运作。

■ 引导案例

美的集团基于结构化流程的产品开发

1. 美的集团经营背景

美的集团的业务核心是空调，该板块在其营业收入中的占比接近一半。2018年，空调业务的营业收入占比达到了42.13%，相较于上年增长了2.2个百分点。自2013年以来，空调业务的营业收入年复合增长率（CAGR）为11.96%。然而，2015年，由于空调渠道库存问题的全面爆发导致行业进入去库存周期，空调销量明显下滑，从而影响了美的集团当年的营业收入。

在国内市场，家用空调领域已经形成了由格力集团和美的集团主导的双寡头垄断格局，这两家公司的市场份额合计长期超过50%。

根据2018年第一季度的财报，美的集团的营业总成本高达639亿元，这反映出公司内部的运营和管理成本相对较高。此前，美的集团通过收购库卡和东芝、实施股权激励计划等重大举措，对公司的资源造成了一定程度的消耗。面对日益激烈的市场竞争，美的集团采取了多种应对策略，包括增加研发投入、提升渠道效率，以及通过收购库卡进军人工智能领域。然而，这些举措的效果并未达到预期。

2. 为应对危机而采取结构化流程

尽管美的集团的产品销量每年都在稳步增长，但收益却呈现出下滑的趋势。尤其是在近乎垄断的小家电行业中，美的集团面临着来自新兴竞争者的挑战。例如，苏泊尔和九阳在2017年就已经占据了小家电市场的很大份额，显示出强劲的增长势头和市场抢占能力。这些后来者不断崛起，对美的集团的市场份额构成了威胁。为了应对这些威胁，美的集团采取基于结构化流程的产品开发，提高产品的研发效率。其结构化流程具有如下特点。

（1）用户导向的设计研发模式。美的集团采用基于CDOC（概念、设计、优化、量产）的方法论，形成了特色设计研发模式。该模式以用户需求为导向，通过收集并贯穿用户需求到新产品的概念产生和选择过程中，确保产品更加贴近用户实际需求。例如，美的空调的第一个概念工程产品是针对海外市场易安装、易维护的需求设计的，结果大受欢迎。

（2）有效的投资组合分析。作为一家全球化运营的多元化企业，美的集团需要有效的投资组合分析以确保战略落地。通过测算新产品的投资利润率，企业可以对产品战略做出正确的判断和决策，进而确定产品开发方面的投资。

（3）技术与产品开发的分离。为了降低产品开发流程中的不确定性，美的集团采用将技术研究与产品开发分离的策略。通过提前进行技术预研，建立技术货架，降低产品开发流程中的不确定性。此外，美的集团还搭建了两级研发体系，明确了产品技术发展路线制定、产品规划、品类技术研究和产品开发的分工布局。

（4）结构化并行流程。美的集团运用IPD（集成产品开发）模式，推行结构化并行流程，让多个部门提前介入研发流程。这保证了产品质量，简化了流程接口并提高了处理效率。美的集团还形成了著名的"1131"流程，即1个接口、1个工作日签批、3个审批控制点和1个工作日反馈。

（5）跨部门团队与考核激励。美的集团成立跨部门团队并实施考核激励，通过KPI的纵向分解、横向拉通打破部门墙。IPD模式的成功实施离不开相应的激励机制，通过在项目参与方之间分配收益和损失，促使各方共担风险、共享收益。美的集团推出多次、多种股权激励计划，并明确产权结构是公司能够保持长期经营活力的基础。

（6）市场管理制定可执行业务活动。美的集团构建市场管理与产品管理团队，提升产品与技术规划能力、市场与用户洞察能力，实现营、销分离。重新规划业务架构，将原来的四大业务板块更迭为五大业务板块，并确立了四大战略主轴。

（7）项目管理体系确保战略项目高效实施。美的集团通过"632"项目（6个运营系统、3个管理平台、2个技术平台），统一流程、数据和IT系统，并组建虚拟组织推进小组，确保项目高效实施。活动时间安排、预算和资源调配以及PDT（产品开发团队）的参与都是关键要素。管道管理优先排序及动态平衡资源，以目标和结果为导向，完成艰巨任务。

（8）美云智数PLM（产品生命周期管理）实现产品全生命周期管理。美的集团通过美云智数PLM实现产品全生命周期管理，及时发现问题、调整产品方向，延长产品生命周期。纵横布局研发体系，构建新型研发模式，产研协同让"IT+业务"深度融合。

资料来源：https://zhuanlan.zhihu.com/p/684351698。

思考题

1. 如何平衡产品创新与满足市场需求之间的关系？
2. 在实施结构化流程时，如何确保跨部门团队之间的有效沟通和协作？
3. 在应对市场竞争和威胁时，企业如何通过产品创新和结构化流程来提高自身的竞争力？

7.1 结构化流程

7.1.1 结构化流程的内涵与创新

1. 结构化流程的内涵

结构化流程是指对一系列工作任务进行的有序、有组织的安排。结构化流程旨在将复杂的任务按照次序划分为可控制、可重复的具体任务，进而使复杂任务的运行得以可控、高效完成。在企业创新过程中，结构化流程的设计十分关键，既不能过度结构化，也不能缺乏结构化。缺乏结构化将会使每个任务变得十分复杂、难以重复、不可控制，而过度结构化将会使任务执行缺乏灵活性、效率低下。产品开发流程是企业创新过程最为核心且复杂的任务之一，包括市场调研、创意设计产品研发、产品上市、市场发布等一系列活动，往往需要跨部门协同进行。为了使这项活动变得更加可重复、高效可控，许多企业采用结构化流程来应对复杂的产品开发活动。本章将首先介绍产品开发流程中重要的阶段－关口流程的基本概念，然后在此基础上介绍集成产品开发流程和精益产品开发流程。

2. 结构化流程在创新中的作用

结构化流程对于产品创新和流程创新有重要作用。

在产品创新方面，结构化流程可以提供以下几个关键作用。

- 创意管理：结构化流程可以帮助组织收集、评估和筛选创意，并将其转化为具体的产品概念。通过明确阶段和评估标准，结构化流程可以帮助组织更好地管理创新过程，避免资源浪费和错误决策。
- 项目管理：结构化流程可以帮助组织规划、执行和监控产品创新项目。它可以确保创新项目按照预定的时间表、预算和质量标准进行，并提供透明度和可追踪性，以便及时发现和解决问题。
- 跨部门协作：产品创新通常涉及多个部门和团队的合作。结构化流程可以建立清晰的沟通渠道和协作机制，促进各部门之间的有效合作，减少信息丢失和冲突，提高工作效率。

在流程创新方面，结构化流程同样发挥着重要作用。

- 流程优化：结构化流程可以帮助组织识别、分析和改进现有流程中的瓶颈和问题。通过使用工具和技术，如价值流图、流程图和业务流程再造，结构化流程可以帮助组织找到改进机会，并实施相应的变革措施。
- 自动化和数字化：结构化流程可以为流程创新提供框架和指导，使组织能够更好地利用技术和数字化工具来实现自动化和优化流程。通过将人工操作转移到计算机系统或自动化设备上，结构化流程可以提高效率、降低成本，并减少错误和降低风险。
- 持续改进：结构化流程可以帮助组织建立持续改进的文化和机制。它可以通过定期的评估和监测，促使组织不断寻求创新和改进的机会，并及时采取行动来提高流程效率。

7.1.2 阶段-关口流程

1. 阶段-关口流程的概念

阶段-关口流程，顾名思义是阶段与关口的组合。如图 7-1 所示，项目团队在每一个阶段都要收集数据，并将数据进行汇总分析，同时将必要的结果汇总至关口。每一个阶段后面都对应一个关口，负责关口的人员对提交的报告进行分析并决定是否将这一创新项目推进至下一阶段。

阶段-关口流程：武汉齐物科技有限公司

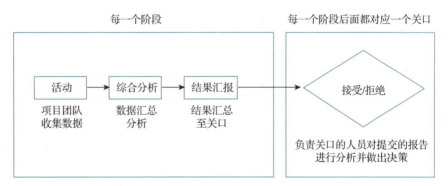

图 7-1 阶段-关口流程

（1）阶段。整个产品开发流程可以看作一系列阶段的整合，每一个阶段只有完成了本阶段的必要活动才有机会进入下一个阶段。阶段特点如下：①每个阶段的本质都是收集信息，降低创新项目的不确定性与风险，而对信息的不同要求也决定了各个阶段的不同；②下一阶段付出的成本往往高于上一阶段，但随着各个阶段成本的上升，创新项目的风险与不确定也随之下降，风险得到一定程度的控制；③在每个阶段内部所做的工作是由来自不同职能的团队进行的，所做的工作也不尽相同；④各个阶段都是跨职能的，没有专门的营销阶段，也没有专门的研究开发阶段，每一个阶段都可能包含营销、研究开发、生产与制造等工作。

（2）关口。关口是一个检查环节，在这一环节，上一阶段的成果将被提交分析。项目团队将判断当前成果是否足以支持创新项目进入下一阶段。关口所包含的内容如表 7-1 所示。

表 7-1 关口内容

项目	内容
成果	项目团队将向专家提交在这一阶段所形成的成果,既可以是实物,也可以是信息
标准	标准需要包括必须满足的要求或是检查清单
决策	专家依据标准审查所提交的成果做出决策,决策包括:继续项目、停止项目、暂停项目、重启项目;同时,专家可能需要给出相应的建议,以及下一关口的期限

资料来源:作者根据 Cooper 等(2006)整理而成。

2.各阶段及各关口活动

(1)探索阶段。探索阶段也称第零阶段,是企业为创新构思寻找创意的过程。

(2)关口一:创意筛选。进行初步筛选,确定创新项目是否满足少数几个必须满足的关键标准。财务标准通常不作为初步筛选的依据,因为此时可靠的财务数据相对较少。可以应用检查表、计分卡或评分模型进行筛选,并对创新项目进行排序。

(3)第一阶段:创意形成。在这一阶段主要形成初步的产品创意,该阶段需要解决的问题如表 7-2 所示。

表 7-2 创意形成阶段需要解决的问题

需要解决的问题	途径
创意能否满足市场需求,是否挖掘出了市场痛点	初步市场调研
创意在技术上能否实现	初步技术调研
创意的实现是否有足够的财务支持	初步财务调研

资料来源:作者根据 Cooper 等(2006)整理而成。

(4)关口二:二次筛选。这个关口的工作内容和关口一其实是一样的,只是二次筛选将更加严格。二次筛选将根据第一阶段获得的新信息,对创新项目进行重新评估,可以考虑额外的标准,如销售人员和客户对创新项目的反馈以及潜在的法律、技术和监管等。二次筛选通常采用检查表和评分模型,同时也要进行财务收益评估,但只进行快速简单的财务测算(如计算投资回收期)。如果在此关口上做出决定,创新项目将进入一个更大的支出阶段。

(5)第二阶段:概念孕育。这一阶段主要形成新产品的概念,并对新产品概念的可行性进行进一步验证,这一阶段需要解决的问题如表 7-3 所示。

表 7-3 概念孕育阶段需要解决的问题

需要解决的问题	途径
产品的形状、大小、有形或是无形	产品初步设计
产品在市场上是否具有足够的竞争力	竞争力分析
产品生产流程是否可行	产品生产流程分析
产品的定价在怎样一个范围	进一步的市场调研

资料来源:作者根据 Cooper 等(2006)整理而成。

(6)关口三:进入开发。这是开发阶段之前的最后一道关口,也是创新项目投入巨额开支前可能被扼杀的最后一道关口。一旦通过关口三，财务上的承诺将要兑现。关口三通常由业务的领导团队负责。财务分析结果是在该关口筛选创新项目的重要依据。如果创新项目通过，开发计划、初步运营和市场启动计划将在此关口进行审查和获得批准，项目团队也将被指派。

（7）第三阶段：产品开发。这一阶段主要依据上一阶段所构建的产品概念对产品进行开发，该阶段需要进行的工作及需要解决的问题如表 7-4 所示。

表 7-4　产品开发阶段需要进行的工作及需要解决的问题

需要进行的工作	需要解决的问题
技术开发工作	产品的设计过程中往往伴随着技术开发，既可以是产品本身的技术开发，也可以是生产过程的技术开发
产品原型开发	最初的开发工作往往是先生产出几个不同的产品原型，再进行筛选，选择最可行的一个产品原型作为批量生产的依据
生产流程开发	生产流程的安排是否满足产品的质量要求，生产效率是否满足预期，生产成本是否满足预期
产品内部检测	生产出的产品是否能够实现预期功能，生产出的产品是否达到安全标准
消费者初步反馈	可以初步向一部分消费者寻求对产品原型的反馈，这一反馈有助于在产品开发的早期及时对不符合市场需要的产品功能或样式进行修改
形成初步生产运营计划	主要解决大量生产的效率问题

资料来源：作者根据 Cooper 等（2006）整理而成。

（8）关口四：进入测试。这个关口是对产品开发和创新项目的进度及其持续吸引力的检查，确保以高质量的方式完成工作，并且确保开发的产品与关口三规定的原始定义一致。该关口还通过基于新的和更准确的修订后的数据进行财务分析并重新审视经济指标。下一阶段的测试或验证计划获得批准即可立即实施，详细的市场投放和运营计划需要审查，以备将来执行。

（9）第四阶段：市场测试。这一阶段主要是将产品小范围投放到市场上，目的是获取市场反馈，为进一步改进产品提供帮助。这一阶段需要进行的工作及需要解决的问题如表 7-5 所示。

表 7-5　市场测试阶段需要进行的工作及需要解决的问题

需要进行的工作	需要解决的问题
进一步的产品检测	通过市场测试得到的反馈往往能反映出产品的功能或是生产过程中存在的问题，因此需要进一步依据市场的反馈对产品进行进一步检测，改进产品的生产
消费者现场测试	相比于消费者间接接触得到的反馈，与消费者直接接触的现场测试得到的反馈更加具有可信性和可靠性
批量生产设备的获取	在修改生产流程的基础上需要为后续大批量生产产品做准备，因此需要购入批量生产设备
进一步的生产运营测试	在引入批量生产设备后，需要进一步测试设备的性能，以测试是否能满足下一阶段批量生产的需要
最终生产运营计划	根据批量生产设备的运营情况设计最终的生产运营计划，这一步仍然需要解决产品质量保障问题、生产效率是否满足预期的问题

资料来源：作者根据 Cooper 等（2006）整理而成。

（10）关口五：进入上市。这个最后的关口开启了新产品的全面商业化——上市启动和全面生产启动。创新项目在此时仍然有可能被扼杀。该关口主要关注测试和验证上一阶段的活动质量及其结果。通过关口的标准主要集中在预期的财务回报、创新项目的启动准备及启动和运营启动计划的适当性。

（11）第五阶段：市场发布。市场发布主要需要进行新产品推出、全生产线生产、开始销售、运营监控及制订产品发布后计划等工作。市场发布需要进行的工作及需要解决的问题如表7-6所示。

表7-6 市场发布阶段需要进行的工作及需要解决的问题

需要进行的工作	需要解决的问题
新产品推出	这一工作往往需要将企业的产品快速向潜在顾客群体展示，而不同的企业有不同的推出产品的手段，例如，电子产品企业往往通过新产品发布会推广新的电子产品，汽车企业往往通过车展示新上线的汽车，房地产企业往往通过电视广告、线下营销的方式展示新产品
全生产线生产	此时需要依据上一阶段制订的生产计划进行生产，及时将生产的产品送到顾客手中
开始销售	与新产品推出相类似，不同行业的企业采取不同的模式进行销售，例如，电子产品主要采用线上销售模式，而房地产主要采用线下销售模式。有时，即使是同一行业的企业，也可能采取风格迥异的销售模式，例如汽车行业，传统汽车采取的是4S店的代理销售模式，而新能源汽车如特斯拉、蔚来汽车等则采用直营店的销售模式
运营监控	产品发布后，需要对产品的生产、销售、物流等活动进行全面的监控，对有问题的流程及时进行修改和优化
制订产品发布后计划	根据产品发布时得到的反馈、生产线运营情况、运营监控情况等信息，制订产品发布后计划安排

资料来源：作者根据Cooper等（2006）整理而成。

3. 阶段-关口流程的注意事项

（1）阶段-关口流程不是一个按照职能延续且分阶段审查的流程。不要将阶段-关口流程与阶段审查流程相混淆，阶段审查流程是将创新过程分为不同阶段，每个阶段都由相应的职能部门审查，审查通过后进入下一个阶段；而阶段-关口流程中，每个阶段都由不同职能部门的员工进行工作，在关口处也由来自各个职能部门的专家进行审查，而每个阶段内各个职能的工作也可能是同时进行的。

（2）阶段-关口流程不是一个刻板的流程。阶段-关口流程仅仅只是提供产品开发的路径指南，并非一个刻板的操作流程和规范。每个创新项目本身也有自身的特点，需要根据不同项目的特点来选择具体的流程，其中关于刻板流程的以下几点需要特别注意：①并非所有的创新项目都要经历所有的阶段和关口；②在某些创新项目中，一些非必要的活动可以省略，一些非必要的成果可以不提交至关口；③如果创新项目需要，任何活动可以在任何阶段进行。

（3）阶段-关口流程不是一个线性流程。很多人有一个误区，认为阶段-关口流程是一个线性流程，其实不然。各个阶段并非按照线性排列，阶段内部的各个活动也并非按照线性排列。事实上，阶段内部的各个活动常常出现循环反复的情况，阶段之间也会出现循环反复的情况，这都是正常现象。

（4）阶段－关口流程不是一个项目控制机制。阶段－关口流程并非一个旨在采用各种手段调控某个项目的项目控制机制或规则，而是一个帮助项目团队和项目主管利用所获取的资源高效开发产品的指南。

（5）阶段－关口流程不是一个过时的流程。虽然阶段－关口流程这个理念已经提出很久了，但是并不代表这个流程已经过时。事实上，阶段－关口流程一直在不断吸收那些在当时未能预见到的新的产品开发理念。

（6）阶段－关口流程不是一个数据收集计划。尽管在信息时代，我们的数据获取和数据分析能力得到了空前的提高，但是许多企业误以为数据的收集就是阶段－关口流程的全部，这显然是错误的。阶段－关口流程包含许多数据收集活动，但这并不是这一流程的全部，这些仅仅是工具，而不是流程。

（7）阶段－关口流程不是一个产品交付流程。曾有高管说："一旦我们的产品概念形成了，商业模式得到接受，我们便开始采用阶段－关口流程，这是一个非常明确的路径。"这一观点其实是错误的，产品的定义同样属于阶段－关口流程中的内容，而且是最重要的内容之一。

4. 阶段－关口流程的问题及解决途径

正如一位高管所述："关口走得怎么样，流程就走得怎么样。"关口问题往往是阶段－关口流程能否做好的障碍之一。在一个优秀的创新流程中，关口可以很好地将不好的创新项目拒之门外，将好的创新项目推进下去。而一个不好的关口，往往允许做得差的创新项目继续推进，这将损害公司利益。

研究表明，关口是阶段－关口流程中最容易出现问题的环节。调查显示，只有33%的公司为自身的阶段－关口流程设置了严格的关口（Cooper、Edgett和Kleinschmidt，2002）。与此同时，仅有56%的创新项目达到了销售目标（44%都没有达到），这意味着关口并没有达到筛选优质创新项目的目的。许多劣质项目依旧通过了关口得以推进。

（1）不严格的关口。关口问题中，最常见的问题是关口审查不严格。关口审查不严格的后果是，一旦劣质项目得以推进，一方面公司将消耗一部分资源，同时难以实现最初的销售目标。另一方面，公司将失去资助其他潜在优质创新项目的机会。以一家高科技通信公司为例，一旦其通信产品通过了创意筛选，就意味着这一计划将进入商业计划阶段，公司将为这一产品做出融资和销售计划，这一步以及接下来的每一步都会将公司套牢。因此，一旦早期的劣质项目得到推进，公司不得不为后来的付出买单。

解决方案包括：加强关口审查流程；引入独立评估机制；定期回顾和改进关口标准。

（2）提出空洞建议的关口。除了不严格审查外，关口处常常出现空洞决策现象。比如，专家们给出了继续推进创新项目的答复后，并没有相应的资源跟进来支持项目组继续这一项目，导致关口处的决策形同虚设。

以上不严格的关口和空洞建议的关口都告诉我们，关口的职责并不只是审查项目,更重要的是做出继续或者放弃项目的决定以及配置必要的资源。一旦做出继续推进的决定,项目组的必要资源需求应当得到满足。

解决方案包括:确保资源跟进与决策一致;设立项目支持团队;确定明确的资源配备计划。

(3) 错误选择把关者。许多公司在谁应该成为把关者上有误解,每一个高级经理都认为自己可以成为把关者,但事实可能并非如此。一个错误的把关者会对流程的顺利推进造成损害。譬如,一些公司认命了过多的把关者,不仅降低了流程的决策效率,也提高了决策成本;还有一些公司为了讨好公司领导,将公司领导设置为把关者,其结果往往是领导推崇的创新项目更容易被推进,而这些创新项目并非优质项目。

因此,决定谁来把关是一件非常重要的事情。把关者应当是拥有推进创新项目所必需的资源的人员,最好是相关领域的专家。因为只有拥有这些资源的人员,才会更加在意创新项目的可行性,他所做的决策才会更加高效。同时,把关者不应局限于某一个领域,而应当是各个领域包括销售、制造、研发、财务等领域专家的组合。

对于小项目或低风险创新项目,可以根据实际情况选择少量的关口,每个关口的把关者也可以酌情减少。

解决方案包括:确定专业领域的把关者;设立跨领域的把关团队;制定明确的把关者选择标准。

(4) 把关者错误把关。一些错误把关行为将损害公司的利益,这些行为包括对管理层喜欢的创新项目给予优待、关口取消等,具体如下。

- 给予管理层喜欢的创新项目特别优待,而实证研究表明,管理层偏爱的创新项目往往具有较高的失败概率(Cooper 和 Kleinschmidt,1993)。
- 由于专家未到齐导致关口会议取消。
- 关口会议未做出任何决定,也未提供任何继续推进创新项目的资源。
- 核心把关者以及项目组核心成员未参加关口会议。
- 只有一个把关人员"一言堂"。
- 把关者根据主观倾向进行决策而不是依据客观事实。
- 把关者根据非公开标准而不是公开标准进行决策。

解决方案包括:实施把关者培训和指导;引入多元化意见收集机制;建立透明公正的决策流程。

(5) 过多的官僚主义。过多的官僚主义往往伴随着毫无意义的活动,而这些没有意义的活动会影响阶段-关口流程的效率,甚至会影响创新项目的顺利推进。

解决方案包括:简化流程和审批环节;引入灵活性和敏捷性原则;鼓励团队自主决策和创新。

(6) 过多的阶段信息。过多的待审核信息一方面增加了专家的审核工作量,另一方面增加了项目团队的工作量,导致工作效率下降。这些过多的待审核信息往往以复杂的报告、各种表单和非价值性工作来体现,具体如下。

- 项目团队不知道哪些信息/成果需要提交到关口审核，因此他们花大量时间做了一个非常庞大而复杂的报告，严重阻碍了关口审核进度。
- 过多的表单需要填写，降低了流程效率。
- 过多的非价值性工作。

解决方案包括：提前沟通、确认所需要的信息；确定关键信息和核心成果；简化报告和表单格式；避免冗余的工作。

（7）没有付出就没有回报。当管理层已经认识到阶段-关口流程的步骤以及注意事项时，接下来重要的问题是如何将这些已知的内容落到实处。

解决方案包括：确保资源投入符合创新项目需求；建立绩效激励机制；提供必要支持和培训。

7.2 商业流程管理

7.2.1 商业流程管理的内涵与创新

1. 商业流程管理的内涵

管理过程是一种普遍而重要的业务活动，跨越各个行业和地理区域。例如，服务行业中过程、服务质量和客户满意度之间存在紧密联系。对于管理过程的思考建立在 Roth 和 Jackson（1995）的早期工作基础上，他们发现业务过程能力与服务质量之间存在重要关系。虽然过程管理的起源牢固地建立在制造业中，但服务环境乃至地理环境同样会影响过程管理。虽然过程管理的先决条件可在生产管理实践及其相应的理论框架中找到，但当代研究表明，它适用于更广泛的行业和地理背景。商业流程管理是一种通过优化和重新设计组织内部流程来提高效率、降低成本和增加价值的方法。

2. 商业流程管理在创新中的作用

商业流程管理在产品创新和流程创新中扮演着重要的角色，作用如下。

- 促进协作和沟通：商业流程管理通过明确和定义不同部门和团队之间的任务与责任，提供了一个共享和透明的工作环境。这有助于促进协作和沟通，使各方更好地合作，并加快产品创新和流程创新的速度。
- 提高效率和质量：商业流程管理通过识别和消除低效与冗余的步骤，优化资源分配，并引入自动化技术，从而提高工作流程的效率和质量。这有助于减少时间浪费、降低成本，并为创新提供更多的资源和支持。
- 鼓励创新思维：商业流程管理鼓励员工主动参与流程改进，并提供了一个反思和改进现有流程的机会。通过建立一个持续学习和改进的文化，商业流程管理激发了创新思维，促使员工不断寻求新的方法和解决方案来改进产品与流程。
- 加强风险管理：商业流程管理可以帮助组织更好地识别和评估风险，并采取相应的措施进行管理。在产品创新和流程创新中，可能会面临各种挑战和风险,如时间延误、资源浪费等。通过有效的商业流程管理,组织可以更好地预见和应对这些风险,降低创新项目失败的可能性。
- 提升客户满意度:商业流程管理的一个重要目标是提升客户满意度。通过优化内部流程和增加创新能力,组织能够更好地满足客户需求,提供更高质量的产品和服务。这有助于建立良好的客户关系,增加市场份额,并为企业的可持续发展提供基础。

7.2.2 端到端流程的内涵与创新

1. 端到端流程内涵

端(end)通常是指来自企业外部的输入或者输出点,而这些点通常是指客户、市场、政府、供应商等利益相关者。流程(process)是为特定客户或市场设计的一组有结构、可衡量的活动,旨在产生指定的输出。端到端流程(end-to-end process)是指包括客户、市场、政府、供应商等一系列利益相关者作为输入或者输出点的商业活动的组合。

端到端流程具有以下优势:减少信息壁垒、推进业务与技术的融合、消除组织和互联网系统的边界、加速核心业务整合。这些优势的具体体现如表7-7所示。

表 7-7 端到端流程的优势

优势	解释
减少信息壁垒	随着企业业务规模的扩大,企业信息变得更加的多元复杂,企业业不同部门之间、不同信息系统之间的信息沟通不畅时有发生,造成企业内部出现"信息孤岛"。通过梳理企业业务流程,端到端流程在一定程度上减少了信息壁垒
推进业务与技术的融合	端到端流程将企业的业务和技术进行整合,使得商业流程更加明确、清晰
消除组织和互联网系统的边界	端到端流程可以把流程从组织背后引入到组织的前台,把流程从系统内改为置于系统之上
加速核心业务整合	如果企业的核心业务较为复杂,企业可以考虑通过梳理端到端流程简化不必要的流程,提升管理水平

资料来源:https://zhuanlan.zhihu.com/p/630003049。

端到端流程记录了跨越一个或多个组织和系统边界的事件驱动功能的流程。系统可能负责启用多个功能,为复合应用程序提供自然的"需求定义"层。端到端流程有助于回答企业在转型过程中的三个关键问题:我们在哪里?我们想去哪里?我们如何实现?在企业架构术语中,端到端流程有助于定义"现状""目标状态"和从一个状态到另一个状态的迁移路径。在其最基本的层面上,端到端流程可以实现跨信息系统信息记录以及跨组织边界的复杂业务流程处理等高级功能。

2. 端到端流程在创新中的作用

端到端流程在产品创新和流程创新中起着重要的作用。它强调从产品或服务的设计、开发、生产，到最终交付给客户的整个过程的全面管理。

在产品创新方面，端到端流程管理可以帮助企业实现以下目标。

- 提高创新效率：通过清晰地定义和优化创新过程中的每个环节，从需求收集到概念开发、测试和商业化，端到端流程管理可以减少不必要的重复工作和时间浪费，提高创新效率。
- 促进跨职能合作：产品创新涉及多个部门和团队之间的协同合作，通过端到端流程管理，各个环节的责任和任务得以明确，团队成员可以更好地理解彼此的角色和贡献，促进跨职能合作，减少信息断层和沟通障碍。
- 强调用户体验。端到端流程管理将用户体验置于核心位置，通过整合用户反馈和需求，让用户参与产品创新的各个环节，如市场调研、原型设计、用户测试等，端到端流程管理有助于确保产品的设计和开发符合用户期望，提高用户满意度。

在流程创新方面，端到端流程管理可以帮助企业实现以下目标。

- 消除瓶颈和浪费：通过全面审视整个流程，并识别和消除瓶颈、冗余和浪费，端到端流程管理可以提高流程效率和质量，减少资源浪费和时间延误。
- 优化资源配置：端到端流程管理将关注点从单一环节转移到整个流程上，有助于更好地了解资源的需求和利用情况。通过合理分配资源，避免过度或不足，端到端流程管理可以提高资源利用效率。
- 提升绩效评估：端到端流程管理强调对整个流程的监控和测量，通过建立关键绩效指标（KPI）并跟踪其表现，企业可以及时发现问题并采取纠正措施，提高流程的质量和绩效。

3. 如何设计端到端流程

（1）流程设计的七项原则。端到端流程的核心在于流程的设计——如何构建一套可执行、高效的流程。在设计流程的过程中，我们提出流程设计的以下七项原则。

第一项原则：工作必要性。我们往往将流程中的步骤按照所提供的价值区分为增值、非增值和浪费三类。假设你在一家公司的采购部门工作，需要购买办公用品。以下是一个采购流程的示例：确定需求量和品种；寻找供应商并比较价格和质量；选择供应商并与其签订合同；下订单并等待交货；收到货物后检查质量和数量是否与订单一致；将货物入库并通知财务部门付款。

在上述流程中，有些步骤可以带来价值提升，例如：确定需求量和品种，这个步骤可以确保采购部门购买所需的物品，并避免购买过多或不必要的物品，从而节约成本；寻找供应商并比较价格和质量，这个步骤可以确保采购部门找到价格合理、质量过关的供应商，并避免采购到质量差、价格高的产品；收到货物后检查质量和数量是否与订单一致，这个步骤可以确保收到的货物符合采购部门的要求，及时发现问题并解决。

然而，有些步骤可能会带来浪费，例如：选择供应商并与其签订合同，如果采购部门已经有了可靠的供应商并对该供应商比较信任,那么一般不需要重新选择供应商;将货物入库并通知财务部门付款,如果采购部门已经和财务部门达成了一个良好的沟通协议,那么通知付款的步骤可能是多余的,因为财务部门已经知道何时需要付款。因此,为了最大化采购流程的效率和价值,采购部门可以考虑优化流程,尽可能减少浪费步骤,同时加强具有价值的步骤。

为了使流程的效率更高,我们需要关注工作步骤是否有必要,如果必要,则保留;如果非必要,则跳过。

第二项原则:工作精度。有些工作步骤对于精度要求较高,而有些步骤由于其重要性并不高,过分地要求工作精度可能会削弱对于价值的提升。假设一家餐厅正在设计一个新的订单处理流程,包括以下步骤:顾客下单;厨房接单并开始准备食物;服务员送餐到顾客桌上;顾客支付账单并离开餐厅。如果某个步骤出现错误,比如:顾客下单时服务员输入的餐品数量不正确,导致厨房准备的食物数量不足或过剩;厨房接到订单后,由于误解了订单内容或者未按照标准步骤准备食物,导致食物品质或数量出现问题;服务员送餐时送错餐或者遗漏餐品,导致顾客不满意;支付账单时计算错误或者收款过程中出现问题,导致顾客不满意或者产生财务问题。

以上任何一个问题都可能导致餐厅的工作效率和质量下降,甚至可能损害餐厅的声誉和经济利益。因此,流程设计中的工作精度非常重要,必须确保每个步骤都准确无误,以保证餐厅的正常运营和服务质量。

第三个原则:信息基础。许多传统的企业依赖销售预测等方式进行决策。这些决策一方面可能偏差较大,另一方面对信息处理的要求较高。而一些企业则采用实际数据进行决策,客户下单后,企业才开始进行生产。这极大地帮助企业降低了库存。这种采用实际的数据来推动生产的方式被称为"拉动",传统采用预测数据进行生产的方式被称为"推动"。显然,采用拉动的方式可以在很大程度上减少流程中的浪费。但是拉动对生产的效率要求是很高的,客户往往希望他们下单之后可以立刻收到产品。

第四个原则:工作时间。流程设计中的每个步骤都是相互关联的,一个步骤的工作时间较慢可能会导致整个流程的顺利进行受到影响。假设有一个流程是制造一种产品,其中包括以下步骤:采购原材料;检查原材料;切割原材料;组装产品;检查产品;包装产品。如果切割原材料的工作时间较慢,那么将会影响整个流程的顺利进行。因为在切割原材料之后,下一步组装产品就需要等待。如果切割原材料的工作时间超过预期,那么组装产品的时间也会被推迟。这将导致整个流程的时间延迟,产品交付时间推迟,可能会导致客户的不满和损失。

因此,流程设计中每个步骤的工作时间都需要精确评估,并与其他步骤协调好时间,以确保整个流程能够按时完成。如果某个步骤的工作时间出现了延迟,需要及时调整其他步骤的时间,以确保整个流程的顺利进行。

第五个原则:工作执行者。谁来执行工作?执行什么样的工作?拥有什么权力?具备怎样的责任?这是决定流程设计的重要问题。假如将某个应聘者安排到不适合他的岗位,这个员工可能会出现以下情况。①意志消沉。如果一个人不能成功完成自己的工作,他可能会感到挫败、沮丧和失落,从而导致他对自己的能力和价值产生怀疑。这可能会对他的士气、动力和工作表现产生负面影响。②低效率。如果一个人没有被安排到与他的技能和兴趣相匹配的岗位，那么他可能会发现自己在完成任务时效率很低。他可能会感到迷茫和不确定，不知道应该如何处理某些问题，从而使他的工作质量下降。③不稳定。如果一个人不喜欢他的工作，他可能会考虑离开公司或寻找其他工作机会。这可能会导致公司失去优秀的员工，从而增加招聘和培训新员工的成本。

第六个原则：工作地点。以下几个例子说明了为什么选择适当的工作地点对于工作流程设计是至关重要的。①考虑人员分布。如果工作流程涉及在多个地点工作，那么对于需要协同工作的团队，选择合适的工作地点非常重要，最好选择靠近他们居住地的工作地点，这样可以降低其通勤时间和成本，提高工作效率和员工满意度。②考虑物流。在某些工作流程中，物流是至关重要的。如果工作需要处理大量的物品或需要频繁收发货物，那么工作地点的选择就非常重要了，必须选择一个方便物流运输的地点，例如：靠近物流中心、港口或机场。③考虑客户位置。在一些服务性行业中，客户位置也是一个很重要的考虑因素。如果工作流程涉及为客户服务，那么选择距离客户较近的工作地点可以更好地满足客户需求，并且可以减少成本和时间浪费。④考虑工作性质。工作性质不同，工作环境也就不同。例如：如果工作要求安静和私密，那么就需要选择一个较为安静和私密的工作地点；如果工作需要与客户和员工频繁接触，那么就需要选择一个较为公共和开放的工作地点。

第七个原则：工作内容。工作流程设计中的工作内容是非常重要的，因为它直接关系到工作流程的有效性和效率。以下是举例说明：假设一家公司正在设计一个新的采购工作流程，其中包括以下步骤：提交采购请求、审批采购请求、生成采购订单、付款等。如果工作内容没有清晰明确的定义，那么不同的员工可能会按照自己的方式处理不同的任务，导致整个采购流程出现混乱，且可能导致错误、重复或延误。

另外一个例子是在一个客服中心设计工作流程，其中包括以下步骤：接收客户投诉、记录投诉、指派任务、跟进任务、解决问题、反馈结果等。如果工作内容没有清晰的定义，那么不同的客服代表处理投诉的方式和标准可能会不同，导致客户体验不一致或者一些投诉被忽略或处理不当，进而影响客户满意度。

在这两个例子中，工作内容的定义非常关键，因为它可以确保每个员工都明确自己的任务，知道应该如何执行任务，以及如何与其他人合作，从而确保整个工作流程的顺畅运行。工作内容的定义也可以帮助管理人员更好地监控工作进度和质量，从而及时发现问题并采取相应的措施来解决问题。

（2）流程设计四步法。流程设计主要包括以下四个步骤：组织人员；提出设计目标；开展设计活动；流程试运行。

工作流程设计中组织人员的重要性体现在以下几个方面。①确定角色和职责。在工作流程设计中，组织人员需要确定各个角色的职责，以确保工作流程的高效运转。没有明确的角色和职责可能会导致工作任务出现重复或漏洞，从而影响工作效率。②分配任务和资源。组织人员需要了解各个团队成员的能力和工作量，以便适当地分配任务和资源。如果任务分配不当，可能会导致某些人员负担过度或某些任务没有得到充分分配,从而影响工作流程的顺畅运行。③协调和沟通。组织人员需要在工作流程中协调和沟通各个团队成员之间的工作,以确保任务的顺利完成。团队成员之间缺乏协调和沟通可能会导致工作出现偏差或延误,从而影响工作流程的整体效率。④培训和发展。组织人员需要定期对团队成员进行培训和发展,以提高他们的技能和能力。团队成员缺乏必要的技能和能力可能会导致任务无法完成或完成质量低下,从而影响工作流程的整体质量。

流程的设计往往需要好的想法,这就需要一个优秀的团队。一方面,团队成员需要尽可能熟悉工作流程,但是如果团队成员仅包括内部成员,那么可能会使成员们的想法受制于既有的工作流程,缺乏创新。因此,一个既包括内部成员也包括外部成员的多元化团队是可行的办法。

工作流程设计中找准目标的重要性在于确保工作流程能够有效地实现预期目标,提高工作效率和质量,降低成本和风险。具体来说,以下是找准目标的重要性。①增强工作流程的可用性。找准目标可以确保工作流程的设计和实施都与组织的战略和业务目标相一致,从而增强工作流程的可用性和适应性,使其更好地满足业务需求。②提高工作效率。找准目标有助于确定工作流程中各个步骤和角色之间的关系,从而优化工作流程,提高工作效率和生产力。③提高工作质量。找准目标还可以确保工作流程中的任务分配和责任制度清晰明确,从而提高工作质量,减少错误和重复工作的发生。

确立流程设计的目标是提高工作效率和质量。为了找准目标,需要做到以下几点。①明确业务目标。首先需要明确工作流程设计的业务目标,例如提高生产效率、减少人力成本等。②识别痛点问题。通过调研、访谈、调查等方式,识别业务流程中存在的痛点问题,了解员工的真实需求。③分析数据。通过数据分析工具,收集并分析业务流程数据,找到流程中的瓶颈和问题。④制定解决方案。针对识别出的痛点问题,制订相应的解决方案,例如优化流程、引进新技术等。⑤测试和验证。在实施前,对设计的工作流程进行测试和验证,确保目标能够达到预期效果。⑥持续改进。在实施后,不断收集反馈和数据,持续优化和改进工作流程,确保其能够适应业务变化和发展。

开展设计活动是一个复杂的过程,它需要团队成员密切合作,确保设计活动的顺利进行。以下是一些开展设计活动的步骤。①收集信息。收集所需的信息,包括客户需求、市场趋势和竞争对手的情况。这将有助于指导设计方向和内容。②确定流程。确定流程包括确定每个流程所处的阶段、工作负责人和每个阶段的工作时间。这可以确保流程的顺利进行。③制订设计方案。根据客户需求和收集到的信息制订设计方案并与客户讨论,然后根据反馈进行必要的修改。④进行设计活动。在确定的流程下进行设计活动,包括设计方案、绘图和排版等。在设计过程中,要与其他团队成员沟通协作,确保最终结果符合预期。⑤评估和修改。评估设计的效果,并进行必要的修改和完善。这可以帮助企业改进未来的设计流程。⑥交付成果。最终将设计成果交付给客户,根据客户反馈进行必要的修改和调整。

流程试运行是一个非常重要的环节,它可以帮助组织更好地了解流程的实际运作情况,及时发现问题并加以解决,确保流程的正常运行。具体来说,流程试运行的重要性体现在以下几个方面。①发现问题。在流程试运行中，可以发现流程设计中存在的问题，比如流程中的环节不清晰、工作重复或者流程不完善等。通过发现问题并加以解决，可以确保流程的顺利运行。②提高效率。流程试运行可以帮助组织更好地理解流程的执行情况，找到存在的瓶颈和问题，及时调整优化，从而提高整个流程的效率。③降低风险。通过流程试运行，可以降低业务活动的风险，避免因为流程问题而导致的损失，保证组织运营的稳定性。④优化流程。在流程试运行过程中，可以根据实际情况，不断地调整和优化流程，使得流程更加合理、科学，进一步提高效率和效益。

流程试运行步骤主要包括以下几方面。①定义流程目标和指标。在试运行之前，需要明确流程的目标和指标，以便后续验证流程是否达到预期目标。②验证流程设计。将流程设计方案应用到实际业务场景中进行验证。验证过程中需要关注流程中每个步骤的执行情况，及其对业务流程的影响和效果。③识别和解决问题。在试运行过程中，会遇到一些问题和障碍，需要及时识别问题并采取措施解决问题，以确保流程设计的顺利实施。④优化流程设计。根据试运行的结果，对流程进行优化和改进。通过试运行，可以发现流程中的一些瑕疵和不足，并加以改进。⑤进行流程测试。在流程优化完成后，需要进行流程测试，以确保流程顺利实施。测试过程中需要对流程中的每个步骤进行验证，以确保流程执行的正确性和可行性。⑥确定流程实施计划。根据流程测试结果，确定流程的实施计划，包括流程实施的时间、人员、资源等，以确保流程的成功实施。

7.2.3 集成产品开发流程

1. 集成产品开发流程简介

"产品开发"这一概念让人们联想到一个由工程师、营销人员和其他专业人员组成的团队，致力于开发满足市场需求的新产品。然而，随着产品变得越来越复杂，许多组件/系统（C/S）被外包开发。无论组件/系统是外包还是内部制造，组件/系统的最终设计应与最终产品的设计相一致，例如汽车。为了实现这一点，供应商

集成产品开发流程：武汉珈和科技有限公司

的开发团队必须与管理最终产品集成的产品开发团队密切合作。这样的开发项目通常被称为集成产品开发项目。

集成产品开发（IPD）是一种产品开发模型，其中涉及产品开发的概念和方法。这一思想来自 PRTM 公司出版的《产品及生命周期优化法》一书，并由 IBM 首次实践应用。1992 年，为了在激烈的市场竞争中重新获得优势，IBM 应用了集成产品开发方法，重构了流程和产品，缩短了上市时间，提高了产品盈利能力和产品开发效率，从而为客户和股东提供了更大的价值。

集成产品开发的概念可以概括为产品开发的哲学和方法论。作为一种适应性强、整合性强的产品开发流程，集成产品开发通过使用现代信息技术重新划分产品开发阶段，有效地整合了传统产品开发中相对独立的过程、阶段、活动和信息。通过战略、组织、资源、流程、IT 工具和其他管理要素的集成，为市场和客户需求以及跨

部门参与建立集成产品开发流程,可以使组织创新系统化、平衡、高效和有价值,缩短产品开发周期,降低产品生命周期成本,并提高产品质量和客户价值。

集成产品开发的有效性取决于不同专业能力的整合、强大的功能组和大量人员以及多种持续的压力。开发的成功取决于每个人的工作整合结果,包括团队与供应商和客户的互动。集成产品开发流程有时也被称为并行工程,涉及产品开发流程的多个阶段的同时执行,例如产品设计和制造过程。设计良好的集成产品开发流程策略可以产生许多好处,包括缩短开发时间、不同功能组之间的更好沟通、节约成本、可靠的产品和改善的财务表现。

2. 集成产品开发流程的特征

集成产品开发流程是产品生命周期优化的方法,结合了项目管理和并行工程。其特点有以下几方面。第一,面向市场。集成产品开发流程的产品设计和生产过程都是基于客户需求的。通过结合客户需求和并行工程,产品生命周期的各个方面都在产品开发的早期考虑到,这被定义为面向产品生命周期设计(design fox X, DfX)。第二,集成产品开发流程反映了组织和资源整合的要求,即多学科团队的广泛合作和计算机平台的有力支持。第三,集成产品开发流程反映了流程优化和以人为本的设计。集成产品开发流程旨在通过最短的上市时间、最佳的质量、最低的生产成本和最佳的服务来适应市场需求的新形势。第四,质量管理贯穿产品开发的整个过程。产品开发流程是寻求全面产品质量的过程。此外,现代信息技术是支持集成产品开发流程的手段。传统的串行管理被并行、参与式的方法所取代。集成产品开发流程也是原始设备制造商(OEM)和供应商的联合决策,这包括:供应商开发团队和OEM协调团队之间的双向信息流、系统级规划和问题处理,以及联合承诺意识。

3. 集成产品开发流程在创新中的作用

在产品创新方面,集成产品开发流程能够促进创新的实施和成功。它提供了一个结构化的方法,使不同的团队和部门能够有效地协同工作,共同追求产品创新的目标。通过集成产品开发流程,各个环节的参与者可以更好地沟通和合作,共享信息和资源,从而加快产品创新的速度、提高产品质量。此外,集成产品开发流程还可以帮助企业更好地掌握市场需求和客户反馈,及时调整产品开发方向,提高产品的竞争力。

在流程创新方面,集成产品开发流程可以提高组织的效率和灵活性。传统的产品开发流程通常存在着各个环节之间的割裂和信息孤岛的问题,导致沟通和协调困难,影响开发效率和质量。而集成产品开发流程通过横向整合各个环节,打破了组织内部的壁垒,使得信息流动更加顺畅,决策更加迅速。同时,集成产品开发流程还能使组织更好地应对市场的变化和需求的变化,及时调整和优化产品开发流程,以适应不断变化的竞争环境。

4. 影响集成产品开发流程的四大战略因素

集成产品开发在战略层面上有四个关键因素。①管理。集成产品开发必须打破传统的按部门分割的组织模式和管理方式。相反，它应建立一个基于团队的产品开发管理和组织模式，实现一体化管理。②产品形成流程。这些要素主要包括产品的生产周期、建模以及产品开发流程中的流程改进。集成产品开发必须有效地规划、组织和控制开发流程，实现流程的集成。③产品。它指的是由整合产品团队确定的结构、性能、制造/组装、可维护性和其他因素。④支持环境。支持环境支持产品生命周期和开发流程中的信息交流与共享。它包括硬件/软件设施、信息/工具/方法/模型的集成框架，以及面向产品开发团队成员的应用平台。

5. 集成产品开发流程的基本原则

集成产品开发流程中有六个基本原则，分别是：关注早期设计阶段、关注用户需求、突出人的作用、协作工作、综合并行设计和持续改进。产品开发的早期阶段对最终产品的全面质量目标（产品质量、时间、成本、安全和环境）有最大的影响；用户需求经常贯穿整个产品开发流程，而不仅仅局限于最终产品的质量要求；产品开发流程中所有层面上的矛盾、冲突和问题必须由产品开发成员进行协调和解决；协作工作被应用于加强产品开发流程中的协作和知识共享；综合并行设计和持续改进强调在产品开发流程中进行综合优化和集成优化活动。

| 案例 7-1 | 五菱汽车如何实施集成产品开发

1. 五菱汽车简介

五菱汽车的历史可以追溯到1958年成立的柳州动力机械厂。1985年，柳州五菱汽车有限责任公司（简称"五菱集团"，后更名为广西汽车集团有限公司）正式成立，最初主要从事农用车和微型货车的生产，为中国农村地区提供基本交通工具。2002年，通过资产重组和深化改革，五菱集团与上汽集团、通用汽车（中国）公司实现了"三方合作"，成立了上汽通用五菱汽车股份有限公司（以下简称：五菱汽车），促进了五菱汽车的飞速发展。此后，五菱汽车不断推出新车型，扩大产品线，并在新能源和智能化领域加大投入。

五菱汽车旗下车系涵盖了轿车、SUV、MPV等多个细分市场，包括五菱宏光MINIEV、五菱星辰、五菱凯捷等热门车型。其中，五菱宏光MINIEV作为新能源汽车领域的佼佼者，凭借迷你可爱的外表和较低的售价，在市场上取得了巨大的成功。五菱星辰和五菱凯捷则分别在SUV和MPV领域展现出强大的竞争力。

2. 五菱汽车实施集成产品开发的背景

五菱汽车作为曾一度辉煌的国民品牌，近年来面临着市场挑战与转型的困境。其经典车型五菱宏光曾长期占据MPV市场销量榜首，但随着消费升级和市场竞争加剧，五菱汽车逐渐感受到压力。五菱汽车的销量在近年来出现下滑，尤其是其主销车型五菱宏光及宝骏系列，均面临着严峻的销量挑战。

为了应对这一困境，五菱汽车选择了品牌转型之路，试图通过宝骏品牌向上突破，然而这一策略并未完全奏效，宝骏品牌也遭遇了销量滑坡。五菱汽车意识到技术实力和产品竞争力的不足，并开始探索新的发展方向。

近期，五菱汽车推出了银标车型系列，

如五菱星辰、五菱佳辰等，以展现其转型的决心和诚意。然而，尽管这些新车在设计和配置上有所提升，但市场反应并未如预期那般热烈，老牌神车五菱宏光 S 的销量也遭遇了滑铁卢。

面对这一系列挑战，五菱汽车决定引入集成产品开发体系进行内部变革，旨在提升产品开发效率和市场响应速度，以更好地适应市场需求和竞争态势。这一举措显示了五菱汽车积极应对挑战、寻求突破的决心和勇气。

3. 五菱汽车实施集成产品开发的七大阶段

第一阶段，引入精益集成产品开发（LIPD）+集成产品开发（IPD）融合体系。五菱汽车采纳了精益集成产品开发与集成产品开发相结合的先进管理体系，将市场需求、战略规划、产品开发流程、组织架构及绩效管理等多维度进行整合，构建了一套高效、灵活的研发体系，确保产品开发的高效与精准。

第二阶段，市场导向的异步开发模式。五菱汽车坚持以市场需求为核心，通过市场洞察和用户需求分析（如使用 APPEALS 工具），精准定位产品，实现产品开发与市场需求的高度同步。同时，采用异步开发模式，确保产品开发与技术开发的并行不悖，加快产品上市进程。

第三阶段，平台化战略优化资源配置。五菱汽车充分利用集成产品开发的平台化思维，将产品划分为不同层级进行开发，实现资源的最优配置。通过共享构建模块（CBB），降低开发成本，提高产品质量与开发效率，形成强大的市场竞争力。

第四阶段，矩阵型组织驱动商业变现。五菱汽车构建了跨部门的重量级团队（矩阵型组织），聚焦客户需求，实现快速响应与决策。这种组织模式有效促进了从市场机会到商业变现的转化，为品牌带来新的增长点。

第五阶段，技术与产品开发的分离策略。为了降低技术风险并提升技术共享程度，五菱汽车将技术开发与产品开发进行分离。这种策略有助于技术团队专注于技术创新与突破，而产品开发团队则能更高效地利用成熟技术，实现产品的快速迭代与优化。

第六阶段，全球化战略拓展国际市场。五菱汽车依托其高性价比的产品优势，积极实施全球化战略。通过加大国际市场开拓力度，特别是在"一带一路"沿线国家的布局，五菱汽车不仅提升了品牌国际影响力，还实现了销量的快速增长。

第七阶段，市场到线索流程赋能销售与市场推广。五菱汽车引入了市场到线索流程，以客户需求为导向，通过深入的市场洞察与精准的市场定位，为销售与市场推广提供有力支持。这一流程不仅提升了营销活动的有效性，还促进了销售线索的生成与转化，为企业的持续增长注入了强劲动力。

资料来源：https://roll.sohu.com/a/656906228_430289。

7.3 精益产品开发流程

精益开发（lean development）是一种管理方法和思维方式，旨在通过减少浪费和提高价值交付效率来优化产品开发流程。精益开发借鉴了精益生产和精益思维的原则，并将其应用于软件开发和产品创新领域。

7.3.1 精益管理理念

1. 精益管理

精益管理是一种管理组织的方法，支持持续改进的理念，这是一种长期的工作方法，系统地寻求在流程中实现小而渐进的变化，以提高效率和质量。

精益管理的主要目的是通过优化资源和根据实际客户需求创建稳定的工作流程，为客户创造价值。它试图消除在业务流程中浪费时间、精力或金钱的现象，识别业务流程中的每个步骤，修改或削减不产生价值的步骤。这一理念源于制造业。

精益管理关注以下几个方面：从最终客户的角度定义价值；消除业务流程中的所有浪费；持续改进所有工作流程、目标和人员；促进共享领导和共担责任；持续改进确保每个员工都参与到改进流程中。该管理方法是构建一个不断进步的成功和稳固组织的指南，识别并解决真正的问题。

精益管理基于20世纪40年代末建立的丰田生产系统。丰田实践了精益管理的五个原则，即正确地确定价值、识别价值流、流动、拉动和尽善尽美。通过实施这五个原则，他们发现在效率、生产力、成本效益和周期方面都取得了显著的改进。

2. 精益管理与创新

精益管理与创新相互关联并相辅相成。精益管理为创新提供了有效的基础和支持，同时创新也可以推动精益管理的进一步改进和发展。精益管理与创新的关系体现在以下几个方面。

- 流程改进：精益管理通过流程改进来提高效率和质量，为创新提供了更好的基础。优化现有流程可以帮助组织减少浪费、提高生产力和资源利用率，为创新活动提供更多的时间和资源。
- 创新文化：精益管理鼓励员工参与持续改进，并提倡开放的沟通和知识分享。这种文化也是创新的基础，因为创新需要员工能够提出新的想法、试验新的方法，并在失败中学习和成长。
- 快速反馈：精益管理注重快速反馈和学习，以便及时纠正问题并做出改进。同样，创新也需要快速验证和迭代，通过不断试验和反馈来改善和调整创新的方向。
- 创新驱动的改进：精益管理可以通过改进流程、提高效率和降低成本来释放资源，从而为创新提供更多的支持。精益管理可以为组织提供稳定的基础，使其能够投入更多的资源和注意力在创新活动上。

3. 精益管理的五大原则

Womack 和 Jones（1996）提出精益管理的五大原则，作为组织内管理者在实施精益方法时的指南。这五大原则如下。

（1）识别价值。识别价值是精益管理的第一步，意味着找到客户需要解决的问题，并将产品作为解决方案。具体来说，产品必须是客户愿意支付的解决方案的一部分。任何不增加价值的流程或活动——也就是说，不增加最终产品的有用性、重要性或价值的部分——都被视为浪费,应予以消除。

(2)价值流程图。价值流程图是指绘制出公司的工作流程,包括所有参与创建和交付最终产品给消费者的过程的行动和人员。价值流程图帮助管理者可视化由哪些团队主导的过程,并确定负责测量、评估和改进流程的人员。这种可视化有助于管理者确定哪些部分的系统不为工作流程带来价值。

(3)创建连续的工作流程。创建连续的工作流程意味着确保每个团队的工作流程顺利进行,防止跨职能团队合作中可能出现的中断或瓶颈。精益管理技术中使用的可视化工具看板(Kanban)可以促进团队之间的简便沟通,以便他们解决需要完成的任务并确定完成任务的时间。将整个工作流程分解为若干个较小的部分并可视化工作流程有助于消除流程中断和障碍。

(4)建立拉动系统。建立拉动系统确保连续的工作流程保持稳定,并确保团队更快地、更轻松地完成工作任务。拉动系统是一种特定的精益技术,用于减少任何生产过程中的浪费。它确保只有在有需求时才启动新工作,从而最小化开销并优化存储成本。

(5)促进持续改进。促进持续改进是指采用各种技术手段来识别组织已经完成的工作、需要完成的工作、可能出现的障碍以及如何使组织中的所有成员改进其工作流程。精益管理体系既不是孤立的,也不是静止的,因此在其他四个步骤中可能会出现问题。确保所有员工都为工作流程的持续改进做出贡献,可以在问题出现时保护组织。

4. 精益管理中的七大浪费

在精益制造系统中,确定了七大浪费:过度生产、缺陷、库存、运动、过度加工、等待和运输。

(1)过度生产(overproduction)。过度生产是最严重的浪费,它可能导致其他所有类型的浪费,并造成过剩的库存。过多储存未使用的产品会带来明显的成本,包括储存费用、浪费的材料以及与无用库存绑定的过多资本。

当然,根据具体产品的不同,过度生产可能会对环境产生非常严重的影响。比如,比实际需要消耗更多的原材料;产品可能会腐败或过时,需要被丢弃;如果产品涉及危险物质,将使用比实际需要更多的危险物质,导致额外的排放、废物处理的额外成本、可能的工人暴露以及废物本身可能导致的潜在环境问题。

(2)缺陷(defect)。缺陷是指产品偏离其设计标准或客户期望的情况。有缺陷的产品必须被替换,因为它们可能会导致失去潜在客户;投入到有缺陷产品的资源是被浪费的,因为该产品没有被使用。因此,建立一个更高效的生产系统可以减少缺陷,并增加解决这些问题所需要的资源。

(3)库存(inventory)。库存浪费是指未经加工的库存产生的浪费。这包括储存的浪费、与未经加工的库存绑定的资本的浪费、运输库存的浪费、用于容纳库存的容器、储存空间的照明等。此外,过多的库存可能掩盖了生产该库存的原始浪费。

(4)运动(motion)。浪费性的运动是指所有可以最小化的运动,无论是人员还是机器进行的运动。如果使用多余的运动来增加本可以通过更少的运动实现的价值,那么这种多余的运动就是浪费。运动可能指的是工人弯腰在工厂车间里捡起物品，也可能指的是导致机器额外的磨损和资本折旧，需要进行更换。

（5）过度加工（over-processing）。精益制造依赖产品为客户提供价值，但不过度设计任何产品。任何不必要的工作都不应该进行。过度加工实际上是提供比客户所需的价值更多的情况。

（6）等待（waiting）。等待是指工作人员或机器在完成任务时出于各种原因而必须等待的任何形式。等待浪费是七大浪费之一，它通常发生在生产线或工作流程的某个环节，因某个流程的延误或不协调，导致人员或设备无法继续工作。这不仅浪费了工人的时间，而且还增加了运营成本，影响了生产效率，并且在等待过程中，原材料或半成品可能会因存放过久而受损。

（7）运输（transportation）。运输是将物品从一处移动到另一处的过程。运输本身不为客户增加任何价值，因此应尽量将其最小化。这可以通过使工厂更加接近并尽量减少运输成本来实现。

7.3.2 精益产品开发

1. 将精益管理理念融入产品开发流程

精益产品开发（lean product development）可以简单地定义为"将精益原则应用于产品开发流程以消除浪费"。它帮助公司建立一个流畅无缝、减少浪费的产品开发价值流，由客户明确定义和拉动。

精益产品开发流程：武汉博虎科技有限公司

根据精益管理的理念，产品开发中的活动可以分为增值活动、非增值活动和必要的非增值活动。例如，在计算机辅助设计软件中对产品的关键组件建模属于增值活动，而在产品中提供不必要的功能，比如在手机设计中同时提供彩色屏幕和单色屏幕，就是非增值活动的一个例子。大部分产品开发涉及跨越庞大的层级组织结构的批准流程，只有在获得批准之后，进一步的设计活动才能进行，这可能导致等待时间。在这种情况下，用于批准的时间属于必要的非增值活动。精益产品开发的目标是消除这些非增值活动，并减少必要的非增值活动和增值活动。这个概念并不新鲜，就是将精益管理的概念扩展到整个企业。Cusamano 和 Nobeoka（1998）详细说明了精益产品开发与传统产品开发流程之间的差异，这清楚地表明精益产品开发在传统产品开发流程上具有更好的优势。表 7-8 展示了精益管理的五大原则在产品开发流程中的内涵。

表 7-8 精益管理的五大原则在产品开发流程中的内涵

精益管理的五大原则	产品开发流程中的内涵
识别价值	设计和提供给客户正确的产品，以正确的质量（满足其形式、配合和功能要求）、正确的价格，在正确的时间提供给客户
价值流程图	涉及从概念到发布特定产品的收集客户需求、概念化、设计、测试、制造和提供的活动过程
创建连续的工作流程	在产品开发流程的价值流中逐步完成任务，使产品从需求到概念到设计到发布，从订单到交付，最终到客户手中，无停滞、废料或倒流的工作过程

（续）

精益管理的五大原则	产品开发流程中的内涵
建立拉动系统	根据客户需求来驱动生产和供应链活动。与传统的推动系统（push system）不同，拉动系统以实际需求为基础，只有在客户下达订单或需求信号时，生产和供应链活动才会启动。这种方法的核心理念是避免过度生产和库存积压，最大限度地提高资源利用效率，减少浪费
促进持续改进	在产品开发流程中持续不断地改进价值、价值流、流程和拉动

资料来源：作者根据相关资料整理而成。

2. 精益产品开发的工具和技术

要使所开发出来的产品具有最佳的性能，就需要在产品开发流程中进行有效和高效的管理。相比于传统的产品开发流程，精益产品开发具备一些支持性的工具和技术。

Buyukozkan 等（2004）进行了研究，他们确定了用于敏捷制造环境下并行产品开发的各种工具和技术。他们将这些工具和技术分为网络和管理工具、建模和分析工具、预测工具和智能工具。参考 Buyukozkan 等（2004）的分类方法，可以将用于精益产品开发所需的工具和技术分为以下几类：基于组织的工具/技术（OB）、产品设计、开发和管理的工具/技术（PDDM）以及信息技术支持的工具/技术（ITS），每个类别的简要定义如下表 7-9 所示。

表 7-9　精益产品开发的工具和技术分类

工具和技术分类	定义
基于组织的工具/技术	这些工具/技术取决于组织的性质，各个组织之间可能会有所不同。例如，采用扁平的层级结构、员工共同办公或员工赋权等都是高度依赖于组织的技术。并不是每个采用精益产品开发过程的组织都需要遵循这些技术。例如，一个大型组织可以在设计活动中使用供应商或选择设计外包，但一些小型公司可能不会采用这些技术
产品设计、开发和管理的工具/技术	这是指工程师在产品设计和开发流程中使用的工具/技术，可能包括高度数学计算密集型的工具/技术如田口方法或试验设计（DOE），或决策支持工具/技术如质量功能展开（QFD）、失效模式与影响分析（FMEA）等
信息技术支持的工具/技术	该分类指的是可以使产品开发流程精益化的计算工具/技术，包括硬件、软件、网络工具和技术。例如，使用计算机辅助分析和设计（CAAD）工具，如 Pro-Engineer、ANSYS、CATIA 等，用于对产品、组件和子组件进行三维实体和曲面建模。它还指使用台式计算机、数据库、服务器、局域网（LAN）、广域网（WAN）、虚拟私有网络（VPN）等硬件来支持这些软件工具/技术。这些工具/技术在减少浪费和资源方面发挥着重要作用。Rangaswamy 和 Lilien（1997）回顾了可以在产品开发流程的不同阶段使用的不同软件工具。但是，他们没有涉及在详细设计阶段使用的建模、分析和仿真软件工具的使用

资料来源：作者根据 Haque 和 James-Moore（2004）整理而成。

以上是对精益产品开发过程中重要且常用的工具/技术的代表性介绍，实际采用的工具/技术可能更多。

3. 精益产品开发框架

精益产品开发的框架由一系列活动以及支持这些活动的必要工具和技术组成。Anand 和 Kodali（2008）将精益产品开发分为不同的阶段，包括定义（define）、审查（review）、调查（investigate）、验证（verify）、执行（execute）和重复（repeat），并将其简称为 DRIVER 框架。该框架如图 7-2 所示。

图 7-2　精益产品开发的 DRIVER 框架

第一阶段：定义。这一阶段是指根据需求、投资等确定对公司至关重要的创新项目。通过确定产品来定义价值，这对组织的生存至关重要。这个产品可以被视为实施精益产品开发流程的试点创新项目。应该基于经验或使用一些决策工具（如风险分析、成本效益分析或多属性决策模型，如层次分析法）评估各种因素（如客户需求、需求量、使用的技术、投资等）来选择对组织至关重要的产品。一旦确定了正在开发或将要开发的关键产品，下一步是了解当前的产品开发流程。

第二阶段：审查。这一阶段旨在识别价值流。重点了解当前开发流程中的浪费以及产品开发中浪费的原因，并通过消除浪费来估计未来的产品开发流程应该是怎样的。主要内容包括定期评审、跨部门协作、客户反馈、风险评估等。

第三阶段：调查。在该阶段往往通过产品流动（信息流动）或者拉动（下游活动从上游活动获取信息）的方式进行。通过信息收集，识别消除每种浪费的潜在解决方案，并识别在产品开发中建立拉动系统的潜在解决方案。可以选择并使用适当的工具和技术来确定潜在的解决方案。例如，如果在设计阶段使用 2D 建模软件导致生成 3D 图纸耗费过多时间，组织可以实施先进的 CAD 工具，如 3D 建模软件、产品生命周期管理（PLM）软件等，以促进设计的重复使用和回收。同样，采用适当的电子邮件软件可以减少信息交易中的浪费。Rangaswamy 和 Lilien（1997）描述了在产品开发过程的不同阶段使用不同软件的情况。同样地，为了开发更好的产品设计（即减少浪费的产品设计），可以采用产品模拟与分析、价值分析/工程、X 设计、模块化等工具和技术，这些工具和技术可以减少不必要的组件、功能、特性等形式的浪费。

为了建立拉动系统并促进沟通，可以使用并行工程、共同工作地点、跨职能团队等。

第四阶段：验证。这一阶段和下一阶段对应于精益管理的最后一个原则——促进持续改进。在这个阶段，之前确定的各种解决方案被实施在试点创新项目上，以验证其有效性。这可以通过一套工具和技术来完成，比如审计或性能测量系统，专门针对产品开发流程。例如，可以将当前状态的价值流指数、改进后的价值流指数和未来状态的价值流指数进行比较，以确定差距并量化改进的程度。Haque 和 James-Moore（2004）提出了一套性能指标，以满足精益原则在企业层面的关键方面，即对客户的价值、消除浪费和有效的信息流动。精益产品引入的七个性能指标包括：产品创新性、符合客户要求、进度表现、成本表现、不恰当的设计变更、信息库存效率和工程吞吐量。他们声称，这七个指标可以用于不同产品之间的比较，因为它们代表了基于精益原则开发的通用性能目标。

第五阶段：执行。如果在试点项目中看到了显著的绩效改进，那么就应该将其复制到开发的所有产品中。为了顺利进行复制，应该在试点项目期间进行适当的文档记录和维护。可以通过使用信息技术工具和技术（如文档标准、知识管理服务器等）来实现这一目标。这些技术有助于方便存储和检索，并提供分析故障、进行跨不同创新项目的绩效改进比较分析、识别最佳实践等机会。

第六阶段：重复。持续审查精益产品开发流程并重复循环。

本章小结

结构化流程是指将组织的工作划分为不同的步骤和活动，并在每个步骤中使用明确定义的方法和工具来提高效率和质量。

阶段－关口流程是将整个创新项目或工作流程划分为多个阶段，并在每个阶段之间设置关口，以便进行评估和决策。这种流程有助于确保创新项目按计划推进，并及时纠正问题。

集成产品开发流程强调在产品开发流程中各个部门和团队之间的协作和集成。通过有效的沟通和合作，可以减少信息断层和重复劳动，提高产品开发的效率和质量。

端到端流程着眼于整个价值链，从客户需求开始，通过设计、生产、销售等环节，最终提供满足客户期望的产品或服务。这种流程导向方法有助于确保组织在整个价值链中实现高效和协调。

精益产品开发流程强调通过减少浪费、增加价值和持续学习来提高产品开发的效率和质量。这种方法注重迭代、持续改进和团队合作，以快速响应市场需求并满足客户期望。

思考题

1. 在实施阶段－关口流程时，你认为制定清晰的决策标准和评估指标有何重要性？如果没有明确的标准和指标，可能会导致哪些问题和面对哪些挑战？
2. 集成产品开发流程强调部门间的协作和集成。请列举一些可能存在的障碍和挑战，并提供解决这些问题的建议。
3. 端到端流程注重整个价值链的管理和协调。在实践中，你认为在不同环节中保持信息的流动和沟通有多重要？你能否分享一个成功的案例来说明这一点？
4. 精益产品开发流程强调迭代、持续改进和团队合作。你认为如何鼓励员工在创新项目中积极参与和贡献？请提供一些激励措施或实践建议。
5. 除了本章介绍的流程方法外，你是否了解其他创新管理工具或框架？请分享你对它们的看法以及在实践中如何应用它们来促进创新。

参考文献

[1] 哈默，赫什曼. 端到端流程：为客户创造真正的价值 [M]. 方也可，译. 北京：机械工业出版社，2019.

[2] ANAND G, KODALI R. A conceptual framework for lean supply chain and its implementation[J]. International journal of value chain management, 2008, 2(3): 313-357.

[3] BÜYÜKÖZKAN G, KAHRAMAN C, RUAN D. A fuzzy multi-criteria decision approach for software development strategy selection[J]. International journal of general systems, 2004, 33(2-3): 259-280.

[4] COOPER R G, KLEINSCHMIDT E J. Screening new products for potential winners [J]. Long range planning, 1993, 6(26): 74-81.

[5] COOPER R G. New product development best practices study: what distinguishes the top performers? [J]. Journal of product innovation management, 1984, 1(3): 151-164.

[6] COOPER R G, EDGETT S J, KLEINSCHMIDT E J. Benchmarking best NPD practices-Ⅲ [J]. Research-technology management. 2004, 47 (6): 43-55.

[7] FIORE C. Accelerated product development[M]. New York: Productivity production press, 2004.

[8] HAQUE B, JAMES-MOORE M. Applying lean thinking to new product introduction [J]. Journal of engineering design, 2004, 15(1): 1-31.

[9] KARLSSON C, ÅHLSTRÖM P. Assessing changes towards lean production [J]. International journal of operations and production management, 1996, 16(2), 24-41.

[10] NUNES S. IBM research: ultimate source for new businesses[J]. Research-technology management, 2004, 47(2), 20-23.

[11] RANGASWAMY A, LILIEN G L. Software tools for new product development[J]. Journal of marketing research, 1997, 34(1): 177-184.

[12] ROTH A V, JACKSON Ⅲ W E. Strategic determinants of service quality and performance: evidence from the banking industry[J]. Management science, 1995, 41(11): 1720-1733.

[13] WOMACK J P, JONES DT. Lean thinking: banish waste and create wealth in your corporation[J]. Journal of the operational research society, 1997, 48(11): 1148-1148.

延伸阅读

新一代阶段-关口流程的构建

正如前面所述，阶段-关口流程是一个很早的概念，但它并不是一个过时的概念，而是一直在努力与新的管理理念、新的管理方法相融合。接下来我们将阐述，当代企业是如何构建新一代阶段-关口流程的。

（1）将不同创新项目分层，采用不同的流程应对。阶段-关口流程最大的变化可能莫过于变成了一个具有伸缩性的流程。不同的企业，不同的环境，不同的产品，管理层往往面临不同程度的风险和任务复杂性。显然，采用相同的阶段-关口流程去应对不同风险和复杂性的产品开发任务是不明智的。新一代关口-阶段流程具备伸缩性，以适应不同的产品开发任务。

对于一些小的产品开发项目，有时采用五阶段流程显得过于冗杂和低效。因此，我们可以适当将一些阶段融合为一个阶段，以提高产品开发的效率。

如图 7-3 所示，对于重要的产品，例如颠覆性创新产品等，可以采用最上层的五阶段流程；对于改进型产品，可以采用中间的三阶段流程；而对于仅需要少量改进的产品，采用最下层的两阶段流程即可。

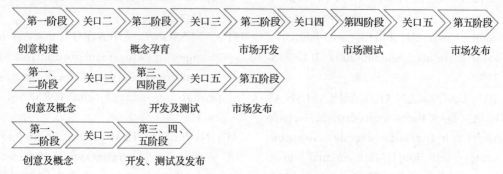

图 7-3　简化版阶段–关口流程

需要注意的是，对于不同的创新项目，往往也可能采取不同的流程来应对。例如埃克森美孚化工公司（Exxon-Mobil Chemical）采用三阶段–三关口流程来应对普通的产品改进；而对于基础性研究，则采用更为复杂的四阶段–四关口流程来应对。

（2）构建柔性流程。阶段–关口流程并不应该是一个死板的流程，而应该是一个具备柔性的流程。在阶段–关口流程中，任何一个阶段或者关口都不是必须存在的，管理层需要根据创新项目的实际情况设计相适应的阶段–关口流程。

阶段–关口流程的柔性还体现在，各个阶段并不必然是先后关系，也可以同时进行。

（3）构建适应性流程（见图 7-4）。阶段–关口流程应该被打造为能够适应不断变化的环境、适应不确定性的流程。这里引入了敏捷开发（agile development）的概念。敏捷开发以用户的需求进化为核心，采用迭代、循序渐进的方法进行软件开发。

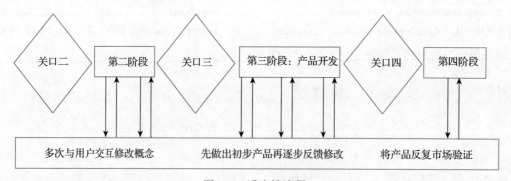

图 7-4　适应性流程

那么，为什么要引入敏捷开发？这是因为在产品开发的过程中，我们往往一方面希望产品开发足够高效，快速进入市场；另一方面希望产品能够具备一定程度的柔性，当市场反馈不佳时，能够及时修正。二者实际上存在一定矛盾，敏捷开发旨在消除二者之间的矛盾。敏捷开发理念允许产品开发人员在第三阶段仍然能够依据市场的反馈修改产品的概念。

依据敏捷开发的理念,在阶段-关口模型中的部分阶段内引入一些循环,这些循环意味着我们会进行一些补充活动,以应对市场的反馈。图7-4提供了一个适应性流程的示例,在第二阶段引入一个循环,这可以帮助我们进一步了解上一次与消费者的接触中未充分了解的信息。再比如,在第三阶段进行两次循环,在这两次循环中,我们可以根据消费者对初步生产的模型反馈进行修改。

(4)将流程打造成高效、响应迅速的系统。一些公司将价值流理念引入了阶段-关口流程中。价值流是指从原材料转变为成品并给它赋予价值的全部活动(Fiore,2005)。在价值流分析中,价值流图被用来记录产品生产过程中的材料和信息流,帮助寻找使产品价值增加的活动以及与产品价值增加无关的活动。图7-5为阶段-关口流程中的价值流活动。

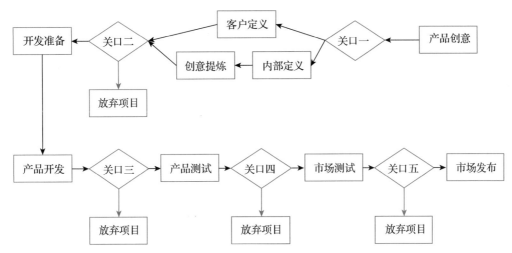

图 7-5　阶段-关口流程中的价值流活动

在进行价值流分析过程中,创新项目团队会构建一个基于价值流的产品开发的阶段-关口流程。在每个阶段,需要决策的内容以及重要的活动都已经被标出。需要强调的是,对于不同的产品、不同的情况,所构建的阶段-关口流程图也是不同的。

一旦基于价值流的阶段-关口流程确定下来,项目团队将会专注于具体的活动内容。常见的需要专注的问题有:

- 这一阶段,这一活动主要解决什么问题?
- 这一阶段执行情况如何?需要多少时间?
- 这一阶段或这一活动是必要的吗?是否还有优化空间?
- 流程还能加速吗?

(5)引入有效的治理机制。有效的治理机制能提升通过关口的创新项目的质量,常见的措施包括确立严格的把关关口、明确把关人选等。具体的常见措施如下:

- 确立严格把关的关口;
- 明确把关人选;
- 确立把关人守则;
- 采用计分模式;
- 引入自我评价作为参考;
- 引入过程考核。

(6)加速关口决策。一个快速的关口决策过程将大大提高产品开发的效率。特别是在产品快速迭代和变革的当下,这一要求显得格外重要。试想,假如每个关口需要3个星期审核,那么整个产品开发流程需要花

15个星期用在审核上,显然时间太长。

（7）引入责任制,发布后评估以及持续改进计划。引入责任制有助于提升产品开发流程的有效性,同时,产品发布后需要对整个流程的运行进行回顾,看看有哪些不足需要改进。没有一个流程是完美的,这就需要我们对流程进行持续改进,持续改进主要包括以下三方面特点（Cooper 和 Edgett,2006）,如表7-10所示。

表7-10　阶段-关口流程持续改进的三方面特点

特点	内容
明确的绩效标准	明确的绩效标准可以给项目组带来一个清晰的目标,同时也可以更加快捷地衡量项目的结果
项目组责任制	项目组的所有成员对较差的绩效都负有责任
"干中学,学中干"	错误有时是无法避免的,团队成员需要一直在错误中学习,避免二次犯错

资料来源：作者根据Cooper等（2006）整理而成。

（8）构建一个开放系统。新一代阶段-关口流程还吸纳了开放式创新（open innovation）,许多大型企业,例如金佰利（Kimberly Clark）、空气化工产品公司（Air Products & Chemicals）和宝洁公司（P&G）等,已经开始吸纳来自企业外部的创意、IP技术甚至直接由外部开发的产品。为了更好地和外部的资源融合,他们还改进了自身的阶段-关口流程,使得流程变得更加具有柔性、适应性。

传统的新产品开发流程,资源的输入主要依赖企业内部,仅有少量资源来自外部（消费者调查、市场创意、市场信息等）,研发部门将会根据这些资源来进行产品开发工作。而开放式创新在创意构建、产品开发、产品商业化三个维度都可能较高地依赖外部。这三个维度的主要内容如表7-11所示。

表7-11　开放式创新的三个维度

维度	内容
创意构建	企业不仅会从消费者身上寻找创意,还会积极地从初创企业等机构中寻找创意或者合作机会
产品开发	企业不仅依靠自身的研发团队,也会与企业外部的研究所、大学等机构进行合作
产品商业化	企业将自身的研发成果授权给外部企业,或企业购买外部研究成果的使用权

资料来源：作者根据Cooper等（2006）整理而成。

资料来源：https://zhuanlan.zhihu.com/p/108814901。

自测练习

扫码查看练习题及参考答案

第 8 章 创新的绩效评估

■ **本章要点**

1. 理解创新绩效评估的概念与意义。
2. 理解创新绩效评估的步骤与难点。
3. 理解创新绩效评估的四类指标。
4. 理解创新绩效评估的实施方法。

■ **引导案例**

腾讯公司的创新绩效评估

1. 腾讯公司介绍

腾讯公司成立于 1998 年,是我国最大的互联网综合服务提供商之一,也是我国服务用户最多的互联网企业之一。该公司技术丰富,以用户为本,致力于为用户提供一站式的在线服务,其业务涵盖了社交、游戏、金融、广告等多个领域,其中微信是全球使用最广泛的移动社交应用之一。

腾讯公司在发展过程中始终坚持以用户为中心,注重用户体验和满意度。同时,公司还积极投入研发,不断创新,以满足用户不断变化的需求。腾讯公司的成功得益于其独特的企业文化和价值观,以及对技术、用户和社会的责任感。

2. 腾讯公司早期的创新绩效评估

腾讯公司早期的创新绩效评估主要基于 KPI。公司首先针对上一年的绩效完成情况进行审查,并且对具体情况进行分析;其次基于公司每年的创新战略目标,制定公司当年的创新绩效目标和详细的创新战略计划;最后根据上述计划将任务分配给各个员工。月度考核和季度考核对于评估员工是非常重要的,这一考核由部门主管来完成。公司基于这一考核结果对员工进行奖惩,这一数据也会被记录在案,作为年度绩效的评估依据以及下一年基础工资的计算依据。腾讯公司的创新绩效考核关系表如表8-1所示。

表8-1 腾讯公司的创新绩效考核关系表

被考核者	考核者	评定考核者
基层员工	部门经理/副经理	部门经理
副部门经理	部门经理	分管部门经理/总经理
部门经理	分管副总经理/总经理	考核委员会
总经理/副总经理	考核委员会	董事长
副总裁	考核委员会	董事长

腾讯公司的创新绩效考核由考核委员会全面负责,该委员会组织各部门按照既定流程执行考核任务。公司创新绩效评估、员工绩效评估、奖金评定及非物质激励等总体激励机制的管理工作,以及审查评估结果的合理性,及时发现并解决问题,均由该委员会负责。

部门主管承担对其下属员工绩效的评估工作。然而,此评估方式存在一定的不足。若员工与主管关系较为亲近,其绩效评估结果往往较为理想,但这种情况可能并不公平。此外,对于新加入基层的员工来说,尽管他们承担了更多的任务,但由于缺乏经验和人际关系,他们的绩效评估结果可能并不高。这种情况可能导致这些员工感到不公平和被排除在外,并对公司的绩效评估结果产生抱怨,进而影响他们的工作效率。

这种绩效评估方式虽然看似制度严格、执行规范,但在市场经济不断发展和互联网行业蓬勃发展的背景下,它难以促进腾讯公司的健康和平稳发展,并对员工的激励作用也十分有限。因此,这种目标管理的绩效评估方式可能不再适用。

腾讯公司采取了不同的评估考核标准来衡量不同员工的表现,并且对于绩效的划分也十分明确。总体来说,绩效评估分为公司级绩效指标、部门级绩效指标和员工级绩效指标。公司级绩效指标以公司的年度经营计划和年度经营管理目标责任为基础,包括了安全、成本、销售收入、工期、质量、净利润、招商指标以及其他关键节点指标;部门级绩效指标则将公司级绩效指标进行分解和落实;而员工级绩效指标则根据部门级绩效指标进行分解,并结合每个职位的职责进行设定。

腾讯公司的考核周期包括月度考核、季度考核和年度考核。月度考核适用于集团总部所有员工,一般于次月10日前完成。季度考核于每年1、4、7、10月的15日前完成上季度考核工作。年度考核于下一年初完成。

腾讯公司的绩效考核主要存在以下几个问题。

(1)对KPI的过度依赖。过度依赖KPI导致考核制度存在争议,使企业容易陷入机械考核的误区。这种短视的评估方式可能忽视了其他利益相关者的重要性,不利于公司的长远发展。

(2)绩效考核结果的运用度较低。各层管理人员对绩效评估的重视程度不够,导致绩效评估的效果没有得到实际发挥。过度关注员工短期工作绩效,以及对员工能力的提高缺乏关注,可能影响员工积极性和公司整体工作氛围。

（3）忽视其他利益相关者。过度关注主要利益相关者（如股东）而忽视其他可能对公司产生重要影响的利益相关者，可能影响公司生态发展系统的平衡，给企业带来损失。

（4）忽视过程考核。过度关注考核结果而忽视考核过程，可能导致评估结果不准确，影响员工能力的全面展现，并可能引发一些错误认知和行为，制约企业发展。

为了解决这些问题，腾讯公司需要重新审视其绩效考核体系，从更广泛的视角考虑各利益相关者的需求和期望，提高对绩效评估结果的重视程度，并把握好评估结果的运用。同时，应关注员工能力的提高和全面发展，避免短视行为，促进公司的长期稳定发展。

3. 腾讯公司的新型创新绩效评估改革方向

基于以上问题，腾讯公司创建了新型创新绩效评估方式。主要针对评价指标体系、工作绩效档位、奖惩方式、权力约束等进行调整。

（1）针对评价指标体系进行改革。新型评价指标包括：目标完成度，评估员工在设定的指标上的完成情况，包括完成质量和时间；工作能力，评估员工在工作中所展现的专业知识和技能，以及解决问题和应对挑战的能力；团队合作能力，评估员工在协作和团队合作方面的表现，包括沟通能力和团队合作精神；创新能力，评估员工的创新思维和能力，包括提出新的想法和解决方案的能力；客户导向，评估员工对客户需求的理解和满足程度，包括服务质量和客户关系管理能力。

（2）将工作绩效档位简化，减少工作内卷程度。腾讯公司先前使用了一种"1~5星"的绩效评估系统，其中"5星"是最高评级，"1星"则是最低评级。虽然这种评价方法似乎可以精确地对员工的表现进行评分，但随着公司的发展，其不利影响也日益显现。较小的评分区间可能让员工产生误解，认为只要稍微努力就能从"3星"提升到"4星"。这导致了一些员工在追求短期绩效的过程中过分注重形式主义，如花费大量时间准备报告、撰写精美的电子邮件以取悦上级，而忽视了他们的核心工作职责。此外，过于细致的等级划分也在无形中给员工带来了巨大的考核压力，使他们过度关注短期的结果评价。为了消除内卷和内部消耗，并为员工减轻负担，腾讯公司将其绩效评估级别简化为三档。这一变化使得绩效评估更加侧重于员工的核心工作和长期发展，从而为那些专注于工作的员工提供了更公平的环境。现在，员工可以把更多精力放在实现工作目标上，专注于个人成长和长期价值创造，而不是仅仅关注短期内的成绩。

（3）改变晋升频次，降低难度。在过去的腾讯公司，职级晋升的评审每年进行两次，但这种频繁的晋升评审导致了一些员工过度关注职级晋升而非本职工作。为了提升职级，他们会在每次评审中投入大量时间与精力去美化PPT和提高演讲技巧。为了解决这一问题，腾讯公司决定将9级及以上职级的晋升评审频率从一年两次改为一年一次，并且更多地由部门自己来决定9~11级的晋升。这使得评审过程更加简化，评审效率和质量得以提高，同时减少了员工对华而不实的包装的关注。此外，腾讯公司还倡导不面评答辩，甚至不需要强制做PPT，以鼓励员工把更多时间用于实际工作。这一改革旨在让员工有更多的时间去做更有价值的事情，从而促进公司的持续发展。

（4）以工作成果论英雄。在这次调整后，晋升的员工不再立即获得加薪，而是会在年度薪酬回顾时根据上一阶段的工作成果进行一次性调整。这将鼓励员工更加关注本职工作的表现，因为好的工作成果将直接关系到他们的晋级和加薪。即使没有晋升或者不愿意花费精力准备晋升，只要能够做出实质性的业绩贡献，员工仍然可以获得丰厚的薪酬和奖金。相反，即使拥有较高的职位，但如果不能做出相应的成果，也不会得到加薪。这次升级的核心是通过优化管理方式来创造一个具有创新驱动力的工作氛围。基层创新对企业非常重要，包括个人的想法和部门级的创意等。腾讯公司在绩效评估标准中增加了"价值创造"这一维度，以鼓励员工大胆创新，并为他们提供实实在在的回报。这意味着，无论职位高低，只要有能力做出业绩，就能够获得高回报。这个升级将更容易激发员工的内在主观能动性和创造性，促使他们更有效地完成任务并取得成功。

（5）放权不意味着"放任"。随着腾讯公司人才评估体系的升级，流程简化和考核权限下放可能会引发担忧，即部门内部是否会出现所谓的"嫡系"。然而，腾讯公司也明确规定了对管理干部的责任要求，将人才评估管理纳入干部考核，以监督权力使用、防止懒政和滥权，并淘汰不合格的干部。这意味着管理干部必须承担起责任，不能滥用职权或采取消极态度。

人才评估体系是内部管理变革的关键部分，不仅影响每个员工，也与腾讯公司的战略变化紧密相连。在不断变化的大环境中，腾讯公司的人才评估体系优化升级旨在简化流程并以实际成绩为导向。这将使得那些过分注重形式主义的员工难以生存，而真正专注于工作的员工则有更多的机会展示自己的能力和获得成功。

4. 腾讯公司的新型创新绩效评估方式

腾讯公司的绩效管理分为组织绩效和个人绩效。该公司坚持公平回报原则，避免平均主义，激励优秀员工，督促低绩效者，并鼓励员工超越目标、自我和他人以促进成长。腾讯公司的绩效管理遵循PDCA（计划、实施、检查、行动）循环，包括绩效计划、追踪与辅导、考核与反馈以及改进与发展。

腾讯公司的组织绩效包括业务评价和组织管理评价两个维度，分别对一级和二级考核单元进行半年和年度周期的考核。一级考核单元的结果决定了整个系统的奖金包，而二级考核单元的结果则决定了各部门的奖金包和部门第一负责人的业绩得分。

腾讯的组织结构分为一级单元、二级单元、中心和组。一级单元负责人属于高干层次，个人考核体系包括部门BSC（平衡计分卡）、其他因素和行为考核；二级单元和部分中心的负责人属于中干层次，第一负责人的考核体系为部门BSC和行为考核，非第一负责人的考核体系包括部门BSC、个人KPI和行为考核；部分中心和组的负责人属于基干层次，考核体系由70%业绩考核和30%行为考核组成；普通员工的考核体系也由70%业绩考核和30%行为考核组成。

腾讯公司将个人评估等级从四档调整为五档，采用精细化管理方式来识别和奖励优秀员工，同时对后进者提出要求并提供激励。5星和4星员工分别占总人数的5%~10%和15%~20%，是公司的排头兵；3星员工占45%~65%，是中等水平的员工；1星和2星员工占5%~10%，是需要提高的员工。

资料来源：晏春愉. 先进人力资源管理案例分析：以腾讯公司为例 [J]. 环渤海经济瞭望，2022(9)：106-108.

思考题

1. 腾讯公司早期的创新绩效评估主要基于KPI，但在市场经济和互联网行业的发展背景下，这种评估方式存在哪些问题？

2. 腾讯公司采取了哪些措施来改革其创新绩效评估体系？这些措施有何优点和不足？

3. 在腾讯公司的新型创新绩效评估方式中，如何平衡目标完成度、工作能力、团队合作能力和创新能力等多方面因素？

8.1 创新绩效评估的内涵

8.1.1 创新绩效评估的概念与意义

创新绩效评估

1. 创新绩效评估的概念

创新绩效评估是评估一个组织、企业或个人在创新方面的表现和成果的过程（王光映，2005）。这是一个非常重要的过程，因为它可以帮助组织或个人了解他们在创新方面的实际表现，并提供改进的机会。

创新绩效评估通常涉及以下方面。①创新的数量和质量：评估一个组织或个人在一定时间内提出的新想法或新产品的数量和质量。②创新的商业价值：评估创新对组织或企业的商业价值和收益的贡献。这可以通过比较投资成本和实际收益来确定。③创新的可持续性：评估创新是否能够持续并长期为组织或企业带来收益和竞争优势。④创新的影响：评估创新对社会和环境的影响，例如是否有积极的社会影响或是否会带来负面影响。⑤创新的进展：评估组织或个人在推进创新方面的进展，例如是否遵循了时间表并实现了预期的目标。

在进行创新绩效评估时，通常使用一些工具和指标来衡量创新的质量和效果。例如，可以使用投资回报率（ROI）来确定创新的经济效益，使用问卷调查或定性分析来了解创新的用户反馈和用户满意度。

2. 创新绩效评估的意义

第一，创新绩效评估可以降低创新的风险。在绩效评估过程中，企业会关注竞争对手的反应、潜在市场需求、组织支持力度和自身技术能力等因素，这些因素的变化都可能成为创新风险的来源。通过评估，企业可以更早地识别出潜在的风险点。一旦识别出风险，企业就可以根据评估结果制定相应的风险应对策略，如调整创新方向、加强技术支持、优化资源配置等，从而降低风险发生的可能性和影响程度。

第二，创新绩效评估可以提升企业的创新质量。借助绩效评估可以揭示创新流程中的瓶颈和不足之处，促使企业优化创新流程，提高创新效率。同时，通过定期评估创新活动的质量，企业可以及时发现并纠正问题，确保创新成果的质量，降低因质量问题导致的创新风险。

第三，创新绩效评估可以促进资源的合理配置，减少浪费。绩效评估有助于企业了解各项创新活动的投入产出比，从而优化资源配置，将有限的资源投入到更有前景和潜力的创新项目中。通过评估，企业可以更加精确地估算创新项目的成本，避免过度投入和浪费，降低因成本超支导致的创新风险。

8.1.2 创新绩效评估的步骤和难点

1. 创新绩效评估的步骤

管理学中的创新绩效评估可以分为以下几步。

（1）确定评估指标。评估指标应该能够反映出创新活动的成果和影响，例如市场份额、销售额、客户满意度、员工创新能力等。

（2）收集数据。收集相关数据以支持评估指标的量化分析，数据可以通过问卷调查、访谈、市场调研等方式获取。

（3）分析数据。对收集到的数据进行分析和解释，发现数据中的规律、趋势和关联性。

（4）评估绩效。根据分析结果对创新活动的绩效进行评估，确定创新活动的优劣势，并制定改进措施。

（5）提出建议。根据评估结果提出建议，帮助组织更好地管理创新活动，提高创新绩效。

（6）进行反馈和跟进。将评估结果和建议反馈给组织，跟进实施情况，并定期进行更新和追踪评估，以便调整策略和措施，不断提高创新绩效。

2. 创新绩效评估的难点

即使现在我们已经很容易测量企业的研发支出，测量创新绩效依然不是一件容易的事。创新绩效评估的难点主要体现在以下几方面。

（1）测量不精确。测量不精确主要体现在测量指标的敏感性问题上以及测量误差的问题上。

（2）测量敏感性。测量敏感性问题体现在采用的指标不一定能很好地体现出创新的真实绩效。例如，许多创新绩效采用专利数量作为创新的产出绩效，然而，专利与专利之间千差万别，如果仅采用专利的绝对数量作为指标，那么采用这一指标意味着我们假设了每一个专利对创新绩效的贡献程度是相似的，或者说专利与专利之间的差距对创新绩效的影响不大。这显然是不符合现实情况的。

（3）测量误差。由于观测手段的限制，我们无法使用所有的创新绩效指标。因此，总有一些指标是我们所忽略的，而这些被忽略的指标可能很重要，这就导致我们对创新绩效测量的误差。

（4）成果多样。由于创新所带来的成果具有多样性，因此我们需要将所有的成果进行汇总，而许多指标由于难以量化，很难进行汇总。

（5）评价主观。由于我们需要评价各个成果，来对创新过程进行评价，这就不可避免地涉及不同指标的重要性问题，而指标的重要性又与企业所处的环境以及企业自身的特征相关。例如，出于生存压力，初创企业更加关注创新的商业绩效；而对于研发周期较长的企业，由于商业绩效和产出绩效要等较长时间才能进行评价，因此企业往往更倾向于为过程绩效分配更多权重。因此，评价的主观性本身也是创新绩效评估的难点之一。

8.2 创新绩效评估的四类指标

8.2.1 四类指标的内涵

创新绩效评估是运用科学的方法、标准和程序对创新行为进行评价,通过绩效评估,对创新行为进行复盘,总结规律,得出经验,为进一步创新提供借鉴。根据欧盟统计局(Eurostat)和经济合作与发展组织(OECD)给出的创新评估指南,创新绩效评估主要分为四个维度,包括产出绩效、过程绩效、商业绩效和组织绩效,如表8-2所示。

表 8-2 创新的绩效评估

评价维度	概念	示例
产出绩效	更好的产品或服务的引入	新产品 产品创新 重大改进 服务创新
过程绩效	创新的过程中资源的投入	生产过程创新 生产方法创新 物流创新
商业绩效	创新带来的市场化效益	产品设计改进 新的销售模式 定价方式改进
组织绩效	在商业行为、工作开展、外部关系中应用新的组织方法	商业模式创新 组织运作创新 对外关系创新

资料来源:GAUIT F. The oslo manual[M]. Cheltenham: Edward Elgar Publishing, 2013.

1. 产出绩效

产出绩效是指引入更好的产品或服务而带来的产品属性的改良或功能性的改进。产出绩效既可以是新开发的技术或新发现的知识,也可以是现有技术和知识的整合;既可以指产品,也可以指服务、属性或功能。

(1)新产品。新产品是指所生产的产品在功能和属性上与之前生产的产品有较大不同。最早的微型处理器和数码相机都是应用了新技术的新产品典型代表,苹果头戴式智能眼镜(APPLE VISION PRO)则是新产品应用现有技术整合的典型代表。

(2)产品创新。产品创新是指在现有产品基础上进行一定程度的改进。例如,生产一种新型洗涤剂,这种洗涤剂添加了一种新型化学成分,而这种化学成分之前仅在衣帽生产线上才会使用。

(3)重大改进。当产品材料、成分或其他特征的改变对产品的性能有较大提升时,这种变化被视为重大改进。例如,ABS(制动防抱死系统)、GPS(全球定位系统)等对车辆的改进,属于汽车产品某个部分的重大改进。

(4)服务创新。服务创新往往带来的是服务效率和速度上的改进,或服务质量的提升等。例如，网上银行服务提升了服务的效率和速度，快递业务的上门服务则提高了服务的质量。

针对以上几种创新形式可以采用以下几种产出绩效指标来衡量。①技术新颖性：产品技术上的创新性、专利新颖性等。②功能差异性：产品功能上的新特征。③用户接受度：新产品被目标市场接受的程度。④服务效率提升：服务流程优化后带来的效率提升，如处理时间缩短、自动化程度提高等。

2. 过程绩效

过程绩效主要是指产品从开发到产出的过程中生产的进步或是流程的改善等，这既包括技术上的进步，也包括装备或软件上的提升。

（1）生产过程创新。生产过程创新可以是减少单位产品生产成本，减少物流成本，提升质量，或通过改进流程带来重大改进的产品。生产过程创新既可以是方法上的创新，也可以是服务上的创新。例如，将GPS引入公共交通系统，或在咨询公司引入新的项目管理系统。

（2）生产方法创新。生产方法创新是指通过提升技术、改进设备或软件等来帮助生产或提供服务的创新。例如，在生产线中引入自动化生产设备或计算机辅助设备，改进生产流程，提高产品质量。

（3）物流创新。物流创新是指通过改进技术、软件等提升企业的资源输入能力，以及资源在企业内部流通和产品输出的能力。例如，二维码技术的引入，提高了企业物流效率。

针对以上几种创新形式可以采用以下几种过程绩效指标来衡量。①成本降低率：衡量单位产品生产成本相对于上一周期或基准期的降低百分比。②质量合格率：评估生产出的产品中符合质量标准的比例。③库存周转率：库存商品在一年内周转的次数，反映库存管理的效率。④订单处理时间：从接收订单到发货的平均时间减少量。

3. 商业绩效

商业绩效是指引入新的营销手段或方法而取得的绩效，包括产品设计改进、新的销售模式和定价方式改进等。商业创新旨在更好地解决消费者的需求，发掘新市场，为产品找到新的市场定位，以提高企业的销售收入。商业创新最显著的特点是采用了以往营销中未曾采用的手段。这种营销手段既可以来自企业自身，也可以从其他企业那里学习和借鉴。

（1）产品设计改进。产品设计改进主要是指产品的形式和外观上的改进，还包括产品的包装等，这种改进并不涉及产品的功能和属性。例如，在原有饮料的基础上开发出新的口味，或饮料包装的改进。

（2）新的销售模式。新的销售模式主要是指采用新的产品和服务销售理念。例如，将产品在电影或电视节目中插播展示，相对于传统的线下销售模式属于新的销售理念。企业还可以通过建立新的品牌树立新的形象，譬如吉利汽车为更好地树立新能源品牌形象，在领克的基础上新建立了极氪品牌。

（3）定价方式改进。定价方式改进是指采用新的定价策略销售产品或者服务。

例如，相对于统一价格，电商平台根据不同消费者的背景给予不同的产品价格。当然，这种做法广受社会批评，但是从策略本身来讲，这属于一种新型定价策略。季节性、常规性的营销策略变化，由于不属于以往未曾采取过的销售策略，因此，这部分改变不属于商业绩效范畴。

针对以上几种创新形式可以采用以下几种商业绩效指标来衡量。①品牌忠诚度：产品改进后，产品对品牌忠诚度的提升程度。②品牌知名度：新销售模式实施后，品牌知名度的提升程度。③客户体验满意度：新销售模式或展示方式下，客户对产品体验的满意度。④渠道成本效率：新渠道的成本投入与其带来的销售收入之间的比例。

4. 组织绩效

组织绩效是指在组织层面进行的方法上的创新而取得的绩效，例如商业模式创新、组织运作创新、对外关系创新。这一层面的创新的一般目标在于降低管理费用、交易费用，提高工作满意度，获取隐性知识，等等。

（1）商业模式创新。商业模式创新一般是指在组织惯例和组织流程上的创新工作。从组织惯例角度，例如，采用新的工作流程提升组织内知识的共享，或建立数据库系统提升组织的工作效率等；从组织流程的角度，例如，采用供应链管理系统优化组织的运作流程等。

（2）组织运作创新。组织运作创新主要包括在职责分配、决策，或组织间活动上的方法的创新。例如，相对于传统的决策方法，采用头脑风暴法能鼓励员工大胆提出新想法；相对于直线职能制，事业部制能提升下级单位的决策主动性等。以上创新是与分权相关的，但创新不仅仅与分权相关，也可以与集权相关。例如，采用订单生产系统，可以帮助整合产品开发和销售环节的人员，统一决策。

（3）对外关系创新。对外关系创新是指与其他企业、公共机构、客户、供应商塑造新的关系。需要注意的是，兼并或者收购不一定属于组织层面创新，只有在具有组织层面的创新时，方可被视为具有组织绩效。

针对以上几种创新形式可以采用以下几种组织绩效指标来衡量。①决策效率：采用新的决策方法后，决策制定的平均时间的减少和决策质量的提升。②员工参与度：员工对组织运作创新的接受度和参与度，如通过员工满意度调查评估。③内部沟通效率：组织内部信息传递与沟通的速度和准确性的提升。④合作伙伴满意度：与其他企业、公共机构、客户、供应商等合作伙伴关系的满意度的提升。

8.2.2 四类指标的区分

1. 产出绩效与过程绩效

对于商品销售而言，产出绩效和过程绩效是相对容易区分的。但是对于服务而言，二者的区别便不是那么明显，原因在于服务的生产、配送和消费往往同时发生。一些区分的建议如下：

- 当这一创新包含新的或者显著提升的服务的某些属性时，属于产出绩效。
- 当这一创新包含新的或者重大改进的某种方法、设备或技术时，属于过程绩效。

- 当这一创新既包含新的或者显著提升的服务的某些属性，也包含新的或者重大改进的某种方法、设备或技术时，既属于产出绩效，也属于过程绩效。

在一些案例中，服务创新可以只从属于某一种绩效。例如，旅游公司在原有的多日游服务的基础上新增了一日游服务，虽然服务产品发生了改变，但是提供服务的方式没有改变，因此这部分创新属于产出绩效。

2. 产出绩效与商业绩效

产出绩效与商业绩效的主要区别在于产品的属性和功能。当产品或服务相对于以往在属性和功能上有较大提升时，属于产出绩效；而当产品和服务包含的是新的营销理念时，产品本身的属性和功能变化不大时，属于商业绩效。譬如，生产出新的材质的衣服，属于产出绩效；而面向新的客户群体仅仅修改了衣服部分板型的创新，属于商业绩效。

在一些创新案例中，创新行为既可以包含产出绩效，也可以包含商业绩效。当生产出的产品既在属性和功能上有较大改进，又在营销中采用了新的理念时，那么这一创新既包含商业绩效，也包含产出绩效。

当产品是服务时，情况会相对比较复杂，此时产出绩效与商业绩效的区别取决于这一服务的本质。举例而言，一家初次引入电子商务来销售服务的公司，此时产生的创新绩效属于商业绩效；而对于已经采用电子商务进行服务销售的公司而言，对服务本身的改善则属于产出绩效范畴。

3. 过程绩效与商业绩效

过程绩效和商业绩效都可以涉及关于商品或者信息的新方法所带来的绩效，但是二者的动机不同。过程绩效旨在通过改变产品的生产、流通等活动以减少单位产品成本或提高产品质量，而商业绩效旨在提升企业的销售收入或市场占有率，后者更加关注产品的地位以及口碑。

商业绩效中如果出现新的销售渠道，就很容易出现模棱两可的情况，即这一创新既可以包括商业绩效也可以包括过程绩效。譬如，一家企业在开启新的销售渠道的同时开辟了新的物流渠道，这就包含了过程绩效；当创新既能降低产品单位成本又能扩大销售时，此时创新既包括过程绩效，也包括商业绩效。

4. 过程绩效与组织绩效

过程绩效与组织绩效大概是最模棱两可的两个绩效概念，因为二者都旨在通过引入新的生产、物流、内部组织理念来降低成本，也因此许多创新行为既包括过程绩效，也包括组织绩效。举例而言，新的生产流程的引入往往伴随着新的组织方式（团队合作等）的引入。而组织层面的创新，譬如物流管理系统的引入，也会影响产品的生产流程，带来创新。

区分二者的关键在于活动的类型，过程绩效往往伴随着新的设备、软件、新的技术或流程；而组织绩效则是关于组织协调、控制等机制的创新。具体区分如下。

- 当创新旨在通过提高生产能力降低成本时，属于过程绩效范畴。

- 当创新包含新的商业模式、组织运作方法、对外关系模式时,属于组织绩效范畴。
- 当创新既包含重大生产能力改进又包含组织方式改进,既属于过程绩效范畴,也属于组织绩效范畴。

5. 商业绩效与组织绩效

当创新既包含新的营销理念或营销模式,又包含新的组织方式时,商业绩效与组织绩效也容易混淆。当组织创新包含销售环节,但不包含新的销售方式时,这便不属于商业绩效范畴。

| 案例 8-1 | 字节跳动公司的绩效评估指标和激励机制

1. 字节跳动简介

字节跳动是一家全球领先的互联网科技公司,以创新和人工智能技术为核心竞争力。该公司开发了多个备受欢迎的社交媒体平台,如抖音(TikTok)和今日头条,成功吸引了数亿用户。字节跳动在计算机视觉、自然语言处理等领域拥有先进的算法,并致力于无障碍技术创新。近年来,公司在多项国际竞赛中取得佳绩,体现了其在 AI 领域的领先地位。

在商业上,字节跳动已成为我国最赚钱的互联网公司之一。其营收增长迅速,打破了 BAT(百度、阿里巴巴、腾讯)的传统垄断格局。字节跳动的成功得益于透明的企业文化、强大的创新能力以及灵活适应市场变化的能力。

2. 字节跳动创新绩效评估指标

字节跳动的创新绩效评估指标包括生存类指标、可持续发展类指标和核心竞争力指标三大类,如表 8-3 所示。其中,生存类指标包括财务结果指标、交付指标;可持续发展类指标主要关注新产品、新商业模式、新区域市场、效率提升(硬件系统)、效率提升(工作方法论沉淀);核心竞争力指标包括共用资源/平台建设和人员能力。

表 8-3 字节跳动创新绩效评估指标

指标属性	指标类别	事业群层	一级产品部门	二级产品部门
生存类指标	财务结果指标	收入、利润	—	收入、费用控制
	交付指标	主营产品应用达标、价值客户标杆	主营产品应用达标	产品应用率、渗透率
可持续发展类指标	新产品	岗位级产品突破	孵化产品突破	新模块架构、应用率
	新商业模式	建设方和施工方一体化	—	—
	新区域市场	国际市场	—	新增项目数量
	效率提升(硬件系统)	数字运营系统	数字研发系统	智慧工地与安全产品融合
	效率提升(工作方法论沉淀)	重点工作复盘	产品管理+研发管理方法论	核心骨干工作方法分享、季度工作复盘

（续）

指标属性	指标类别	事业群层	一级产品部门	二级产品部门
核心竞争力指标	共用资源/平台建设	项目集成管理平台、硬件供应链建设	硬件生态试点	—
	人员能力	后备梯队关键人才培养	后备梯队（板凳队伍）技术骨干能力	需求主管培养、团队成员晋级

针对生存类指标，字节跳动的事业群层主要关注收入和利润、主营产品应用达标和价值客户标杆；一级产品部门主要关注主营产品应用达标；二级产品应用部门主要关注收入和费用的控制、产品应用率和渗透率。

针对可持续发展类指标，字节跳动的事业群层主要关注岗位级产品突破、建设方和施工方一体化、国际市场、数字运营系统、重点工作复盘；一级产品部门主要关注孵化产品突破、数字研发系统、产品管理+研发管理方法论；二级产品部门主要关注新模块架构、应用率、新增项目数量、智慧工地与安全产品融合、核心骨干工作方法分享和季度工作复盘。

针对核心竞争力指标，字节跳动的事业群层主要关注项目集成管理平台、硬件供应链建设、后备梯队关键人才培养；一级产品部门主要关注硬件生态试点、后备梯队（板凳队伍）技术骨干能力；二级产品部门主要关注需求主管培养和团队成员晋级。

资料来源：https://www.renrendoc.com/paper/321737706.html。

8.3 创新绩效评估的实施方法

8.3.1 计分卡

1. 计分卡的概念

计分卡是一种将战略目标转化为可操作的指标的方法（Kaplan，2009；杨臻黛，1999）。它可以帮助企业量化创新绩效，并监测和评估创新绩效的实现情况。计分卡的优点是能够将策略目标与绩效评估联系起来，并提供了一个全面的指标体系；缺点是制定指标需要耗费时间和资源。

2. 计分卡的操作方法

计分卡主要包括以下六大操作步骤：确定企业战略目标、制定指标体系、设定目标与阈值、收集数据和分析、制订行动计划、监测与反馈。

（1）确定企业战略目标。计分卡的第一步是确定企业的战略目标，这些目标应该与企业的愿景、使命和价值观相一致。企业的战略目标可以包括财务、客户、内部流程和学习与成长四个方面。

（2）制定指标体系。制定指标体系是计分卡的关键步骤。企业需要确定与战略目标相对应的关键绩效指标，并将它们分为四个维度：财务、客户、内部流程和学习与成长。每个维度下都需要包含若干个指标，这些指标应该是可量化、可操作的，并能够反映企业的战略目标。

（3）设定目标与阈值。设定目标与阈值是指为每个指标设定具体的目标和阈值。

目标应该是具有挑战性的、可实现的,并能够反映企业的战略目标。阈值则是指为每个指标设定的最低要求,当指标低于该阈值时,需要采取相应的措施进行纠正。

(4)收集数据和分析。收集数据和分析是计分卡的核心步骤。企业需要收集与每个指标相关的数据,并进行分析和解释。这可以帮助企业了解每个指标的实际表现和影响因素,并制定相应的改进措施。

(5)制订行动计划。制订行动计划是指为每个指标制定具体的改进措施。这些措施应该是可操作的、可实现的,并能够有效地改善指标的表现。行动计划应该包括责任人、时间表和预算等方面的考虑。

(6)监测与反馈。监测与反馈是指定期对计分卡进行评估和反馈。企业需要定期检查每个指标的表现,并对其进行分析和解释。这可以帮助企业及时发现问题并采取相应的措施进行纠正。

8.3.2 贝尔曼方程

1. 贝尔曼方程的概念

贝尔曼方程是一种数学方法,用于衡量不同创新项目的效益和风险(Barron 和 Ishii,1989;O'Donoghue et al., 2018)。它可以帮助企业决定是否继续投资某个创新项目,以及如何分配投资资金。贝尔曼方程的优点是能够考虑到不同项目的时间价值和不确定性,缺点是需要大量的数据和分析工作。

2. 贝尔曼方程的操作方法

使用贝尔曼方程进行创新项目绩效评估的基本操作步骤主要包括以下六步:确定决策树模型、确定各个节点的现金流量、确定贴现率和风险因素、计算每个节点的价值、向上递推计算整个决策树的价值、分析和比较不同决策树的价值。

(1)确定决策树模型。首先需要确定创新项目的决策树模型。决策树模型包括不同决策节点和各个节点的可能的结果。例如,对于一个新产品的开发项目,决策节点可以是研发投入和市场推广投入,可能的结果可以是产品开发成功或失败。

(2)确定各个节点的现金流量。针对每个节点的可能结果,需要估算出相应的现金流量。现金流量可以包括投资、收入和费用等。这一步需要进行市场调研和成本分析,以尽可能准确地估算出现金流量。

(3)确定贴现率和风险因素。贴现率是指将未来现金流量转换为现值的利率,用于考虑时间价值和资本成本等因素。风险因素则可以包括市场风险、技术风险等。这些因素会影响现金流量的大小和概率分布,需要进行合理的估算和分析。

(4)计算每个节点的价值。利用贴现率和现金流量,可以计算出每个节点的价值。每个节点的价值等于该节点的现金流量乘以该节点的概率分布,并根据贴现率进行折现。

(5)向上递推计算整个决策树的价值。从底层开始,向上递推计算整个决策树的价值。每个节点的价值等于其所有后继节点的价值加权和,即该节点的期望价值。

(6)分析和比较不同决策树的价值。根据计算得到的决策树价值,可以进行分析和比较,确定最优的决策路径和投资方案。

8.3.3 成本效益分析

1. 成本效益分析的概念

成本效益分析是评估新产品开发绩效的重要方法之一(Layard 和 Glaister, 1994)。它可以帮助企业了解新产品开发的成本和效益,以便更好地制定投资决策和产品规划。成本效益分析的优点是能够客观地评估新产品开发的成本和效益,缺点是需要大量的数据和分析工作。

2. 成本效益分析的操作方法

成本效益分析主要包括以下六步:明确研究问题和目标、确定评估指标和数据来源、收集和分析数据、计算成本效益比、制定决策和推荐方案、评估和监测实施效果。

(1)明确研究问题和目标。首先需要明确研究问题和目标,即确定需要评估的创新项目和评估的目的。例如,需要评估一种新产品的开发是否值得投资,或者需要评估一项新技术的应用前景和成本效益。

(2)确定评估指标和数据来源。接下来需要确定评估指标和数据来源,即选择需要评估的成本和效益指标,并确定数据来源和采集方法。成本指标可以包括开发成本、生产成本、销售成本等,效益指标可以包括市场需求、销售额、利润率等。

(3)收集和分析数据。根据确定的指标和数据来源,收集和分析相关数据,包括成本和效益数据,以及其他可能影响创新项目效益的因素,如市场竞争情况、政策环境等。

(4)计算成本效益比。根据收集和分析的数据,计算成本效益比,即创新项目的总成本与总效益之比。成本效益比大于1,说明项目效益大于成本,具有投资价值;成本效益比小于1,说明项目效益小于成本,不具有投资价值;成本效益比等于1,说明项目效益等于成本,需要进一步分析和评估。

(5)制定决策和推荐方案。根据成本效益分析的结果,制定决策和推荐方案,包括是否继续投资、如何分配投资资金等。需要考虑成本效益比的大小、项目的风险和不确定性、市场需求和竞争情况等因素。

(6)评估和监测实施效果。最后需要评估和监测创新项目的实施效果,以验证成本效益分析的结果和决策的正确性,并不断优化和改进成本效益分析方法和应用。

| 案例 8-2 | 吉利汽车的能力-业绩-价值观绩效管理模型

1. 吉利汽车简介

吉利汽车是我国最大的私营汽车制造商之一,成立于1986年。该公司以其创新技术和产品质量而闻名,在汽车设计、制造和智能化技术方面进行了持续研发和创新。

2023年是吉利汽车的丰收之年,公

在多个领域取得了显著的成就。首先，吉利汽车成功实现了 7nm 芯片的量产，这是一个重大的里程碑，显示了吉利汽车在汽车科技领域的前瞻性发展方向和我国企业在科技创新方面的巨大潜力。其次，吉利汽车在海外市场的拓展也取得了突破。2023年4月，马来西亚总理安瓦尔在北京见证了吉利控股集团与 DRB-HICOM 集团签署深化合作框架协议。双方将围绕汽车高科技谷（Automotive Hi-Tech Valley，AHTV）建设展开更广泛深入的合作，以推动 AHTV 新能源创新产业的发展，并促进马来西亚汽车产业向新能源和智能化方向的转型升级。

吉利汽车能取得这样的成绩，离不开其卓有成效的创新绩效管理模式，接下来我们将介绍吉利汽车如何进行创新绩效管理。

2. 吉利汽车的创新绩效管理理念

吉利汽车的创新绩效管理理念融合了多个核心元素，旨在激发员工潜力、提升组织效能，并实现公司的战略目标。其创新绩效管理理念包括"造车育人""动态管理""全面关联"和"快乐经营"。

首先，"造车育人"强调通过有效的创新绩效管理来培养和提升管理者与员工的能力，确保他们能够胜任岗位职责，并最终推动组织目标的实现。

其次，"动态管理"理念意味着吉利汽车的创新绩效管理体系不是静态的，而是随着业务变化和问题解决的需求而不断调整与优化。这种灵活性使得创新绩效管理系统能够适应市场的快速变化，并持续提供有价值的信息反馈。

再次，"全面关联"理念则体现了吉利汽车在创新绩效管理中重视各个方面的联系。这包括将组织和个人的目标相连接，确保考评结果直接反映到薪酬上，以及根据绩效表现来进行针对性的培训和发展。同时，该理念还要求业绩与能力之间保持一致，以确保个人能力和贡献得到公正的评价。

最后，"快乐经营"是吉利汽车创新绩效管理的一个重要指导思想。这一理念的核心在于创造一个积极的工作环境，鼓励员工参与公司经营，同时把个人成就动机与公司的战略、资源和行动紧密结合，从而激发员工的内在动力和创新精神。这样的工作氛围有助于提高员工满意度和忠诚度，进一步提升团队整体的绩效水平。

3. 吉利汽车的创新绩效管理原则

吉利汽车的创新绩效管理原则构建了一个系统化、全面且公正的评价体系，旨在激发员工潜力、确保公司战略目标的实现。吉利汽车的创新绩效管理原则包括"战略导向和目标承诺原则""划小核算单位，激发元动力原则""多维度综合考核原则""公平公正公开原则"。

首先，"战略导向和目标承诺原则"强调自上而下地分解公司经营目标，并明确各部门的关键绩效指标。这一原则确保公司的战略能够有效地转化为具体的行动方案，同时鼓励员工通过自下而上的绩效承诺及达成来支持公司战略和经营目标。

其次，"划小核算单位，激发元动力原则"意味着将组织划分为更小的单元，以创建一个快乐经营体运营模式。这种模式赋予每个员工更多的责任和权力，让每个人都参与管理，从而提高效率和创新力。此外，高绩效和高压力的环境也激励员工不断提升自己，为公司创造更大的价值。

再次，"多维度综合考核原则"要求从多个角度全方位地评估员工的表现。这包括对业绩、能力以及价值观等多个方面的考量，旨在全面了解员工的贡献和潜在的发展需求。

最后，"公平公正公开原则"贯穿于整个创新绩效管理体系中。为了保证考核的客观性和有效性，吉利汽车坚持在考核过程中做到公平、公正和公开，同时尝试实行分配透明化，以增加员工的信任度和满意度。

综上所述，吉利汽车的创新绩效管理原则以战略为导向，注重激发员工内在动力，同时强调公平、公正和公开。这些原则共同构成了一个高效、激励性强且富有竞争力的创新绩效管理体系。

4. 吉利汽车的能力-业绩-价值观考核模型

吉利汽车的创新绩效管理维度涵盖了能力、业绩和价值观三大方面，旨在全面评价员工的表现，并推动个人与组织的发展。在能力维度上，关注员工的能力发展，以满足组织和业务的需求。在业绩维度上，强调个人绩效与组织绩效的紧密联系，并通过考核结果影响薪酬和职业发展，激励员工追求高绩效。在价值观维度上，按照吉利汽车企业价值观的要求评估员工行为，引导和塑造"吉利人"的形象。这三个维度相互关联，共同构成了吉利汽车的综合创新绩效管理体系。三大维度的考核方式如表8-4所示。

表8-4 吉利汽车的能力-业绩-价值观考核方式

评价维度	月度考核	年度考核
能力	—	平时记录，年度考核
业绩	月度业绩考核	年度业绩目标考核
价值观	—	平时记录，年度考核

吉利汽车的考核维度并不局限于业绩考核，员工能力和价值观也是重要的考核维度。其中能力和价值观维度是平时记录，年度考核；业绩考核是月度考核和年度考核并行。

5. 吉利汽车的绩效角色定位

吉利汽车的创新绩效管理角色分为高层管理者、中层及一线管理者、基层员工和人力资源部四个类别，它们在创新绩效管理过程中承担不同的责任，共同推动公司的发展。

作为公司的领导者，高层管理者的主要职责是确定并部署公司的愿景和战略任务，倡导企业文化和价值观。他们需要设定创新绩效管理的总体原则和要求，并确保所有员工了解创新绩效管理对个人和组织的重要性。此外，高层管理者还负责对其所辖系统的员工进行月度、季度和年度考核结果的评议与审批。

中层及一线管理者是连接高层管理者与基层员工的重要桥梁。他们的主要职责包括解释组织目标和要求，与下属共同制定具体可衡量的目标，并签订绩效承诺书。同时，他们还需要培养下属的能力，提供必要的资源和支持，排除工作中的障碍。在绩效评估方面，他们要对员工的绩效结果进行反馈和辅导，识别不良绩效并提出改进建议，以及处理员工对考核结果的申诉。

基层员工是创新绩效管理的直接参与者。他们需要了解组织对自己的期望，并认识到自己应该在多大程度上满足这些期望。为了适应未来组织发展的需求，员工还需要不断发展自己的能力，并制订与部门和公司相对应的年度、季度、月度绩效计划。同时，他们要保证绩效计划的执行和完成，积极寻求绩效面谈反馈，并根据反馈制订改进计划。

人力资源部在创新绩效管理中扮演着技术支持和监督的角色。他们负责设计和完善创新绩效管理制度，并向有关部门培训推广。此外，他们还要开发创新绩效管理系统，提供系统实施的技术培训。人力资源部还要监督和评估创新绩效管理制度与系统的实施情况，收集反馈信息以得出改进措施。最后，根据创新绩效管理的评估结果，人力资源部需要制订相应的人力资源开发计划。

总的来说，吉利汽车的创新绩效管理体系是一个由高层管理者、中层及一线管理者、基层员工和人力资源部共同参与的过程。通过明确各自的职责和相互协作，这个体系能够有效地驱动组织和个人的进步，实现公司的战略目标。

6. 吉利汽车的创新绩效管理过程

吉利汽车的创新绩效管理循环包括四个核心过程：绩效计划、绩效辅导、绩效评估和绩效激励。这个循环是一个持续的过程，旨在推动组织和个人的发展，并实现公司的战略目标。

首先，绩效计划阶段。在这个阶段，公司、部门和个人需要制定明确的绩效目标。这些目标应该是具体的、可衡量的，能够反映公司战略的需求。通过反复沟通和建立共识，确保所有参与者对目标有共同的理解和期望。

其次，绩效辅导阶段。在这个过程中，管理者需要观察员工的表现，并记录他们的工作情况。在中期评估和调整时，可以根据实际情况调整绩效目标。同时，提供及时的辅导和反馈，帮助员工改进工作方法，提高工作效率。

再次，绩效评估阶段。个人绩效评估是指对员工过去一段时间的工作表现进行全面评价。组织绩效评估则是指对整个团队或部门的整体表现进行分析。在这个过程中，保持沟通和达成共识至关重要，这有助于提升员工的信任度和满意度。

最后，绩效激励阶段。根据绩效评估的结果，可以采取不同的激励措施。这些措施可能包括薪酬福利的调整、职务的变动，以及为员工提供绩效改进计划和培训发展机会。这些激励手段旨在激发员工的积极性，鼓励他们追求更高的绩效。

7. 吉利汽车的创新绩效考核维度

吉利汽车的创新绩效考核维度包括五大模块，分别是质量模块、财务模块、安全模块、效率模块、员工改善模块。其中，质量模块主要包括尺寸合格率、外板件一次下线合格率、工艺执行率等，财务模块主要包括销量、营业收入总额、毛利率、营业利润、净利润、净利润率等，安全模块主要包括事故情况、事故损失金额、隐患数、已整改隐患数等，效率模块主要包括人均销售收入、全员劳产率、员工满意度提升率、单台综合工时、单台生产工时、人员结构比率、员工流失率、员工满意度提升率等，员工改善模块主要包括问题解决票有效参与率、人均有效问题票数、人均有效提案数、经济效益等。

资料来源：吉利人才样本：四条通道，人尽其才，http://www.360doc.com/content/11/0223/22/1971081_95559778.shtml。

本章小结

创新绩效评估是衡量和评估创新活动与创新结果的过程。创新绩效评估的目的是确定创新项目的效果、成果和价值，以便进行决策和改进。创新绩效评估通常涉及创新的数量和质量、创新的商业价值、创新的可持续性、创新的影响、创新的进展。

管理学中创新绩效评估步骤通常包括确定评估指标、收集数据、分析数据、评估绩效、提出建议、进行反馈和跟进。即使现在已经很容易测量企业的研发支出，测量创新绩效依然不是一件容易的事。创新绩效评估的难点主要体现在测量不精确、测量敏感性、测量误差、成果多样、评价主观等方面。

创新绩效评估指标主要分为四类,包括产出绩效、过程绩效、商业绩效和组织绩效。产出绩效是指引入更好的产品或服务的而带来的产品属性的改良或功能性的改进。过程绩效主要是指产品从开发到产出的过程中生产的进步或是流程的改善等,这既包括技术上的进步,也包括装备或软件上的提升。商业绩效是指引入新的营销手段或方法而取得的绩效,包括产品设计改进、新的销售模式和定价方式改进。组织绩效是指在组织层面进行的方法上的创新而取得的绩效,例如商业模式创新、组织运作创新和对外关系创新。

创新绩效评估的实施方法主要包括计分卡、贝尔曼方程、成本效益分析。

思考题

1. 在绩效评估中,你认为最大的挑战是什么?为什么?提供一个现实世界中的例子来支持你的观点。
2. 绩效评估的主观性是一个常见的难点。你认为如何减少主观性对绩效评估结果的影响?提供一些方法或策略。
3. 产出绩效、过程绩效、商业绩效和组织绩效是绩效评估的四类指标。你认为在你所处的行业中,哪种指标最具挑战性?为什么?如何解决这种挑战?
4. 创新绩效评估涉及使用不同的方法和工具。从计分卡、贝尔曼方程和成本效益分析中选择一种方法,解释它如何帮助评估创新绩效,并列举适用该方法的情景或案例。
5. 绩效评估对于个人和组织的发展至关重要。你认为一个有效的绩效评估系统应具备哪些关键元素?提供你自己的设计理念,并解释为什么这些元素对于实现有效的绩效评估至关重要。
6. 请列举两个你熟悉的组织,并分析它们在绩效评估方面的做法。他们是否采用了创新的方法来评估绩效?这些方法是否对组织的成功产生了积极影响?解释你的观点。

参考文献

[1] 单红梅.企业技术创新绩效的综合模糊评价及其应用[J].科研管理,2002(6):120-124.

[2] 姜桂兴.2010—2020年全球研发投入及对我国的启示[J].中国科技资源导刊,2023,55(3):19-25+102.

[3] 王光映.企业绩效评估方法综述[J].科技和产业,2005(1):43-45.

[4] 杨臻黛.业绩衡量系统的一次革新:平衡记分卡[J].外国经济与管理,1999(9):7-11.

[5] BARRON E N, ISHII H. The Bellman equation for minimizing the maximum cost[J]. Nonlinear analysis: theory, methods and applications, 1989 13(9), 1067-1090.

[6] HAGUE P N, HAGUE N, MORGAN C A. Market research in practice: a guide to the basics[M]. California: Kogan Page Publishers, 2004.

[7] KAPLAN R S. Conceptual foundations of the balanced scorecard[J]. Handbooks of management accounting research, 2009, 3: 1253-1269.

[8] LAYARD R, GLAISTER S. Cost-benefit analysis[M]. Cambridge: Cambridge University Press, 1994.

[9] LIDDY C, KEELY E. Using the quadruple aim framework to measure impact of heath technology implementation: a case study of econsult[J]. The journal of the american board of family medicine, 2018, 31(3): 445-455.

[10] OECD, EUROSTAT. Oslo manual: guidelines for collecting and interpreting innovation data[M]. 3rd ed. Paris: OECD Publishing, 2005.

延伸阅读

现代观点：企业如何通过实践来评估和筛选创新

一般而言，企业使用多种实践方法来评估和筛选创新，然后再选择它们进行产品开发，这些评估实践主要通过概念研究和定性单一或多案例研究来涵盖。产品开发项目的评估和选择方法可能从非结构化的问题列表、结构化评分模型和锚定量表到层次分析法。除了这些系统方法外，管理委员会和委员会的非正式讨论和协商活动也被认为是项目选择的核心部分。

此外，企业需要正式化的、互动的评估和决策系统，来将研发计划与企业业务计划进行整合，从而促进客户和业务导向的项目提案和在研发项目中的承诺。产品开发经理需要选择灵活的方法，并且这些方法要适合组织的特征。此外，系统应该使用多人的主观评估，同时要根据企业的情况灵活进行调整。

评估和筛选创新的系统通常包含一组标准，通过这些标准对项目进行评估，可以帮助比较项目之间的优点和缺点。这样的标准可能涉及战略、市场、资源、技术和风险的各个方面。所使用的评估标准会自动引导员工在提出新产品创意时更加关注被评估的问题。当前的理解是，新产品开发项目的评估系统应该包括适当的定性和定量标准，并使用能够衡量和汇总多个标准的方法。在不同企业的样本中进行的实证定量研究表明，企业在不同的产品开发关卡会使用不同的评估标准。在产品开发的早期阶段（即创意和概念评估），企业可能特别强调技术可行性、市场潜力、产品独特性和直觉。

总之，企业往往使用正式和灵活的评估系统来评估创新以进行项目选择，并在评估创意和概念时使用基于战略、市场和技术的标准。

资料来源：郭卫.企业创新管理策略与绩效评估研究[J].现代商业研究，2023（11）：14-16.

自测练习

扫码查看练习题及参考答案

第 9 章　创新的组织学习

■ 本章要点

1. 理解组织学习的概念及重要性。
2. 理解学习型组织的概念及分类。
3. 理解学习型组织与组织学习的异同。
4. 理解学习型组织的构建。

■ 引导案例

小米公司如何通过顾客参与创造价值

随着中国消费电子产业的快速发展,以小米公司为代表的手机企业在积极推动科技创新、不断向市场推出优质电子产品的同时,也收获了良好的口碑。小米公司自身富有特色的"顾客参与"式组织学习为中国制造业企业高质量发展提供了重要借鉴。

"为发烧友而生",小米公司(以下简称小米)由雷军于 2010 年创办。雷军创建这家公司的初衷便是让所有人都能以较低的价格用上高技术产品。雷军将小米的成功归因于三大因素:创业团队、创新和粉丝经济。

雷军从行业巨头那里挖来了 7 个专家建立创始团队。雷军选择团队成员主要考量候选人的专业能力以及对小米公司价值观的认可程度。因此,在创建小米公司之初,初创团队便拥有相同的价值观:追求完美,永远相信美好即将发生。

在"米粉"的帮助下,小米开发了优秀的硬件设备、软件设备以及网络服务。小米特别根据"米粉"的反馈开发了四个核心产品:智能手机、生态链产品、智能硬件和计算机。科技感、低价、发烧友文化以及顾客参与使得小米的营业收入得以快速增长(2016 年营业收入为 684 亿元人民币,2017 年营业收入为 1 146 亿元人民币)。

对于未来发展,小米致力于将所有智能设备相连,形成以互联网为基础的"米生活圈"。

小米的投资主要体现出了三个层面的战略：智能设备、内容产业以及云服务，它还投资了超过100家硬件公司、爱奇艺和优酷等视频公司，以及金山软件等云服务公司。

（1）完美产品策略。完美产品策略是指小米将自身的产品目标定位在市场第一的位置，这也是顾客参与的基础。小米相信优秀的产品是最好的口碑，并持续不断地改善产品质量。例如，小米的MIUI系统在每周五更新。再如，小米手机配置是最好的，但价格是最低的。

（2）粉丝管理。顾客参与取决于信任。因此，粉丝管理的本质是将企业与消费者的关系从较弱的关系变成较强的关系的过程。小米将用户视为伙伴并且鼓励用户成为推动产品进步和品牌传播的明星。例如，小米借助自媒体为自身的产品提供建议并帮助小米品牌的传播。

消费者购买小米产品后，便开启了"米粉"的进阶之路。首先他们成为注册用户，接下来他们从论坛中获取信息和资源，发布自己的信息，以及帮助他人。一位粉丝提到，"一开始我是被小米产品的价格和质量吸引，后来我发现自己很喜欢小米的企业文化生态"。

小米主要采用三个策略进行粉丝管理：开放参与、交互模式设计以及口碑。开放参与是指将价值链的所有节点开放以期获得持续收益。在开放参与过程中，小米向参与的粉丝提供信息、荣誉以及奖励。以MIUI系统为例，除了代码环节，其他环节（包括市场调查、测试以及发布）均面向用户开放。交互模式设计是指小米采用简洁、有趣、真实的互动方式与用户进行互动，提升产品竞争力。例如，MIUI12引入了消息中心，用户不仅可以查看最新信息，还能看到过去的消息。小米还积极营造口碑传播事件，推动品牌传播。例如，MIUI工程师常常将产品设计交给粉丝们投票，获得反馈。

（3）网上社区。小米从百万"米粉"中选出了1 000位荣誉顾问团，作为"产品经理"，他们将参加产品的开发和测试工作，帮助小米优化产品特性和顾客体验。以MIUI系统开发为例，MIUI是基于顾客需求定制的不断更新的一套系统，如MIUI10引入了强大的特性：全屏、先进的娱乐系统、强大的AI辅助功能等。

（4）O2O社区。2013年开始，小米开始建立O2O社区。2017年，小米已拥有两个O2O社区以及超过300家线下门店。小米校园俱乐部：每一个小米校园俱乐部由一个部长和两个副部长构成，均选拔于小米论坛。他们负责组织学生参加小米的线上及线下活动。小米校园俱乐部为学生提供一个交流、参与和增进对小米公司了解的平台，也为学生提供了一个结交朋友、享受生活的机会。小米城市俱乐部：小米城市俱乐部旨在开展活动，为"米粉"提供一个相互认识的平台。每一个小米城市俱乐部都会开设微博账号，方便"米粉"交流，同时每个月还会开展线下活动。小米之家⊖：这个灵感来源于苹果公司。小米建立了许多客户服务中心，旨在向"米粉"提供各种售后服务，也会向"米粉"提供休闲、娱乐等服务。

（5）O2O活动。小米通过线下活动提升"米粉"的参与感，经常会从活跃的粉丝中选出爆米花明星，这些明星可以被选为论坛成员并且可以参加一年一度的"爆米花节"的活动。小米经常举办的线下活动包括爆米花活动、产品发布会、"米粉节"等。

资料来源：张燚，李冰鑫，刘进平. 网络环境下顾客参与品牌价值共创模式与机制研究：以小米手机为例 [J]. 北京工商大学学报（社会科学版），2017, 32 (1): 61-72.

⊖ 已更名为米家。

思考题
1. 小米公司如何通过粉丝管理来促进组织学习和产品创新？
2. 小米公司的O2O社区和活动如何影响组织文化与员工参与度？
3. 小米公司的完美产品策略是否有助于组织学习和发展？为什么？

9.1 组织学习的概念内涵

9.1.1 组织学习的定义

组织学习是指为企业在其活动和文化中建立、补充、组织知识和例程的方式，并通过改进其员工广泛技能的应用来适应和提高组织效率的过程（Argyris和Schön，1997）。这个广泛的定义包含了一些基本假设。

首先，学习通常具有积极的后果，即使学习的结果可能是负面的，也就是说企业通过犯错误来学习。其次，虽然学习是基于员工个体，但企业可以整体上进行学习。尽管强调了个体学习对企业和团队文化的影响，但企业和团队文化也受到个体学习的影响，并且可以促进和引导学习的方向与应用。最后，学习发生在企业的所有活动中，并且如后面所述，它以不同的速度和层次发生。鼓励和协调学习中的各种互动是一个关键的组织任务。

9.1.2 组织学习的类型

Hawkins（1991）基于组织学习深度的不同，将组织学习划分为单环学习、双环学习和三环学习。

1. 单环学习

单环学习（single-loop learning）强调的是对现有假设和策略的调整和改进。在单环学习中，组织在遇到问题或面对挑战时，通过调整操作和行为来解决问题，但并不对根本的假设和价值观进行质疑或改变。它主要关注如何更好地执行已有的决策和方法，以实现预期的结果。单环学习更偏向于改进性的学习，通过试错和调整来提高绩效与效率。

2. 双环学习

双环学习（double-loop learning）强调的是对组织的根本假设和价值观进行反思与调整。在双环学习中，组织不仅关注问题的解决，更注重对问题本身的思考。在解决问题的过程中，双环学习会引导组织成员深入挖掘问题的根源，反思问题提出的背景和假设，从而更好地理解问题的本质。这种学习方法鼓励组织成员挑战现有的思维模式和假设，以更加全面和深入的视角来认识与理解问题。

通过双环学习，组织可以更加全面地认识自己，发现潜在的问题和机会，并在此基础上进行根本性的改进和创新。这种学习方法有助于组织打破思维定式，激发新的思考和行动方式，从而实现持续的成长和发展。

3. 三环学习

三环学习（triple-loop learning）是对双环学习的进一步延伸和深化。它不仅包括对根本假设和价值观的反思，还涉及对学习过程本身的反思与调整。三环学习关注的是学习的元学习（meta-learning），即对学习方式、模式和策略的学习。它要求组织从学习过程中提取经验和教训，并不断改进和优化学习方法，以提高学习效果和适应性。

9.2 学习型组织

9.2.1 学习型组织的内涵

学习型组织是指通过培养弥漫于整个组织的学习气氛、充分发挥员工的创造性思维能力而建立起来的一种有机的、高度柔性的、扁平的、符合人性的、能持续发展的组织。

学习型组织

学习型组织的核心是在组织内部建立"组织思维能力"，学会建立组织自我的完善路线图。这种组织具有持续学习的能力，具有高于个人绩效总和的综合绩效的效应。学习型组织的关键特征是系统思考，它要求人们运用系统的观点看待组织的发展，避免片面性和短视行为。组织学习的基础是团队学习，通过团队成员之间的互动和交流，促进知识的共享和传递，从而提高组织的整体绩效。

在创建学习型组织的过程中，需要遵循一定的原则和方法。首先，要建立共同愿景，明确组织的发展目标和方向，激发员工的积极性和创造力。其次，要改善心智模式，打破传统的思维模式和观念，以更加开放和包容的心态面对问题与挑战。同时，要进行团队学习和系统思考，通过团队成员之间的协作和交流，发现问题的本质和解决之道。最后，要培养员工的自我超越意识，鼓励员工不断追求个人成长和进步，为组织的发展贡献自己的力量。

总之，学习型组织是一种具有高度适应性和变革能力的组织形态，它注重员工的个人成长和职业发展，鼓励员工自主学习、创新思考和团队合作，以应对不断变化的环境。

Senge（1990）将学习型组织定义为不仅具有适应能力，而且还具有"创新性"的组织。他确定了学习型组织应具备的五大特征。

- 团队学习——强调小组的学习活动，而不是团队发展的过程；
- 共享愿景——发掘能够激发真正承诺和参与而非遵从的共享"未来景象"的能力；
- 心智模式——深深持有的关于世界如何运作的内部图像；
- 个人精通——不断澄清和深化个人愿景，集中精力，培养耐心，并客观看待现实；
- 系统思考——看到相互关系而非线性因果链的能力。

Senge 的方法是识别学习型组织的有效原则。人们认为，这些识别的条件是建立学习型组织所必需的。虽然这些原则可以作为企业朝着学习型组织努力的有价值的指南，但此类组织的可观察特征尚未被清晰地识别出来。

9.2.2 学习型组织的构建基础

1. 系统地解决问题

企业在运作过程中会持续遇到各种各样的问题，而在面临大量问题的情况下，拥有一个科学、系统解决问题的路径就显得尤为重要。因此，学习型组织需要掌握系统解决问题的办法。在学习型组织中，系统地解决问题是指通过一系列有机的、协调的、逐步推进的过程来解决问题。这种过程强调了整体性、相互作用和动态平衡的思想，这样可以确保解决问题的方法是可持续和可复制的。

美国著名心理学家托马斯·戈登提出了系统地解决问题的六步法，为我们系统地解决问题提供了很好的借鉴。

系统地解决问题的六步法，每一步都有其存在的价值，因此有必要认清每一步需要解决什么问题，通常需要采取哪些办法，上一步与下一步的关系，以及如何衔接，等等。系统地解决问题的六步法的一般路径如表 9-1 所示。

表 9-1　系统地解决问题的六步法

步骤	需要解答的问题	分歧/扩展	集中/收敛	到下一步之前要做什么
1. 识别并确认问题	我们到底希望改变什么	存在很多需要考虑的问题	提出一个问题，并在何为"理想状态"问题上达成一致	分歧的确定，有关"理想状态"的可行性描述
2. 分析问题	是什么阻碍了我们达到理想状态	存在很多需要搞清楚的潜在因素	找出并证实关键原因	列出关键原因
3. 产生可能的解决方案	我们怎样改变现状	存在很多解决问题的思想、方案	选出可能的潜在解决方案	列出可行方案
4. 选择并规划解决方案	达到目标的最好途径是什么	有很多评价可行性方案的标准 有很多评价各个方案的意见	在使用什么标准来评价解决方案层面达成共识 在如何贯彻和评估解决方案上达成一致	制订和监督改变进程的计划 制定衡量方案效果的评估标准
5. 贯彻方案	我们是否在按计划进行		贯彻解决问题的方案（如果必要）	执行方案
6. 方案执行效果的评估	该计划的效果如何		共同选定的解决方案的效果如何 找出仍未解决的问题（如果有）	核实问题是否已被解决，并在未解决的问题上达成一致

资料来源：作者根据相关资料整理而成。

学习型组织中的系统地解决问题的过程主要包括以下几个方面。

（1）系统思考。系统思考是指以系统为单位对问题进行分析和解决的思考方式。它从整体上考虑问题，并关注各个部分之间的相互作用，以及整个系统对外部环境的响应。通过系统思考，组织可以更好地了解问题的本质，并制订更综合的解决方案。

（2）持续改进。持续改进是学习型组织中的一项重要活动，通过不断地反思和改进，提高组织的绩效和效率。持续改进过程要求组织不断地学习和调整，以确保问题得到解决并且解决方案是可持续和可复制的。

（3）团队协作。在学习型组织中，团队协作是解决问题的关键。组织中的不同部门和个人之间需要紧密合作，共同推进解决问题的过程。这种协作过程需要开放的沟通和共享知识的文化支持，以便大家可以更好地协作和学习。

（4）知识管理。知识管理是指在组织内部建立知识库，以便将有价值的经验和知识共享给组织成员。这些知识可以包括解决问题的方法、最佳实践以及相关文档等。知识管理可以帮助组织成员更好地了解组织的问题，并提供可行的解决方案。

2. 试验

学习型组织的构建基础还包括企业通过试验的方法，不断探索、尝试和改进组织的运作方式。试验是一种有效的学习方式，可以帮助组织在实践中不断积累经验，发现新知识和新方法，从而不断提升组织的适应性和创新能力。

在学习型组织中，试验不仅仅是一种尝试和探索，更是一种文化和态度。组织应该鼓励成员敢于尝试新的方法和思路，不怕失败，从失败中学习并不断完善自己的工作方式。通过这样的试验过程，组织可以逐步形成一种开放、包容、创新的文化氛围，激发成员的创造力和积极性。

在学习型组织中，试验也不是一种孤立的行为，而是需要与组织的整体战略和发展目标紧密结合。组织应该根据自身的实际情况和发展需求，制定科学合理的试验计划和目标，确保试验的过程和结果能够为组织的整体发展提供有益的参考和借鉴。

同时，学习型组织还需要建立完善的试验评估机制，对试验的过程和结果进行科学客观的评价与分析。通过评估，组织可以发现试验中的问题和不足之处，总结经验教训，为后续的试验和实践提供指导与借鉴。

具体而言，通过试验构建学习型组织可以分为两种形式。

（1）现有项目的试验。即针对现有项目进行小规模、持续性的试验，通过不断的试验和改进，找到最适合企业发展的方式。这种方式能够快速发现并解决问题，同时也能够积累经验，为未来的项目提供更好的指导。在学习型组织中，员工需要不断学习新的知识和技能，以适应企业的变化和发展的需要。为了更好地构建学习型组织，企业需要提供培训和学习资源，建立有效的学习机制和激励机制，鼓励员工积极学习、创新和贡献。通过构建学习型组织，企业能够更好地适应变化，提高竞争力，实现可持续发展。

（2）示范性项目的试验。在学习型组织中，独特的示范项目（one-of-a-kind demonstration project）是指特殊的项目或活动，旨在推动学习和创新。这些项目与传统的学习方法不同，它们采用了新颖的方法和策略，以鼓励员工探索新的思维方式、尝试新的想法，并从失败和成功中进行学习。

独特的示范项目的特点是它们具有创新性、试验性和风险性。

第一，创新性。独特的示范项目鼓励组织成员思考和实践新的方法、技术或战略。它们可以是针对特定问题或挑战的新方法，也可以是探索新技术或新想法的实验项目。

第二，试验性。这些项目是组织中的试验，通常在小规模或有限范围内进行。它们提供了一个安全的环境，使组织成员能够尝试新的概念和方法，而无须承担过大的风险。

第三，风险性。独特的示范项目通常涉及新的思维方式和未经验证的方法，因此它们可能面临失败的风险。然而，这些项目的目标是通过试错和学习，获得有价值的经验和洞察力。

示范性项目的试验目的是通过首先试行某些特定原则和方法，为后来的项目建立政策指导原则和决策规则，以期实现后续的大规模推广。这要求管理者必须对他们所创立的先例保持敏感，并且发出强烈的信号以督促员工保持开放的态度来拥抱变化。示范性项目试验的成功往往需要强大的功能团队来支撑，并需要有明确的转移学习战略来最大化其对其他项目的影响力。

3. 从过去的经验中学习

当今高度成功的管理人员与其说是凭借任何一套知识或技能，不如说是凭借其学习能力来适应和掌握不断变化的工作与职业需求。对于成功的组织来说也是如此。在不断变化的世界中持续取得成功，需要有能力探索新的机会，并从过去的经验中学习。这些想法既不是新的，也不是特别有争议。如何从经验中学习，是做出正确管理决策的重要基础。我们引入 Kolb（1984）所提出的经验学习模型（experiential learning model）来阐述人的经验学习过程。

经验学习模型认为，人通过四个阶段来进行经验学习，四个阶段分别是具体经验（concrete experience）、反映观察（reflective observation）、抽象概念（abstract conceptualization）和主动实践（active experimentation）。其中具体经验要求人充分获取没有偏颇的经历，因为偏颇的经历会导致人获取偏颇的经验。反映观察则要求人对自身的经历进行充分的观察回顾。抽象概念则要求人对所观察到的证据进行理性的分析与判断。主动实践则要求人将抽象总结的经验应用到接下来的实践当中。经验学习模型如图 9-1 所示。

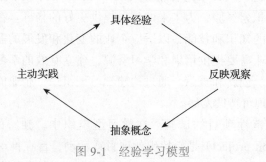

图 9-1　经验学习模型

资料来源：KOLB D A. Experience as the source of learning and development [M]. New Jersey: Prentice Hall, 1984.

反馈学习强调通过观察和分析结果的反馈信息来改进组织的绩效与行为。反馈学习在组织中被广泛应用，以促进个体、团队和整个组织的学习与发展。

反馈学习的关键思想是将组织的目标与实际结果进行比较，并根据这些比较结果采取适当的行动。它包括以下几个要素。

- 设定明确的目标：组织需要明确定义其期望的结果和目标，这样才能对实际绩效进行评估。
- 收集有效的反馈信息：组织需要收集与目标相关的数据和信息，以便了解当前的绩效情况。
- 分析和解读反馈信息：组织必须对收集到的反馈信息进行分析和解读，以理解绩效差距的原因和潜在的改进机会。
- 采取行动：基于反馈信息的分析，组织需要制订和实施相应的行动计划，以改善绩效并逐步接近目标。
- 监控和调整：组织应该定期监控绩效指标，评估改进行动的效果，并根据需要进行调整和修正。

通过反馈学习，组织能够不断优化其绩效和行为，增强适应性，并促进持续改进。同时，它可以帮助组织发现问题、纠正错误，并在不断变化的环境中保持竞争优势。

案例 9-1 │ 万向集团如何进行反馈学习

万向集团公司（以下简称"万向集团"）创建于 1969 年，是国家 120 家试点企业集团和 520 户重点企业之一，主要专注于汽车零部件产业。万向集团的海外扩张主要通过并购的方式进行，这些被收购的企业反过来也促进了万向集团自主创新能力的提升。万向集团主要通过以下几个海外投资的反馈机制来促进企业创新能力的提升。

（1）研发反馈机制。海外研发投入的反馈机制主要通过创新型 R&D（研究和试验发展）和适应型 R&D 来实现。创新型 R&D 主要是指以科技创新为导向的研发活动，而适应型 R&D 主要是指与市场开发相关的研发活动。万向集团在海外的创新型 R&D 投入通过研发要素吸收、研发成果转移和研发能力提升促进母公司的技术进步；同时，万向集团在海外的适应型 R&D 投入通过将自身的产品在海外参与竞争，获取了相应的市场经验和技术经验。这些都提升了万向集团母公司的创新能力。

（2）收益反馈机制。收益反馈机制主要通过降低生产成本和增加销售收入来实现。降低生产成本和增加销售收入都可以使得公司财富增加，促进公司进一步进行研发投入、购买技术、聘用科技人才，推动企业创新能力提升。

（3）本土化反馈机制。本土化反馈机制主要通过获取适应性技术、人才引进、网络合作拓展来实现。其中，网络合作拓展主要是通过自愿的知识分享、技术溢出和信息外溢等间接因素提升企业的自主创新能力。

资料来源：陈菲琼，虞旭丹.企业对外直接投资对自主创新的反馈机制研究：以万向集团 OFDI 为例 [J]. 财贸经济，2009（3）：101-106+137.

4. 从他人的经验中学习

在企业经营过程中，常常会遇上一些与企业处于相同环境，拥有一些相似特征的企业。而这些企业也许正遇到一些和我们相似的问题,或者这些企业过去以及现在的经历对我们未来的决策能带来一些帮助。因此,从他人的经验中学习,也是学习型组织所必须具备的能力之一。从他人经验中学习的方法主要有两种,一种是标杆管理,另一种是顾客参与。

(1)标杆管理。标杆管理是美国施乐公司创立的一套管理方法,在该方法的指导下,企业选择其认为在业务流程、制造流程、服务、绩效等方面优秀的企业作为自身的标杆,在与它们比较的过程中找到差距,发现问题,做出改进。表 9-2 为标杆管理流程。

表 9-2 标杆管理流程

标杆管理流程	目的
识别原型	什么样的产品是好产品
识别出原型的属性	什么样的产品属性使得标杆成为好的产品,确定好产出流程所应具有的条件
区别属性	确定哪些是重要的属性
属性测量	对一些关键属性进行测量,能够准确描述和评价
局部控制属性	确立由专家设计,但技术人员能够重复执行的流程,这个流程一般是较为初步的流程
对例外情况加以识别和区分	初步的流程生产的产品与标杆产品可能仍存在差距,需要识别出差距产生的原因,生产过程可以用人工的方法实现机械化并加以控制
控制例外情况	实现流程的自动化
理解程序并控制例外情况	完全理解流程背后的原理

标杆管理往往会遇到以下常见问题,包括原型定位错误、识别属性错误、区别属性错误、属性测量错误等。常见问题及应对方案如表 9-3 所示。

表 9-3 标杆管理的常见问题及应对方案

常见问题	原因	解决方案
原型定位错误	不知道什么是好的产品	深入市场调研,明确好产品的概念
识别属性错误	知道什么是好的产品,但是不知道这个产品好在哪里,找不到某个属性将好产品与不好的产品加以区分	与相关专家深入交流,了解产品关键属性
区别属性错误	未区分出影响产品好坏的重要属性	市场调研,通过消费者反馈来对属性进行评估
属性测量错误	属性无法测量;属性测量误差较大	当属性无法测量时,尝试收集相关资料看看类似厂家是如何解决这一问题的,也可以咨询相关专家;属性测量误差较大则需要相关专家的介入,提高属性测量精确程度
标杆并不完美	标杆并不是完美的,所选择的标杆产品可能是错误的产品	企业不能忽视对标杆本身的判断
忽视例外情况	标杆企业选择的产品可能是基于标杆企业某种独特的优势,而这种优势我们可能不具备或者短期无法具备	评估标杆企业产品所依赖的资源自身是否具备,特别是实现重要属性所需要的资源

资料来源:作者根据相关资料整理而成。

（2）顾客参与。顾客参与是指顾客对应该如何塑造产品和服务提供建设性建议与创意的行为。虽然顾客参与这一概念是很早提出的，但事实上很多企业并没有做好顾客参与，大部分企业仅仅只是口头上参与，并没有将顾客参与进行深入的推进。

顾客参与的重要性体现在以下三个方面：推动产品创新与研发、提升顾客满意度、提升企业绩效。

- 推动产品创新与研发。企业的许多产品往往是由研发部门来设计的，而研发部门设计出来的产品或服务可能并不是消费者所期待的产品，这就需要通过顾客参与对一些不符合消费者期待的部分进行改进。顾客参与对产品创新的推动作用主要体现在三个方面：提高产品/服务新颖性；提高创新产品/服务市场的接受程度；提高企业生产率和创新效率。
- 提升顾客满意度。研究表明，随着顾客参与的提高，顾客对产品的感知质量也会提高（Claycomb et al., 2001），顾客满意度也会随之提高（Cermak et al., 1994）。
- 提升企业绩效。研究表明，那些具有较高顾客参与的企业，其产品或服务被再购买的可能性和被顾客转介的可能性都较高。

很多管理者认为顾客参与是一件非常麻烦的事情，担心过多的顾客参与会影响商业的正常运作。然而，顾客往往是以相对客观的视角来审视企业的商业模式和产品，这对于高管所需的信息而言是有益的补充。有效实施顾客参与，企业需要：

- 从简单做起，逐步扩展。许多企业不知道如何进行顾客参与是由于他们不知道如何开始。事实上，顾客参与不需要非常复杂。反而越是节省时间、越是简单的顾客参与模型，越能吸引不同类型的顾客参与其中。
- 从策略层面过渡到战略层面。有时我们看到一些组织虽然长期进行顾客参与，但是并没有取得很好的效果。其原因往往在于企业只是把顾客参与当作某种工具，而并没有将顾客参与融入企业的战略中，没有从战略的高度进行顾客参与活动。
- 让社交媒体与顾客参与相互支撑。社交媒体的蓬勃发展给顾客参与带来了巨大的机会。例如，长城汽车将新车型的命名交给消费者来线上投票，一方面为产品起到了很好的宣传效果，另一方面也让消费者有一定的参与感，提升了消费者的购买意愿。
- 让顾客认为他们在参与企业经营。顾客往往希望他们的参与是自愿的而不是强迫的。研究表明，虽然各种顾客参与对于企业来说都是有益的，但是强迫参与会使得消费者降低购买意愿。
- 让顾客参与更加具有创造性。顾客往往希望他们的参与可以为顾客、企业带来好处，他们希望他们的参与被企业认为是重要的，并且这种参与起到很好的效果。企业应当向消费者反馈它们是如何利用消费者提供的信息的。

5. 知识传递

知识传递是指通过交流等途径间接获得对客观世界的认识的过程。知识传递有许多途径,包括人员流动、人员培训、交流、观察、模仿、专利等。

本书在第 2 章中介绍了野中郁次郎关于知识的界定,及其对隐性知识和显性知识的划分。野中郁次郎(Nonaka,1994)认为,隐性知识是高度个人化的知识,具有难以规范化的特点,因此不易传递给他人;它深深地植根于行为本身,包括个体的思维模式、信仰观点和心智模式等。在隐性知识的认识基础上,野中郁次郎认为只有将隐性知识显性化,才能更方便知识在组织内部传递,并提出了显性知识和隐性知识相互转化的四种类型和知识螺旋,以实现隐性知识的传递,如图 9-2 所示。

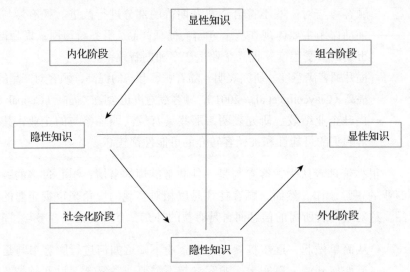

图 9-2　隐性知识与显性知识相互转化的四个循环阶段

资料来源:NONAKA I. A dynamic theory of organizational knowledge creation[J]. Organization science, 1994, 5(1): 14-37.

具体而言,知识传递过程可以划分为四个阶段。

(1)社会化阶段(隐性–隐性,学徒活动)。社会化阶段是指隐性知识从一个个体传播到另一个个体的过程。这是人类知识传播最古老也是最有效的方式。这一过程中,参与者不使用语言也可以从别人那里获得隐性知识,如徒弟仅凭经验、模仿和实践就可以学会手艺。

(2)外化阶段(隐性–显性,知识创新)。外化阶段是指通过类比、隐喻、假设、倾听和深度谈话等方式将隐性知识转化为容易理解和接受的形式。将隐性知识转化为显性知识是典型的知识创新过程。人们将自己的经验、知识转化为语言可以描述的内容,是从感性知识提升为理性知识,将经验转变为概念的过程。

(3)组合阶段(显性–显性,知识演绎)。组合阶段是显性知识到显性知识的转化,是一个建立重复利用知识体系的过程。它重点强调的是信息采集、组织、管理、分析和传播。在这一过程中,信息在不断聚合的过程中产生新的理念。私人知识并不能直接共享,可以进行传递的仅仅是知识中的有关观点和信息。他人在接收信息后,要对其进行深入的感知、理解和内化,然后才能形成自己的新知识。企业将从个体员工那里收集到的显性知识进行加工整理,形成一般的显性知识,最终浓缩为企业的核心知识，员工可以方便吸收和使用，以实现组织的正常运营。

（4）内化阶段（显性－隐性，知识传播）。内化意味着新创造的显性知识又转化为组织中其他成员的隐性知识。显性知识隐性化的目的在于实现知识的应用与创新。知识的创新与应用是知识管理的终极目标，组织能否在竞争中占有优势取决于组织能否充分利用组织的知识，能否不断地创造出新的知识，进行知识的更新。经过内化阶段，组织竞争力得到提高，知识传递完成一个基本循环。

值得一提的是，知识传递过程中最为重要和困难的就是将隐性知识显性化（外化阶段），需要组织寻找一种方法来表达那些"只可意会不可言传"的东西。而将隐性知识显性化是产品开发过程中重要的知识创新方法，该方法分为"隐喻""类比"和"模型"三个阶段，如表9-4所示。

表9-4 隐性知识显性化三阶段

阶段	内容
隐喻	将两个差别较大甚至相互矛盾的概念融合成一个形象化的概念或符号，这绝不是它们的缺点，而正是它们生命力之所在。当人们试图界定、弥补、调和这些差别时，便产生了源源不断的创造活动，正是差异提供了巨大的想象空间。这是隐性知识显性化的第一步
类比	通过澄清一个短语中的两个概念是如何不同与相同，把隐喻中蕴含的冲突加以调和
模型	知识显性化的最后一步。它更加直接，易于被人接受。在模型中，矛盾得以化解，概念可以通过一致、系统的逻辑进行转换

资料来源：作者根据Senge（2006）整理。

"隐喻""类比""模型"基本概括了企业将隐性知识显性化的整个过程，即隐喻引发创新，类比化解矛盾，模型明确概念。

9.3 组织学习与创新

在当今快速变化的环境中，组织学习与创新已成为企业持续发展的关键因素。学习型组织能够不断适应环境变化，提高自身能力，从而在激烈的市场竞争中保持领先地位。而创新则是企业发展的重要驱动力，能够为企业带来独特的竞争优势。因此，如何通过组织学习提高创新绩效已成为企业管理者关注的焦点。

通过不断学习，企业能够及时掌握市场动态、客户需求和技术发展趋势，从而调整自身战略和产品方向。此外，学习型组织还能够培养员工的创新意识和能力，激发员工的创造力和想象力，为企业带来更多的创新成果。现有研究提出了几种解释组织学习和创新之间关系的模型（Cohen和Levinthal，1990；Nonaka，1991），这些模型从不同的角度揭示了两者之间的复杂关系。

第一种是知识创造模型。该模型认为，组织学习是知识创造和创新的基础。通过不断学习，组织可以获取新的知识，并将这些知识转化为创新的想法和产品。在这个过程中，组织学习不仅为创新提供了必要的知识基础，而且还促进了组织内部的交流和合作，从而进一步推动了创新。知识的获取取决于组织的知识基础以及外部信息和知识的获取。从企业外部获取知识取决于企业吸收新思想的能力，即企业理解、吸收和应用新的外部知识以实现商业目的的能力。组织学习增强了企业的同化能力。创新还需要对现有知识进行改造和开发。这要求员工共享信息和知识。当员工与组织分享他们的知识，并且当这些共享的知识产生新的共同见解时，创新就会发生。简而言之，组织学习允许开发、获取、改造和利用新知识，从而增强组织创新。

第二种是组织能力模型。该模型强调，组织学习和创新都是组织能力的重要组成部分。组织学习可以帮助组织适应环境变化，提高自身的竞争力；而创新则是组织持续发展的关键因素。在这个模型中，组织学习和创新是相互促进的，一方面，学习提高了组织的创新能力；另一方面，创新又反过来促进了组织的学习和发展。

第三种是资源基础模型。该模型认为，组织学习和创新都是基于组织的内部资源。通过学习，组织可以发现和利用新的资源，从而为创新提供必要的支持。同时，创新的成功又可以为组织带来更多的资源，进一步增强组织的竞争优势。在这个模型中，组织学习和创新是相互依赖的，两者共同促进了组织的长期发展。

综上所述，组织学习和创新之间的关系是复杂的，多种因素相互作用。不同的模型从不同的角度揭示了两者之间的关系。通过深入理解这些模型，我们可以更好地理解组织学习和创新之间的相互作用机制，从而为组织的长期发展提供更有力的支持。

本章小结

本章通过组织学习切入，介绍了组织学习的定义和类型，并进一步延伸到学习型组织。总体而言，学习型组织强调的是组织作为一个整体，通过不断学习和适应环境变化，提高自身能力和竞争力。这种学习不仅包括员工个人的学习，还包括组织层面的学习和创新。在学习型组织中，员工能够自由地分享知识和经验，领导层也鼓励员工提出自己的意见和建议，以促进组织的不断进步。而组织学习则更注重员工个人的学习和成长，以及这些学习成果如何被应用到组织的日常工作中。组织学习强调的是员工个人的技能和知识，以及如何将这些技能和知识转化为组织的绩效和成果。

除了介绍学习型组织的概念内涵，厘清组织学习与企业创新的关系，本章还重点介绍了学习型组织的构建基础，主要包括系统地解决问题、试验、从过去的经验中学习、从他人的经验中学习和知识传递。

思考题

1. 在构建学习型组织的过程中，你认为哪种方法最具挑战性？为什么？请提供一个实际的例子来支持你的观点。
2. 学习型组织的成功要素包括哪些方面？请选择其中一个要素，并解释为什么它对组织的学习和发展至关重要。
3. 从过去的经验和他人的经验中学习对于学习型组织至关重要。你在个人或组织层面上遇到过类似的情况吗？请分享你的经验，并讨论你是如何利用这些经验来促进学习和成长的。
4. 学习型组织的发展历程是一个逐步演化的过程，而不是一蹴而就的。请描述一个组织在转变为学习型组织的过程中可能面临的主要挑战，并提出解决这些挑战的建议。

参考文献

[1] 陈菲琼，虞旭丹. 企业对外直接投资对自主创新的反馈机制研究：以万向集团OFDI为例[J]. 财贸经济，2009（3）：101-106+137.

[2] 孔杰，程寨华. 标杆管理理论述评[J]. 东北财经大学学报，2004（2）：3-7.

[3] 罗仲伟，任国良，焦豪，等. 动态能力、技术范式转变与创新战略：基于腾讯微信"整合"与"迭代"微创新的纵向案例分析[J]. 管理世界，2014（8）：152-168.

[4] 张燚，李冰鑫，刘进平. 网络环境下顾客参与品牌价值共创模式与机制研究：以小米手机为例[J]. 北京工商大学学报（社会科学版），2017，32（1）：61-72.

[5] ARGYRIS C, SCHÖN D A. Organizational learning: a theory of action perspective [J]. Reis, 1997(77/78): 345-348.

[6] CERMAK D S, FILE K M, PRINCE R A. Customer participation in service specification and delivery[J]. Journal of applied business research, 1994, 10(2): 90.

[7] CLAYCOMB C, MARTIN C L. Building customer relationships: an inventory of service providers' objectives and practices[J]. Marketing intelligence and planning, 2001, 19(6), 385-399.

[8] CYERT R M, MARCH J G. A behavioral theory of the firm[M]. New Jersey: Prentice Hall, 1963.

[9] DUTTON J M, THOMAS A. Treating progress functions as a managerial opportunity[J]. Academy of management review, 1984, 9(2): 235-247.

[10] HAWKINS P. The spiritual dimension of the learning organisation[J]. Management education and development, 1991, 22(3):172-187.

[11] KIM D H. The link between individual and organizational learning[J]. Sloan management review, 1993(35):37-50.

[12] KOLB D A. Experience as the source of learning and development [M]. New Jersey: Prentice Hall, 1984.

[13] MARCH J G, OLSEN J P. The uncertainty of the past: organizational learning under ambiguity[J]. European journal of political research, 1975,3(2): 147-171.

[14] NONAKA I. A dynamic theory of organizational knowledge creation[J]. Organization science, 1994, 5(1):14-37.

[15] POLANYI M. Personal knowledge: towards a post-critical philosophy[M]. Chicago: University of Chicago Press, 1958.

[16] SENGE P M. The fifth discipline: the art and practice of the learning organization[M]. London: Random House, 2006.

[17] WANG L, JIN J L, ZHOU K Z, et al. Does customer participation hurt new product development performance? customer role, product newness, and conflict[J]. Journal of business research, 2020,109: 246-259.

延伸阅读

如何构建可持续发展的学习型组织

构建可持续发展的学习型组织至关重要。它有助于提高竞争力，使组织在快速变化的市场中更迅速地适应新环境、抓住市场机会。通过挑战现状，学习型组织能够不断产生新想法，提升产品和服务质量，从而更好地满足客户需求。此外，赋权员工并提供学习和成长的机会可以提高员工满意度和忠诚度，减少人员流动，提升整体绩效。有效地积累和分享内部知识，整合外部信息，能够提高决策质量，增强组织的智力资本。学习型组织具备更强的应变能力，可以在不确定和复杂的环境中灵活应对挑战，确保长期稳定发展。同时，通过建立明确的方向和目标，以及营造开放的学习氛围，学习型组织能够构建积极向上的企业文化，增强团队凝聚力。

其中五个关键要素和组织过程对于成功与可持续发展的学习型组织至关重要，包括：确立并传达清晰的方向和目标；赋权给各级员工；积累和分享内部知识；收集和整合外部信息；挑战现状并激发创造力。

1. 确立并传达清晰的方向和目标

创建学习型组织的一个关键前提是有一个明确、有效沟通并广泛共享的方向和目标。正如汉诺威保险公司前 CEO 威廉·奥布莱恩所说："在有意义的参与之前，必须共享关于我们试图去往何处的某些价值观和愿景……员工确实需要感受到自己是崇高使命的一部分。"也许，最好的例子是美国美敦力公司，这是一家医疗科技公司。每年 12 月，在公司的节日派对上，患者、他们的家人和医生会被邀请来讲述他们的生存故事。这是专为员工举办的活动，他们年复一年地被感动得流泪，而记者通常不会被邀请。一位高管说："记得第一次节日派对时，有人问我是否带了纸巾。我以为我会没事，但当这些父母带着因为使用了我们的产品而活下来的女儿上台时，连那些经常见到这种情况的外科医生都哭了。"显然，这样一个激励人心的使命比单纯追求股东回报更能激发员工的动力。然而，仅有一个鼓舞人心的目标还不够。

2. 赋权给各级员工

美国托罗公司 CEO 肯·梅尔罗斯曾说："伟大的领导者是一位伟大的服务者。"在他看来，高层管理的关键角色是创造一个环境，使员工在帮助组织实现目标的同时能够发挥他们的潜力。领导者必须将自己视为灵活的资源，而不是资源控制者或权力经纪人，他们应根据员工的需要承担各种角色——教练、信息提供者、教师、决策者、协调者、支持者或倾听者。他们应该赋权给各级员工，让他们更好地完成工作。梅尔罗斯指出："我逐渐明白，我通过满足员工的需求来实现最佳领导。我不会替他们完成工作，而是使他们能够在工作中学习和进步。"

3. 积累和分享内部知识

大多数组织都有复杂的正式流程，并投入大量资源来收集、组织和分析关于其内部运作和整体绩效的信息。但是，太多时候，这些努力的最终成果仅限于高层的一小部分人可见，而他们中的许多人没有足够的时间去阅读、理解和解读这些信息。在较低层次上，个人只能看到与其特定活动相关的零散信息，对其他地方发生的事情或其工作与组织整体绩效的关系基本上处于"盲区"。结果，许多潜在的价值被浪费了，因为关键信息没有传递给那些能够最有效地利用它的人。因此，在工作中，组织应积极地积累和分享内部知识。

4. 收集和整合外部信息

识别外部环境中的机遇和威胁对企业的成功至关重要。组织必须变得对外部敏感，对周围发生的一切保持敏感，从联盟伙伴、供应商、竞争对手和科学界获取新的知识来源。专注于内部运营效率可能会导致企业成为世界上最有效率的打字机或休闲服生产商，但这并不是一个令人羡慕的地位。随着组织和环境变得更加复杂并迅速发展，员工和管理者必须理解环境事件和趋势，包括一般性和行业特定的趋势，并收集和解读关于企业竞争对手和客户的最新情报。一个组织收集、解读和整合相关外部信息到其内部决策过程中的效果，对其竞争绩效有很大影响。

联盟网络和与他人的合作越来越常见，成为竞争情报和相关新知识的重要来源。特别是在制药和生物技术行业，参与网络和联盟日益普遍，并且对知识扩散、学习和技术发展至关重要。

5. 挑战现状并激发创造力

在小型创业型组织中，一个对外部环境敏感的有远见者，能够识别潜在机遇或发现即将来临的危险的第一个迹象，可能就足够了。然而，在大型组织中，CEO无法包揽一切。但是，他可以创造和强化一种对环境敏感、关注周围变化并对早期变革信号做出响应的文化。显然，所有员工一起探测环境变化的早期信号，比一两个人更为有效。

资料来源：WILSON J P, BEARD C. Constructing a sustainable learning organization: Marks and Spencer's first Plan A learning store[J]. The learning organization, 2014, 21(2): 98-112.

自测练习

扫码查看练习题及参考答案

PART 4 第4篇

创新的文化与变革

作为组织内部环境的关键构成要素,组织文化对创新至关重要,管理组织文化是管理者的重要职责之一。面对复杂多变的环境,组织需要不断变革和创新。变革是创新的基础,创新是变革的目的。鉴于此,本篇从组织文化和组织变革的视角来探讨如何有效促进创新,共分为三章。其中,第 10 章围绕如何形成有利于创新的组织文化展开,依次介绍组织文化的概念、结构、内容、模型,组织创新文化的内涵与构成,以及组织文化中促进创新的要素和相应的组织规范。本篇的后两章内容聚焦于组织创新与变革管理。具体地,第 11 章介绍组织创新变革的基本原理,包括创新变革的内外部动因、类型、内容,以及指导组织创新变革的理论模型。在此基础上,第 12 章进一步讨论组织创新变革的实施,具体内容包含组织创新变革的过程、步骤,实施过程中面临的阻力与压力,以及管理者的管理与应对方法等。

- 第 10 章 创新的组织文化
- 第 11 章 组织创新变革的基本原理
- 第 12 章 组织创新变革的实施

第 10 章 创新的组织文化

■ 本章要点

1. 理解文化与组织文化的定义和内涵。
2. 理解组织文化和组织氛围的异同。
3. 掌握组织文化的结构划分和主要内容。
4. 了解常见的组织文化模型。
5. 理解组织创新文化的基本内涵。
6. 掌握组织创新文化的构成。
7. 掌握激励创新的文化要素和组织规范。

■ 引导案例

比亚迪的"袋鼠理论"

一家公司在持续发展的同时,必须始终致力于企业文化建设,矢志与员工一起分享公司成长带来的快乐。比亚迪坚持不懈,逐步打造"激情、创新"的企业核心价值观,始终坚持"技术为王,创新为本"的发展理念,用先进的理念指导战略的实施,为战略的前进指明方向,而"袋鼠模式"更是比亚迪企业文化的灵魂。

夏治冰说:近来,很多企业都在倡导、学习狼性法则,而我们更秉承袋鼠模式。学习"狼文化"是因为狼有三种习性值得借鉴:一是嗜血,反映出对市场信息的敏感性;二是耐寒,反映出百折不挠的进取精神和不畏艰难的意志;三是结群,反映出团队合作的精神。

但"狼文化"是从丛林法则角度来看问题,有时候过于偏激。而比亚迪既适当借鉴了"狼文化",又保证不过于偏激,于是把"狼文化"发展成了"袋鼠理论"。

首先,狼隐含燥性,而袋鼠则更稳健。通过踏实打造自己的长腿,袋鼠起跳得高且远;

其次，相比较狼的凶猛，袋鼠则通过育袋，稳妥地培养小袋鼠（新的产业或者产品），并由此达到了企业的发展与传承；最后，狼更强调对竞争对手的进攻，而袋鼠则习惯自我赛跑。在自己的跑道上，通过自我完善与进步，快速拉开与竞争对手的距离。正是因为比亚迪拥有这三个优势，才能游刃有余地驰骋在汽车行业。

1. "长腿"：核心竞争力

多年来，比亚迪以自主创新为核心竞争力，在产品的差异化等方面构建起了企业的"长腿"。技术出身的王传福，对于技术研发非常重视，比亚迪不仅实力雄厚，其技术研发在全球范围内都拥有领先优势。

比亚迪进入汽车行业后，先在上海建了一个检测中心，这一"多余之举"其实极富远见，因为随后发生了奇瑞旗云在俄罗斯的对撞检测中被撞成一堆废铁的事件。在进入汽车行业后，比亚迪首先考虑的就是先把试验平台打造好，避免出现类似悲剧。为此，比亚迪先后在上海和西安的基地分别建了一条试车跑道，还建设了碰撞、道路模拟、淋雨、高温、综合环境、抗干扰等检测实验室。

2. "育袋"：前行保障

夏治冰曾经这样形容育袋：比亚迪通过资源的传承形成了袋鼠的"育袋"，像袋鼠妈妈保护小袋鼠那样帮助、保护新产品的培育和成长。从电池大王到造车新秀，比亚迪在IT产业方面的经验"厚积"得以在新领域"薄发"，由此培育的F3等精品车型，以国际品质和高性价比确立了比亚迪在中国车市的地位。

比亚迪选择汽车行业看似天马行空，实际上是形散神不散，整个产业链各项业务之间可以发生聚合效应，形成一个巨大的资源库，就像袋鼠妈妈用育袋哺育、保护小袋鼠一样，为比亚迪汽车提供充足的动力。比如日本汽车的崛起与电子器件在汽车中的广泛应用有很大的关系，装在它们汽车上的电控系统能安全可靠地运转。同样，在电子部件、模具、车载电池等领域的领先优势，使比亚迪依靠电池和IT的强大"育袋"，可以先掌握某些具备核心竞争力的零件，再组成整车的集成优势，造就了一般民企无法超越的制高点。

3. "我行我速"：拉开差距

类似袋鼠在大自然中高速而又高效的跳跃一样，"袋鼠理论"的最后一层含义就是标杆对手，即通过自我完善、提高奔跑速度，快速拉开与竞争对手的距离。在与客户的合作中，比亚迪在控制体系等方面不断补齐短板，一次又一次击败竞争对手，赢得了通用、大众、劳斯莱斯等国际顶级客户的大单。

袋鼠模式说到底应该就是速度模式。速度经济其实质就是迅速满足客户需求而带来超额利润的经济。可以预见：不远的将来，当速度成为竞争中起决定性力量的时候，以速度打击规模、以速度利润战胜规模利润将会成为衡量企业核心竞争能力的重要指标。

资料来源：比亚迪的创新成功之道，中国管理案例共享中心，2014，http://www.cmcc-dlut.cn/Cases/Detail/1717。

思考题

1. 比亚迪借鉴"狼文化"发展了"袋鼠理论"，请谈谈你对比亚迪企业文化的理解。

2. 2008年9月29日,"股神"巴菲特以18亿港元认购比亚迪10%的股份,并提到比亚迪的成功密码之一在于"创新文化"。[一]你认为比亚迪的创新文化在其发展过程中占据何等地位?

10.1 组织文化概述

10.1.1 组织文化的界定

创新的组织文化

1. 文化的定义

"文化"这个词源于拉丁语的 cultura,其意为耕种、收获和练习。随着在欧洲的传播和使用,这个概念逐渐演变成英文的 culture、法文的 culture 和德文的 kultur。在古希腊时代,文化是指参与社会政治活动的能力;而在启蒙运动时期,文化被视为"蒙昧"和"野蛮"等不开化的对立面。在中国,文化这个概念更为古老,《易经》中就有"刚柔交错,天文也;文明以止,人文也。观乎天文,以察时变;观乎人文,以化天下"的记载。《辞源》对文化的解释是指文治和教化。

18世纪后期,随着工业革命和资本主义的发展,人文科学也取得了重要进展,社会学、人类学的研究逐渐揭示了文化这一概念的内涵。让-雅克·卢梭(Jean-Jacques Rousseau)在《社会契约论》中认为,文化包括风俗、习惯和舆论等方面。文化按《新韦氏学院字典》的定义则包括思想、言论、行动等综合模式,还强调了人们学习知识和传递知识给后代的能力。人类学之父爱德华·伯内特·泰勒(Edward Burnett Tylor)在《原始文化》一书中,将文化定义为一个复杂的总体,包括知识、信仰、艺术、法律、道德、风俗以及人类所获得的才能和习惯。《现代汉语词典》(第7版)的定义则更加宽泛,是指人类在社会历史发展过程中所创造的物质财富和精神财富的总和,特指精神财富,如文学、艺术、教育、科学等。著名的美国组织行为学家埃德加·沙因(Edgar H. Schein)则将文化定义为某一特定人群在应对外部适应问题和内部整合问题时发明、发现或开发出的一套基本性假设模式,这套模式已经被证明有效并被视为感知、思考和感觉问题的正确途径,因此被传授给新成员。

根据西方人类学家的观点,文化的界定有广义和狭义两种方式。[二]广义的文化定义比较全面,包括文化的物质、制度、精神和行为等方面的组织特征。狭义的文化定义则主要限定在精神领域,例如规范、价值观念、行为准则等。我国社会心理学家沙莲香教授认为,文化是一种凝聚在一个民族世代代的人的身上和全部财富中的生活方式的总体。生活方式包括行为方式和思考方式,而行为方式和思考方式的整体,作为文化的生活方式,代表了民族的特点。中国人民大学石伟教授主编的《组织文化》认为,从研究组织文化的角度出发,应将文化定义为人在实践过程中认识、掌握和改造客观世界的一切活动及其创造、保存的物质产品、精神产品和社会制度

[一] 孙健耀. 首富传奇背后的"比亚迪密码"[J]. 时代经贸, 2010(1): 74-76.

[二] 王今舜, 庄菁. 组织文化[M]. 长沙: 湖南师范大学出版社, 2007.

的总和。虽然文化的定义有很多种，但基本的范畴相似，一些差异主要源于不同学科的学者，从各自的学科角度出发认识和定义文化，因而存在一些不同。

2. 组织文化与组织氛围

直到 20 世纪 80 年代，组织行为学才开始广泛关注文化对组织的影响。随着组织理论和相关学科（例如人类学和心理学）的发展，组织中的文化现象逐渐成为多学科研究的对象。

从时间的角度来看，组织氛围是一个与组织文化相似的概念，也是组织文化研究的起始形式。最初，组织氛围被认为是影响成员态度和行为的独立变量，可以追溯到制度化（institutionalization）。组织氛围的定义是组织的制度化运作导致组织成员对于适当、基本和有意义的行为有共同的理解。当一个组织拥有了制度化的持久性后，对于组织成员来说，可接受的行为模式就是显而易见的了。

经过多年的研究，西方学者们已经开发出了一些用于测量组织氛围的工具。组织氛围的分析可以从个体水平和组织水平两个角度进行。组织氛围是组织内部的一个稳定特征，但是我们通常使用个体的心理知觉来描述它。艾伦·琼斯（Allan P. Jones）和劳伦斯·詹姆斯（Lawrence R. James）在《心理氛围：个人和集体工作环境知觉的维度及关系》一文中指出，我们可以累加个体的知觉，从而描述整个组织的氛围。这种做法是将同一组织的成员测量分数相加，然后取平均值作为代表该组织氛围的得分。这是因为，评估者的一致性表明他们经历了相同的情境条件；此外，组织内的社会互动和社会化进一步促进了共同知觉的相互影响。因此，当来自同一组织的个体以相似的方式描述组织时，这是合理的。此外，如果组织环境的特征是同质和明显的，那么它可能以相同的方式影响个体的知觉水平。因此，组织行为学家认为可以通过测量个体的知觉来描述组织的特点。

尽管组织文化和组织氛围有很多相似之处，但它们的最大区别在于测量的内容（content），而非对环境的共识性（sharedness）。虽然文化和氛围都指向组织成员之间的共享，但文化侧重于成员之间共同拥有的价值观，而氛围则侧重于成员对组织环境的感知。

3. 组织文化的定义

组织文化（也称为企业文化或公司文化）一词自提出以来，一直存在着关于其内涵的争议，学术界至今未能形成一致的认识。下面是关于组织文化的几种代表性界定。

特伦斯·迪尔（Terrence Deal）和艾伦·肯尼迪（Allan Kennedy）在《企业文化——企业生活中的礼仪与仪式》一书中认为，企业文化的构成要素包括五个：企业环境、价值观、英雄人物、礼仪和仪式、文化网络。文化是非正式的规则体系，它明确指出人们在大部分时间里应该如何行为；使人们对自己的工作感觉良好，因而更愿意加倍努力。

埃德加·沙因在其著作《组织文化与领导力》中将组织文化定义为：一个组织在解决其外部适应性问题以及内部整合问题时习得的一种共享的基本假设模式，它在解决此类问题时被证明很有效，因此对于新成员来说，在涉及此类问题时，这种假设模式是一种正确的感知、思考和感受的方式。

约翰·科特（John P. Kotter）和詹姆斯·赫斯克特（James L. Heskett）在《企业文化与经营业绩》中提到，企业文化通常是指一家企业中各个部门（至少是企业高层管理者们）所共同拥有的那些价值观念和经营实践行为；部门文化是指大型企业中某个分公司的各个职能部门或身处不同地理环境的公司机构所共同拥有（具有共性）的文化现象。

斯蒂芬·罗宾斯（Stephen P. Robbins）在《组织行为学》一书中把组织文化界定为组织成员共有的一套意义共享的体系，它使组织独具特色，从而区别于其他组织。进一步考察，这个意义共享体系实际上是组织所看重的一系列关键特征，主要包括七项：创新与冒险、注意细节、结果取向、人际取向、团队取向、进取心、稳定性。每种特征都表现为一个从低到高的连续体，组合起来便会形成文化各异的组织。

总的来说，组织文化是指组织在长时间发展过程中逐渐形成的共同信念和人生信念，其中包括了价值观、信仰、经营哲学、生产目标、历史传统、礼仪习俗、道德准则、行为规范、人际关系、管理制度、员工心态，以及由此所展现的企业形象和企业精神。企业经营过程中，组织文化往往是企业员工行为的高级规范，旨在明确员工在组织中的角色和地位，增强员工对企业的认同感，规范员工的行为，并激发员工的积极性等。同时，企业文化还具有组织独特性、不可复制性、动态发展性等特点。

另外，值得注意的是，组织文化是描述性的，而不是评价性的，可以通过分析以下几个方面来描述一个组织的文化：①导向性，即组织建立明确目标和业绩要求的程度；②管理者与员工之间的关系，即管理者对下属提供帮助和支持的程度；③控制的程度，包括规章制度的多寡，以及监督和控制员工行为的指导原则的多少；④对员工的基本看法，包括信任员工或不信任员工，以及予以员工责任、自由和独立的程度；⑤风险容忍度，即鼓励员工开拓、创新和承担风险的程度；⑥冲突宽容度，即允许员工自由表达不同意见和公开批评的程度；⑦沟通的模式，即组织信息传递是否受正式的权力线的限制；⑧协作意识，即鼓励组织中的团队协调一致地工作的程度；⑨整体意识，即组织成员把组织作为一个整体，而不是把他们特定的工作小群体作为整体的程度；⑩奖励的指向，即奖励是基于员工的业绩，而不是感觉、好恶的程度。这些维度综合在一起，可以判断一个组织所具有的独特文化。下面是根据上述内容进行综合描述组织文化的两个例子。⊖

例1：这是一家制造厂，其组织文化呈现出以下几个特征：员工必须遵守许多规章制度；每位员工都有明确的工作目标，管理者对员工的工作进行严格监管以确保工作不偏离目标；员工在工作中几乎没有任何决策权，遇到任何不平常的问题都需要向上级报告，由上级决定如何处理；信息传递需要遵循正式的权力线；管理人员不太相信员工的诚实和正直；组织要求管理者和员工都必须在基层各部门锻炼，成

⊖ 陈石清，周永平，张俊，等．管理学：修订本 [M]．北京：北京交通大学出版社，2013．

为多面手的专业人员;组织高度赞扬并奖励那些勤奋工作、团结协作、不犯错误并表现忠诚的员工。

例2: 这也是一家制造厂,但该厂的规章制度相对较少;员工被认为是勤奋可靠的,因此管理比较宽松;组织鼓励员工自己解决问题,但在需要帮助时可向上级咨询;各部门之间职责明确;组织鼓励员工开发自己的专业技能,认为不同意见或差异是正常的;管理者的绩效评估基于所在部门的绩效和与其他部门的协作情况;晋升和奖励倾向于对为组织做出最大贡献的员工,即使他们持有不同的观点、拥有不同的工作方式或具有独特的个性。

10.1.2 组织文化的结构

组织文化的结构划分存在多种观点,目前主流的是将组织文化分为三个层次,以下进行具体说明。

1. 埃德加·沙因的组织文化三层次

埃德加·沙因将组织文化分为三个层次:人工成分、信奉的信念和价值观、潜在的基本假设,并解释了组织文化构成三层次的内在联系与机理,如图10-1所示。

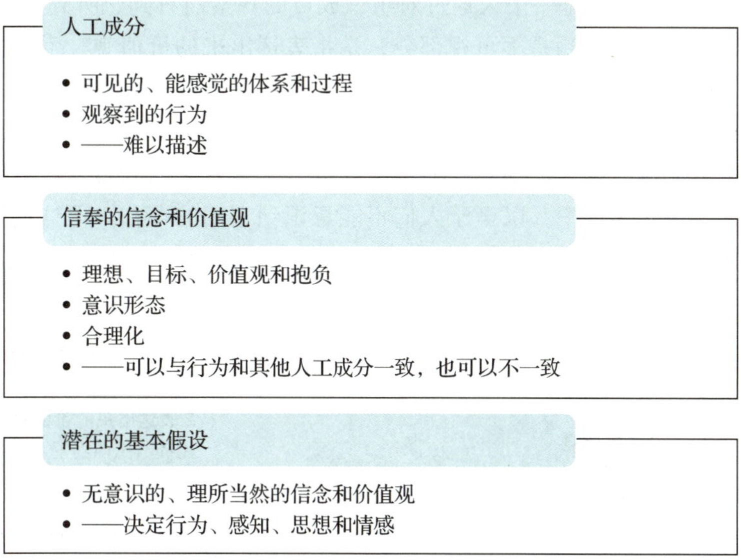

人工成分
- 可见的、能感觉的体系和过程
- 观察到的行为
- ——难以描述

信奉的信念和价值观
- 理想、目标、价值观和抱负
- 意识形态
- 合理化
- ——可以与行为和其他人工成分一致,也可以不一致

潜在的基本假设
- 无意识的、理所当然的信念和价值观
- ——决定行为、感知、思想和情感

图10-1 埃德加·沙因的组织文化三层次

资料来源:沙因.组织文化与领导:第4版[M].章凯,罗文豪,朱超威,等译.北京:中国人民大学出版社,2014.

其中,组织文化的人工成分是文化的表层,包含了当人们偶然遇到一个新的组织并且不熟悉它的文化时所看到、听到和感受到的所有现象。包括组织的有形产品、组织氛围、观察到的行为、结构化要素等。人工成分易于观察,但是难以解释。仅仅从表层的人工成分对深层的基本假设进行推导是不可取的。

倡导者、创始人和领导者是组织信念和价值观的最初来源，这些信念和价值观帮助组织成员应对不确定性和解决内外部问题。但组织信奉的信念和价值观可能与潜在的假设保持一致，也可能是属于意识形态或组织理念，也可能仅仅是反映期望的行为。

组织文化的本质在于共享的、理所当然的基本假设模式，这种假设模式是指那些用于指导行为的隐含假设，它告诉组织成员应该如何理解、思考和感受事物。基本假设往往是不可挑战和无须争论的，想要改变基本假设非常困难、耗时且令人焦虑。基本假设为组织成员提供身份，被认为是个体和组织层次的心理认知防御机制。人们对周围事物的认知常常与基本假设保持一致。

2. 理查德·达夫特的组织文化三层次

理查德·达夫特（Richard L. Daft）将组织文化定义为组织的所有成员共有的核心价值观、信念、共识及规范的组合。组织文化是一种行为模式，它说明了组织的共有价值观，还给组织内部成员的行为方式提出了一系列的假设。组织的员工在解决组织所面临的内外部问题的过程中不断学习该行为模式，并将其作为正确的认知、思维和感知方式教给新员工。

类似地，如图10-2所示，达夫特认为文化由三个层次组成，逐层变得越来越不清晰。文化的表层是可视部分，即可见的人造物品，比如着装、办公室布局等。可见的人造物品就是一个人通过对组织成员的观察而看到、听到和注意到的全部东西。文化的深层次内涵是不可视部分，是指表达出来的价值观、潜在的假设和崇高的信仰，这些东西虽然看不见，但可以通过了解组织成员对自己行为的解释和归因来感知它们的存在。这些都是组织成员有意识持有的价值观，可以从组织成员讲述的故事、所使用的语言和用来代表组织的标志来诠释它们的意义。有些价值观深深地根植于组织文化之中，以至于人们不能意识到它们的存在。但这些根本的隐含假设和信仰是文化的精髓，会潜意识地引导组织成员的行为和决策。

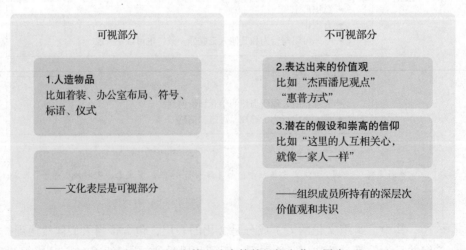

图10-2　理查德·达夫特的组织文化三层次

资料来源：达夫特，马西克.管理学原理：原书第10版[M].高增安，张璐，马永红，译.北京：机械工业出版社，2018.

10.1.3 组织文化的内容

组织文化主要包括组织价值观、组织精神和伦理规范等内容。[⊖]

1. 组织价值观

组织价值观是指组织内部管理层和所有员工对组织生产、经营、服务等活动及其指导原则的普遍看法或基本观点。它包括组织存在的目的和意义，规章制度的必要性和作用，各层级和各部门的员工在不同岗位上的行为，以及员工与组织利益之间的关系，等等。每个组织的价值观都有不同的层次和内容，成功的组织会不断地创新和更新其信念，追求新的、更高的目标。

2. 组织精神

组织精神是组织在共同努力、长期培养的过程中形成的共同心理趋势、价值取向和主导意识，是组织文化的核心。它反映了组织成员对组织特征、地位等的理解和认同，也包含了对组织未来发展和命运所抱有的理想和希望。组织精神是组织的精神支柱，呈现了一个组织的基本素养和精神风貌，凝聚着组织成员共同奋斗的精神源泉。每个组织都具有与其他组织不同的组织精神。

3. 伦理规范

伦理规范是社会对人们的行为提出的道德要求。在组织文化的背景下，伦理规范不仅反映了社会文化的基本要求，也体现了组织管理的特殊需要。制定和维护高标准的伦理规范对组织而言至关重要。如果组织领导不能重视伦理规范的制定和执行，那么伦理准则和相关培训计划将无法真正起到规范员工行为的作用，只会变成一纸空文。以道德规范为基础的员工伦理行为准则不仅仅是传统组织管理规章制度的补充和完善，也是组织文化不断发展和更新的重要组成部分。这种准则的应用，有助于促进组织的内部凝聚力和稳定性，为组织的未来发展注入新的文化动力。

10.2 组织文化模型

10.2.1 谢泼德的竞争价值模型

谢泼德等（D. Shepard et al., 1993）在奎因和罗尔博（Quinn 和 Rohrbaugh, 1983）的研究基础上提出了一个竞争价值模型，用于描述文化类型与组织有效性之间的关系。该模型框架包括主要特征、领导风格、组织连接机制和战略重点。谢泼德等用机械化－有机化维度和内部维护－外部定位维度来定义文化类型，其中有机化维度具有灵活性、自发性和个性，而机械化维度表现为控制、稳定和秩序。

基于竞争价值模型，谢泼德等提出了四种通用的文化类型：市场文化、灵活文化、团队文化和层级文化。他们认为，一种文化类型可能比其他文化更能够激发创新。具有市场文化和灵活文化的企业通常表现出较高的绩效，这在统计学上有着显

⊖ 周三多，陈传明，鲁明泓. 管理学：原理与方法 [M]. 上海：复旦大学出版社，2009.

著的相关性。该模型的提出有助于人们更好地理解文化类型与组织有效性之间的关系，并在组织文化管理中起到了重要的推动作用。

如图10-3所示，市场文化（右下象限）注重竞争力和目标实现，主要以生产率和市场目标为衡量标准。灵活文化（右上象限）注重创新精神、创造力和适应性，灵活性和宽容是其重要特点，组织的有效性由新增长机会的开发来决定。团队文化（左上象限）强调团队合作、凝聚力、参与性和家族感，组织成员的承诺通过参与来实现。在这种文化中，组织凝聚力和个人满意度比收入和市场份额更重要。而层级文化（左下象限）注重秩序、规则和规章，其有效性由明确规定的目标的一致性和实现程度来衡量。需要注意的是，这四种文化类型并不是相互排斥的，一个组织可以拥有不同文化类型的元素，但是随着时间的推移，其中一种文化类型会成为主导。

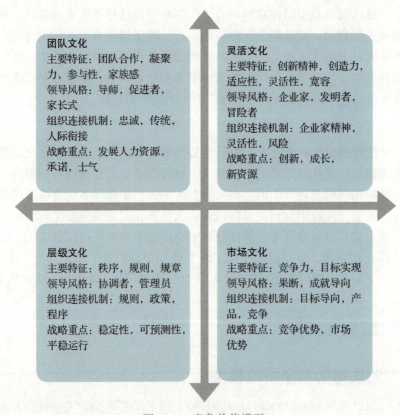

图10-3 竞争价值模型

资料来源：阿曼德，谢波德. 创新管理：情境、战略、系统和流程[M]. 陈劲，译. 北京：北京大学出版社，2014.

10.2.2 丹尼森的组织文化模型

由丹尼尔·丹尼森（Daniel Denison）创建的组织文化模型是一种衡量组织文化的方法，该方法关注组织文化中影响组织有效性的四个关键特征：参与性（involvement）、一致性（consistency）、适应性（adaptability）和使命（mission）。每一个特征包含三个维度，每个维度可以由五个调查项目进行衡量。关于丹尼森的组织文化模型的具体内容如图 10-4 所示。

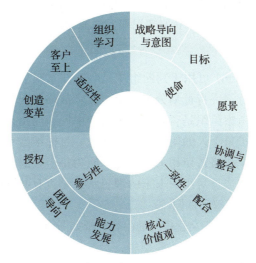

图 10-4　组织文化模型

资料来源：DENISON D R, JANOVICS J, YOUNG J, et al. Diagnosing organizational cultures: validating a model and method[J]. Documento de trabajo. Denison Consulting Group, 2006, 1(1): 1-39.

1. 参与性

参与性（involvement）包括员工的工作能力、主人翁感和责任感的培养。组织在这一特征上的得分，反映了组织对培养员工、与员工进行沟通，以及允许员工参与并承担工作的重视程度。这一特征包含授权、团队导向和能力发展三个维度。授权维度是指员工是否有管理自己工作的权力、主动性和能力，这是建立成员对组织的主人翁感和责任感的基础。团队导向这一维度是描述组织是否重视并鼓励成员相互合作以完成共同的目标，以及员工在工作中是否依靠团队的力量。能力发展维度是指组织是否持续对员工的能力发展进行投资，以保持员工的竞争力和满足持续的业务需求。

2. 一致性

一致性（consistency）用来衡量组织是否拥有强大且富有凝聚力的内部文化。该特征分为核心价值观、配合、协调与整合三个维度。核心价值观维度是指组织成员是否共享一套价值观，从而使成员产生强烈的认同感和对未来抱有明确的期待。配合维度是指领导者是否有能力使组织成员在重要问题上达成一致或是在出现分歧时调和分歧。协调与整合维度指的是组织的不同职能部门和业务单元能否为了共同的目标很好地完成合作，部门或团队的界限会不会成为合作的障碍。

3. 适应性

适应性（adaptability）是指组织对外界环境中的信号迅速做出反应的能力。这一特征包括创造变革、客户至上、组织学习三个维度。创造变革维度是指组织能否创造适应性的方法来满足不断变化的需求,能否读懂商业环境,对当前趋势做出快速反应并预测未来的变化。客户至上这一维度指的是组织是否了解自己的客户,能否对客户的需求做出反应,并预计客户未来的需求。组织学习维度衡量组织能否将外界信号转化为鼓励创新、获取知识和发展能力的机会。

4. 使命

使命(mission)可用于判断组织是一味注重眼前利益,还是着眼于制订系统的战略行动计划。这一特征划分为三个维度:战略导向与意图、目标、愿景。战略导向与意图维度考察组织是否希望在本行业中脱颖而出,清晰的战略意图传达了组织的宗旨,明确了每个人如何才能做出贡献。目标维度考察的是组织是否制定了一套与使命、愿景、战略密切相关的目标,能为每个人的工作提供明确的方向。愿景维度衡量的是组织成员对组织未来的理想状态是否有共同的看法,这种愿景能否得到全体组织成员的理解和认同。

关于丹尼森的组织文化模型的内容分析如图 10-5 所示。丹尼森和米西拉(Denison 和 Mishra,1995)指出,该模型中,参与性和一致性(位于下侧的两个特征)关注内部整合,适应性和使命(位于上侧的两个特征)关注外部适应。参与性和适应性(位于左侧的两个特征)描述了组织变革的能力和灵活性,使命和一致性(位于右侧的两个特征)描述了组织保持稳定与可预测的能力。这四个特征反映了两组对比:内部整合和外部适应的对比、变革和稳定的对比。组织需要协调这四个特征,寻找内部关注与外部关注之间的平衡、灵活性与稳定性之间的平衡。丹尼森提到,内部一致性和外部适应性是相互矛盾的,自上而下的使命和自下而上的参与性也存在冲突。组织在进行文化建设时,需要解决这些矛盾和冲突。不同的组织文化特征对组织的有效性产生不同的影响。具备高使命感和高适应性的组织文化,能够使组织在市场竞争中处于领先地位,并获得持续的收入和销售增长。而具备高一致性和高参与性的组织文化,则能够带来良好的投资回报和高质量的工作表现。高使命感和高一致性通常与组织稳定的资产回报和投资回报有关,而高适应性和高参与性则与组织的创新能力和产品开发能力密切相关。

图 10-5 组织文化模型的内容分析

资料来源:DENISON D R, JANOVICS J, YOUNG J, et al. Diagnosing organizational cultures: validating a model and method[J]. Documento de trabajo. Denison Consulting Group, 2006, 1(1): 1-39.

这个模型的核心是潜在的信仰和假设。与沙因(1992)的观点一致,更"深层次"的组织文化难以直接测量,但这些潜在的信仰和假设决定了人们的行为方式和具体行动。它们与组织及其成员、客户、市场和行业的基本价值观息息相关,构成一个紧密结合的逻辑体系,将组织凝聚在一起。组织的价值观和行为规范与潜在假设密不可分,但在基本假设层面对组织文化进行概括,比在行为和价值观层面进行概括更为困难。

丹尼森的组织文化模型可广泛应用于不同类型的企业、团队和个人。举例来说,它可以适用于一般的商业企业、正在经历合并和收购的企业、面临产业调整的企业、新成立的企业、陷入困境的企业、进行战略调整的企业、面临客户服务挑战的企业等。通过使用丹尼森的组织文化模型,可以将某一企业的文化与经营业绩较好和较差的企业进行比较,以明确该企业在文化建设方面的优势和不足;可以对业务单位或部门进行考察,以了解该组织内的亚文化;可以测量企业现有的文化并探究该企业文化如何在提高经营业绩方面发挥更大作用;可以在测量的基础上提出改进企业文化的方案和提高经营业绩的具体建议;可以为企业的发展和企业文化变革提供决策支持;可以更好地促进合并和重组过程。

针对一般性企业,使用丹尼森的组织文化模型可以实现以下目标:评估企业文化的优势和不足;比较分析企业文化与经营业绩好的其他企业文化,确定文化变革的目标,使其符合企业期望的业绩;明确文化变革的短期、中期、长期目标和任务;分析与经营业绩直接相关的文化因素,找出导致经营业绩增长的因素和阻碍经营业绩提高的因素;提高领导者对企业文化的认知,引导他们更积极地发挥企业文化的作用;提供可供个人和企业双方使用的分析报告,形成共同认可的文化体系。丹尼森的组织文化模型还可广泛应用于企业合并和收购,对于促进合并及收购的成功有着重要的作用。具体而言,该模型可以:通过分析合并及收购双方企业的异同,找到协同的方向;为合并后的企业创立一个共同奋斗的企业文化;引导注意力从批评、担忧和内部竞争转移到文化的共同体验;制订合并后企业领导者的选拔和发展计划,以推进共同认同的企业文化的建设。

| 案例 10-1 | 丹尼森的组织文化模型的现实应用研究:以青岛啤酒集团有限公司为例

在众多研究企业文化的模型中,丹尼森的组织文化模型(以下简称"丹模型")有其独到之处。它是在对1 000多家企业、4万多名员工长达15年研究的基础上建立起来的,提供了一个对我国当代企业文化进行实证研究的有效、实用的方法。该模型不仅有其研究和学术价值,而且有很强的应用性。青岛啤酒集团有限公司(以下简称"青啤公司")引入了这个模型,做出了实证的研究,并因此获得了《哈佛商业评论》2008年管理行动金奖。对青啤公司使用该工具的过程分析,丹模型在中国企业的应用提供一些借鉴。

1. 选择过程分析

在选择企业文化的工具时,青啤公司着重从三个方面进行了思考。

(1)丹模型的主要优势。选择一个工具,首先要看它不可替代的优势。丹模型最突出的优势是有相对较好的可靠性。现在国内很多专家提出的评估工具也自成体系，甚至更符合中国人的思维模式，但是缺点也显而易见，那就是缺少实践的验证。任何一家企业都不可能以自身为试验品，花费大量的时间成本，去获得一个不确定的结果。丹模型的核心优势在于它拥有一个全球基准数据库，含有888家公司的数据，这些公司来自80个行业和16个国家，75%来自北美洲，20%来自欧洲，5%来自亚洲，可以提供不同行业不同国家的整体平均分。从它产生到发展，一直是注重数据佐证的。再者，它的优势在于直接与组织经营业绩相联系，非常有利于将企业文化引向绩效。企业文化的因素是非常多的，比如有的企业只准员工穿白衬衣，有的则要求穿条纹的，这当然也是企业文化的一部分，但和绩效的联系是微弱的。丹模型剔除了这些文化因素，从具体的商业运营环境中发展而来，在对企业的实地研究中，在大量数据的积累对比中，提炼出了12个与公司绩效联系最为密切的文化维度，真正地达到了提纲挈领的作用。

（2）青啤公司的需求点。青啤公司是国内企业文化工作开展最早的企业之一。从1998年出现第一本《企业文化手册》，到2005年企业文化的全面创新提升，文化的提炼、构建、推广工作已经完成，企业文化管理的成分已经大于企业文化建设的成分。到了这个阶段，公司最大的需求点在于两方面：一是解决文化如何与企业绩效联系更密切的问题；二是解决企业文化工作成果有效评估的问题。

2002年以来，青啤公司进行了战略转型。随着公司变革的深入，文化的冲突日益显现，公司的传统文化在变革过程中遇到了重重阻力，开始酝酿文化提升。随着对文化研究的深入，公司把研究重点从对核心价值观、精神理念、道德规范及行为准则等方面的关注转向对企业文化影响的关注，开始深入研究企业文化与企业生存发展的关系，注重企业文化对企业经营增长的影响，把企业文化建设和文化变革与提高企业核心竞争力结合起来。这使青啤公司的文化天然地和企业绩效联系在一起。但是在推广过程中，青啤公司发现在一些基础相对薄弱的基层单位，仍然出现了为文化而文化的现象。怎样纠正这种倾向，怎样把企业文化工作引导到一条为企业生存发展服务的道路上来，这是一个急需解决的问题。

另外，企业从做大做强转变为做强做大，不断地创新，不断地变革。对这样一个过程的感受是"累并快乐着"。不同岗位和职级的员工对企业发展的认识是不同的。有的盲目乐观，认为公司这几年不论是从业绩增长上还是能力提升上都有了长足的进步，公司的国际化道路一顺百顺；相反，也有比较悲观的看法，在与啤酒大集团的横向比较中，明显发现公司存在的一些问题，并由此引发了一些反思，甚至对公司的整体策略产生了质疑。这些观点都有其合理性，但是作为一家大公司，非常需要把大家的认识统一起来，这就需要有说服力的数据。同时，新版企业文化的实施效果怎样，除了调查员工对新文化的认知度、认同度外，显然还需要更加客观的数据。

（3）双方的吻合度。从对丹模型的优势分析和对青啤公司需求点的分析可以看出，绩效是一个非常明显的交叉点，此外，效果评估的客观有效性也促成了双方的一致。更为有趣的是，在模型上，双方达到了相当高的吻合度。

图10-6是2005年青啤公司的团队研究出的企业文化细胞剖面图，已经对文化与企业运营的关系进行了探索。在解释的8条中有6条涉及了文化与经营的直接关系：①图的上半部分表现了公司与外部的适应能力，

下半部分强调了公司的协调能力,左边表现了公司的创新能力,右边表现了公司的平衡能力;②关注内部更多的会影响投资回报率和职工满意度;③关注外部会影响市场份额和销售额的增长;④灵活性反映了产品和服务迅速而有效地适应变化的反应能力;⑤稳定性直接影响资产收益率、投资回报率、销售利润率;⑥上与下、左与右都是矛盾的统一体,关键在于平衡与和谐,和谐的基点表现在利润增长与价值增长方式之间的平衡。

图 10-6　青啤公司的企业文化细胞剖面图

从图 10-6 中可以看出,对四个 90 度扇形区域的理解和几个半球的理解基本是相同的,只是在具体的维度上有所差异。双方在对企业文化与经营绩效关系的研究上,总的思路是吻合的。所以引入这个模型的风险相对较小。

公司认为,在选择一个工具时,除了以上三个思考点外,还要特别注意自己所处的阶段。如果一家企业尚处在企业文化建设阶段,选择丹模型显然是不合适的。

2. 实施过程分析

一般说来,聘请咨询公司进行调查是最省心的方法,但是青啤公司出于降低成本的考虑,除了借助其核心数据库和最后共同对结果解读外,其他环节都是自行完成的。主要环节包括以下七个。

(1)制定网上答题系统。这次调查面对全公司,按照公司人数大约 10% 的比例发放问卷 2 800 份,收回有效问卷 2 082 份,回收率为 74%。问卷覆盖公司 81 家单位,八大营销公司、总部各职能部室、所有生产厂、经营性公司,单位覆盖率为 100%。从人员分布来看,各系统中层及以上人员占 60%,普通员工占 40%,年龄从 20 岁到 55 岁,较为全面地反映了各系统、各地区、各层次员工对企业文化现状的认识。如果没有网上系统,面对这么大量的数据分析,其难度和效率可想而知。

(2)调查前的培训。在组织文化调查前,企业文化中心将丹模型做成课件,和相关单位的企业文化工作者进行了沟通培训。一方面,加深了各单位对青啤文化细胞结构图的理解;另一方面,使文化工作专业人员对此工具有了初步了解,为调查的实施做了铺垫。

(3)答题过程中的沟通。在问卷调查过程中,青啤公司加强了与各单位的沟通,并及时跟进,使有效问卷的回收率得到保证。青啤公司的子公司密山公司,计算机装备不是太好,人均计算机数少,而且计算机运行较慢。开始这家公司有一定的畏难情绪。经过反复沟通,讲清意义和步骤,该公司负责这项工作的人员非常认真,按要求组织人员轮流在一台计算机上登录,问卷回收率达到了 100%。他们说,只有认真参与,调查的结果才有参考价值,才能反映本单位的真实情况。很多单位也正是因为接受了这样的观点,工作进展才比较顺利。

(4)结果的对比分析。在出具调查报告的过程中,青啤公司发现必须借助专业的力量。丹尼森组织文化调查问卷使用的是标准分,要使用全球基准数据库进行对比,只有把青啤公司放至更广阔的背景中进行比较,才会看到公司在行业或是地区乃至全球公司中的表现。作为一家把"成为拥有全球影响力品牌的国际化大公司"作为愿景的企业来说,这种对比是必要的。所以青啤公司选择了一家咨询公司,借助该公司在该领域的丰富知识和经验以及全球基准数据库,对青啤公司的调查结果进行了分析比较,透过数字看到了青啤公司目前的强项和需要提高的地方,分析了重点关注的方面,出具了一份较有针对性的调查报告。

(5) 调查报告与高层的沟通。丹尼森调查报告出具后,青啤公司高层包括总裁、负责人力资源、企业文化的副总以及营销、制造中心的相关领导进行了面对面的沟通。公司高层普遍认同调查结果,认为较为客观地反映了企业文化的现状,并对强项和不足之处产生的原因进行了探讨,同时对下一步的行动方案提出了指导意见。

(6) 行动方案的制订。根据调查结果和沟通掌握的情况,咨询公司出具了一份《青岛啤酒行动建议》,和青啤公司进行沟通并修改后,作为本次调查的一个成果。青啤公司在随后的企业文化行动方案中,充分融合了这个方案。

(7) 行动方案的实施。行动方案的实施由相关职能部门共同完成。在企业文化行动方案中,青啤公司把针对调查显示的三个弱项作为工作重点。各系统根据工作重点,设定了一些工作项目。在完成这样一个完整的实施过程后,公司认为需要注意以下几点。

选择第三方介入和自主完成各有利弊,要根据自身条件进行分析。自主完成会节约大量成本,在时间控制上更有自由度,但是得分会偏高,需要客观分析;第三方介入的调查结果更加客观,专家的视角可能会帮助企业突破一些固有的思维模式,但是需要付出高昂的成本。

整个过程中最容易忽视的是实施前的培训和实施中的沟通,如果这两个环节做不好,推进的难度会大大增加,直接影响到调查进度和最终的效果。

与高层的沟通是至关重要的。行动方案的制订和实施必须是从上而下的,如果从下而上,必然走形。

3. 应用效果分析

这次丹尼森组织文化调查把青啤公司放到了一个全球化的背景下,所有的分数都是和数据库中的基准线对比而来的,很有说服力。其效果至少有两点。

(1) 对企业文化及发展的现状有更清醒的认识。从结果上,大家在三个方面达成了一致。结果说明,公司前期工作的方向是正确的;文化的提升和实施是有效的;文化的有效性已经体现在了公司的业务上。这坚定了青啤公司继续变革的信心,坚定了继续文化推进的信心。丹尼森组织文化调查的结果和青啤公司对文化现状的分析是一致的,使整个系统对自己运行的优点和不足有了比较理性的认识,并对企业文化工作成果做出了客观评估,对企业文化工作的队伍也是一次检阅和激励。公司不但知道了自身的强项与弱项,而且知道强弱的程度,知道不同系统(制造与营销)、不同地区的差异,使原来感性的认识或定性分析因数据的支撑而清晰起来。

(2) 在采取工作举措时,更有针对性。丹模型对确定企业文化工作开展的走向提供了数据引导。针对调查结果显示的三个有待改进的方面,公司在企业文化工作、人力资源工作等规划中,制定了相应的措施。比如,调查结果显示,青啤员工对目标的认同感有待加强,员工认为自己的能力发展还不足以实现目标。公司通过分析认为,这个调查结果是客观的。因为啤酒行业竞争的状态决定了企业必须制定较高的目标,正是因为制定了较高的目标,导致员工对自身能力缺乏自信，这对公司在员工能力方面的投入提出了更高的需求。为了保持公司的发展速度，公司不可能降低目标，只能在提高员工能力上下功夫。所以除了在机制、制度上进行规划外，公司主要做了三个项目。

第一是成立"青啤管理学院"，使其成为软资源研发中心、技能训练营与青啤文化的课堂，通过塑造符合公司战略需求的员工，满足企业在整体经营策略上的需求。第二是做好知识管理，通过知识频道的推进，带动青啤公司开放创新的文化氛围，将个人能力打造成组织能力，提高青啤公司的核心竞争力。第三是员工行为规范的修订和落实。每个人每天做出一点改变，整个公司汇集起来就是了不起的成果，员工素质的提高是对公司发展的有力支撑。

4. 应用效果还要客观地看

（1）不能夸大。丹模型只是一种工具，它本身并不能指出企业如何做，只是找问题，而且是一种定量分析，必须与定性分析相结合才能看到企业的具体问题。希望引入一种工具来解决所有企业文化工作中的问题是不现实的。

（2）解决丹模型所展示的问题需要企业内部各个系统联动。虽然只有12个维度，但涉及企业运行的方方面面。只有企业文化工作部门行动是远远不够的，但文化工作部门在其中起到协调总领的作用。

（3）企业文化是动态发展的过程，情况随时变化，所以一次调查不可能一劳永逸。可以将一个战略周期作为一个调查周期，特别是发生变革时，应重新测量，并与企业历史调查结果进行比较，会更清楚地发现问题所在。

资料来源：青岛市经济学会.2008创新青岛 品牌之都[M].北京：海洋出版社，2009.

10.3 组织创新文化

党的二十大报告明确指出，高质量发展是全面建设社会主义现代化国家的首要任务，同时强调坚持创新在我国现代化建设全局中的核心地位。实际上，高质量发展已经成为我国"十四五"规划以及未来长期经济社会发展的主题，它深度关联着我国社会主义现代化建设的整体布局。在这个过程中，创新不仅被视为高质量发展的核心驱动力和构建新机制的关键，也是探索新时代中国特色社会主义发展新领域和新方向的重要路径。为了实现这一目标，需要进一步完善科技创新体系，并通过"培育创新文化，弘扬科学家精神，涵养优良学风，营造创新氛围"来推动高质量发展。创新文化为创新思维的孕育、创新潜质的触发以及创新活力的维持提供了理想的环境和氛围，它是支撑创新行为的核心力量。在微观层面，富有竞争力的企业是实现高质量发展的基础。组织的创新文化可以帮助他们构建核心竞争力，全面引领他们走向高质量发展，为企业的长期发展赢得持续的竞争优势。

10.3.1 组织创新文化的基本内涵

1. 组织创新文化的定义

组织创新文化是组织文化的一种类型，其定义有许多不同的解释。以下是其中

一些具有代表性的定义。[一]

创新文化是以一种初始方式，在某一特定时期为了满足创新思想数量最大化的需要而培育的一种行为模式（Fons Boronat，1992）。

创新文化能引发几十种思考方式和行为方式，在公司内创造、发展和建立价值观与态度，能够唤起涉及公司效率与职能发展进步方面的观点和变化，并使这些观点与变化得到接受和支持，即使这些变化可能会引起与常规和传统行为的一些冲突。创新文化需要满足以下四种价值观和态度：公司管理者乐于冒险、公司所有员工的参与、激发创造性、共同的责任（AECA's，1995）。

创新型文化是具有长期的、多样化、创造性和强风险意识等特点的，并以未来发展为导向的文化（张钢，许庆，1996）。

创新文化是一种培育创新的文化，这种文化能够唤起一种不可估计的能量、热情、主动性和责任感，来帮助组织达到一种非常高的目标（非凡成就）（Alan L. Frohman，1998）。

创新文化是指建立一种有利于创新的文化环境，无论是技术创新、知识创新，还是制度创新、组织创新，都需要有相应的机制体系和文化环境。

所谓企业创新文化是指在一定的社会历史条件下，企业在创新及创新管理活动中所创造和形成的具有本企业特色的创新精神财富以及创新物质形态的综合，包括创新价值观、创新准则、创新制度和规范、创新物质文化环境等（宋培林，2000；刘焕荣，翟秀玲，刘惠萍，2001）。

创新文化是组织内一种奖励创新和鼓励冒险的文化，这种文化能够激励和奖赏杰出工作者，并能对快速变化的环境、突然出现的危机和突发情况做出迅速反应。这种文化要求我们重新检查一切事情，它不像一个工程一样有一个具体的结尾，它要不停地继续再继续。作为一种文化，它必须渗透到组织的骨髓中去。这就是所谓的创新文化（Thornberry，2003）。

创新文化是能够激发和促进企业内的创新思想、创新行为、创新活动产生，有利于创新实施的一种组织内在精神和外在表现相统一的综合体，主要包括有利于创新的价值观念、行为准则和制度等（水常青，许庆瑞，2005）。

2. 组织创新文化的测量

关于组织创新文化的测量，许多学者对此进行了探索。霍根和库特（Hogan 和 Coote，2014）在研究中基于沙因的组织文化分层理论提出了创新文化量表，并对量表进行了验证。[二]创新价值观被分为 8 个维度，分别是成功、开放性和灵活性、内部交流、能力和专业性、跨部门合作、员工责任、员工欣赏及风险承担。成功这一维度是指组织重视成功、追求最高绩效标准、重视提供具有挑战性的目标和鼓励员工超越的程度。开放性和灵活性这一维度衡量的是组织重视对新想法的开放性和响应性以及解决问题的灵活性的程度。内部交流维度是指组织重视促进组织内信息流动

[一] 水常青，许庆瑞. 企业创新文化理论研究述评 [J]. 科学学与科学技术管理，2005(3):138-142.

[二] HOGAN S J, COOTE L V. Organizational culture, innovation, and performance: a test of Schein's model[J]. Journal of business research, 2014, 67(8): 1609-1621.

的开放式沟通的程度。能力和专业性维度则是指一个组织重视知识和技能,并坚持与职业相关的理想和信念的程度。跨部门合作维度是组织重视协调和团队合作的程度。员工责任维度指的是组织重视员工积极性、主动性、自主性和工作责任感的程度。员工欣赏维度强调组织重视、奖励和认可员工成就的程度。风险承担维度衡量一个组织重视新思想的试验和挑战现状的程度。每个维度均包含 3 个题项。例如,创新价值观中成功这一维度的测量条目包括"我们重视本公司的成功""我们渴望成为市场上最好的公司"和"我们非常重视我们的绩效表现"。行为规范同价值观在维度上保持一致,8 个维度分别用 3 个题项测量。比如,创新行为规范的测量条目是"在这家公司里,我们希望通过新的做事方式来取得成功""我们被鼓励成为市场上最具创造力和创新性的公司"和"在这家公司里,努力创造新的想法是被期待的"。然而,行为规范的测量特别关注与创新相关的预期行为,而价值观在本质上更为普遍。组织价值观是行为规范或期望的基础。价值观是一般的社会原则和标准,而规范是被接受、期望和鼓励的行为,这些行为是特定组织惯例和实践的特征。物质层分为 4 个维度,分别是关于创新英雄的故事、为创新做出的物理安排、创新仪式以及支持创新的语言,每个维度用 2 个题项测量。例如,"这家公司有一些关于员工提出新的有用想法的众所周知的故事"和"这家公司有关于员工大力鼓励实施新实践和新流程的故事"用来测量"关于创新英雄的故事"这一维度。

道比尼(Dobni,2008)认为创新文化是一个多维度的文化环境,包含创新的意图、支持创新的基础设施、影响市场和价值导向的运营层面行为以及实施创新的环境。[1]他在这种多维度定义的基础上提出创新文化量表由 7 个维度构成,分别是创新倾向、组织支持、组织学习、创造性和授权、市场导向、价值导向和实施环境。然而,艾恩德等(Eynde et al.,2015)对道比尼的研究提出异议,认为创新的意图、支持创新的基础设施、影响市场和价值导向的运营层面行为以及实施创新的环境是影响创新文化的因素,而不是创新文化的构成要素。[2]因此,他们提出创新文化包含 3 个方面,分别是社会、组织和个体。从个体视角出发,他们提出 RIC-MQ 量表用于测量组织创新文化,包括 3 个维度:社会(测量个体对社会环境的感知)、组织(测量个体对组织的感知)和个体(测量个体在工作环境中与创新有关的特征和偏好)。

10.3.2 组织创新文化的特征

如果一家企业的文化崇尚创新,那么它应当具有鼓励冒险、容忍失败、扁平化结构、资源支持、知识共享这些特征。

1. 鼓励冒险

创新是对已有事物的深刻改革和革新,其本质是突破传统、打破常规,具有极

---

[1] DOBNI C B. Measuring innovation culture in organizations: the development of a generalized innovation culture construct using exploratory factor analysis[J]. European journal of innovation management, 2008, 11(4): 539-559.

[2] EYNDE A, CORNEJO-CAÑAMARES M, DIAZ-GARCIA I, et al. Measuring innovation culture: development and validation of a multidimensional questionnaire[J]. Advances in research, 2015, 4(2): 122-141.

大的风险性和不确定性。创新源（例如一个创意、一种新的管理理念）的提出、创新的实施以及形成适应市场变化的创新成果都需要冒险精神。冒险与机会同在，没有冒险，就难有新的发展机会。例如，在英特尔发展的初期公司，把自身定位为一个存储器公司，并取得了一系列成绩。然而，日本存储器厂家的登台，使客户可以以惊人的低价购买到高质量的产品。这种价格战让英特尔陷入前所未有的困境，公司连续六个季度出现亏损。在这个危急关头，格鲁夫力排众议，顶住层层压力，冒着巨大的风险，坚决砍掉了存储器生产，而把微处理器作为新的生产重点。到了1992年，微处理器的巨大成功让英特尔成为世界上最大的半导体企业。

2. 容忍失败

创新是一个不断探索的过程，需要不断试错，因此失败在所难免。企业文化对失败的宽容，可以大大激发员工大胆尝试、勇于探索的创新精神。推崇创新文化的企业往往对创新成果的失败持有宽容的态度，它们相信失败乃成功之母，正视失败并从中吸取教训，将会距离创新的成功更进一步。例如，3M公司鼓励冒险，容忍失败，认为错误应该是被允许的。3M公司的管理人员必须有一定的容忍能力，因为即使他屡次想要取消明显是不切实际的研究计划，研究人员也可能会坚持己见。

3. 扁平化结构

与机械式结构相比，扁平化结构通常更能促进创新。扁平化结构的管理幅度大、管理层次少，具有较强的灵活性和应变能力，可以更好地与创新活动相匹配。比如，日本丰田公司从董事长到一线管理人员仅有五个层次。组织成员在分权化的组织中拥有更高的自主权进行决策和采取行动，高参与性使得成员对组织拥有高归属感和承诺感，有助于激发创新的热情和能力。授权、高参与、灵活性均是扁平化组织结构的典型特征。创新型组织通过对它的结构和系统进行设计，来促进创新。

4. 资源支持

创新是对未知领域的探索，需要耗用大量的人力、物力、财力和时间，具有极大的风险性。没有足够的资源支持，创新活动很难开始或坚持下去。具有创新文化的企业，常常为创新活动提供各种资源支撑，包括人力资源支撑、资金支撑等。例如，3M公司会在时间和空间上给予员工一定的自由，技术人员可以花费15%~50%的时间在自己喜欢的项目上，同时一些有前景的想法会得到资助，帮助其进行下一步的开发。

5. 知识共享

在组织内共享信息和知识，有助于创新思想的产生和创新活动的执行。知识共享给不同部门间提供相互交流和学习的机会，可以解决信息不对称，促进合作和知识转移的发生。在知识共享的过程中，某一个成员或某一个团队的想法可能帮助其他成员或团队创造新知识和识别新机会，从而形成创新。例如，IBM公司就非常重视沟通对于创新的作用，不仅鼓励团队内部不同成员间的交流，还提倡不同领域、不同行业间的交流。不同的领域背景、不同的经验，更容易产生新的想法，实现创新。

10.3.3 组织创新文化的构成

一个组织是否能够创新，在很大程度上取决于组织文化中是否包含促进创新的因素和相应的组织规范。许多学者已经开展了有关这方面的研究，并取得了显著成果。[⊖]

查尔斯·奥莱利（Charles O'Reilly）在对 3M、英特尔、惠普、克雷研究、强生等公司进行研究时发现，这些公司之所以在创新方面做得很好，关键在于这些企业文化中具有促进创新的要素（Charles O'Reilly，1989）。通过对医药、消费品、计算机、半导体和制造业的 500 多位管理者进行调查，查尔斯·奥莱利总结出促进创新的因素有：鼓励冒险、奖励变革、开放性、共同的目标、自治权和行动中的信念，具体内容如表 10-1 所示。

表 10-1 促进创新的文化因素

提高创造力方面	提高执行力方面
1. 鼓励冒险 ● 拥有尝试新事物的自由，允许失败 ● 接受错误的产生 ● 允许对于"愚蠢的"思想的讨论 ● 不惩罚失败 ● 对现状的挑战 ● 忘记过去 ● 不要集中于短期行为 ● 希望创新成为工作的一部分 ● 对变革的积极态度 ● 发展和提高动力	1. 共同的目标 ● 对企业的自豪感和主人翁感 ● 团队工作 ● 自愿共享荣誉 ● 工作、预算和职能范围的灵活性 ● 消除混乱的信息 ● 管理的互相依赖 ● 共同的愿景和方向 ● 建立统一性 ● 互相尊重和信任 ● 关注整个组织
2. 奖励变革 ● 新思想是有价值的 ● 尊重初始思想 ● 建立构架：预算、机会、资源、工具、时间 ● 高层管理者的关注和支持 ● 对取得的成就进行庆祝 ● 建议得到执行和实施 ● 鼓励	2. 自治权 ● 制定决策的责任感 ● 流程的分散化 ● 行动的自由化 ● 相信你可以做得很好 ● 授权 ● 决策制定得迅速、灵活 ● 官僚作风的最小化
3. 开放性 ● 交流渠道开发，信息共享 ● 仔细倾听别人的意见 ● 广泛思考 ● 允许人员走来走去 ● 鼓励横向思考 ● 适应客户需求 ● 接受批评，不要太理性 ● 持续培训 ● 期望和接受辩论 ● 自愿请教别人	3. 行动中的信念 ● 不要被精确性困扰 ● 集中于结果 ● 履行你的义务和责任（承诺） ● 抓住时机 ● 奖励优秀工作者 ● 努力工作并取得成就 ● 授权员工 ● 强调质量 ● 希望把事情做好 ● 穿过官僚阶层

资料来源：水常青，许庆瑞. 企业创新文化理论研究述评 [J]. 科学学与科学技术管理，2005(3)：138-142.

[⊖] 水常青，许庆瑞. 企业创新文化理论研究述评 [J]. 科学学与科学技术管理，2005(3)：138-142.

凯伦·安妮·锡安（Karen Anne Zien）和谢尔登·巴克勒（Sheldon A. Buckler）（1993）研究了世界上成功的公司如何保持其创新精神以及如何重新点燃和重新振作创新精神。研究发现了几个在所有创新公司中都适用的促进创新的关键因素，这些因素不受地域和行业的限制。它们包括：①保持作为一家创新公司的信念，珍视作为一家创新公司的身份；②在所有职能上进行真正的试验，尤其是在创新前端；③构建市场人员和技术人员之间"真正真实"的关系；④与客户之间的关系亲密；⑤全员参与创新；⑥在组织内传播典型的创新故事。

查尔斯·奥莱利和迈克尔·塔什曼（Michael L. Tushman）对硅谷29家高科技公司的200多名管理者进行了调查研究，以验证和寻求这些文化要素和组织规范的一致性。调查结果分为两类因素：提高创造力和提高创新思想执行意识。提高创造力的规范包括支持冒险和变革、容忍错误的发生；提高创新思想执行意识的规范包括有效的团队机能、行动的速度，具体如表10-2所示。

表10-2 提高创造力和创新思想执行意识的规范

提高创造力的规范	提高创新思想执行意识的规范
支持冒险和变革： ● 对创新的奖励和认知 ● 管理层对创新和变革的积极态度与角色模范 ● 员工期望挑战现状	有效的团队机能： ● 强调团队工作 ● 员工共享同一个目标 ● 开放的信息
容忍错误的发生： ● 错误被认为是工作中不可避免的一部分 ● 员工拥有变革的自由 ● "小心不犯大错"是不被接受的	行动的速度： ● 决策的制定是迅速的 ● 强调工作的灵活性和适应性 ● 要确保创新执行需要给予足够的自治权

资料来源：水常青，许庆瑞.企业创新文化理论研究述评[J].科学学与科学技术管理，2005(3)：138-142.

特蕾莎·阿马比尔（Teresa M. Amabile，1997）对高创新环境和低创新环境之间的差异使用评估创造性环境的工具进行了研究，得出了有利于创新工作环境的8级78条目，其中6级集中于激励创造力的因素：组织制度激励；高层支持和参与；团队工作；资源充分；积极挑战；自由性，具体如表10-3所示。

表10-3 激励创造力的因素与具体表现

激励创造力的因素	具体表现
组织制度激励	组织文化通过以下规范来鼓励创造性：公平性；对创新思想的结构性评价；对创造性的认知和奖励；发展创新思想的机制；创新思想的活跃流动；组织共同的愿景
高层支持和参与	高层管理者成为创新模范，恰当地设立目标；支持小组工作；支持个体价值的贡献；对团队工作的信心
团队工作	多技能的工作团队中良好的沟通；开放的思想交流；工作的挑战性；互相信任和帮助；对工作的承诺
资源充分	拥有足够的资源支持（资金、原料、设备、信息）
积极挑战	提供具有挑战性和重要性的工作
自由性	工作的自治权

资料来源：水常青，许庆瑞.企业创新文化理论研究述评[J].科学学与科学技术管理，2005(3)：138-142.

恩里克·克拉弗（Enrique Claver，1998）提出了组织内促进创新的文化要素主要包含在以下范畴内。①价值观：公司对于实验的鼓励；激发创造性；关键在于思想的质量，而不是思想提出者的权威性；创新者可以得到公司的支持和奖励。②人力资源：不断学习；团队工作的必要性；公司成员拥有一定程度的自治权利和主动性；员工拥有一定从事自己感兴趣创新活动的自由。③决策制定的程序：决策制定的灵活性和迅速性；公司内全体员工都要拥有冒险精神；共同的责任感；由于高风险，所有决策都要逐步制定。④以市场为中心：要时刻明白创新的目的是更好地满足客户需求；不集中于短期利益；通过产品和市场的多样化来开发新市场和新产品；创新行为的道德观。⑤组织结构：组织拥有分散型结构；组织的灵活性和适应性；允许非正式组织的存在，系统思考而不是片段和零星思考；公司的文化一定要适应创新的目的。

案例 10-2 | 华为独具特色的企业创新文化

1987年，华为在深圳注册成立。经过30多年的快速发展，华为由一家小型代理公司成长为全球知名的大型企业，并多次进入《财富》世界500强榜单。目前，华为是中国最大的民营企业之一。

为了在快速变化的世界中生存和发展，企业需要不断适应环境并不断变化。在这个时代，创新虽然有一定的风险，但不创新的风险更大。华为正是因为不断创新和变化，才能在全球市场中脱颖而出，成为中国企业的成功典范。华为的创新文化贯穿其方方面面，以下是对华为创新文化的总结和梳理。

1. 危机意识

华为在任正非的带领下，不断强调危机意识，将其视为创新文化的核心。公司历经多次挫折和磨难，任正非也常常谈到"冬天"和危机，以此激励华为人保持警惕和创新。华为认为，只有时刻保持危机意识，才能避免企业内部骄傲自满的问题，从而保持稳健的发展。在当前世界快速变化的大环境下，华为的危机意识为公司的成功奠定了基础，使其能够在通信行业中不断创新，稳固地站在了国际巨头的舞台上。然而，华为人也要深刻思考，未来的道路仍然充满不确定性，只有继续坚持危机意识，才能应对未知挑战，保持强大的竞争力。

2. 自我批判

华为的核心价值观之一是自我批判，这也是其成功的重要原因之一。自我批判是创新的前提，意味着不仅要肯定合理之处，还要勇于找到不足之处并加以改进。只有坚持自我批判，才能不断超越自我。华为要求整个企业都进行自我批判，直面问题，勇于剖析，才能实现创新。自我批判是华为创新机制的保证，只有通过持续的自我批判，才能在不断否定之中进行创新。华为的领袖任正非是一个注重自我批判的人，他要求所有华为人进行自我批判，不断改正不足。华为的成功并不代表没有问题存在，只有通过自我批判，才能不断改进并提升企业实力。因此，华为值得其他企业学习的是其近30年来形成的自我批判机制，这是促进企业不断发展和提升实力的关键。

3. 开放与合作精神

（1）对外开放合作。在倡导自主创新的大环境下，华为不坚持一味地自主创新，而主张开放和合作。华为认为自主就是封闭自守，是落后的表现。因此，华为在长期的创新过程中专注于自身优势业务，而在非优势业务中则通过开放和合作来取得进展，从而提升了整体实力。华为自创业之初便走向国际市场，与国外先进公司展开合作，以此来弥补自身的不足。华为在印度、瑞典、美国、芬兰等地建立了研发中心和联合创新中心，与3Com、西门子、赛门铁克、Global Marine等公司建立了合资企业。通过持续的开放和合作，华为成功弥补了自身的非优势业务，提升了自身的业务能力和实力，同时也拓展了海外市场，降低了海外市场的准入门槛。华为通过开放和合作，成功学习到国外先进的技术和管理经验。华为通过引进、消化、吸收，逐渐实现创新，并实现从模仿、跟跑到领跑的跨越。

（2）内部团结合作。在华为创业的初期，就有了"胜则举杯同庆，败则拼死相救"的"狼性精神"，这种精神对于华为的初期发展至关重要。华为早期的"狼文化"包含三个方面：敏锐的嗅觉、强烈的攻击性以及团队意识。这种文化促使华为人在早期困境中相互扶持、团结一致，一次又一次地渡过难关。然而，随着华为不断发展，"狼文化"逐渐被"狼狈计划"所替代。2016年，任正非在华为内部首次提出了"狼狈合作"，他认为华为的"狼性精神"并不适用于所有的部门和系统，只有研发和市场系统才能够发挥出来。通过"狼狈合作"形成"狼狈之势"，对华为的"狼性精神"进行了补充。无论是"狼文化""狼性精神"还是"狼狈计划"，它们都是华为内部团结合作的写照。企业如果没有内部团结合作，就很难在激烈的市场竞争中生存下去。华为通过团结与合作，成功地化解了多次危机，一步步做大做强，成为一家世界知名企业。

4. 以客户需求为导向

客户需求是企业发展的命脉，是创新之本。华为之所以能够成功，是因为它有着以客户需求为导向的创新理念，不断推动有价值的创新。在华为创立初期，它是一家技术导向型企业，依靠生产交换机等产品进入通信技术行业。但随着市场和客户需求的变化，华为转变为以客户需求为导向的企业，建立了以客户为中心的核心价值观，形成了以客户为中心的企业文化。任正非强调，为客户服务是华为存在的唯一理由，客户需求是华为创新的源泉。只有牢牢把握客户需求，以客户需求为导向，才能在市场竞争中生存。因此，华为倡导有价值的创新，反对盲目创新，反对为创新而创新，推动以客户需求为导向的创新。

5. 知本主义

华为创办之初正值中国实行改革开放，这个特殊的时期孕育了华为独有的"知本主义"。因为华为意识到知识对高科技企业的重要作用，认识到与知名企业之间的巨大差距。因此，华为要求实事求是，不断推进理论和机制创新，探索出适合长期发展的人才和动力机制。华为的"知本主义"包含了按劳分配、按资分配和按知分配的特点。核心理念是将知识作为参与企业生产经营和分配的核心要素，让"知本家"通过自身知识的贡献获得收益，与"资本家"一样。华为的"知本主义"不仅是为了满足新时代企业对人才的需求，也是知识资本化发展的一种新形式。它吸引了大量的知识型人才，他们的加入进一步推动了企业的生产和管理创新，以知识和人才为本，将知识转化为资本，尊重知识和人才，使得华为在优秀人才的支撑下不断发展壮大。

资料来源：李焕宝，李烨. 华为独具特色的企业创新文化[J]. 生产力研究，2021(1)：137-140.

本章小结

崇尚创新的组织文化被称之为创新文化，对于创新的有效展开具有关键作用。本章首先介绍组织文化，包括其概念、结构以及内容，接着介绍谢泼德的竞争价值模型和丹尼森的组织文化模型，最后对组织创新文化的内涵、特征与构成进行阐述说明。

组织文化是组织在长时间发展过程中逐渐形成的共同信念和人生信念，一般可分为人工成分、信奉的信念和价值观、潜在的基本假设这三个层次，前者为可视部分，后两者为不可视部分。组织文化的内容主要包括组织价值观、组织精神、伦理规范等方面。

谢泼德的价值竞争模型采用"机械化－有机化"和"内部维护－外部定位"这两个维度定义了四种文化类型，具体为市场文化、灵活文化、团队文化和层级文化。丹尼森的组织文化模型关注组织文化的四个关键特征，即参与性、一致性、适应性以及使命，它们与组织有效性紧密相关。

组织创新文化是组织文化的一种特殊类型，能够激发和促进组织内创新思想、创新行为、创新活动的产生，有利于创新实施的一种组织内在精神和外在表现相统一的综合体。一般具有鼓励冒险、容忍失败、扁平化结构、资源支持、知识共享这几个特征。许多学者对组织文化中所包含的促进创新的因素和相应的组织规范进行了探讨。

思考题

1. 组织氛围和组织文化有什么异同点与联系？
2. 组织文化的结构和内容是什么？
3. 丹尼森的组织文化模型的核心内涵是什么？
4. 组织创新文化包括哪些维度？
5. 哪些文化要素和组织规范可以激励创新？

参考文献

[1] 沙因.组织文化与领导：第4版[M].章凯，罗文豪，朱超威，等译.北京：中国人民大学出版社，2014.

[2] 迪尔，肯尼迪.企业文化：企业生活中的礼仪与仪式[M].李原，孙健敏，译.北京：中国人民大学出版社，2008.

[3] 科特，赫斯克特.企业文化与经营业绩[M].李晓涛，译.北京：中国人民大学出版社，2004.

[4] 罗宾斯.组织行为学：第10版[M].孙健敏，李原，译.北京：中国人民大学出版社，2005.

[5] 陈劲，郑刚.创新管理：赢得持续竞争优势[M].2版.北京：北京大学出版社，2013.

[6] 阿曼德，谢泼德.创新管理：情境、战略、系统和流程[M].陈劲，译.北京：北京大学出版社，2014.

[7] QUINN R E, ROHRBAUGH J. A spatial model of effectiveness criteria: towards a competing values approach to organizational analysis[J]. Management science, 1983, 29(3): 363-377.

[8] DESHPANDÉ R, FARLEY J U, WEBSTER JR F E. Corporate culture, customer orientation, and innovativeness in Japanese firms: a quadrad analysis[J]. Journal of marketing, 1993, 57(1): 23-37.

[9] DENISON D R, MISHRA A K. Toward a theory of organizational culture and

effectiveness[J]. Organization science, 1995, 6(2): 204-223.

[10] DENISON D R. Bringing corporate culture to the bottom line[J]. Organizational dynamics, 1984, 13(2): 5-22.

延伸阅读

中国组织文化的几种模式

在自然界中，各种物种的行为习惯都是在长期的生存环境中形成的。因为"物竞天择"的规律，只有具备竞争力的物种才能生存下去。《2007：中国企业长青文化研究报告》是一份展现中国企业文化的研究报告，很多企业有着许多与"丛林法则"和"图腾文化"有关的特点。该报告选出了34家中国优秀企业，根据它们的公司氛围、领导人、管理重心、价值取向这四个方面的文化特征，类比动物界生灵的运动特性而呈现出了四种具有自然崇拜的企业文化："象文化""狼文化""鹰文化""羚羊文化"。这个"动物世界"展现了不同的文化气质。"象文化"代表人本型企业文化，"狼文化"代表活力型企业文化，"鹰文化"代表市场型企业文化，"羚羊文化"代表稳健型企业文化。

1. "象文化"：尊重、友好——人本型

中国企业中的"象文化"呈现出以下特点：企业的工作环境友好，领导者的形象宛如导师，管理注重"以人为本"，企业的成功体现了对人力资源的充分重视和开发。报告列举了10家代表这类企业文化的企业，它们分别是万科、青啤、长虹、海信、远东、雅戈尔、红塔集团、格兰仕、三九医药和波司登。

2. "狼文化"：强者、冒险——活力型

狼群本质上具有强烈的危机感，它们具备敏捷性和攻击性，注重团队协作和持久战斗，这正是"狼性精神"的核心所在。根据报告，具有"狼文化"特质的企业充满活力，拥有充满创造力的工作环境；领导者往往扮演着革新者和敢于冒险者的形象；企业最看重的是在行业中的领先地位；而企业的成功则在于获得独特的产品和服务。华为、国美电器、格力、娃哈哈、李宁、比亚迪、复星和吉利都是中国企业"狼文化"的典型代表。

3. "鹰文化"：目标、绩效——市场型

"鹰文化"的企业氛围是以结果为导向，领导者扮演着推动者和出奇制胜的竞争者的形象，企业依靠胜出来凝聚员工，而企业的成功则意味着拥有高市场份额和领先地位。联想、伊利、TCL、平安保险、光明乳业、春兰集团、喜之郎、小天鹅、雨润和思念等公司都是这类企业的代表。

4. "羚羊文化"：温和、敏捷——稳健型

羚羊的品性展现出温和与敏捷并存的特点，它能够快速反应却又稳健不失控制。这种文化的代表企业包括海尔、中兴、苏宁、美的、汇源和燕啤等公司。这类企业的最大特征是追求稳健发展，因此工作环境规范，企业通过规则来凝聚员工，强调运营的有效性和稳定性。企业的成功依赖于可靠的服务、良好的运作和低成本。

当然，并非一家企业只属于一种文化类型，同时，每家企业都梦想着长盛不衰。然而，企业最为突出的文化特征对于其生存和发展具有至关重要的影响。而那些持续成长的公司，虽然在应对外部变化时会不断调整其战略和运营，但是核心理念却相对稳定。企业文化、战略和市场结局是相互依存、相互影响的。

资料来源：新华信. 中国企业文化的"动物性格"[J]. 企业文化，2008（5）：29-32.

自测练习

扫码查看练习
题及参考答案

第 11 章　组织创新变革的基本原理

■ 本章要点

1. 了解组织创新变革的动因。
2. 掌握组织创新变革的类型、内容与策略。
3. 概括三步骤变革模型。
4. 理解有计划的组织变革模型。
5. 理解组织变革中意义建构和意义赋予的重要作用。

■ 引导案例

阿里巴巴集团启动"1+6+N"组织变革

　　2023 年 3 月 28 日,阿里巴巴集团董事会主席兼首席执行官张勇发布全员信《唯有自我变革,才能开创未来》,启动新一轮公司治理变革。

　　根据方案,在阿里巴巴集团之下,将设立阿里云智能、淘宝天猫商业、本地生活、菜鸟、国际数字商业、大文娱等六大业务集团和多家业务公司。业务集团和业务公司将分别成立董事会,实行各业务集团和业务公司董事会领导下的 CEO 负责制,阿里巴巴集团则将全面实行控股公司管理。

　　信中,张勇希望每一位阿里人回归创业者状态再出发,"不拥抱变化就会变得僵化,不改变自身就会被时代打败"。

　　根据全员信,张勇在担任阿里巴巴集团董事长兼 CEO 的同时,兼任阿里云智能集团 CEO;戴珊任淘宝天猫商业集团 CEO;俞永福任本地生活集团 CEO;万霖继续担任菜鸟集团 CEO;蒋凡任国际数字商业集团 CEO;樊路远任大文娱集团 CEO。其他公司也将独立经营管理。

本次组织治理变革由张勇发起，已分别经集团合伙人与董事会一致通过。这轮变革从集团顶层入手，重新定义和构造阿里巴巴集团与各业务的治理关系，被认为是"阿里巴巴24年来最重要的一次组织变革"。

在全员信中，张勇表示，"解决生产力的发展和创造不同，首先必须从生产关系的变革入手"。这也是阿里巴巴组织变革一直以来的出发点。2015年，阿里巴巴推动"中台战略"，一度成为互联网科技行业公司治理标杆；2020年，张勇推动经营责任制改革，又以四大板块分立实现阿里巴巴多元化治理，成立多家独立经营的环路公司。

从阿里巴巴发展历程来看，组织的深度调整在不断激发重大技术和业务创新。比如，2011年"一个淘宝"变为"三个淘宝"，长出了天猫。

此次变化的一个关键动作是，各业务集团分别成立董事会，实行董事会领导下的CEO负责制，阿里巴巴集团则全面实现控股公司管理。对各业务而言，治理架构独立意味着直面市场洗礼，与之对应的是创新激励的可能性。在全员信中，张勇称，"市场是最好的试金石，未来，具备条件的业务集团和公司，都将有独立融资和上市的可能性"。

目前，阿里旗下阿里云、菜鸟等多个业务已是市场头部企业，盒马、平头哥等业务融资上市传闻不断。对六大业务集团和业务公司而言，全面独立经营有利于市场更好地价值称重，"让员工真正走向为自己的业务而战"。

近两年，张勇在内外部多次强调，敏捷组织是实现多业务多业态超大型企业高效治理的路径。此次形成"1+6+N"的组织架构，是敏捷组织理念进一步深化的自然结果，意味着阿里巴巴走向组织治理的全新阶段。

同时，阿里巴巴集团的职能部门也将迎来有序变化。根据全员信，集团中后台将全面做轻、做薄，这意味着阿里巴巴从2015年以来建立的"大中台"能力会逐步被更强有力的前台吸收，以更敏捷的方式服务更多元化的发展需要。

资料来源：福布斯中国网站，"阿里迎24年来最重要的组织变革！CEO张勇发内部信"，https://www.forbeschina.com/business/63640，2023-03-28.

思考题

1. 阿里巴巴集团启动"1+6+N"组织变革的背景是什么？
2. "1+6+N"组织变革具有哪些重要意义？可能带来哪些创新？

11.1　组织创新变革的动因

任何一个组织都面临着复杂多变的内外部环境，为了生存和发展，组织需要根据环境的变化不断地进行调整。组织创新变革就是组织根据外部环境的变化和内部情况的变动，对其组成要素（如组织的管理理念、工作方式、组织结构、人员配备、组织文化及技术等）进行调整、改变和创新，以适应生存发展需要和更好地实现组织目标的过程。推动创新变革的因素可以分为外部环境因素和内部环境因素两个部分。⊖

⊖ 陈爱国，肖培耻. 管理学基础 [M]. 上海：上海财经大学出版社，2014.

11.1.1 外部环境因素

为了应对组织外部环境的变化，组织需要进行创新，改变自身现状。从外部环境的角度来看，管理者需要对组织进行创新和变革，重新安排各种资源，以充分利用外部机会，避免外部威胁或减少这些威胁对组织造成的影响。推动组织创新变革的外部环境因素包括：宏观社会经济环境的变化、科技进步的影响、资源变化的影响、竞争观念的改变等。

1. 宏观社会经济环境的变化

政治、经济政策的调整、经济体制的改变以及市场需求的变化等外部因素，都会对组织内部产生深刻的影响和变化。在政治方面，政策的调整可能会直接或间接地影响到组织的经营环境和经济利益。经济政策的调整会直接影响到组织的经济效益和竞争优势，从而推动组织内部进行调整和变革。随着经济体制的改变和市场需求的变化，组织需要不断地适应市场的变化，发展新产品、新技术和新的业务模式。组织内部也需要不断地进行创新和变革，以适应外部环境的变化。组织的管理者需要不断地评估和调整组织的结构、战略和业务流程，以确保组织能够保持竞争优势和创新能力。

2. 科技进步的影响

在知识经济社会中，科技进步的影响越来越重要。随着科技的发展，新产品、新工艺、新技术、新方法层出不穷，这些新的科技成果的涌现不仅为组织提供了更多的机会和挑战，也给组织的运行机制带来了深刻的影响。例如，随着数字化和智能化的发展，组织需要不断地改变和创新自身的业务模式、流程和服务方式，以适应市场和客户的需求。同时，新技术的出现也会使一些传统产业受到冲击，组织需要不断地进行技术更新和转型升级。此外，科技进步还会对组织文化、组织架构和管理方式等方面产生深刻的影响，组织需要不断地进行创新和变革，以保持竞争优势和适应市场变化。因此，组织需要高度关注科技进步的趋势和变化，积极采取措施以应对科技发展带来的挑战和机遇。

3. 资源变化的影响

环境资源对组织的发展具有重要的支持作用，如原材料、资金、能源、人力资源和专利使用权等。这些环境资源不仅是组织能否顺利运营的基础，更是组织能否实现长期发展的重要条件。然而，过度依赖环境资源也会带来风险和挑战。一方面，环境资源的不稳定性和变化性使组织需要及时调整自身的发展策略和资源配置，以适应变化的环境需求。另一方面，过度依赖环境资源也会使组织陷入资源过度集中、资源利用效率低下、资源安全风险高等问题。因此，组织需要通过技术创新、管理创新等手段，不断提高自身的资源利用效率，探索多样化的资源来源和利用方式，以保持自身的发展和竞争优势。同时，组织还应关注资源的可持续性和环境保护，积极推进绿色发展，以实现组织的社会责任。

4. 竞争观念的改变

随着全球化市场竞争的不断升级，竞争方式的多样化已成为一种趋势。组织需要适应这种趋势，才能在未来的竞争中立于不败之地。在竞争观念上，组织需要不断探索和实践，以适应市场的变化和顺应客户需求。竞争观念的调整包括对市场趋势的深入了解、对消费者需求的全面掌握以及对竞争对手策略的细致研究。此外，组织还需要注重创新，积极探索新的竞争方式，提升自身在市场中的竞争力和影响力。这包括了从产品设计、生产流程、营销策略到服务模式等方方面面的创新和变革。同时，组织还需要建立和完善自己的知识管理体系，积极推进员工技能培养和知识更新，不断提高自身的创新能力和核心竞争力。只有这样，组织才能在全球化市场竞争中抢占先机，实现自身的可持续发展。

11.1.2　内部环境因素

从组织内部来看，促使组织创新变革的因素主要包括：组织机构适时调整的要求、保障信息畅通的要求、克服组织低效率的要求、快速决策的要求、提高组织整体管理水平的要求等。

1. 组织机构适时调整的要求

组织机构的设置必须紧密配合组织的战略目标，以确保组织在不同阶段的发展中能够有效地实现目标。如果环境发生了变化，组织必须及时调整机构，以适应新的环境要求。在组织机构调整的过程中，新的组织职能必须得到充分的保障和展示，以确保组织能够顺利地实现其战略目标。

2. 保障信息畅通的要求

随着外部不确定性因素的增加，组织面临的风险和机遇也随之增多，决策对信息的依赖性也随之增强。为了更好地适应这种变化，组织必须通过变革来保障信息沟通渠道的畅通，以提高决策的效率。这意味着组织需要投入更多的资源和精力来建立更加高效的信息沟通系统，确保信息的真实性、及时性和准确性，同时加强信息共享和协作，提高组织对复杂环境的适应能力。

3. 克服组织低效率的要求

组织长期保持一成不变的运营方式，很容易导致效率的下降，从而对组织的可持续发展构成威胁。这种非效率现象可能由多种因素引起，比如机构重叠、职责不明、决策滞后、沟通不畅等。同时，如果组织中存在过多的闲置资源，或者存在人员素质、技术水平等方面的短板，也会影响组织的整体效率。因此，组织必须及时变革，去除存在的问题和障碍，提高资源利用效率，确保组织能够在变化的环境中保持竞争力。只有持续的创新和变革才能让组织不断进化，不断适应新的挑战和机遇。

4. 快速决策的要求

如果组织的决策速度太慢，就有可能错失时机或者在执行过程中出现偏差。为了提高决策效率，组织需要通过变革来优化决策的各个环节，以确保决策所依据的信息真实、完整并能够及时获得。除了对决策过程本身进行优化，组织还应该注重建立一个快速反应机制，以应对外部环境的变化和突发事件，从而使组织的决策能够更加敏捷和精准。

5. 提高组织整体管理水平的要求

组织管理水平的高低对于竞争力来说至关重要。在组织成长的过程中，会不断出现新的发展矛盾。为了达成新的战略目标，组织必须全面提升人员素质、技术水平、价值观念和人际关系等方面的能力。这需要组织进行变革，包括但不限于加强培训、激励员工、优化绩效考核、促进团队协作等措施。通过这些变革，组织能够更好地适应变化的市场环境，提高绩效和竞争力。

11.2 组织创新变革的类型和内容

11.2.1 组织创新变革的类型

组织创新变革根据不同的分类方法可以划分为不同的类型，[1]具体如表 11-1 所示。

表 11-1 组织创新变革的类型

划分依据	变革的类型
创新变革的范围	封闭的创新变革、有范围的创新变革、无限的创新变革
创新变革的性质	战略性创新变革、结构性创新变革、流程主导性创新变革、以人为中心的创新变革
创新变革的速度和程度	激进式创新变革、渐进式创新变革
领导者控制的程度	主动的创新变革、被动的创新变革

资料来源：作者根据相关资料整理而成。

1. 按创新变革的范围划分

根据创新变革的范围，可以将组织创新变革分为三种类型：封闭的创新变革、有范围的创新变革和无限的创新变革。三种类型各有特点，对于封闭的创新变革，发生的变化、变化的原因、需要做的事都是确定的；对于有范围的创新变革，发生的变化、变化的原因、需要做的事情是适当确定的；而对于无限的创新变革，发生的变化、变化的原因、需要做的事情都是不确定的。例如，唱片销售商明确了其客户群体，并知道哪些产品能够畅销（封闭的）；然而，当唱片销售商需要预测市场变化和客户未来需求时，就需要进行各种调查和分析（有范围的）；而如果唱片销售商需要进行兼并或向娱乐业拓展，就必须面对无法预测的变革（无限的）。

2. 按创新变革的性质划分

根据创新变革的性质，可以将组织创新变革分为战略性创新变革、结构性创新变革、流程主导性创新变革和以人为中心的创新变革四种类型。其中，战略性创新

---

[1] 马作宽. 组织变革 [M]. 北京：中国经济出版社，2009.

变革是指组织对长期发展战略或使命所做出的创新和变革，旨在应对市场、技术、竞争等方面的挑战，使组织更具竞争力和适应性。结构性创新变革则是指组织为适应环境变化而对其结构进行调整，以保持其运转的高效性和可持续性。流程主导性创新变革强调以业务流程为导向，将现代信息技术和管理方法运用到业务流程的重新构造中，以提高组织的生产力和效率。而以人为中心的创新变革则是通过对员工的培训、教育等引导，使其在观念、态度和行为方面与组织达成一致，从而提高员工的绩效和组织的文化价值。

3. 按创新变革的速度和程度划分

根据创新变革的速度和程度，组织创新变革可分为两种类型：激进式创新变革和渐进式创新变革。激进式创新变革是一种快速彻底的变革方式，旨在迅速推动组织实现目标。该变革方式需要组织进行大规模的全面调整，可能会带来一定的风险和不确定性。与之相反，渐进式创新变革是一种渐进的变革方式，通过小步快走的方式，逐渐推进组织的变革。它主要关注对组织的局部调整和改进，可以减少风险和不确定性，更容易被组织成员接受和适应。同时，渐进式创新变革也更加适用于那些需要时间和积累的领域，比如组织文化、员工行为等。

4. 按领导者控制的程度划分

按照领导者控制的程度，组织创新变革可分为主动的创新变革和被动的创新变革。主动的创新变革是有计划地进行变革，管理者通过对环境变化的洞察和对未来发展趋势的预判，有计划地制订出对组织进行创新和变革的方案，并逐步实施以实现长远发展目标。主动的创新变革强调领导者的主动性和策略性，追求变革的掌控和主导。被动的创新变革则是指管理者在环境变化时缺乏长远考虑，只能被动地做出对组织进行创新和变革的决策。被动的创新变革通常在压力下做出，缺乏策略性，容易出现决策失误。与主动的创新变革相比，被动的创新变革的掌控度更低，决策时间更紧迫，变革效果也更难以保证。

11.2.2 组织创新变革的内容

组织创新变革涉及多个要素，包括变革对象、变革资源、变革目标、变革主体、变革战略、变革行动。首先，变革对象是组织中需要改善或解决的现存问题，可能涉及组织结构、业务流程、人员管理等方面。其次，变革资源是组织变革所需要的动力和支持，包括各种资源条件，如人力、财力、技术等。在变革过程中，这些资源的充分调动和合理利用对变革的成功至关重要。同时，变革目标与任务通常与组织的战略和使命密切相关，旨在提高组织的竞争力和创造力，满足外部和内部环境的变化和要求。变革主体则是推动组织变革的人员和力量，需要具备一定的知识和技能。变革战略由领导者和管理者制定，根据变革目标和资源情况，确定变革的路径和步骤，以及变革的时间和进度。最后，变革行动是组织变革的具体措施，包括组织结构的调整、流程的改进、人员的培训等，这些措施是组织变革的具体实践和执行过程。

组织创新变革的内容包括：对结构的创新变革、对技术与任务的创新变革、对人员的创新变革，如图 11-1 所示。

图 11-1　组织创新变革的内容

1. 对结构的创新变革

结构的创新变革是对组织的构成要素、整体布局和运作方式所做的较大调整。结构的创新变革涉及的内容主要有：权力重新分配、结构再设计、工作再设计、绩效评估和奖励制度的改变、控制系统的改变。权力重新分配需要考虑到不同职能部门之间的协作和权力下放授权等问题，以实现高效、灵活的管理。结构再设计需要考虑到组织内各职能部门之间的关系、层级结构、流程优化和信息沟通等问题，以实现更高效、精简的组织结构。工作再设计需要考虑到工作流程的效率和员工的技能水平，以实现更加高效、有针对性的工作流程。绩效评估和奖励制度的改变需要考虑到绩效评估的科学性和奖励机制的适当性与有效性，以激发员工的积极性，提高整体绩效水平。控制系统的改变需要考虑到组织内部控制机制能否适应外部环境和组织内部变化的需要，以提高组织内部控制效率和控制质量，确保组织的合规性和稳健性。

2. 对技术与任务的创新变革

任务与技术的创新变革通常意味着重新设计组织的各个部门和层次的工作任务，改进旧有的工作流程，升级企业的生产设备，采用新工艺和新方法，进行技术创新和探索，以及实行新的管理技术，例如控制技术和生产进度等。这些举措可以帮助企业提高生产效率和产品质量，从而达到组织创新变革的目标。为此，企业需要在变革前认真规划和执行，确保新技术、新流程和新方法能够顺利地被应用到组织的各个方面，同时注重员工培训和管理，以保证整个变革过程的顺利实施。

3. 对人员的创新变革

人员的创新变革是指员工在态度、技能、期望、认知和行为上的改变，主要包括知识和技能的变革、态度的变革、个人行为的变革和整个群体行为的变革。员工的知识和技能的变革是指他们通过不断学习和实践，更新和提升自己的专业技能和知识水平，以适应工作的需求；态度的变革是指员工对工作和组织的认识和态度的改变，包括对工作的热情和责任心的提升，以及对组织的归属感和忠诚度的增强；个人行为的变革则是指员工在工作中自身行为方式和习惯的改变，包括工作效率和自我管理能力的提升；整个群体行为的变革则是指员工之间相互影响和协作的变化，包括团队协作和文化价值的传递与弘扬。为了适应组织发展的需求，组织需要通过不同的方式来促进员工变革，例如培训、激励、奖惩机制、团队建设、沟通协作等，以提高工作效率和质量。

在进行组织创新变革时，需要注意到这是一个涉及组织各个方面的庞大系统工程，需要制定相应的策略。这些策略主要可以分为三类：变革方针的策略、变革方法的策略和应对阻力的策略。

变革方针的策略主要可以分为积极慎重的和综合治理的两种方针。其中，积极慎重的方针在推进变革过程中非常关键，需要认真进行调查研究，全面宣传，积极有序地推行变革措施。而综合治理的方针则强调变革工作与其他工作的协调配合，从而形成有力的整体推进效果。在变革过程中，这两种方针可以相互结合，形成更为完整、科学、可行的变革方案。同时，我们还需要不断总结经验教训，逐步完善变革策略，实现变革工作的高效、可持续发展。

在变革过程中，有不同的方法策略可供选择，包括改良式的变革、爆破式的变革和计划式的变革。改良式的变革相对较为温和，主要是在原有组织结构的基础上进行局部修补，对组织的影响较小。而爆破式的变革则是一种较为激进的变革方式，往往会涉及企业组织结构的重大调整，甚至根本性质的变化。这种变革的周期较短，但也具有风险较高的特点。相比之下，计划式的变革是一种更加系统和有条理的变革方式，通过对企业组织结构进行深入研究和分析，制订出科学、合理的变革方案，并结合不同时期的重点，有序、有计划地实施变革。这种方式通常需要较长时间的持续努力，但也更加稳健和可持续。在选择变革方法的策略时，应根据企业的具体情况、内外部环境和变革目标等因素进行综合考虑，并在实施过程中不断总结经验、修正方案，以确保变革工作的成功实施。

关于应对阻力的策略，将在第 12 章中进行详细阐述。

11.3　组织创新变革的理论模型

11.3.1　三步骤变革模型

库尔特·勒温是计划变革理论的奠基人，他提出成功的变革过程需要经过解冻（unfreeze）、变革（change）和再冻结（refreeze）三个步骤（Kurt Lewin，1951），如图 11-2 所示。其中，解冻是指打破组织原有的平衡状态，让组织认识到需要进行变革的必要性，同时也是组织成员对变革的情绪和态度的调整过程。变革是针对组织的问题进行改变和创新，包括组织结构、工作流程、文化氛围等方面的调整，以实现组织的目标。而再冻结则是指在组织变革完成后，巩固新的组织形态，使其成为组织新的平衡状态。

图 11-2　三步骤变革模型

埃德加·沙因（1987）认为勒温提出的三步骤是交叠的，且实际过程比解冻、变革、再冻结这三个步骤更加复杂。他在坚持这三个步骤的同时，对每一步进行了拓展和详述。第一个步骤是解冻，目的是打破现有的惯性状态，为变革创造条件和动力。制造危机、引入焦虑和创造心理安全是三种常见的解冻组织的方法。其中，制造危机是一种激发组织成员紧迫感的有效方式，例如向组织成员提供外部环境威胁企业生存或客户基础受到侵蚀的信息。面对现状和期望之间的差距，成员会产生一定的焦虑，从而促进他们采取更好的行动。此外，为了让组织成员在支持变革的同时，感到心理上的安全和有价值，需要采取措施消除他们的担忧和恐惧，使他们更加投入到变革的实施中。第二个步骤是变革，目的是推进组织成员的认知重组和行动转变，使他们能够向新的目标和方向迈进。例如，改革工作流程、改进信息系统等都是变革的重要方向。沙因认为，组织成员需要看到与以往不同的事物，才会产生不同的行动，从而支持变革的实施。第三个步骤是再冻结，目的是固化新的行为，使变革不断持续并得到巩固。例如，新的责任安排、新的绩效评估方法、新的激励制度等方面的实施都是再冻结的重要内容。根据沙因的观点，这个步骤涉及个体的和个体间的再冻结，以确保变革的成功实施和持续推进。

案例 11-1 | 勒温的三步骤变革模型在安全元件公司的应用

安全元件公司以前是银行的供应商，现在希望成为一家更专业的电子元件制造商，它将目标客户扩展到电信工业。虽然公司在这方面已经取得了一定的进展，但内部业绩并不理想，生产线上存在很高的废品率，且承诺的交货日期无法得到履行。

为了改善公司的业绩，CEO决定进行变革。他成立了一个变革小组，并引入了一个有变革管理经验的职业经理尼尔担任组长，负责管理变革。尼尔针对安全元件公司的情况，决定采用勒温的三步骤变革模型进行变革。

第一步，尼尔领导变革小组深入安全元件公司的生产现场进行调查，重点关注员工的态度和行为，并对其进行引导和纠正。同时，他还加大了对员工的培训力度，让员工了解变革的紧迫性。尼尔还要求财务部门将安全元件公司的经营指标、业绩水平与竞争对手进行比较，找出差距，并帮助员工改变现有的态度和行为，让员工自发地接受新的工作模式。此外，尼尔还会定期与各部门的负责人进行谈话，以减少他们对变革的心理障碍，提高变革成功的信心。在成功"解冻"员工的旧观念之后，尼尔开始进行下一步。

第二步，尼尔向员工明确宣布公司未来变革的方向，并开始实施变革。为了激发员工的积极性，变革小组的成员以身作则，带头打破旧的思维模式，为员工树立榜样。同时，尼尔聘请管理咨询专家定期在公司开设专题讲座，不定期将员工送往培训机构接受短期培训，帮助员工适应新的组织环境。通过上述措施，安全元件公司的员工逐渐开始接受并投入到变革过程中，尼尔领导的组织变革初步取得成功。

第三步，虽然取得了初步的变革胜利，但是尼尔并没有着急继续推进变革。相反，他利用各种激励手段来鼓励员工巩固新的态度与行为，这个过程大约持续了两年。在这段时间，尼尔不断鼓励员工，使新的行为习惯成为他们的自然反应。这些努力使安全元件公司的变革取得了稳定的成果。

资料来源：马作宽.组织变革[M].北京：中国经济出版社，2009.

11.3.2 系统变革模型

系统变革模型是一个用于解释变革过程的模型,它描述了各个子系统间相互作用、相互影响的关系。这个模型包括三个部分:输入、变革元素和输出,如图 11-3 所示。

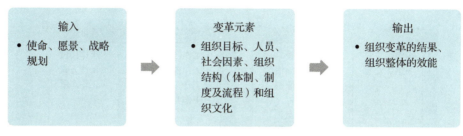

图 11-3　系统变革模型

资料来源:李伟,张文慧,王淑红.组织行为学[M].武汉:武汉大学出版社,2012.

(1)输入。输入部分包括内部的优势与劣势和外部的机会与威胁。基本结构是组织的使命、愿景和战略规划。其中,使命是描述组织存在的理由,愿景展示组织所追求的长远目标,战略规划是为实现组织愿景而制订的有计划变革的行动方案。

(2)变革元素。变革元素是指各种可以影响组织变革的要素,包括组织目标、人员、社会因素、组织结构(体制、制度及流程)和组织文化。这些元素之间相互作用、相互影响,组织通过组合相应的变革元素,从而实现变革的目标。

(3)输出。输出是指组织变革的结果,可以从组织、部门、个体三个层面来增强组织整体的效能。例如,组织的整体效率、部门的协调性、个体的素质等,都是组织变革的输出结果。

因此,通过系统变革模型,可以更好地理解组织变革的过程和成果,为组织创新和变革提供理论支持。

11.3.3 有计划的组织变革模型

波拉斯和西尔弗斯(Porras 和 Silvers,1991)在评论组织发展和变革的相关文献时提到,使组织对外部变化的反应更加迅速的、有计划的变革,应该由普遍被接受的和统一的组织与组织变革理论来指导,目前两者皆不存在。在此背景下,波拉斯和西尔弗斯提出了一个关于组织变革的模型,描述了一个有计划的组织变革的发生过程,如图 11-4 所示。有计划的组织变革模型主要由五个可识别的、相互关联的部分组成:变革干预、组织目标变量、个体认知变革、个体行为变革、组织成果。

计划的变革干预可以分为两大类:组织发展(organization development)和组织转变(organization transformation)。组织发展被定义为:①一套行为科学的理论、价值观、战略和技术;②针对组织工作环境的计划变革;③目的是在个体组织成员中产生认知变革(α,β,$\gamma(A)$),从而导致行为变革;④在组织的能力和当前的环境需求之间建立更好的匹配;⑤促进变革以帮助组织更好地适应未来环境。组织转变被定义为:①一套行为科学的理论、价值观、战略和技术;②针对组织愿景和工作环境的计划变革;③目的是在个体组织成员中产生认知变革(α,β,$\gamma(A)$,$\gamma(B)$),从而导致行为变革;④促进范式变革,以帮助组织更好地适应或创建理想的未来环境。

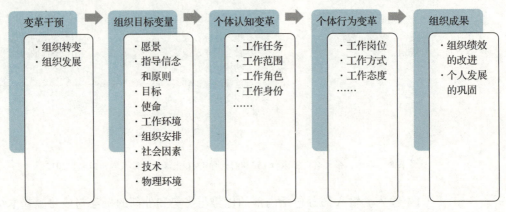

图 11-4 有计划的组织变革模型

资料来源:PORRAS J I, SILVERS R C. Organization development and transformation[J]. Annual review of psychology, 1991, 42(1): 51-78.

计划的变革干预主要影响两类组织变量:组织愿景和工作环境,这两者共同组成内部组织环境。组织愿景包括三个主要因素:①组织的指导信念和原则;②源自这些信念的组织目标;③与组织目标一致的组织使命,同时推动组织实现目标。组织的工作环境被细分为四个维度:①组织安排,如目标、战略、正式结构、管理政策和程序等;②社会因素,如文化、互动过程、社交模式和网络等;③技术,如工具设备和机械、专业知识、工作设计等;④物理环境,如空间配置、内部设计、周围环境等。

有计划的组织变革活动会导致个体认知变革,在此模型中,个体认知变革划分为四类:α 变革、β 变革、$\gamma(A)$ 变革、$\gamma(B)$ 变革。α 变革:在不改变变量配置的情况下,在一个范式中变量感知水平的改变(例如,感知技能的提高)。β 变革:在不改变变量配置的情况下,人们对现有范式中任何变量值的含义的看法的改变(例如,标准的改变)。$\gamma(A)$ 变革:在不增加新变量的情况下,现有范式中配置的改变(例如,将"生产驱动"范式的核心价值观从"成本控制"转变为"全面质量关注",这将导致在此范式中所有变量的重新配置)。$\gamma(B)$ 变革:用包含部分或全部新变量的另一个范式替代此范式(例如,用"客户响应"范式替代"生产驱动"范式)。每一种认知变革都会导致相应的行为变革,个人行为变革的水平和深度与个人认知变革相对应。例如,标准的改变会导致行为的改变,以满足这些新的标准。再如,从"生产驱动"范式到"客户响应"范式的转变改变了现有行为,创造了新的行为,给个体员工一种全新的方式来看待他们的工作。

模型中主要包含两种组织成果:组织绩效和个人发展。组织绩效通过生产率、盈利能力、效率、有效性、质量等来衡量。个人发展是当个体改变世界观，扩展行为体系和（或）提高他们的技能和能力时的自我实现。整个过程采取自上向下（top-down）的方式，从改变组织愿景、目标及环境的干预开始，通过认知变革最终产生行为变革，并导致组织绩效的改进和个人发展的巩固。这一理论的基础假设是认知决定行为（Porras 和 Robertson，1992），员工行为的变化是受到他们对周围环境变化的认知改变所引起的。

然而，事实上组织变革却不是如此发生，波拉斯的理论和模型中出现了两个主要的问题。第一是线性问题，在波拉斯的变革模型中，组织变革的整个过程是相对简单和线性的。首先进行组织转变干预或组织发展干预，即干预组织的愿景、目的、使命或组织工作环境的某些方面。其次，变革干预影响个体的认知，包括工作任务、工作范围、工作角色、工作身份等。再次，个体的认知对个体的行为产生影响，比如工作岗位、工作方式、工作态度等发生改变。最后产生组织成果，组织绩效得以改进，个人发展得以巩固。然而现实中，变革并不是简单的线性过程。正如韦克和奎因（Weick 和 Quinn，1999）提到，变革并不是各个阶段的一系列线性运动而是一个在进入维持和终止阶段之前规划、行动再恢复原状，然后继续地规划、行动再恢复原状的螺旋模式。

第二是认知与行为的逻辑顺序问题，行为发生在思考和相关的认知概念之前。现有研究中存在许多证据支持行为在前、认知在后的逻辑，个体首先行动，然后对行动赋予含义。比如，我们的心理感受（情绪）往往是在行为发生之后产生的（James，1890；Lange，1992；Laird 和 Bresler，1990）；无意识的行为通过事后的因果体验形成人们的情感响应（Wegner 和 Wheatley，1999）。虽然有案例表明有意识地、故意地控制我们行为的能力是有可能的，但存在一定的局限性，因为大多数的心理生活是通过无意识的方式进行的，具有自发性（Bargh 和 Chartrand，1999）。事实上，随着一系列价值观和目标的宣布，组织成员很快开始行动，随着时间的推移，最终会找适当的理由来赋予行动意义。行动变革发生在思维方式变革之前，因此寄希望于通过变革组织愿景、目标从而变革行为的假设与现实相矛盾。认知跟随在行为之后，导致事后的意义建构在组织变革中极为重要（Weick，1995）。

11.3.4 组织变革中的意义建构过程

托马斯等（Thomas et al.，1993）将意义建构定义为搜寻信息、寻找意义和行动的相互作用过程。萨克曼（Sackmann，1991）则认为意义建构是定义组织用于认知、解释、信仰和行动的标准和规则。韦克（Weick，1995）提出了对意义建构的系统解释，即当人们遇到某些变化时，会试图运用已有的经验和知识为这些变化做出合理的解释，并为其贴上标签。在贴标签和与他人讨论的过程中，现象的意义就生成了。人们一边寻找"这是怎么回事"的答案，一边寻找可能的行动。这就是意义建构过程。人们通过意义建构过程了解并诠释周围环境在发生什么并决定如何应对，以消除由于认知障碍所引起的困惑、焦虑和紧张。

韦克（Weick，1995）将意义建构过程归纳为 7 个相关特征。第一，意义建构建立在身份建构的基础上，即形成人们身份的经验影响着人们解释事物的方式。第二，意义建构是不断发展的，它永远不会停止。当出现干扰或冲击时，个体会重新评价当前状态并做出相应行动。第三，意义建构是回顾性的。第四，意义建构是一个社会过程。第五，意义建构是情境依赖的。第六，人们基于各种线索进行意义建构。第七，意义建构具有合理性。韦克等（Weick et al., 2005）认为身份建构和合理性是意义建构过程的中心属性。对于意义建构过程中的其他方面的重要程度则取决于情境因素。

焦亚和齐蒂派蒂（Gioia 和 Chittipeddi, 1991）将战略变革情境下的意义建构描述为"相关团体试图建立一个用来理解准备进行的战略变革的意义框架的过程"。在变革过程中，组织成员（包括 CEO）需要通过一种意义建构的方式或者用一些解释框架和意义系统来理解变革。CEO 需要首先发现内外部环境的意义，并通过所谓的意义建构过程重新修订组织概念。CEO（或高层管理团队）的解释会引出一些抽象的变革愿景，并通过所谓的意义赋予过程传播到各利益相关者和部门。在此过程中，利益相关者会对 CEO 提出的理念进行修改，以适应其必要性或表现形式，这是由利益相关者向 CEO 或高层管理团队进行的意义赋予活动。最终，意义建构和意义赋予的结果是，最初的抽象理念经过多次修订后变得更加清晰，最终得以实现。

因此，战略变革不仅涉及组织结构和程序的变更，还包括对组织认知的重新适应，包括重新定义组织使命和目标，或修正优先战略和目标。组织变革是内外部力量相互作用的结果，涉及组织成员对组织身份的认知以及外部环境之间的互动。战略变革的过程可以看作结构变革和释义变革相互作用的过程。因此，理解组织变革需要理解组织成员的主观意义以及这些意义的变化和一致化过程。在这个过程中，管理者不仅需要沟通新的意义，还需要有意识地破坏既有的组织意义，为变革扫清道路。管理者这种努力被称为"意义解构"。意义解构的目的是形成接受者的"意义空白"，这种状态有利于接受管理者的意义赋予。普拉特（Pratt, 2000）认为，意义破坏的目标是个体的身份认知。曼泰雷等（Mantere et al., 2012）进一步扩展了这一理论，提出战略变革中的意义破坏目标是组织解释框架中的假设和信仰。组织意义破坏是意义赋予概念的补充，类似于变革的解冻环节。

战略变革中的意义建构和意义赋予是相互补充、相互促进的两个过程。意义建构是管理者基于战略变革信息进行的一种自我理解和解释的过程。而意义赋予则是将有关变革的想法与他人进行沟通，以取得支持和影响变革结果的过程。尽管这两个过程在概念上有所区别，但实际上二者的边界是相互渗透的。

本章小结

变革是创新的前提，是推动创新的必要条件。本章首先介绍组织创新变革的内外部动因，其次介绍组织创新变革的类型和内容，最后对组织创新变革的理论模型进行解释说明，包括三步骤变革模型、系统变革模型、有计划的组织变革模型、组织变革中的意义建构过程。

推动创新变革的外部环境因素至少有

四点：宏观社会经济环境的变化、科技进步的影响、资源变化的影响、竞争观念的改变。从组织内部来看，促进创新变革的因素包括组织机构适时调整的要求、保障信息畅通的要求、克服组织低效率的要求、快速决策的要求、提高组织整体管理水平的要求。

创新变革根据创新变革的范围，可以分为封闭的创新变革、有范围的创新变革和无限的创新变革三种类型；根据创新变革的性质，可以分为战略性创新变革、结构性创新变革、流程主导性创新变革和以人为中心的创新变革四种类型；根据创新变革的速度和程度，可以分为激进式创新变革和渐进式创新变革两种类型；根据领导者控制的程度，可以分为主动的创新变革和被动的创新变革两种类型。另外，组织创新变革的内容一般包括对结构的创新变革、对技术与任务的创新变革以及对人员的创新变革。

勒温的三步骤变革模型认为成功的变革过程需要经过解冻、变革、再冻结三个步骤，且这三个步骤是交叠的。系统变革模型将变革过程划分为输入、变革元素、输出三部分，输入强调组织的使命、愿景和战略规划，变革元素指的是组织目标、人员、社会因素、组织结构（体制、制度及流程）、组织文化等可以影响变革的因素，输出侧重组织变革在组织、部门、个体三个层面的结果。波拉斯有计划的组织变革模型提出有计划的组织变革由变革干预、组织目标变量、个体认知变革、个体行为变革、组织成果这五个可识别且相互关联的部分组成。战略变革中的意义建构和意义赋予是相互补充、相互促进的两个过程，管理者基于战略变革信息进行自我理解和解释的过程是意义建构，将有关变革的想法与他人进行沟通，以取得支持和影响变革结果的过程是意义赋予。

思考题

1. 组织创新变革有哪些内外部动因？创新变革的内容是什么？
2. 组织创新变革可以根据哪些原则进行划分？分别包括哪些类型？
3. 战略变革中意义建构与意义赋予的过程是什么？管理者在其中有哪些作用？
4. 勒温的三步骤变革模型提出组织变革包括哪些过程？系统变革模型又包括哪几部分？

参考文献

[1] 伯克. 组织变革：理论和实践 [M]. 燕清联合组织，译. 北京：中国劳动社会保障出版社，2005.

[2] PORRAS J I, SILVERS R C. Organization development and transformation[J]. Annual review of psychology, 1991, 42(1): 51-78.

[3] PORRAS J I, ROBERTSON P J. Organizational development: theory, practice, and research[M].California: Consulting Psychologists Press, 1992.

[4] THOMAS J B, CLARK S M, GIOIA D A. Strategic sensemaking and organizational performance: linkages among scanning, interpretation, action, and outcomes[J]. Academy of management journal, 1993, 36(2): 239-270.

[5] WEICK K E. Sensemaking in organizations [M].California: Sage Publishing, 1995.

[6] WEICK K E, SUTCLIFFE K M, OBSTFELD

D. Organizing and the process of sensemaking[J]. Organization science, 2005, 16(4): 409-421.

[7] GIOIA D A, CHITTIPEDDI K. Sensemaking and sensegiving in strategic change initiation[J]. Strategic management journal, 1991, 12(6): 433-448.

[8] MANTERE S, SCHILDT H A, SILLINCE J A A. Reversal of strategic change[J]. Academy of management journal, 2012, 55(1): 172-196.

[9] WEICK K E, QUINN R E. Organizational change and development[J]. Annual review of psychology, 1999, 50(1): 361-386.

延伸阅读

用讲故事来领导组织变革

用故事把听众带入你的想法中，引导他们主动思考，大家共同领悟变革的必要性以及怎样实施变革。

——《松鼠公司》

斯蒂芬·丹宁所著的《松鼠公司》是一则商业寓言，它以独特的角度阐述了领导艺术和讲故事的魔力。松鼠公司是一个虚构组织，其主营业务是帮助松鼠埋藏坚果。曾经，它在管理模式上被公认为行业典范，赢得了非凡的业绩和辉煌的过去。但一方面由于忘记埋藏坚果位置导致50%的坚果遗失，另一方面由于人类越来越频繁地在公园挖掘泥土，导致坚果大量丢失，松鼠公司的业务不断萎缩，市场份额不断减少。尽管员工仍然努力工作，但销售收入不断下降，公司的生存面临危机。因此，松鼠公司必须进行经营思路变革，将重心从埋藏坚果转向仓储坚果。

我们的很多企业也面临着同样的挑战。时代在改变，市场格局也在改变，以前被誉为管理典范的做法不再适应当前形势。因此，企业必须通过变革经营思路来保持持续发展。然而，根本性地变革曾经取得过辉煌成就的经营思路绝非易事。组织的变革将受到惯性思维、保守势力、既得利益的难以协调与割舍等阻碍。如果只是简单地从外部给所有人群施压，宣布变革开始，一方面，变革力量的积极性不能得到充分调动；另一方面，还会招致部分习惯保守势力的强烈抵触，从而使变革变得特别艰难，甚至难以为继。

在变革过程中，领导者需要掌握领导艺术，而讲故事是一种非常具有吸引力的沟通艺术。讲故事与领导艺术相结合，这与抽象和分析不同，具有合作性，能够使领导者与其他个体一起平等地工作。通过讲故事的沟通艺术，领导者能够让听众自己领悟其中的思想，转变思想是受到领导者故事的引导，但更多的是来自听众自身的感悟，因此更容易被接受和认可。简而言之，领导者需要运用领导艺术来推动变革，而讲故事则是领导者与团队共同工作、自由交流的有力工具。

领导者如何讲故事，以达成变革共识呢？第一，需要明确所需变化；第二，找出真实发生的变化事件；第三，根据听众可能的、最具代表性的反应来讲故事；第四，具体指明故事发生的时间和地点；第五，确保故事包含你想进行的变革思想，或能从故事中推导出你想进行的变革思想；第六，讲述变革思想缺失的后果；第七，引导大家思考实施变革的结果和方式。通过这些步骤，领导者可以讲出魅力十足的故事，达成变革共识。

当然，讲故事并非解决组织内部沟通问题的唯一方式，有时分析方法可能更为有效。领导者需要将讲故事和分析相结合，利用故事引领听众深入了解领导者的想法，让他们能够真正感受和理解它。在讲故事的同时，结合成本、收益、风险以及执行过程等因素进行分析。

资料来源：世界经理人网站，用讲故事来领导组织变革，https://www.ceconline.com/strategy/br/8800046202/01/，2005-05-23。

自测练习

扫码查看练习题及参考答案

第 12 章 组织创新变革的实施

■ 本章要点

1. 理解并掌握组织创新变革的过程和程序。
2. 了解组织创新变革的阻力及其根源。
3. 掌握组织创新变革阻力的应对。
4. 了解组织创新变革中压力的减轻方法。

■ 引导案例

旭日升的变革之痛

1993 年,旭日升冰茶从一个供销社开始,经过几年的时间发展成为一家饮料巨头,它的成功引来了众多冰红茶和冰绿茶的跟风者。然而,随着先入者优势被削弱,旭日升在管理上出现越来越多的问题。为了应对严峻形势,旭日集团开始了变革,采取了"大刀阔斧"的方式。

首先,高层进行了大换血,引进了 30 多位博士、博士后和高级工程师,开始从事战略管理、市场管理、品牌策划和产品研发等方面的工作。其中,集团的营销副总经理曾担任可口可乐中国公司的销售主管。

其次,集团将 1 000 多名销售人员重新分配到生产部门,试图实现从平面管理向垂直管理的转变。集团总部建立了物流、财务和技术三个垂直管理系统,直接对大区公司进行调控,各大区公司再对所属省公司进行垂直管理。这是集团成立 8 年来最大的一次人员调动。

最后,集团重新划分了架构,形成了五大事业部,分别是饮料事业部、冰茶红酒事业部、茶叶事业部、资本经营事业部和纺织及其他事业部,实现了全面多元化经营。

然而,这种大规模变革并没有使产品在市场上表现得更好,反而让组织内部变得混乱。新老团队之间的隔阂日益加深,从国外引入的成功模式在元老那里却碰壁了。公司最初没有明确股权认证,导致个人利益的重新分配成为问题。人员调整不仅关系到个人利益的重新分配,更重要的是关乎销售渠道的稳定性和持续性,因此各种矛盾不可避免地尖锐起来,企业出现了混乱。

自 2001 年开始,旭日升开始滑落,到 2002 年下半年,旭日升停止了铺货。曾经如日中天的旭日升逐渐淡出了人们的视线。

资料来源:赵智敏.变革之殇:旭日升猛药致命 [J].CO. 公司,2004(7):82-83.

思考题

1. 有些内部知情人士认为,旭日升衰落的原因可以归结为企业在 2000 年开始实施的"管理变革"。这个变革可以被类比为给一个体质虚弱的患者服用过于强力的药物,可能会在病情未完全恢复之前导致其死亡。你如何看待这个问题?

2. 如果你是当初做决策的人,你将如何实施变革?

12.1 组织创新变革的过程和步骤

12.1.1 组织创新变革的过程

1. 科特的组织创新变革八步骤

哈佛商学院教授约翰·科特(John P. Kotter)在其著作《领导变革》中指出,组织创新变革的失败经常是由于以下错误导致的:对自身状况过于自满、缺乏强大的管理团队、低估了愿景的力量、对变革的愿景宣传不足、未能彻底解决变革中的障碍、缺乏策略步步为营、过早地宣布胜利、忽略将变革融入企业文化等。为此,科特提出了组织创新变革八步骤,如图 12-1 所示。他的研究表明,成功的组织创新变革中有 70%~90% 的成功率是由变革领导的成效决定的,而 10%~30% 的成功率则取决于管理部门的努力。

图 12-1 科特的组织创新变革八步骤

资料来源:科特.领导变革 [M].罗立彬,翟润梅,李猛,译.北京:机械工业出版社,2005.

第一步,增强紧迫感。通过对比、提高标准、允许亏损等方式有意识地制造危机,而不是坐等危机的到来。危机感和紧迫感可以减少组织成员对变革的抵抗,更愿意接受变革并为变革采取行动。

第二步，组建领导团队。一个强有力的领导团队可以使变革在组织中更顺利地推行。避免孤军奋战，领导小组进行共同决策、共同负责。一个好的领导团队需要由一些具有管理能力的、权威的、可信任的、有责任感的成员组成。

第三步，设计愿景和战略。通过设计愿景和战略，勾勒出可想象、有吸引力、可行的、灵活、便于传播的美好蓝图。一个符合组织实际、普遍认可、清晰的愿景，可以激发组织成员的热情和斗志，有助于明确行动的方向。

第四步，传播变革愿景。借助任何可用的工具和机会沟通交流新的愿景，使大多数人就所实现的目标和行动方向达成共识。当变革得到大规模认同时，强大的力量会迸发出来。

第五步，授权员工实施变革。口头或书面的沟通是不够的，应给予更多的授权，以使更多成员可以采取行动。授权在变革的过程中是至关重要的，如果变革的执行者没有足够的权力，在变革的进程中会遇到层层阻力，阻碍变革的推进。

第六步，创造短期成效。变革是一个缓慢的过程，往往需要经历多个阶段和较长的时间。短期成效可以强化成员的努力程度，稳固变革的信心。

第七步，巩固成果并进一步推进变革。在取得短期成果后，组织成员具有高涨的情绪进行变革，并对变革更为信任。领导团队需要注意把握此时的情绪和信任，持续进行变革，不断推进变革的进程。

第八步，将新方法融入企业文化。将变革作为一种新的行为规范与企业文化固定下来。企业文化是很难改变的，在改变行动且行动取得一定的成效后，通过培训和保证连续性将"新的方式"植入企业，形成企业文化。

2. 卡斯特的组织创新变革六步骤

系统理论学派的代表人物弗里蒙特·卡斯特（Fremont E. Kast）在《组织与管理：系统方法与权变方法》一书中提出了实施组织创新变革的六个步骤。

第一，审视状态。即对组织内外环境现状进行全面回顾、反省、评价和研究，来洞察内部环境和外部环境中可能产生的变化。

第二，觉察问题。也就是在审视状态的基础上，识别组织中存在的问题，并向相关部门提供与变革有关的确切信息，以确定变革的需求。

第三，辨明差距。即找出现状与所希望状态之间的差距，并分析所存在的问题。

第四，设计方法。也就是提出多种备选方案并进行评定，通过讨论和绩效测量，选择最合适的方案。

第五，实行变革。即根据所选方案和行动计划，实施变革行动。在实际变革中，需要尽可能减少或控制因变革而产生的负面影响。

第六，反馈效果。也就是输出变革形成的新产品和成果等，对其进行评价，实施反馈。通过及时反馈，进一步观察外部环境状态和内部环境的一致程度，对变革结果进行评定。如果发现问题，需要再次循环整个过程。

3. 沙因的组织创新变革六步骤

埃德加·沙因认为组织创新变革是一个适应循环的过程，一般分为六个步骤：第一，洞察内部环境及外部环境中产生的变化；第二，向组织中有关部门提供有变革的确切信息；第三，根据输入的情报资料改变组织内部的生产过程；第四，减少或控制因变革而产生的负面作用；第五，输出变革形成的新产品及新成果等；第六，经过反馈，进一步观察外部环境状态与内部环境的一致程度，评定变革结果。

4. 唐纳利的组织创新变革八步骤

美国管理学家小詹姆斯·唐纳利（James H. Donnelley Jr.）于1978年在《管理学原理》一书中提出了一种组织创新变革的模型。唐纳利将组织创新变革划分为八个步骤：第一，确定变革力量，即要求变革的压力，主要包括外部力量和内部力量；第二，认识进行变革的需要，要求领导者能敏锐地自组织发生重大问题之前就认识变革的需要，捕捉组织内需要改变的信息；第三，诊断问题，要弄清楚问题的实质，要进行些什么改变，变革的目标是什么，变革的方法和策略是什么；第四，确定可供选择的组织发展的方法和策略；第五，认识限制条件，摸清这些限制条件及其影响程度；第六，选择方法和策略；第七，实施计划，要注意选择变革的时机和范围；第八，评价计划，对实施变革和要求变革的力量这两个阶段都要提供反馈。

12.1.2 组织创新变革的征兆和程序

1. 组织创新变革的征兆

当一家企业开始出现下列征兆时，就应该及时进行组织诊断，判断企业组织是否需要进行创新变革，并尽快做出相应的决策。⊖这些征兆如下。

（1）企业经营业绩下滑。这可能体现为市场占有率的缩小，产品质量的下降，消耗和浪费的增加，资金周转不灵，营业利润连续下降，以及顾客投诉的增多，等等。这些问题的存在可能会导致企业的声誉和竞争力下降，进而影响企业的长期发展。

（2）企业生产经营缺乏创新。这可能表现为缺乏新的战略和适应性措施，缺乏新产品和技术创新，管理和运营方式陈旧，以及缺乏现代管理意识和方法，等等。这些问题会导致企业在面对市场激烈竞争时失去优势，丧失对未来市场的预见性和应变能力。

（3）组织结构本身病症的暴露。这可能包括抉择迟缓、指挥不灵、信息交流不畅、机构臃肿、职责重叠、管理幅度过大、扯皮增多、人事纠纷增加、管理效率下降等。这些问题可能导致企业内部的混乱和不协调，以及难以有效地调整和运作组织结构。

（4）员工士气低落，不满情绪增加。这可能表现为某些职能部门的负责人要求调离企业，员工的合理化建议减少，员工的旷工率、病假率和离职率的增加，等等。这些问题的存在可能会导致企业内部的士气下降、员工流失率升高和工作效率下降，进而影响企业的整体运作和业绩。

2. 组织创新变革的程序

组织创新变革是一个过程。为了科学地、有步骤地进行创新变革，需要遵守一

⊖ 贾隽，行金玲，陈健，等.组织理论与设计[M].西安：西安交通大学出版社，2011.

定的合理程序和步骤。科学完整的组织创新变革程序，应包括以下三个阶段。

（1）诊断阶段。组织创新变革的第一步是全面诊断现有组织情况，需要有针对性地收集资料，对职能系统、工作流程、决策系统和内在关系等进行全面的诊断。此外，组织还需要从内在征兆中找出导致绩效差的具体原因，并确立需要进行整改的具体部门和人员。

（2）计划和执行阶段。在完成组织诊断任务后，需要对具体因素进行分析，如职能设置、决策分权、员工参与程度、业务衔接和管理层级间关系等。制订几个可行的改进方案并选择正确的实施方案，制订具体的变革计划并贯彻实施。在推进变革时，组织需充分考虑变革的深度、难度、影响程度、速度和员工的可接受与参与程度等因素，有计划、有步骤、有控制地进行。当变革出现偏差时，要有备用的纠偏措施及时纠正。

（3）评价和反馈阶段。组织创新变革是一个包括众多复杂变量的转换过程，再好的改进计划也不能保证完全取得理想的效果。因此，变革结束后，管理者必须对变革的结果进行总结和评价，及时反馈新的信息。对于没有理想效果的变革措施，应当给予必要的分析和评价，再做取舍。

以上是组织创新变革的三个阶段，其中每一个阶段又包括了一些较小的步骤，如表 12-1 所示。

表 12-1 组织创新变革的程序

序号	阶段	步骤	工作内容
1	诊断	确定问题	提出组织结构需要变革的问题与目标
2		组织诊断	收集资料和情况，进行组织分析
3	计划与执行	提出变革方案	制订几个可行的变革方案，以供抉择
4		制定变革方针	确定变革的指导原则、方式和策略
5		制订变革计划	确定变革工作的具体安排、组织和领导、工作步骤、试点及全面推进计划
6		实施变革计划	组织实施变革计划
7	评价和反馈	评价效果	检查、分析、评价变革效果与存在的问题
8		信息反馈	及时反馈，修正原变革方案与计划

资料来源：贾隽，行金玲，陈健，等.组织理论与设计[M].西安：西安交通大学出版社，2011.

12.2 组织创新变革的阻力及应对

12.2.1 组织创新变革的阻力

组织创新变革的阻力来源可以从内部因素和外部因素两个方面来考虑，但相较于内部阻力而言，外部阻力小很多。所以此处主要讨论创新变革的内部阻力。

变革时会遇到来自内部的阻力，这种阻力可能来自组织内部的不同层次。为了更好地了解组织创新变革，我们可以从个体层面、团队层面和组织层面来分析。这三个层面是相互关联的，因为个体是团队的一部分，而团队则是更大组织的一部分。

1. 个体层面的阻力

斯蒂芬·罗宾斯（Stephen P. Robbins，2005）从人类的基本特征出发，包括知觉、个性和需求等方面，对个体抵制变革的原因进行了深入的研究，提出了五个方面的分析，包括习惯、安全感、经济因素、对未知的恐惧和选择性信息加工，如图12-2所示。

图 12-2　组织创新变革的个体阻力

（1）习惯。心理定式效应是人类处理信息时的一种倾向，即按照先前形成的心理模式去处理新的问题和情境。这种倾向让人们可以快速、高效地处理事情，减少学习和思考的负担，但也让人们变得故步自封。当创新与变革出现时，人们已经形成的心理定式和行为习惯就会不自觉地阻碍他们去接受变革。因为变革需要他们改变原有的行为习惯和思维方式，这会破坏他们已经建立起来的心理平衡。在这种情况下，人们往往会采取抵制变革的态度，以保持自己的心理平衡和行为稳定。习惯使人们处事更为熟悉和轻松，但也会使人们陷入一种舒适区，不愿意去接受新的事物和思想。

（2）安全感。安全感是人类基本的需求之一，是指人们在生活和工作中感到稳定、可靠和安全的感觉。人们在追求安全感的同时，也会对变革产生抵制。特别是那些安全需求较高的人，如生活稳定和经济收入安全程度较低的人群，对变革的接受度较低。例如，当一家公司计划进行重大变革时，员工可能会因为不确定性和变化带来的风险而感到不安，从而产生阻力。在变革中受冲击最大的群体往往会表现出更强的抗拒情绪，因为他们感到自己的安全感受到了威胁。比如，当一项技术的引进带来了生产率的提高，但也可能导致一些员工的工作会被替代时，这些员工可能会感到不安，担心失去工作和收入来源，因此会抵制变革。

（3）经济因素。在当今社会，经济利益一直是人们最为关注的问题之一，因为这关系到人们的生活和生存。因此，当组织或企业引进新的技术或生产线时，员工往往会对自己的经济收入产生担忧，尤其是在经济形势不太好的情况下。此时，如果工作任务或工作规范发生改变，员工就更容易感到经济上的恐慌。他们害怕自己的收入可能会减少，所以对变革产生了抵制。除了员工，企业的管理层也会因为经济利益受到影响而对变革感到犹豫和担忧。

（4）对未知的恐惧。人们通常喜欢确定和稳定的生活。当变革涉及不确定和不稳定的因素时，人们就会感到害怕和不安。这种不安可以表现为对未来的担忧，例如大学毕业生面临的职业前景不确定性，或者员工面临的组织创新变革所带来的不确定性。举个例子，如果一个组织引进全面质量管理，要求生产工人学习统计流程控制技术，那些技能较差的工人可能会担心自己无法胜任这项技术，因此对这项变革持消极态度或者与之冲突。

（5）选择性信息加工。每个人都有自己独特的认知世界，而这个世界在形成后很难改变。为了保持这个认知世界的稳定和内心的平衡，人们会有意无意地选择性接受信息，并且往往会出现信息的失真和偏差。他们更倾向于接受那些符合自己意愿和自我利益的信息，而忽视那些可能对自己构成挑战和不利的信息。例如，那些需要学习新技能和面对变革的生产工人，可能会对学习新知识的必要性产生怀疑，因为他们更加关注变革可能会带来的潜在风险和损失，而忽视了变革所带来的潜在收益。

汉布里克和坎内拉（Hambrick 和 Cannella, 1989）对个体抵抗进行了分类，包括盲目的抵抗、政治性的抵抗和意识形态的抵抗。盲目的抵抗是指那些对变革感到害怕或无法承受的组织成员所产生的抵抗。这些人往往缺乏对变革的理解和信任，导致他们对变革充满了恐惧和不安。面对这种情况，组织可以采取一些措施来减少他们的不安，例如提供更多的信息、进行沟通和谈判，或者让时间来缓解问题。政治性的抵抗则是指组织成员认为变革实施会使他们失去某些有价值的东西（如权力、地位、收入等）而产生的抵抗。这种抵抗通常来自那些在组织中拥有较高地位或者控制权的人。在这种情况下，谈判和交换是解决问题的有效途径，可以通过更有价值的东西来换取那些失去的东西，以达到双赢的局面。意识形态的抵抗则是指组织成员认为有计划的变革必定会带来负面结果或违背其根深蒂固的价值观而产生的抵抗。这种抵抗源于组织成员对变革的不信任和怀疑，往往需要通过大量的数据、事实和物质上的证据来进行反馈，以证明变革是必要的和有益的。

在开始组织创新变革的早期，需要清晰地测定出组织中的人们接受和实施变革的准备程度，这种测定在一定程度上也可以通过衡量那些受直接影响的人们是否或在多大程度上反对变革来实现。大卫·格莱克（David Gleicher）提出，可以通过将组织中的变革推力与变革所带来的社会和心理成本进行比较，由此判断变革的可能性。

贝克哈德和哈里斯（Beckhard 和 Harris）基于格莱克的观点，于 1987 年提出了具体的变革公式。该公式为：

$$C = (D \times V \times F) > R$$

其中，C 是变革；D 是对现状的不满程度；V 是明确的变革目标；F 是开始朝着变革目标开展的实践；R 是变革所带来的各种成本，也即变革的阻力。

对于组织而言，变革发生的最好时机是当员工对现状有较高的不满，且企业有清晰的和有吸引力的变革目标来吸引员工时，此时明确变革的具体实施步骤，可以最小化变革产生的成本和伴随的风险，并且能提高员工对变革的接受度，推动员工支持和参与变革。

2. 团队层面的阻力

研究表明，在团队层面，对组织创新变革形成阻力的群体因素主要有群体规范、群体偏移、群体内聚力等，如图 12-3 所示。

（1）群体规范。群体规范是一组共同行为准则，对于群体成员的行为产生强烈

○ 胡立君，唐春勇，石军伟. 组织行为学 [M]. 武汉：武汉理工大学出版社，2010.

的控制作用。在组织创新变革中，即使一些个体成员希望改变他们的行为，群体规范也会对此产生阻力。例如，如果某项变革对群体中大多数人的利益或其主要领导人的利益构成威胁，那么群体规范可能会向那些愿意接受变革的成员施加压力，使整个群体保持抵制变革。这种变革阻力通常来自非正式群体。但有时，一些正式群体也会通过这种方式抵制变革和发展。例如，单个工会成员可能乐于接受资方提出的对其工作的变革，但如果工会条例要求抵制资方做出的任何单方面的变革，他就可能抵制。

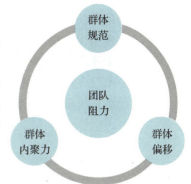

图12-3 组织创新变革的团队阻力

（2）群体偏移。群体偏移是指在群体决策过程中，群体讨论使群体成员的观点朝着更为极端的方向偏移。不同的主导规范会导致不同类型的群体做出不同的决策。保守型的群体会做出更为保守的决策，而激进型的群体会变得更为冒险。在组织创新变革中，保守型的群体将更加倾向于抵制变革。了解群体偏移现象是减少这种阻力的关键。

（3）群体内聚力。群体内聚力是指群体对成员的吸引力和成员对群体的向心力，它是使群体成员固守在群体内部的力量。内聚力越高，群体规范对群体行为的控制力就越强，要打破群体规范实施组织创新变革就越困难。反之，内聚力越低，组织创新变革受群体阻力的影响就越小。因此，为了实施组织创新变革，需要降低群体内聚力，增加个体成员与外部环境的互动和联系。

团队对于变革的抵抗常有以下几种表现形式："地盘"保护、强化身份、脱离组织、阳奉阴违。

（1）"地盘"保护，强调自己团队的重要性。在组织创新变革过程中，一些工作团队、职能部门或业务单元往往坚持维持现状，以保护自己的"地盘"。他们会以各种原理、事实和行为反驳变革的必要性与可行性，并且强调自己团队的重要性。例如，他们会说："如果我们部门发生变化，整个组织的运营会受到影响，我们的特定技能和知识无法得到充分利用。"

（2）强化身份，内部团结抵抗变革。为了减少变革带来的影响，团队往往会通过强化自己的身份来保持内部团结。他们会树立自己独特的身份，与其他人区分开来，因为变革团队会破坏他们的身份。为了维护自己的利益，团队成员会相互支持，联合起来共同抵抗变革。

（3）脱离组织，改变所有权。一些团队为了维护自己的权益，会采取脱离组织的方式，成为一个独立的实体，以避免受到变革的影响。他们会采用抽资脱离、融资收购、建立子公司等方式从母体组织中分离出来，改变自己的所有权。这样一来，他们就能够独立自主地开展业务，避免被变革所牵连。

（4）阳奉阴违，要求更换领导。有些团队的下属会通过对领导的不服从、不合作等方式抵制变革。他们会试图让变革的领导者离开，以达到阻碍变革的目的。即使变革领导者非常有能力，团队中的下属仍会提出他不能胜任，试图让他下台，以阻止变革的实施。

针对团队变革阻力，同样可以采用概念框架、实现终止和参与等应对方法。比如，可以通过举行结束仪式、召开非现场的问题解决集体会议等方式来减少团队层面上的抵抗。这些措施可以使团队成员更好地适应变革，从而更好地参与其中。另外，重组团队也是应对团队变革的一种有效手段。通过改变团队的成员构成，但并不改变团队的职能，可以实现团队成员的重新组合和调整，进而达到减少抵抗的目的。不过，在实施重组团队的过程中，也需要注意团队成员的情感和合作关系，以免因为重组团队而导致更大范围的抵抗。

3. 组织层面的阻力

组织层面面临的阻力主要来自四个方面，分别是结构惯性、变革的有限性、对既存权力关系的威胁以及对专业知识的威胁，如图 12-4 所示。

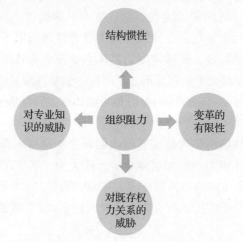

图 12-4　创新变革的组织阻力

（1）结构惯性。组织拥有内在机制，用于维持其稳定性，例如，招聘经过挑选的员工进入组织，组织又通过一定的引导和管理方式将员工分配到特定岗位并按规定进行工作。这样的方式有利于组织形成一种稳定的结构，即所谓的"结构惯性"。当组织面临变革与发展时，结构惯性就成为维持稳定的反作用力，努力维持原有状态。因此，组织创新变革需要克服结构惯性的阻力。

（2）变革的有限性。变革的有限性是指组织只局部地实施变革，而非整体性的系统变革。组织由一系列相互依赖的子系统组成，当对其中一个子系统进行变革时，必然会对其他子系统产生影响。如果只对其中一个或几个子系统进行变革，则未变革的子系统就可能成为变革的阻力。例如，只改变工艺而不改变与之配套的组织结构以及人员配备和奖励分配制度，技术变革就不大可能被接受。因此，变革需要考虑到整个系统的问题。

（3）对既存权力关系的威胁。任何决策权力的重新分配都会威胁到组织长期以来已有的权力关系，而这种既存权力关系就会对变革进行抵制与干扰。例如，在组织中实行参与管理或进行自我管理工作团队变革，就要将一定的决策权下放到普通员工，基层主管和中层主管常常将这种变革视为对他们权力的一种威胁。通常，那些控制一定数量资源的群体会成为变革的抵制者，他们倾向于对现有状态感到满意，而变革可能意味着他们的利益会被削减。而那些难以从现有资源分配中获利的群体会对变革充满热情与希望，但他们对变革能否成功感到忧虑，因为正是那些控制资源的群体决定着变革能否进行以及变革的方向在哪里。

（4）对专业知识的威胁。组织内部的变革可能会对专业群体的专业技术知识构成威胁。例如，在引入分散计算机时，这种计算机使管理者可以直接获得公司主要部门的信息，但它却遭到许多信息系统部门的反对，因为分散计算机终端的使用对信息系统部门集中掌握的专业技术构成了威胁。

组织对变革的抵抗表现在如下方面：激进式变革容易变为渐进式变革、缺乏紧迫感、冷淡而不是抵抗、转移危机、缺乏追随者。第一，激进式变革容易变为渐进式变革。组织的文化对变革具有很大的影响，即使尝试变革，只有组织的一部分会发生变化，符号、物质形态、价值观、规范等深层结构往往没有得到根本性的改变。第二，缺乏紧迫感。组织成员对变革的必要性存在疑虑，怀疑变革的需求。缺乏充分的理由让成员相信变革的必要性，缺少支持组织从现有状态转向一个新的状态的动力。第三，冷淡而不是抵抗。组织成员并未明确表达对变革的抵抗，但也没有主动关注变革。他们抱有"这一切也都会过去"的想法。第四，转移危机。为了对变革进行抵制，组织会制造其他危机或者证明当前的变革时机不对，称有其他更为重要和迫切的事情需要处理。这种方式可以转移注意力，对变革构成真正的威胁。第五，缺乏追随者。类似于团队中对领导的抵抗，如果没有追随者的话，即使是计划好的变革也难以实施和推行。

概念框架、实现终止和参与，在处理个体层面和团队层面的变革阻力时被广泛应用。同样，这些方法也适用于组织层面。此外，为了应对组织层面的变革阻力，还有其他几种常见的策略。第一，文化变革。对于进行革命性变革的组织来说，组织深层结构的改变是必不可少的，特别是对于组织文化的变革。因为组织文化是组织深层结构的重要组成部分，决定了组织的行为方式、信念和价值观等。如果组织文化没有发生改变，那么变革就很难成功。第二，长期导向。为了让组织成员相信变革是长期导向的，需要采取措施让他们相信变革不是短暂的一时行为，而是长期的目标。例如，明确地告诉他们变革的计划，并让他们了解这是一个长期的过程，需要持续的努力和投入。这样可以打消组织成员"这一切也都会过去"的想法，提高他们对变革的理解和支持。第三，有力、有效地领导。作为变革的领导者，需要具备处理和领导变革的能力。例如，明确变革的目标和方向，制定变革行动的优先级顺序，适当地处理那些从事破坏行为的成员，等等。只有有力、有效地领导才能够带领组织成功地实现变革目标。

12.2.2 组织创新变革阻力的应对

成功进行组织创新变革的关键之一是尽可能地减少和消除变革阻力。以下是八种有助于克服组织创新变革阻力的方法和措施。

1. 鼓励参与

员工参与变革是指将变革方案充分地向员工进行讲解和说明，并听取员工的看法和建议，让员工参与到变革的讨论和制定过程中。这种方式能够提高员工的参与感和责任感，增加员工对变革方案的认同度和支持力度，从而有效地降低变革的阻力。众多研究表明，员工参与程度的提高可以带来变革阻力的减少。

2. 教育和沟通

与员工进行有效沟通是消除变革阻力的关键，特别是在信息不对称或信息沟通渠道缺乏的情况下。可以通过个别交谈、小组讨论、备忘录或报告等多种方式来实现，以便员工能够了解变革的原因和宏伟图景。这种沟通不仅能够降低员工的不安和不确定性，还能够促进员工对变革方案的理解和支持，从而降低变革阻力。同时，沟通还能够帮助决策者及时发现变革过程中产生的新问题、新情况，获得有效的反馈，为彻底消除变革阻力提供有效途径。

3. 利用群体动力

群体动力学研究表明，当群体凝聚力强时，个人对群体的归属感、认同感就越强，群体对个人的影响力也越大，这包括对个人施加的压力。如果组织平时能够营造良好的氛围，群体的目标就会得到积极认同，形成共同的认知，领导者就会具备很高的权威，那么变革就容易得到员工的支持。在这种情况下，组织的变革能够直接引导个人的行为变革。因此，在实施变革前，组织需要不断加强群体凝聚力的建设，让员工更好地融入组织，形成紧密的群体，这样才能为变革的成功打下坚实的基础。

4. 力场分析法

勒温的研究表明，任何变革都受到两种力量的影响，即支持变革的力量和反对变革的力量。如果这两种力量相等，就会达到平衡。当变革遭遇阻力时，采用强硬态度去压制阻力虽然会暂时平息，但阻力会在潜移默化中积聚，最终会卷土重来。力场分析法可以通过列出变革的动力和阻力因素，按顺序制定相应的策略，来推进变革。这种方法可以增强动力，减少阻力，帮助变革成功进行。同时，在变革过程中，不断地评估和调整分析的结果，可以更好地应对变革中的新问题，确保变革的顺利进行。

5. 给予安全保障

当组织要改变员工的现有状况，让他们面对新的工作环境和工作内容时，员工往往会感到不安和担忧，从而产生反对变革的情绪。因此，变革推行者需要对变革的细节进行充分的解释和说明，并提供切实可行的解决方案，让员工感到安全和保障。这些保障包括经济和职业方面的保障。在变革实施的过程中，需要给予员工一个适应期，让他们有足够的时间来适应变革带来的新环境和新要求。同时，也需要对他们在适应过程中出现的错误给予理解和帮助。

6. 引入变革代言人

企业变革时常会面临员工的质疑和怀疑,认为变革动机存在偏见或是变革发动者能力不足。为了解决这些问题,引入变革代言人即咨询顾问是一种不错的选择。咨询顾问通常由一些外部专家组成,他们具备丰富的经验和专业知识,可以在变革实施中提供中立、客观的意见和建议,帮助员工更好地理解变革的动机和目标。此外,变革代言人还能协助企业制订可行的变革方案,并在实施过程中提供必要的支持和指导,帮助员工顺利适应变革带来的新环境。这样一来,员工的不信任感和反感情绪得到缓解,变革的推进也能更加顺利。

7. 协商谈判

通过协商谈判,可以提供某些有价值的东西来减少反对意见。如果阻力主要集中在少数有影响力的员工中,可以通过制订奖励方案来满足这些员工的需求。协商谈判作为一种应对策略,特别适用于阻力来自某些权力来源(如工会)的情况。然而,协商谈判的潜在成本是需要考虑的。此外,这种策略也存在风险,即一旦变革推动者做出让步以克服阻力,那么他们就可能会面临其他权力来源的勒索。因此,在协商谈判时必须认真考虑各种可能的后果,以确保变革的实施不会被进一步阻挠。

8. 强制

最后一种克服变革阻力的策略是采用强制措施,即直接使用控制力来对抗抵制者。例如,一家公司的管理层可能会说,如果员工不同意降低工资,就会关闭该工厂。这就是采用了强制策略。其他强制措施包括调动工作、不给升职、负面绩效评估以及不友好的推荐信等。但是,强制措施通常是不合法的,即使是合法的强制措施也容易被视为一种暴力,损害变革者的威信。因此,在采用强制措施时必须慎重考虑其合法性和必要性,避免对员工造成不必要的伤害,并考虑其他更加有效的变革策略。

| 案例 12-1 | 海尔集团控制个体变革阻力的策略分析

海尔集团控制个体变革阻力的方法主要包括三点:企业文化得到全体员工的认可、变革前的充分准备和成功的人才观念。

1. 企业文化得到全体员工的认可

海尔在数十年的发展中形成了独特的企业文化,这种企业文化的核心价值观是创新,其最大特点是员工的广泛认同和积极参与。海尔的目标是成为世界名牌,为国家争光。这个目标完美地融合了海尔的发展和员工个人价值的追求,每一位海尔员工都能在实现这个目标的过程中充分发挥自己的价值和实现自己的追求。在企业文化的积极影响下,员工能够积极主动地接受变革,减少了变革的个体阻力。

2. 变革前的充分准备

海尔进行市场链流程再造的过程并不是一蹴而就的,而是分为三个阶段有条不紊地进行。这三个阶段从最初的准备阶段、实施流程再造阶段到最后的创造更高价值阶段。

工作任务则从整合内部资源开始，构建流程再造框架，再整合外部资源，最后整合人力资源。在这三年里，员工有条不紊地参与和执行变革，并逐步了解和适应了变革环境，从而减弱了抵制情绪。

3. 成功的人才观念

海尔集团 SBU（战略业务单位）的经营特点是没有上下级之分，只有市场之分，没有起点和终点，只有不断创新，有活力、速度和竞争力。SBU 的目标不仅是集团的战略目标，而且落实到了每个员工身上。每个员工的创新都会确保集团战略的实现，进而形成企业的核心竞争力。对员工来说，这意味着要成为创新的主体，通过为用户创造价值来体现自己的价值，即经营自我。SBU 的经营理念实现了企业和员工的双赢，因此，在流程再造市场链的过程中，员工个体的阻力比较小。

资料来源：刘德才，杜晓林. 浅析企业组织变革中个人阻力及其控制策略：以海尔集团为例 [J]. 中国商界（上半月），2009(11)：124-125.

12.3 组织创新变革中的压力及管理

12.3.1 压力的定义

所谓压力，是在动态的环境条件下，个人面对种种机遇、规定以及追求的不确定性所形成的一种心理负担。压力既可以带来正面激励效果，也可以造成负面影响。显然，变革就是要能够把个人内在的潜能充分地发挥出来，起到正面的效果。一般而言，压力往往与各种规定、目标的追求相关联，例如组织中的各项规定使每一个人都不能随心所欲，而对工作业绩、奖励和提升的追求又使每一个人产生极大的工作压力。组织中只有当目标结果具有不确定性和重要性时，潜在的压力才会变为真实的压力。

12.3.2 压力的起因及特征

1. 压力的起因

组织创新变革中的主要压力来源包括组织因素和个人因素。[一]

（1）组织因素。组织结构的变化和工作调整是产生压力的主要原因之一。例如，矩阵式管理要求员工同时向两个上级汇报工作，这可能会打破组织的统一指挥原则，要求员工具备更强的协调能力。同时，过重或过于单调的工作负荷也会给员工带来很大的压力。虽然从事具有挑战性的工作可以激发员工的工作热情，但是如果任务目标不明确或责任范围不清晰，很快就会产生工作压力。此外，过于严格的管制和规章制度、不负责任的上级、不畅通的沟通渠道、不良的工作环境等都可能导致员工的工作压力加剧。

（2）个人因素。个人因素在组织中同样会产生压力，如家庭成员去世、经济困

[一] 周三多，陈传明，鲁明泓. 管理学：原理与方法 [M]. 上海：复旦大学出版社，2009.

难、离婚、受伤、配偶下岗、借债、法律纠纷等。研究表明，员工的人格类型对组织了解和调节个人压力很有帮助。组织通常将人分为 A 型和 B 型两种人格类型。A 型人总是感觉时间不够用，富有竞争性，缺乏耐心，做事很快，很少有休息时间，因此他们的工作压力较大，也更容易表现出来，并容易生病。B 型人则相反，轻松、悠闲、不争斗，性格比较开朗，因此他们的工作压力相对较轻。

2. 压力的特征

压力有三个方面的表现：生理反应、心理反应和行为反应。

（1）生理反应。压力会引起新陈代谢变化、心跳和呼吸加速、血压升高、头痛、心脏病、胃溃疡等生理反应，这些都是医学界所认可的。

（2）心理反应。除了对工作的不满意，压力还会引起其他心理现象，如紧张、焦虑、易怒等。

（3）行为反应。压力还会影响行为，表现为工作效率降低、饮食习惯改变、增加吸烟和酗酒频率、说话速度加快、不安以及睡眠不规律等。

12.3.3 压力的减轻

并非所有的压力都是负面的。对于员工来说，如何处理因工作要求和组织变化而产生的压力是很关键的，而减轻和消除负面压力则更加重要。

在组织方面，从雇用员工时就应该确定他们的潜力大小，看他们是否适合工作要求。如果员工能力不足，就会产生很大的压力。此外，改善组织内部沟通也有助于减少由于沟通不畅而产生的压力。组织应该建立规范的绩效考核方案，如采用目标管理方法，清晰地划分工作责任并提供明确的考核标准和反馈途径，以减少各种不确定性。如果压力来自单调乏味的工作或过重的工作负荷，可以考虑重新设计工作内容或降低工作量。

对于个人而言，减轻个人压力存在两个问题。第一，管理者很难直接控制和把握某些因素，如团队建设需要员工更多的自觉意识，这种意识很难达成一致。第二，必须考虑到组织文化和道德伦理等因素，员工可能因缺乏计划和组织观念而产生压力。组织可以提供帮助，进行合理安排。但如果涉及个人隐私方面的问题，则很难干预。

组织可以通过建立强势文化，使员工的目标和组织的目标趋于一致，同时采用一些适宜的、能够有效减轻压力的放松技术，如深呼吸、改善营养平衡、做体操等方法，引导员工减少压力。随着外部不确定性因素的加大，创新与变革中的压力成本也在上升，例如生产效率不稳定、员工流动率增加、医疗保健支出大量增加等。因此，如何帮助员工克服压力、适应环境，仍然是管理者和组织应该深入探讨的一个重要问题。

本章小结

第 11 章介绍了创新变革的理论基础，本章对组织创新变革实施的相关内容进行介绍，主要包括创新变革的过程和步骤、变革的阻力及应对、变革中的压力及管理等。科特提出了组织创新变革八步骤，分别为增强紧迫感、组建领导团队、设计愿景和战略、传播变革愿景、授权员工实施变革、创造短期成效、巩固成果并进一步推进变革、将新方法融入企业文化。系统理论学派的代表人物卡斯特认为变革包括审视状态、觉察问题、辨明差距、设计方法、实行变革、反馈效果六个步骤。沙因和唐纳利也分别提出了变革六步骤和变革八步骤的观点。组织需要创新变革时，往往会出现一些征兆，例如经营业绩下滑、生产经营缺乏创新、组织结构本身病症的暴露、职工士气低落等。科学完整的变革程序一般分为诊断、计划和执行、评价和反馈三个阶段。

创新变革的阻力来源于个体、团队和组织层面。个体层面的阻力主要源自习惯、安全感、经济因素、对未知的恐惧以及选择性信息加工，表现为盲目的、政治性的和意识形态的抵抗。团队层面的阻力主要源自群体规范、群体偏移和群体内聚力，表现为"地盘"保护、强化身份、脱离组织和阳奉阴违。组织层面的阻力源自结构惯性、变革的有限性、对既存权力关系的威胁以及对专业知识的威胁，表现在激进式变革容易变为渐进式变革、缺乏紧迫感、冷淡而不是抵抗、转移危机、缺乏追随者。鼓励参与、教育和沟通、利用群体动力、力场分析法、给予安全保障、引入变革代言人、协商谈判、强制等策略可以用来克服创新变革的阻力。

在创新变革中也存在压力，其来源包括组织因素和个人因素，需要采取一定的措施来帮助员工克服压力和适应环境。

思考题

1. 组织创新变革包括哪些步骤？
2. 组织创新变革的征兆和程序是什么？
3. 组织创新变革过程中可能面临哪些阻力？不同层面的阻力的应对策略是什么？
4. 组织创新变革过程中压力来自哪里？应如何减轻？

参考文献

[1] 科特.领导变革[M].罗立彬，翟润梅，李猛，译.北京：机械工业出版社，2005.

[2] 卡斯特，罗森茨韦克.组织与管理：系统方法与权变方法[M].傅严，李柱流，译.北京：中国社会科学出版社，2000.

[3] 伯克.组织变革：理论和实践[M].燕清联合组织，译.北京：中国劳动社会保障出版社，2005.

[4] 罗宾斯.组织行为学：第10版[M].孙健敏，李原，译.北京：中国人民大学出版社，2005.

[5] HAMBRICK D C, CANNELLA JR A A. Strategy implementation as substance and selling[J]. Academy of management perspectives, 1989, 3(4): 278-285.

[6] BRIDGES W. Managing organizational transitions[J]. Organizational dynamics, 1985, 15(1): 24-33.

[7] ARMENAKIS A A, BEDEIAN A G. Organizational change: a review of theory and research in the 1990s[J]. Journal of management, 1999, 25(3): 293-315.

[8] CHOI M. Employees' attitudes toward organizational change: a literature review[J]. Human resource management, 2011, 50(4): 479-500.

[9] PIDERIT S K. Rethinking resistance and recognizing ambivalence: a multidimensional view of attitudes toward an organizational change[J]. Academy of management review, 2000, 25(4): 783-794.

> 延伸阅读

顶尖领导者，都是变革可能的预测家

ChatGPT 从 3.5 到 4.0 迭代，仅隔了三个半月。这大概是最近几年里，我们最近距离地感受"技术变化"。人工智能曾经像遥远天空的一只飞鸟，如今它已在每个人的头上盘旋，投影在我们面前。同时，能源问题、用户的代际更换、国际市场的迁移，诸多变化也给企业带来一连串思考。没有一个人、一个企业能安枕无忧，问题在于如何看待变化。

沉舟侧畔，千帆竞发；病树前头，万木逢春。真正有效的领导力一定包括适应变化，推动变革。企业必须为可持续发展和增长而不断变革。历史中的政治变革，往往是成王败寇，搞不好要付出生命代价。在企业中，变革是一种趋利避害的经济行为，但也同样面临着阻力。

很少有人会兴高采烈地拥抱变革。当环境发生变化时，通常，我们首先是会感觉到前面黯淡无光，走出熟悉的舒适区肯定需要一番努力，哪怕是适应一套新的 IT 系统，简单的操作也因为打破习惯而变得别扭。

虽然改变可能是痛苦的，但改变的结果可以改善工作流程，从而增强员工敬业度、降低项目成本、改善企业文化、降低风险并提高组织克服障碍的能力。

对于企业领导者来说，最好有一套变革管理的框架，用它来鼓励受影响的人们适应新的流程，提高新举措实施的成功率。

1. 什么是变革管理

变革管理是一个框架，它用于指导企业流程、文化、技术或其他关键运营方面重大的内部或外部转变。如果你的框架能领先于变革，整个团队就可以更有效地应对变革，而不是等待企业高层的决策。在你成为变化的"受害者"之前，就主动发起对现状的挑战。

更具体地说，变革管理侧重于变革的人员方面。Oak and Reeds 创始人兼 CEO 戴夫·柯林斯将变革领导力分为两类。一类是领导个人完成变革所需的领导能力。领导者需要相当的情商，并了解这些变化如何以不同的方式改变了原有的模式。一类是领导团队或组织完成转型所需的领导技能。在组织层面，它体现在制定战略并提出执行和沟通计划。

有许多用于处理组织变革的理论和方法。柯林斯依靠其中两个来帮助领导者进行变革管理——库伯勒－罗斯变革曲线和贝克哈德－哈里斯变革方程式。

2. 变革沮丧：从震惊到新常态

库伯勒－罗斯变化曲线揭示变化会引发情绪反应，描述了变革情绪的六个阶段：①震惊和否认；②愤怒和沮丧；③困惑和抑郁；④接纳；⑤解决问题；⑥新常态。

柯林斯告诉我们，人们必须做两件事，无论是个人方面还是工作方面，必须放弃旧的方式，然后才能接受和学习新的方式。如果这个过程拖泥带水，就会让很多沮丧中的人想朝不起作用的齿轮上扔足够多的沙子，从而让企业转回原来的方式，回到大家曾经的舒适区。

在这个过程中，领导者可能也会感到沮丧，因为他们通常比团队其他成员走得更远。可能领导者已经处于第④～⑥阶段，但团队只处于第①～③阶段。

这种脱节会导致很多焦虑、伤害感情。要有耐心，让大家有处理时间，并相信他们会渡过难关。大多数人都会走过来，但有些人可能无法通过。此时领导者需要就此来做一个沟通，比如："我们能否接受低绩效，还是你从来就不在乎？"

3. 应对变革阻力的方程

柯林斯使用贝克哈德－哈里斯变革方程式帮助领导者克服变革阻力。20 世纪 70 年代,研究人员理查德·贝克哈德和鲁本·T.哈里斯发现,大型、复杂的组织不擅长变革,更多是不擅长预测成功变革带来的诸多可能性。这些领导者会觉得变革很容易,三个月就可以搞定,其实他们的预测能力还不如他们的改变能力。

研究人员提出了贝克哈德-哈里斯变革方程式,柯林斯鼓励领导者用好这个公式,来克服变革阻力。

$$不满 \times 愿景 \times 第一步 > 抵抗$$

不满是进步的动力。不满来自哪里?指出那些不奏效的、烦人的、运行困难的地方,这些都归结为让大家意识到变革的必要性。如果不说明这一点,折腾起来可能就会让人感到沮丧,似乎只是为了改变而改变。

愿景则强调如果正确实施变革,事情将会是什么局面,如何变得更好或更有效率,什么正在变得更好以及公司有了哪些利好。

"这不仅仅是谈论收益和亏损,而是关于人们会如何感觉更好,"柯林斯说,"他们将如何减轻压力?他们将如何参与度更高?我之所以首先给出变化曲线,是让人们了解很多变化是情绪得到了处理。如果你能说好'什么在变好'的变革语言,就会帮助人们克服沮丧情绪并获得认可。"

最后一个变量是第一步。万事开头难,你让人们做的第一件事越难,变革执行难度就越高。

改变不是撕掉一个创可贴那样一步到位,你需要让人们一点一点地前进。例如,如果要实施重大IT变更,第一步应该是登录并上传个人资料照片,而不是将所有数据一股脑地重新上传到新平台。

当公式左边的变量(不满、愿景和第一步)大于右边抵抗的力量时,你的改变可能就会奏效。变革的关键就是想方设法增加这三个有利变量的力量。

在实施任何一种类型的变更管理,尤其是在面临阻力时,沟通都起着至关重要的作用。原则是共享信息并期望每个人采取主动,这样你就可以将决策制定尽可能地推向组织结构图中的每一处。安德烈·范霍尔表示,当10名团队成员承担起自己的责任时,他们不仅会以最高的效率运营,而且能够快于变化一步。

4.沟通:变革管理流程三步骤

强有力的沟通计划是实施变革的核心,它包含了详细的细节,以下三个步骤可以提供指导。

步骤1:列出所有利益相关者。有一些不容易想到的利益相关者,比如你想外派一个经理,相关者除了经理,还有他的下属、跨职能合作伙伴、供应商乃至家人朋友。

步骤2:回答两个关键的利益相关者问题。第一个问题,作为此更改的一部分,他们必须做什么?第二个问题,如果变革成功,对他们有什么好处?当你回答这些问题时,协调的沟通就会变得容易,而且保障性的工作也会变得非常清晰。

步骤3:承认变化正在发生,而不是假装一切如常。不要把头埋在沙子里,假装什么都没有改变,而是认识到这些变化正在发生。

5.最佳实践:让创造力发挥作用

改变总是困难重重,哪怕你有好的管理。下面我们分享一些最佳实践,帮助你限制阻力并建立势头,以增加成功实施变革的机会。

(1)营造安全协作和自由思考的文化。要意识到,在大多数行业中,薪水最低的是交付产品或服务的员工。训练他们、呵护他们、培养他们,并抱有更高的期许。

(2)尽早或经常分享信息,不要作为领导者囤积信息。像对待成年人一样对待他们,尽早告诉他们坏消息,让他们有更多时间来处理,对自己和他人要有耐心。

(3)不要把失败看得太重。将失败当作一个教导的时机,而不是应受惩罚的时刻。

(4)退后一步,让创造力发挥作用。一旦人们接受了改变,你就退后一步,让他们创造性的大脑运转起来。允许人们以意想不到的方式工作和个性化地改变。这就是让员工有老板的干劲儿时的状态,这就是他们参与并感到被接纳时的情绪。

资料来源:"顶尖领导者,都是变革可能的预测家",https://www.ceconline.com/leadership/ma/8800117226/01/。

自测练习

扫码查看练习题及参考答案